KB012413

한울사회학강좌

사회과학방법론

실재론적 접근

앤드루 세이어 지음
이기홍 옮김

한울
아카데미

Method in Social Science
A realist approach

Andrew Sayer

Routledge

옮긴이 서문

1960~1970년대에 실증주의 과학철학이 붕괴된 후 한동안 과학적 지식의 합리성과 신뢰성을 부인하는 이른바 '탈실증주의 과학철학'이 득세해왔다. 이 과학철학의 영향 아래 사회과학에서는 여러 견해들과 입장 사이의 혼란스런 경쟁과 대립을, '패러다임들 사이에서의 비교불가능성'을 핑계로, 과학적 지식에 고유한 해소될 수 없는 상황인 것처럼 호도하는 풍조가 나타났다. 그리고 철학적 수준에서의 그런 부인이나 혼란과 무관하게 그동안에도 과학적 작업은 계속 수행되어왔으며 사실상 대부분의 사회과학 연구는 붕괴된 실증주의적 과학철학의 교의를 고수했다. 게다가 일상에서는 '과학적' 지식만이 유일하게 타당한 지식으로 취급되는 경향이 더욱 심해져서 예컨대 통계적 방법의 사용을 내세워 '과학적 연구' 운운하면서 '지적 권위'를 참칭하는 어처구니없는 일도 흔히 발생했다.

비판적 실재론은 이런 지적 혼란을 상당히 정리해주는 과학철학의 입장으로 1980년대 이후 주로 영국의 학계를 중심으로 사회과학의 방법론으로 그 영향을 확대하고 있다. 그럼에도 불구하고 한국의 사회과학계에서 비판적 실재론은 아직도 낯선 견해이며 그것이 사회과학의 연구방법에 갖는 함의에 대해서는 논의조차 드물다. 물론 비판적 실재론을 받아들인 '방법론'이 희소한 것도 이런 상황의 중요한 요인일 것이다. 지금까지의 비판적 실재론의 논의는 '방법의 문제'보다는 철학적 쟁점에 집중되어 사실상 사회연구를 실제로 어떻게 수행하는가에 대해서는 별다른 정보를 제공해주지 못했다. 그렇지만 우리 학계에서 사회과학방법론 자체를 무익하거나 '불편한' 논의 영역으로 치부해버린다는 사실도 부인할 수는 없다. 고백한다면 저간에 옮긴이와 도서출판 한울이 『과학으로서의 사회이론(Social Theory as Science)』과 『새로운 사회과학철학(New Philosophies of Social Sicence)』을 번역하여 출판한 것은 이러한 상황을 다소나마 정정하려는 의도를 담고 있었는데 옮긴이의 부족함으로 의도가 충실히 관철되지 못했다.

그 책들을 번역하면서 본인은 내심 몇 년 안에 방법론 책을 쓰겠노라고 다짐했는데 아직도 이 책의 번역에 그친 채 그 다짐을 실현하지 못하고 있다. 적극적으로 말한다면 이 책은 비판적 실재론과 방법의 문제를 다루면서 철학적 교의보다는 '사회과학의 방법'에 초점을 맞추고 있으며 지식의 맥락으로부터 글쓰기와 수사(修辭)에 이르기까지 광범한 주제를 포괄해 사회를 어떻게 연구할 것인가에 대해 실질적으로 성찰하는 사람들에게 매우 도움이 될 것으로 옮긴이는 판단했다.

소극적으로는 아직도 공부가 부족해 (이제 내게 무엇이 부족한가에 대해서는 어렴풋이 알 것도 같다) 장점이 많은 이 책을 소개하는 것이 더 유익하다고 생각했다. 이 분야를 공부하면서 늘 가지고 있는 생각이지만 이런 논의들이 사회과학적 지식이 '과학적'이려면 어떠해야 하며, 사회를 어떻게 연구해야 하는가에 대한 우리 사회과학계 관심과 인식수준을 높이는 데 기여하기를 기대한다.

이 책의 번역 역시 강원대학교 사회학과의 사회과학방법론 수업을 통하여 이루어졌다. 이미 여러 해 전부터 내가 나누어준 번역문을 읽어가면서 글을 다듬는 데 도움을 준 학생들에게 고마움을 전한다. 또 이전과 다름없이 기꺼이 출판을 맡고, 복잡하게 얽힌 저작권 문제까지 처리해준 도서출판 한울에도 고마움을 전한다.

1999년 2월
이기홍

머리말

  실재론적 철학의 착상들이 사회과학에 영향을 미치기 시작한 것은 1980년대의 일이다. 그렇지만 다소간의 철학적인 논쟁들과 우리가 사회연구를 어떻게 수행해야 하는가에 관한 문헌들 사이에는 아직도 간격이 많이 남아 있으며, 아주 기초적인 다리들만이 그 간격을 잇고 있다. 슬프게도, 대부분의 사회과학자들은 아직도 오로지 양적 기법에 입각해서만 '방법'을 생각할 수 있다. 또한 이러한 기법을 이제는 흔히 참여 관찰이나 비공식 면접 같은 질적 기법으로 보완한다고 하더라도 개념화라는 기본적 활동 ─ 이것을 회피할 수 있는 사람은 아무도 없다 ─ 은 여전히 검토되지 않은 채 남아 있다. 물론 근래의 철학과 방법론에서의 혁신에 대해 실재론만이 독점권을 갖는 것은 아니다. 언어와 글쓰기 그리고 수사법에 대한 관심의 증가는 특히 중요한 것이었다. 왜냐하면 이런 것들은 우리가 생각을 재현하는 방법에 대해서뿐 아니라, 바로 그 용어들 ─ 그 속에서 우리의 사유가 이루어지는 ─ 에도 영향을 미치기 때문이다. 그런데 이러한 진보는 불행하게도, 사회과학에 대한 모든 종류의 경험론적 점검의 가능성을 배제하는 것처럼 보이는 관념론적 흐름에 의해 영향 받거나 오염되었다.

이러한 상황에 비추어 볼 때 실재론과 방법의 문제는 대부분 의제로 남아 있으며, 실재론적 철학을 받아들인 방법에 대한 건설적 논의를 발전시키는 쪽으로 나아가는 일은 아직도 멀었다고 생각된다. 이것이 이 책의 과제로 남아 있는 것이다.

이 책은 사회과학에는 친숙하지만 철학적이고 방법론적인 논의들에 대해서는 지금까지 경험이 거의 없거나 전혀 없는 학생들, 그리고 이런 논의들에 익숙하지만 실재론과 방법에 관심을 가진 사람들을 대상으로 삼고 있다. 이들 두 부류의 사람들은 표현양식과 내용에 관하여 서로 다른 관심과 기호를 가지고 있다. 이 책의 양식과 구성은 단호하게 앞쪽의 청중들을 겨냥하고 있다(논평자들은 부디 이 점을 기억해 주기 바란다). 그러므로 나는 저명인사들을 들먹거림으로써 앞의 부류의 청중들을 소외시킬 뿐인 문헌들을 나열하는 것은, 그것이 비록 두 번째 부류의 청중들에게는 기운을 북돋우는 것이더라도, 의도적으로 피했다. 유행보다는 무엇을 알 필요가 있는가 하는 것을 기초로 쟁점들을 선택하고, 철학적 교의들에 대해서는 그것이 사회과학의 실제에 중요한 영향을 미쳤거나 또는 미칠 것 같은 때에만 논의하고 있다. 동시에 전문감식가들은 여기서 발전된 실재론적 견해가 대부분의 문헌들에서 지배적으로 나타나는 것들과는 근본적으로 다르다는 점을 발견하게 되리라고 나는 믿는다.

예상되는 두 부류의 청중들은 상이한 질문들과 반론들을 제기할 것이다. 본문의 대부분에서는 첫 번째 부류의 독자들로부터 나올 듯한 질문들과 반론들을 예상하고 그것에 답하고 있다. 전문감식가들로부터 나올 듯한 반대들에 대한 응답은 각주, 그리고 특히 정통적인 견해들을 비판하는 제5장 및 제8장에 한정되어 있다. 이러한 구성 형태의 핵심은 오로지 전문가들(논평자들을 포함하는)만을 위한 저술로 빠져들어가는 관례적인 탁상공론적 습관을 회피하려는 데 있다. 또한 비록 그 논증이 많은 부분에서 철학적이라고 하더라도 이 책은 '사회과학의 철학'에 관한 것이라기보다는 1차적으로 '사회과학의 방법'에 관한 것이라는 사실을 상기시키고자 한다. 사회과학의 철학에 관해서는 이미 훌륭한 책들이 많이 존재하고 있다.[1] 그 책들은 탁월한 철학적 비판을 제공하고 있지만, 사회과학의 실제에 관해서는 건설적인 논평을 거의 제공하지 않고 있다. 나는 바로 이러한 불균형을 바로잡고자 한다.

이 책의 초판에 친숙한 사람들을 위하여 개정판에 관하여 몇 마디 덧붙이고자 한다. 이 책은 제1판을 새롭게 하는 기회이면서 바로잡을 수 있는 기회이기도 한데, 이 책도 예외가 아니다. 어떤 문헌이 그리고 그 문헌이 해석되는 방식이 결코 그 필자에 의해 완전히 통제될 수는 없다는 것은 오늘날 두루 인정되는 일이지만, 나는 종종 반대자들의 독해 못지않게 지지자들의 독해에 대해서도 크게 당황했다. 그러나 책이 받는 평가의 책임은 상당 부분 필자의 몫이며, 그러므로 새로운 자료를 첨가하는 것 이외에도 나는 내 자신의 오류를 정정하고자 하였고, 또한 초판에 대한 반응에서 확인되는 오독(誤讀)들도 일부 방지하고자 했다.

초판에 대한 평가와 관련하여 내가 가장 크게 놀란 것은 관심의 선택성이었다. 첫 번째 제3장에 소개된 우연-필연의 구분이 책의 나머지 부분들에 너무 짙은 그림자를 드리운 것으로 보이는데, 나는 아직도 그 까닭을 이해하지 못하고 있다. 이 책에서는 그 구분을 명확히 하고자 하였지만, 여전

---

1) 예컨대, R. Keat and Urry. J, *Social Theory as Science*, 2nd edn. (『과학으로서의 사회이론』, 이기홍 역, 한울, 1997); P. Mattick Jr., *Social Knowledge*(London, 19 85); W. Outhwaite, *New Philosophies of Social Sicence*(『새로운 사회과학철학』, 이기홍 역, 한울, 1995); R. Bhaskar, *The Possibility of Naturalism*, 2nd edn(London, 1989)과 *Reclaiming Reality*(London, 1989); P Maniacs, *A History and Phi- losophy of Social Sciences*(Oxford, 1987).

히 나는 이것이 실재론에서의 그 구분을 너무 두드러지게 만드는 것 – 초판에 대한 일부 해석자들이 받아들이는 것처럼 – 은 아닌가 염려하고 있다. 두 번째 종류의 선택성은, 실재론을 사회이론에서 예외적으로 제한된 경향들(예컨대, 마르크스주의에 관한 특정의 시각) 및 매우 한정된 사회연구 영역들과 동일시하는 경향을 담고 있다. 그런데 이러한 연구들에 대한 평가 – 좋다거나 나쁘다거나 하는 – 는 실재론에 대한 인식을 희석시키는 것으로 생각된다. 그러므로 문헌들을 자세히 살펴보면 드러날 것이지만, 나는 실재론이 자연과학과 사회과학들 전체에 대한 철학이며 전체를 위한 철학이라는 것을 강조하고자 한다.

학생들의 반응으로부터 새롭고 좀 더 완전한 서론이 필요하다는 사실을 분명히 깨닫게 되었다. 이것을 제외하면, 이론의 성질 및 이론이 경험적 연구에 대해 갖는 관계, 그리고 실천적 지식, 공간과 사회이론, 해석적 이해, 연구계획 등과 관련하여 주요한 보완이 있었으며, 실재론 및 글쓰기에 관한 부록이 더해졌다. 지난 6년 동안 내가 수행한 경험적 연구에 비추어 그밖의 수정이 이루어졌다. 논의를 정정하고 명확히 하기 위하여 그리고 사례를 첨가하고 이해를 증진시키기 위하여 수없이 많은 소소한 변화들이 있었다.

안식년 휴가를 준 서섹스 대학교, 친절하게도 내게 새로운 지평을 제공해 준 로스앤젤레스의 캘리포니아 대학교, 오하이오 주립 대학교, 코펜하겐 대학교, 로스킬드, 런드 그리고 코펜하겐 상업학교, 내가 방법론에 몰두하고 있는 것을 지켜보아 준 이들 학교의 많은 대학원생들과 서섹스 대학교의 '개념, 방법 그리고 가치' 강의 수강학생들, 그리고 도움과 격려와 비판을 제공해 준 존 알렌, 뵈른 아샤임, 로이 바스카, 에릭 클라크, 케빈 콕스, 시몬 던칸, 스틴 폴케, 프랑크 한센, 토르스텐 하거스트랜드, 피터 마스켈, 도린 마세이, 케빈 모간 그리고 딕 워커에 감사한다. 끝으로 리지 세이어와 하젤 엘러비에게 감사의 뜻을 전한다.

차례

서론

　사회과학의 지위는 심각하게 의심받고 있다. 사회과학에 대한 외부인들의 태도는 흔히 수상하다는 것 심지어는 적대적인 것이며, 사회과학자 자신들은 사회연구에 대한 적절한 접근이 무엇으로 이루어지는가에 관하여 심한 의견 차이를 보인다. 과학의 객관성과 진보를 믿어 온 전통적인 견해들에 대한 철학의 의심 증가는 불확실성을 증대시켰다. 사회과학이 자연과학과 같아야 하는가에 관한 논쟁은 더 이상, 자연과학의 성질과 방법에 관한 동의 위에서 진행되지 않고 있다. 그렇지만, 근래의 실재론적 철학의 발전은 두 영역에서의 논의의 전체적인 기초를 변화시키는 새롭고 생산적인 전망을 제공했다. 이 책에서 나는 이것을 설명하고, 이것들이 사회과학자들을 괴롭혀 온 문제들의 일부를 해결할 수 있음을 입증하고자 한다.

　사회이론 및 사회과학철학에 관한 기존 문헌의 주요한 어려움들의 하나는, 경험적 연구에서의 방법이라는 문제에 관해서는 건설적인 기여를 거의 하지 못하고 있다는 점이다. 반면, 방법을 다루는 저작들은 철학적 수준에서의 그리고 사회이론에서의 발전을 무시함으로써 이러한 관심의 결여에 답례했다. 예컨대 지식이론들에 관해서는 많은 저작이 이루어졌지만, 그것이 경험적 연구에 대해 갖는 함의에 관해서는 저작이 거의 없다. 그 결과, 철학적 비판이 원칙적으로 받아들여지는 곳에서조차도, 그 비판들은 실제로는 큰 변화를 이루어내지는 못하고 있다. 참으로 대안적인 방법들에 관한 저작이 없기 때문에, 그것의 지지자들과 비판자들은 실질적으로 그것에 입각한 경험적 연구를 시도조차 할 수 없었다. 반면, 자신들의 저작이 공격받고 있는 많은 경험적 연구자들은, 그 논쟁이 자신들에게는 실질적으로 관련이 없다거나 아니면 철학적 논의는 일반적으로 경험적 연구를 위협하며, 따라서 회피해야 한다는 결론을 내리는 것으로 만족했다. 우리는 이러한 곤경을 넘어서기 위해서는 가설형성과 시험, 일반화의 추구 등 통상의 경험적 방법들을 계속 사용할 수 있는가 여부, 또는 이것들을 전혀 다른 것들로 대체하거나 보완해야 하는가 여부를 결정해야 한다. 이 책의 주된 목표의 하나는 이런 질문에 답하는 것이다.

사회연구에서는 아주 많은 부분이, 연구 영역에 대한 초기의 규정과 핵심적인 대상들을 개념화하는 방식에 의해 좌우된다. 이러한 초기적 규정의 사례로는, 사회학에서의 일상적 범주들과 분류들의 채택, 경제학에서의 균형의 가정, 심리학에서의 주체 개념, 정치학에서의 '이익집단' 등과 같은 개념들, 그리고 인문지리학에서의 공간적 단위들의 선택 등을 들 수 있다. 이러한 출발점들은 모두, 알게 모르게, 정보를 얻고 해석하는 기법이라는 좁은 의미에서의 '방법들'이 선택되기에 훨씬 앞서서 연구 과정을 모양 짓는 문제들을 내포하고 있다. 일단 이러한 개념화의 문제가 해결되면 — 대체로 그 문제에 대한 답은 성찰의 사항이기보다는 습관의 사항이다 — 흔히 연구결과의 가능한 범위는 매우 제한된다. 우리가 가지고 있는 개념들이 흔히 다른 개념들(예컨대 우리가 연구 대상으로 삼고 있는 사회가 가진 개념들)에 관한 것인 과학, 즉 사회과학에서 이것이 훨씬 더 어려운 문제이다.

이런 관점에서 보면 사회과학 강의들에서, 통계기법, 면접 및 조사방법들 등과 같은 좁은 의미의 '방법들'에 기울이는 관심과 어떻게 개념화하고 이론화하고 추상화하는가의 방법의 문제에 대한 경쾌한 무시('개념들에 대해서는 신경 쓸 것 없다, 기법에 주의하라'가 이것의 구호일 것이다)를 비교하는 것은 매우 예외적인 일이다. 아마도 일부에서는, 이런 사항들은 방법의 문제가 아니라, 패러다임이나 사회이론 또는 직관의 문제라고 기각하는 데 만족할 것이다. 그러나 경험적 연구뿐 아니라 이론화에도 방법이 있으며 따라서 우리는 그것에 관해 성찰할 필요가 있다고 나는 믿는다.

사회과학에서의 효과적인 방법의 발전에 대한 두 번째 주요한 장애는 인과 추정과 관련된 것이다. 설명의 방법에 관한 대부분의 저작들은 인과 추정이 사건들 사이의 관계에서의 규칙성의 문제이며, 따라서 규칙성의 모델이 없다면 우리는 열등한 이른바 '임시적인' 서사들(narratives)만을 갖게 된다고 가정하고 있다. 그렇지만 사회과학은 법칙적 규칙성을 발견하는 데 기묘하게 성공적이지 못했다. 근래의 실재론적 철학의 주요한 성과 중 하나는, 그것이 인과 추정에 대한 잘못된 견해의 불가피한 결과임을 입증한 것이었다. 실재론은 규칙성 모델을, 객체들과 사회관계들이 규칙성을 만들어낼 수도 있고 만들어 내지 않을 수도 있는 그리고 규칙성들과 무관하게 설명될 수 있는 인과적 힘(causal power)을 갖는다고 상정하는 모델로 대치한다. 이 견해에서는, 규칙성을 발견하고 평가하기 위한 양적 방법보다 사회적 객체들과 관계들의 질적 성질 – 인과 기제들이 그것에 의존하는 – 을 확인하는 방법이 더 중시된다. 그리고 이것은 차례로 우리로 하여금 개념화라고 하는 중요한 임무로 되돌아가게 한다.

예외 없이 사회과학자들은, 많은 일들이 동시에 진행되고 실험 속에서 특정의 과정들을 분리시켜낼 수 있는 가능성 – 많은 자연과학자들에게는 열려 있는 – 이 결여된 상황에 처해 있다. 세미나 같은 아주 단순한 사회적 사건을 생각해 보자. 거기에는 일단의 사람들이 어떤 쟁점에 대하여 토론하는 것보다 훨씬 많은 것들이 포함되어 있다. 거기에는 보통 경제적 관계가 자리하고 있다(담당교수는 생계비를 벌고 있다). 학생들에게는 획득해야 할 학점이 있다. 그들의 교육제도는 그러한 사건들의 공연을 통하여 재생산되게 된다. 사람들이 서로 이야기하고 끼어들고 수긍하는 과정에서 지위, 성, 연령, 그리고 아마도 인종 등의 관계가 지켜지거나 도전받는다. 그리고 통상적으로 참석자들은 또한 존중받거나 적어도 다른 사람 눈에 어리석게 보이지 않고자 애쓰면서 '자기표현'에 몰두한다. 이러한 다차원성은 사회과학이 다루는 객체들에 상당히 전형적인 것이다. 사회적 사건을 구성하는 과정들을 실험적으로 분리시켜 낼 수 없으면서도 그 과정들 하나하나의 성질을 파악해 내야 하는 과제는 추상화 — 특정의 구성요소들과 그것의 효과를 판별해 내는 활동 — 에 막대한 짐을 부과한다. 방법에 관한 대부분의 문헌들은 대체로 추상화를 무시하거나 당연시하고 있지만, 나는 이것이 중심적인 것이 되어야 한다고 믿는다.

그러므로 나는 무엇을 '방법'이라고 생각하는가에 대하여, 연구 설계와 분석 방법들 같은 친숙한 주제들과 함께 설명 및 이해 양식들에 대한 명료화, 추상화의 성질 등이 포괄된다고 생각하는 광범한 견해를 취할 것이다. 따라서 이 책은 방법, 사회이론 그리고 사회과학철학이 중첩되는 논의의 지형을 갖는다.

이러한 중첩에 비추어볼 때, 대부분의 논증은 철학적 성격 — 사유에 대한 사유를 포함하는 — 을 갖는다. 그렇지만 나는 사회과학자들이 철학으로부터 배울 수 있지만, 또한 그들도 철학에 내용을 제공할 수 있기 때문에 철학을 두려워 할 필요는 없다고 믿는다. (사회과학에 담겨 있는 것에 대한 지식이 빈약하거나 없는 철학자들이 내세운 명령은 많은 손해를 입혔다.) 방법론자들은 비록 방법에 안내라는 의미가 함축되어 있지만, 연구방법들이 실제 연구의 매개물이면서 동시에 그 결과물이라는 것을 기억할 필요가 있다.[2] 교육자들 자신도 (잦은 재교육과정에 의해) 교육받아야 하는 것이다. 그러므로 철학과 방법론은 실질적인 과학들 '위에' 자리하고 있는 것이 아니라, 실재론 철학자인 로이 바스카(Roy Bhaskar)가 말하듯이 '조수로서 그리고 임시 조산원'으로서 과학들에 봉사한다.[3] 그리고 분명히 사회과학자들은 철학적 사유가 경험적 연구를, 비록 그것이 일부 종류의 경험적 연구들에 대해서는 매우 비판적일 수도 있지만, 파괴하지 않을까 두려워하지 않아야 한다.

　방법은 또한 실천적인 사항이다. 방법은 우리가 연구하는 대상과 우리의 탐구의 목적 및 기대의 성질 ― 비록 이것들 사이의 관계가 때로는 긴밀하기보다는 느슨하지만 ― 에 적합해야 한다. 방법, 객체 그리고 목적을 세 꼭짓점으로 하는 삼각형을 상상해 본다면, 각 꼭짓점은 나머지 다른 두 꼭짓점과의 관계 속에서 고려되어야 한다. 예컨대, 사회과학들과 자연과학들이 연구하는 대상들 사이의 차이는 그것들이 사용하는 방법들과 그것들의 결과에 대해 우리가 갖는 기대에 대하여 무엇을 함축하는가? 예측이라는 목표는 이데올로기 같은 대상에도 적합한 것인가? 사회과학적 방법은 그것의 연구대상인 사람들의 이해(理解)를 무시할 수 있는가? 해석적·민족지적 방법은 거시경제적 변동에 대한 평가에 얼마나 적합할 수 있는가? 이러한 질문들에 답하기 위해서는 우리는 이 삼각형의 세 꼭짓점들을 고려해야 한다.

　방법론은 단순히 서술적이지 않고 비판적이어야 할 필요가 있지만, 나는 여러 가지 형태의 방법론적 제국주의에는 반대하고자 한다. 가장 중요한 종류의 것인 '과학주의'는 통상적으로 규칙성에 대한 탐색과 가설 검증에 집중되는 어처구니없게 제한적인 과학관을 사용하여 민족지, 역사적 서사 또는 탐색적 연구 등과 같은 실천들 ― 많은 경우 이것들보다 더 우월한 대안들

---

2) P. Pawson, *A Measure for Measure*, London, 1989.
3) R. Bhaskar, *Reclaiming Reality*(London, 1989).

은 없다 — 을 손상시키거나 실격시킨다. 이것에 대한 반발 속에서 형성된 또 다른 제국주의는 사회과학을 완전히 의미에 대한 해석으로 환원시키고 자 한다. 비판적 방법론은 사회과학을 단지 소수의 연구들에만 적절한 협소한 궤도에 한정시키지 않아야 한다.

사회과학에서 가능한 연구대상들은 단일의 연구 모델에 한정시킬 수 없을 만큼 다양하다. 결과적으로 이 책은 이론화 및 경험적 연구의 문제들에 관한 사유방식을 제안함으로써 연구를 위한 처방의 구성에 영향을 미치고 자 하는 의도는 가지고 있지만, 방법에 관한 것이면서도 처방을 담은 책은 아니다. 그러므로 여기 제시되는 사례들은 사유방식을 제안하려는 의도의 것이며, 모든 실재론적 연구가 따라야 하는 독특한 제한적 주형(鑄型)으로 의도한 것이 아니다.

그렇지만 실재론이란 무엇인가? 우선 그것은 철학이며 베버의 이론이나 신고전파 경제학 이론과 같은 실질적인 사회이론이 아니다. 실재론이 일부의 사회이론들보다는 다른 이론과 (예컨대 신고전파 경제학보다는 마르크스주의와) 공명할 수는 있겠지만, 실재론과 조화되는 것처럼 보이는 이론이라고 해서 실재론이 그 이론을 보증할 수는 없다. '인플레이션의 원인은 무엇인가'와 같은 실질적인 질문들은 '설명의 성질은 무엇인가'와 같은 철학적 질문과 다른 것이다.

실재론의 내용을 규정하고자 하면 문제는 더욱 어려워진다. 어떤 새로운 철학적 입장과 최초로 만났을 때, 그 입장의 특징들에 대한 약간의 간결한 진술들로부터 그 입장에서 두드러지고 중요한 여러 가지 것을 파악해내기란 불가능하다. 개별의 철학들은 복잡하고 독자적이지만, 일련의 대안적인 입장들에 대한 반대를 통하여 존재하는 일이 많다. 그 속에는 넓은 영역의 철학적 담화들에서 찾아볼 수 있는 뒤틀리게 짜인 논증들의 느슨한 묶음들도 포함되어 있다. 그럼에도 불구하고 독자들은 실재론의 성질에 관한 몇 가지의 표지판이나 그것에 대한 내 자신의 견해 — 지금 단계에서는 그것의 의미가 제한적인 것이라고 하더라도 — 를 듣고자 할 수도 있을 것이다. 다음과 같은 실재론의 특징적인 주장들 가운데 일부는 너무나 자명해서 언급할 가치가 없는 것으로 보일 수 있지만, 경쟁적인 다른 주요 철학들에 반대하는 것이기 때문에 포함시킨다. 일부는 모호하게 보일 것이지만, 실재론에 낯선 초심자들에게 적어도 약간의 예비 지식을 제공해 줄 것이다. 더 자세한 설명들은 뒤에 나올 것이다. 용어법은 철학적 담화에 친숙한 사람들이 받아들일 만한 것들과 그것의 초심자들이 접근할 만하다고 생각되는 것을 절충하여 사용했다.

① 세계는 그것에 대한 우리의 지식과 무관하게 존재한다.

② 그 세계에 대한 우리의 지식은 오류 가능성이 있는 것이며, 이론부과적인 것이다. 진리 및 허위라는 개념은 지식과 그것의 대상 사이의 관계에 대해 일관성 있는 견해를 제공하지 못한다. 그럼에도 불구하고 지식은 경험적 점검을 벗어날 수 없으며, 성공적인 물질적 실천에 정보를 주고 설명하는 데 있어서 지식의 유효성은 단지 우연적인 것이 아니다.

③ 지식은 안정적인 개념틀 안에서의 사실들의 꾸준한 축적으로서 완전히 연속적으로 발전하는 것도 아니고, 개념에서의 동시적이고 보편적인 변동을 통하여 완전히 단속적으로 발전하는 것도 아니다.

④ 세계에는 필연성이 존재한다. 객체는 자연적인 것이건 사회적인 것이건 간에, 필연적으로 특정한 인과적 힘이나 또는 운동방식과 독특한 감응성을 가지고 있다.

⑤ 세계는 차별화되고 층화되어 있으며, 사건들뿐 아니라 객체들 — 구조들을 포함하는 — 로 구성되어 있다. 구조들은 사건들을 발생시킬 수 있

는 힘과 성향(liabilities)을 갖는다. 이러한 구조들은 사회세계와 대부분의 자연세계에서 그러하듯이, 규칙적인 유형의 사건들을 발생시키지 않는 곳에서도 존재할 수 있다.

⑥ 행위, 문헌, 제도 등과 같은 사회적 현상들은 개념의존적이다. 그러므로 우리는 그 현상들의 생산과 물질적 효과를 설명해야 할 뿐 아니라, 그것들이 의미하는 것을 이해하거나 독해하거나 해석해야 한다. 비록 그것들은 연구자 자신의 의미틀로부터 출발하는 것에 의하여 해석되어야 하지만, 대체로 그것들은 그것들에 대한 연구자의 해석과 무관하게 존재한다. 그러므로 사회세계에 대해서도 명제 ①은 조건이 붙은 채 여전히 적용된다. 명제 ④~⑥에 비추어 볼 때, 사회과학과 자연과학의 방법들은 차이점과 유사점 둘 모두를 갖는다. [4]

⑦ 과학 또는 다른 모든 종류의 지식의 생산은 사회적 실천이다. 좋든 나쁘든 (꼭 나쁜 것은 아니다) 지식 생산의 조건과 사회적 관계는 지식의 내용에 영향을 미친다. 또한 지식은 대체로 — 오로지 그런 것은 아니지만 — 언어적이다. 그러므로 언어의 성질과 우리의 의사소통방식은 우리가 알아내고 의사소통하는 것에 대해 지엽적인 것이 아니다. 이 관계에 대한 깨달음은 지식을 평가하는 데 중요하다.

⑧ 사회과학은 그 대상에 대하여 비판적이어야 한다. 사회현상들을 설명하고 이해할 수 있기 위해서는 우리는 그것들을 비판적으로 평가해야 한다.

이러한 점들을 자세히 살펴본다면 여러 권의 책을 채울 수 있지만, 이 명

---

4) 일부의 실재론자들은 내가 유사점보다도 차이점을 더 강조하는 것이 나의 입장을 바스카(Bhaskar)의 *Possibility of Naturalism*류의 '조건붙은 자연주의'의 입장만큼이나 '조건붙은 반자연주의'의 입장으로 만든다고 주장할 것이다. 그렇다면, 좋다. 나는 자연과학의 방법들이 아무리 인상적이라고 하더라도 그것들의 지위가 사회과학의 방법들이 얼마나 다른가를 경시하도록 우리를 유혹할 만한 것은 아니라고 생각한다.

제들은 약간의 예비지식을 제공할 것이다. 또한 이러한 책들이 사회과학이 관심을 가진 방법론적 쟁점들을 또는 그 쟁점들과 관련되었을 사회연구의 형태들을 모두 다룰 수 있으리라고 기대할 수는 없다. 사회연구의 형태들과 관련해서, 사회학이 어떻게 문헌들에서 가장 크게 주목받았는가 하는 것은 아주 기묘하다(일부의 저자들은 사회과학이 사회학으로 환원될 수 있고 사회학은 뒤르켐과 베버와 마르크스의 저작으로 환원될 수 있다는 인상을 주고 있다). 이 때문에 경제학, 발달연구, 심리학, 인문지리학 등과 같은 다른 학문분과들에서는 사회연구 실제에 관하여 벙어리같이 침묵을 지키게 되었다. 내가 이 분과 모두를 다룰 수는 없지만, 나는 사회과학의 방법에 관한 대부분의 저작들에서 보이는 통상적인 사회학적 제국주의에 반대한다.

이 분야의 저자들이라면 누구나 특정의 사회연구 영역의 암묵적인 범례들을 가지고 작업한다. 나의 범례들은 기존의 문헌들의 범례들과는 좀 다른 것이다. 나의 범례들은 대부분 정치경제학 이론, 산업 및 도시 및 지역 체계에 대한 다학문적 연구들 ─ 여기서의 연구자들은 지리학, 사회학, 경제학, 정치학, 인류학 등을 학문적 배경으로 하고 있다 ─ 로부터 이끌어낸 것이다. 그렇지만 내가 사용하는 사례들을 이해하기 위하여 이 분야들에 대한 특별한 지식이 필요한 것은 아니며, 사실상 그 사례들의 대다수는 일상적인 논의와 사건들로부터 나왔다. 사소한 사례들('뜰 안의 나무'와 같은)을 사용하는 철학자들의 짜증스런 습관은 의도적으로 피했다. 철학적인 사항을 언급할 가치가 있다면 명확함을 제공해 줄 뿐만 아니라 그것의 사회적이고 실천적인 의미도 시사해 주는 사례들로 예시하는 편이 좋을 것이다.

용어법에 대해서도 몇 마디 이야기할 필요가 있다. 사회과학의 내적 위기의 중심에는 보통 '실증주의적' 또는 '경험주의적'이라고 불리는 정통적 견해에 대한 공격이 자리하고 있다. 이 용어가 상이한 여러 가지 교의와 실천들을 가리키는 데 사용되었기 때문에 이 용어는 과소평가되고 매우 모호해졌으며, 심지어는 순전히 경멸적인 것이 되었다. 이 용어들을 계속하여 사용하고자 하는 사람들은 자신들이 '실증주의의 진정한 의미'에 관하여 지루하게 지엽적인 논쟁을 준비해야 한다는 것을 그리고 이 논쟁이 본래의 것보다 더 뜨겁다는 것을 점점 더 깨닫고 있다. 그러므로 나는 대부분의 경우 이 용어들을 사용하지 않았다. 그렇다고 그 용어들이 포괄하는 몇 가지 쟁점들에 대한 토론이 불가능해지는 것은 아니며, 사실상 그 용어들에 결합되어 있는 원하지 않는 연상작용의 통상적인 부담을 피할 수 있어서 자유로운 것이다. 일반적으로 나는 기술적 용어의 사용은 최소화했다. (모든 사람들이 이런 식으로 이야기한다는 것을 알고 있지만, 적어도 의도는 그러했다.)

'과학'이라는 단어에 대해서는 특별히 언급해 둘 필요가 있다. 경험적이고 체계적이며 엄밀하고 자기비판적이라는 온건한 눈금을 넘어선다면 어떤 종류의 방법들이 과학을 특징짓는가 그리고 물리학과 화학 같은 학문 분야들이 그것의 범례인가에 관해서는 동의가 이루어지지 않고 있다. 과학이라는 용어를 사용하는 대부분의 사용자들은 그 용어가 강한 존경을 수반하는 연상작용을 갖는다고 생각하면서 반대자들에게는 그것의 사용을 허용하지 않는다. 자신들의 특권적인 접근에 대해 서술적으로 모호한 그렇지만 존중되는 이 상표를 점유하고 독점하고자 시도하는 쓸모없는 강단적 경쟁에서 벗어나기를 원하는 사람들은 흔히, 과학에 관해 조심하지 않는 그리고 그 함의상 엄격성과 그밖의 장점들에 관해 조심하지 않는 이단으로 비난받는다. 아무도 그것의 장점에 반대하지 않을 것이지만, 물리학과 같은 범례들을 되풀이하는 것은 특히 도움이 되지 않는다. 무엇이 물리학의 방법인가에 관해서도 동의가 없을 뿐 아니라, 그 방법들이 사회에 대한 연구에 적합한가 하는 것도 자명하지 않다. 사실상 철학적 논쟁들의 핵심에는 바로 그 문제가 자리하고 있는 것이다. 이러한 강한 의미에서의 '과학'이라는 단어의 사용은 많은 저자들로 하여금, 정확히 주장해야 할 것을 손상시키게 만들었다. 그러므로 나는 이 책에서는 '과학', '자연과학' 그리고 '사회과학'이 단지 자연 및 사회를 연구하는 학문분과들과 같은 말로 사용되고 있다는 것을 분명히 하고자 한다. 이러한 분야들은 기껏해야 그것들이 가진 자기시험적이고 탐구적인 특성에 의해 일상적 지식과 구별된다고 할 수 있다. 그렇지만 이것은 많은 것을 이야기하는 것이 아니며 인문학의 옹호자들도 자신을 이런 규정 속에 포함시키고자 할 것이다. 달리 말하면, 내가 '과학'이라는 단어의 사용에 몰두하지 않는다고 하더라도, 그것이 엄격하고 효과적인 연구방법의 추구에 몰두하지 않는다는 뜻은 아니다. 오히려 그것은 그런 연구방법의 발견을 가로막는 중요한 장애물 중 하나를 치우려는 것이다.

방법에 대한 논의를 사회이론과 과학철학으로부터 격리시키는 데 대한 나의 공격을 고려해 볼 때, 독자들은 내가 곧장 특정 방법이나 기법에 대한 논의로 빠져들어가지 않을 것으로 기대할 수 있을 것이다. 제1장에서는 사회과학적 지식을 다른 종류의 과학들 그리고 실천과의 연관 속에 위치 지으면서 맥락 속의 지식을 살펴본다. 이 맥락을 무시한다면 이 위치가 과학의 내적 구조와 실천을 어떻게 모양 짓는가를 무시하게 되므로, 어떤 지식이론이던지 출발부터 취약해진다. 그리고 이것은 사회에 대한 연구들에 대해서 특히 중요한 고려사항이다. 왜냐하면 일상의 지식이 그 연구대상의 일부이며, 설명들의 경쟁적인 원천이기 때문이다. 자연과학과 사회과학에서의 주체와 객체 사이의 관계의 성질에 대한 논의는 그러므로 사회연구의 필연적으로 해석적이고 비판적인 특성으로 안내하는 기초를 제공한다.

지식의 맥락을 살펴본 뒤 제2장은 지식의 지위와 신빙성에 대한 몇 가지 지배적인 견해들을 검토한다. 과학이 관찰이라는 중립적 매개물을 통한 객관적 지식의 점진적 축적을 포함한다고 생각되던 시대는 지나갔다. 상대주의가 그리고 경험적 평가와 과학적 진보의 가능성에 관한 의심이 지배하는 확신의 위기가 그 자리를 대신했다. 우리는 가장 대중적인 논의들이 문제에 직면하는 바로 그 지점 ─ 사실과 관찰과 이론의 성질, 그리고 그것들 사이의 관계 ─ 에서 시작한다. 이것에 관해 조금이라도 진보를 이루기 위해서는, 그리고 방법에 관하여 납득할 만한 것을 조금이라도 이야기하기 위해서는 '이론'의 의미(철학적이고 방법론적인 문헌들에서는 지독하게 검토되지 않는)에, 그리고 지식의 언어학적 및 실천적 특성에 특히 주의를 기울여야 한다. 전통적으로, 과학적 지식의 객관성과 지위에 관한 의심은 진리의 성질에 관한 그리고 그것을 어떻게 확립할 것인가에 관한 논의를 포함해왔다. 이 책에서 우리는 이 문제들에 대해, 지식의 언어학적 및 실천적 특성들에 대한 무시에 대항하여, 진리(그리고 허위)의 개념이 일관되지 않는다는 것을 그리고 지식은 '실천적 적절성'에 입각하여 평가될 필요가 있다는 것을 주장하면서 상이하게 접근할 것이다. 이 장은 상대주의 문제에 대한 평가 그리고 이론들 사이에서의 논쟁의 해결방안에 대한 평가로 끝맺는다.

이것은 방법에 좀 더 초점을 맞춘 그 다음 장들에서의 논의의 기초가 된다. 이 장들에서는 방법, 객체의 성질 그리고 연구의 목적이라는 우리의 삼각형의 세 꼭짓점들 사이를 지속적으로 움직인다. 개념화와 이론화 활동에 대한 강조에 이어, 우리는 제3장에서 가장 '원시적인' 수준에서 그것의 중요하지만 미분석된 측면, 즉 추상화 그리고 추상적 연구와 구체적 연구 사이의 관계로부터 시작한다. 그 다음 사회관계와 구조, 그리고 추상화가 그것들을 어떻게 밝혀낼 수 있는가를 살펴본다. 그리고나서 우리는 흔히 추상화와 혼동되는 일반화의 성질을 밝힌다. 이 장은 사회과학에서의 실재론적 인과 개념, 그리고 그 개념이 인과 분석의 방법에 대해 갖는 함의를 논의하는 것으로 끝맺는다.

제4장은 존재론 또는 사회세계와 자연세계의 성질과 구조와의 관계 속에서 방법을 살펴본다. 첫째, 세계는 '층화'되어 있어서, 제도 등과 같은 특

정의 객체들은 그것들의 구성요소들로부터 발현되는 또는 그 구성요소들로 환원될 수 없는 힘을 갖는다. 둘째, 세계는 '개방체계(open sys- tem)'로 구성되어 있어서, 사건들의 규칙성은 기껏해야 대략적이고 일시적이다. 이어서 이러한 특징이 법칙 발견의 가능성에 대해 그리고 사회과학에서의 설명과 예측에 대해 갖는 함의가 평가된다. 그 다음 존재론적 사항들이 방법에 대해 갖는 그밖의 함의들도 검토된다. '합리적 추상' 그리고 추상을 그 객체의 구조에 감응하게 만들 필요, 세계 속의 필연성의 발견에 대한 이론 및 경험적 연구의 관계, 그리고 사회과학에서의 시간과 공간으로부터의 추상의 결과와 위험 등이 그것이다.

제5장은 이 책의 주된 논의로부터 이탈한다. 이 장은 철학과 방법론에서의 좀 더 정통적인 입장들에 친숙한, 그리고 더 나아가기 전에 이 입장들이 제기하는 몇 가지 반대들에 답할 필요가 있을 독자들을 위하여 마련된 것이다. 그렇지 않은 독자들이라면 제6장으로 '곧장 건너 뛰어도' 괜찮을 것이다. 주된 쟁점은 주류 과학철학에서의 일련의 연관된 문제들 – 그것들의 대다수는 특히 칼 포퍼(Karl Popper)의 저작과 연결되는데, 그는 특히 사회과학에 큰 영향력을 미쳤다 – 에 관한 것이다. 귀납, 원자론적 존재론, 인과 추정, 필연성, 본질주의, 논리와 연역주의 등이 그것이다.

제6장에서는 양적 방법을 다룬다. 앞에서와 마찬가지로, 그리고 방법에 관한 문헌들에서의 통상적인 처리와 대조적으로, 연구대상의 성질에 대한 양적 방법의 적합성, 수량화를 위한 범위, 그리고 개방체계가 모델화에 대해 갖는 함의 등과 관련하여 양적 방법을 평가한다. 그런 다음 모델 자체의 사용에 대한 그리고 가정의 역할에 대한 비판적 평가가 이어진다. 끝으로 양적 입장의 사용과, 사회를 원자적인 것으로 보는 독특한 견해 및 방법에 대한 견해 –오해를 불러일으킬 만큼 규칙성의 추구에 초점을 맞추는 그리고 개념화와 해석적 이해를 무시하는 – 사이의 공명을 검토한다.

제7장의 주제는 사회과학적 설명들과 이론들에 대한 평가 또는 검증과 반증이다. 적절한 방법은 아주 많다는 우리의 강조에 어울리게, 우리는 평가가 복합적이며 차별화된 작업으로, 연구대상 및 주장 형태의 차이에 따라 다양하다고 주장한다. 제8장은 정통 과학철학과 친숙한 독자들을 위한 두 번째 이탈로 포퍼류의 반증주의에 대한 비판을 제공한다.

제9장은 사회과학에서의 설명의 문제로 다시 돌아간다. 설명이 특징적으로 불완전하고 개략적이며, 우리의 방법 연구대상 연구목표의 삼각형의 관계에 따라 다양하다는 것이 입증된다. 그렇지만 연구자들은 종종 특정의 접근을 과잉 확대한다. 예컨대 일반화에 너무 많은 것을 기대한다. 그러므로 나는 주요한 연구형태들의 한계와 그것들 사이의 상관관계를 논의하고 상이한 종류의 연구설계들의 능력을 비교함으로써 그것들을 밝히고자 한다. 이 장은 우리가 처음 시작한 지식의 좀 더 넓은 맥락으로 되돌아가는 것으로 결론 맺어진다. 궁극적으로 설명의 문제에 관한 우리의 판단은 부분적으로는 우리가 사회과학의 비판적이고 해방적인 역할을 받아들이려 하는가 아니면 거부하고자 하는가에 좌우된다.

끝으로 보론에서는, 과학적 지식이 보통 문헌(texts)의 형태로 제시된다는 사실에 대한 근래의 관심이 담고 있는 몇 가지 함의에 관하여 언급한다. 논증하자면, 우리가 사용하는 수사법과 우리가 지식을 표현하는 형식은 의미의 중립적인 운반자가 아니라, 그 내용에 영향을 미치는 것이다. 이 영향이 일어날 수 있는 방식들이 간략히 조명된다. 많은 논평자들과 달리, 나는 이러한 관련 사항에 더 많은 주의를 기울일 필요가 있지만 그것들이 반드시 실재론을 위협하는 것은 아니라고 주장한다.

제1장

맥락 속의 지식

가능한 모든 과학적 질문들에 답했을 때조차도 삶의 문제는 완전히 건드려지지 않은
채 남아 있을 것이라고 우리는 생각한다.

비트겐슈타인[1]

　'방법'은 우리가 세계를 좀 더 잘 이해할 수 있도록 세계에 접근하는 주
의 깊게 고려된 방식을 시사한다. 방법에 관해 판단을 내리고자 할 때, 우
리 자신과 우리가 이해하고자 하는 것 사이의 관계의 성질에 대한 생각을
가지고 있다면 상당히 도움이 될 것이다. 그렇지만 방법에 관한 많은 주장
들은 지식을 그것의 맥락 속에서 고려하지 못함으로써 바로 이 근본적인
수준에서 길을 잘못 들어서게 된다.

　사회과학은 사회 속의 일상적 지식과 자연과학과 어떻게 연결되는가, 그
것은 단지 일상적 지식을 신비화하거나 재생산할 뿐인가, 그것은 자연과학
을 흉내 내야 하는가, 사회과학의 발견들이 시시하다는 그리고 실천적인
문제에 적합성을 갖지 못하고 있다는 것을 이유로 사회과학을 공격한 사람
들 가운데 일부는 이런 일이 사회과학이 자연과학의 '입증된' 방법을 사용

---

1) L. Wittgenstein, *Tractatus Logico-Philosophocus*(London: Kegan Paul, 1922).

하지 못한 것에서 기인한다고 주장했다. 또 다른 사람들은 이런 시시함이 바로 그러한 방법을 사용한 결과라고 주장했다. 사회과학이 실천에 대하여 '초연한' 입장을 취해야 하는가 아니면 사회발전의 과정에 적극적으로 관여해야 하는가에 관해서는 상이한 의견들이 존재한다. 어떤 사람들은 사회과학을 사회에 대한 자연과학이라고, 그러므로 사회공학(social engineering)을 통하여 적용될 수 있는 것이라고 생각한다. 또 다른 사람들은 자신의 역할이 공학자보다는 임상치료사와 공통점을 더 많이 가지고 있으며, 자신들의 목표는 자기 이해를 더욱 발전시키는 것이라고 생각한다. 그렇지만 사회과학의 역할이 사회에 대한 비판이라고 생각하는 사람들도 있다.

이 장에서 나는 추상적인 관점에서,[2] 지식 특히 사회과학이 발전되는 맥락, 그리고 그것이 실천과 그리고 그것의 대상들에 연결 지어지는 방식을 살펴볼 것이다. 이것은 이 책에서 위의 문제들을 논의할 수 있는 기초를 제공할 것이다. 여기서 제기된 문제들의 일부는 아마도 철학적 토론에 대해서조차도 낯설고 광범하게 느껴질 것이며, 피상적으로 본다면 일부의 답들은 자명해 보일 수도 있다. 그렇지만 그런 점들을 무시하거나 당연시 한다면 우리는 그것들이 사회과학의 실천에 자리 잡고 있는 기저적인 가정들에 어떻게 도전하는가를 깨닫지 못할지도 모른다. 참으로 그러한 문제들은 어떤 방식으로든 사회가 스스로를 체계적으로 오해한다는 것을 시사하기 때문에 사실상, 그것들의 중요성은 학계를 넘어 일상생활에까지 미친다.

과학방법론 및 과학철학에 관한 문헌의 가장 뚜렷한 특징 중 하나는 실천에 그리고 과학자들과 보통사람들이 하는 일에 지식이 연관되는 방식을 그것이 무시한다는 점이다. 이러한 문헌의 관례처럼 우리가 실천을 지식으로, 지식을 과학으로 그리고 과학을 관찰과 관조로 환원시킨다면 사회과학

---

2) 내가 '추상적 관점에서'라는 말을 사용하는 까닭은 지식사회학의 좀 더 구체적인 관심으로부터 나오는 이야기와 구별짓기 위해서이다.

및 자연과학과 그것들의 대상들 사이의 관계에 도달하는 것이 어렵다고 판명되는 것은 그다지 논란거리가 아니다. 지식의 실천적 맥락이 갖는 함의를 밝히기 위해서는 가야 할 길이 아주 멀지만, 나는 이 길을 적어도 출발은 하고자 한다.[3]

지식에 관한 몇 가지 잘못된 생각

나는 다음과 같은 (상호연관된) 잘못된 생각과 싸우는 것으로 시작하고자 한다.

① 지식은 순전히 세계에 대한 관조나 관찰을 통하여 획득된다.
② 우리가 알고 있는 것은 우리가 말할 수 있는 것으로 환원될 수 있다.
③ 지식은 사물이나 생산물로 간주되어도 문제가 없으며, 그것의 생산 및 사회적 활동에서의 사용에 대한 모든 고려와 무관하게 평가될 수 있다.
④ 과학은 간단히 최고 형태의 지식이라고 상정될 수 있으며, 다른 유형의 지식들은 과학에 의해 제거되거나 대체될 수 있다.

①과 ②는 매우 밀접하게 상호연관되어 있으며 함께 '지성주의적 오류' 또는 '편견'을 구성한다. 이 네 가지 잘못된 생각은 모두 사회과학과 사회

---

3) 자연 및 사회에 대한 지식의 실천적 특징을 보여주는 강력한 사례로는 자연과학에 관해서는 해킹(Ian Hacking)의 *Representing and Intervening*(Cambridge, 1983) 그리고 사회과학에 관해서는 부르디외(Pierre Bourdieu)의 *Towards a Theory of Practice*(Cambridge, 1977), *Distinction*(London, 1986)의 논의가 있다. 또한 라코프 (Lakoff)의 *Women, Fire and Dangerous Things: What Categories Reveal about the Mind*(Chicago, 1987)도 참조.

사이의 관계를 문젯거리로 만드는 데 기여한다.

①에 대항하여 나는 1차적으로 지식은 우리의 환경을 (노동이나 일을 통하여) 변화시키려는 시도 속에서의 활동을 통하여 그리고 다른 사람들과의 상호작용 – 공유된 자원, 특히 공통의 언어를 사용하는 – 을 통하여 획득된다고 주장할 것이다.[4] 세계에 대한 수동적 관조에 의해 지식의 발전이 촉진될 수도 있겠지만, 그것은 늘 이 두 가지 맥락의 존재를 전제하며 이 맥락은 우리의 관념과 언어 – 그 속에서 그리고 그것으로 우리가 사유하는 – 에 대하여 일종의 반응입력(feedback)이나 시험대를 제공한다. 개인들이 사회 – 그 속에서 그들이 어떻게 사유하고 행동하는가를 배울 수 있는 – 와 무관하게 지식을 발전시킬 수는 없다. 인간이 경험한 비사회화된 개인에 가장 비슷한 것은 '늑대-어린이'인데, 그는 인간세계의 외부에서 성장함으로써 말을 하거나 가장 단순한 추론을 행하는 것은 말할 것도 없이 두 발로 걷기도 힘들었다.

사람들과 그들의 관념이 우리의 지식의 대상에 포함되는 한, 지식과 실천의 관계는 수동적이며 순전히 성찰적인 것이 아니라 상호작용적인 것일 것이다. 이 점은 우리가 우리 자신에 관하여 사유하면서 우리의 '대상'을 바꿀 수 있는 자기성찰에서 특히 분명하다. 어떤 조건에서는 사회과학이 그것의 대상에 대하여 비슷한 효과를 가질 수 있다. 더구나 진리의 추구, 즉 사회적 지식에서 환상을 제거하려는 노력은 성찰적인 지식 즉 검토된 지식을 허위의 믿음 및 사회에서의 그것의 영향에 대해 비판적인 관계 속에 놓는다. 이러한 의미에서 사회과학의 역할은 그리고 아마도 인문학들의 역할도 또한 비판적, 임상치료적 그리고 심지어는 해방적일 것이다. 예컨대 남성성과 여성성의 의미에 관한 주장이나, 경기침체의 성질에 관한 주장 또는 국제정치에 관한 주장은 사회의 외부에서 경쟁하는 외부적 서술들로서

---

4) J. Habermas, *Knowledge and Human Interests*(London, 1972).

행해지는 것이 아니다. 그것들은 사회적 과정 자체의 일부이다. 이 점은 뒤에서 간략히 발전시킬 것이다.

지식에 대한 관조적 견해의 또 다른 측면은 지식과 언어의 유일한 기능이 '명제적'[5](세계에 관한 명제를 만드는 것)이라는 또는 '준거적'이라는 가정이다. 이러한 견해는 지식이 '무엇이 사실인가' 또는 '어떤 것을 알기' 뿐 아니라, '어떻게를 알기(know-how)', 즉 어떤 것(그것이 물리적 행위이거나 다른 사람들과의 성공적인 의사소통이거나)을 어떻게 할 것인가를 아는 것과 관련되어 있다는 점을 간과하고 있다.

지성주의적 오류의 두 번째 구성요소, 즉 잘못된 생각 ②는 이것과 긴밀하게 결합되어 있다. 그것은 발성되거나 기술된 형태의 지식을 떠받드는 그리고 이러한 것들이 의미가 의사소통되고 지식이 '운반되고' 적용될 수 있는 유일한 방식이라고 상상하는 경향과 관련된 것이다. 이런 경향과 함께 언어적 능력을 크게 필요로 하지 않는 그럼에도 불구하고 실천적인 능력을 포함하는 형태의 실천적 지식들을 손상시키는 경향이 생겨난다. 일상적 지식의 대부분은 이런 실천적 형태를 취한다. 어린이는 언어를 습득하기 이전에 많은 것들을 배운다. 우리는 알아차리고는 있지만 말로 표현할 수는 없는 그리고 보통은 그것의 대부분을 자각하지 못하고 있는 많은 능력들을 가지고 있다. 모든 사회적 행위가 그것이 말(言)의 형태로 우리 머릿속에 내면화되었더라도 언어적으로 획득되고 매개된 것은 아니다. 우리가 하고 있는 것들의 대부분은 '합리적 선택' 모델을 기초로 진행되고 있는 것이 아니라, 친숙한 상황에의 학습된 적응을 포함한다. 부르디외(Bourdieu)는 그 적응에 대하여 이렇게 말한다.

---

5) J. Lyons, *Language, Meaning and Context*(London, 1981).

의식적으로 추구되는 목표를 명백하게 겨냥한 것의 결과도 아니고, 외부
적 원인들에 의한 어떤 기계적 결정의 결과도 아니며 …… 실천적 감각에 의
해, 즉 우리가 경기감각이라고 부를 수 있는 것에 의해 안내된 것이다.[6]

사회과학적 지식은 실천적이기보다는 1차적으로 명제적이거나 준거적인
데, 이 사실로부터 우리는 왜 그 지식이 우리가 어떻게 살 것인가를 결정하
는 데 간접적으로밖에 도움을 줄 수 없는 듯 보이는가에 관하여 즉각 약간
의 단서를 제공받을 수 있다. 의심할 것 없이 사회과학에서의 이른바 '가치
개입'의 위험에 대한 공통의 공포도 또한 그것의 실천적 적용을 방해한다.

또한 이러한 지성주의적 편견을 강화하는 물질적 조건도 있다. 일반적
으로 학자들은 사회적 분업에서 세계에 대하여 관조적 관계에서 명제적 형
태의 지식을 발전시키는 일에 비상하게 우위를 부여하는 그런 자리를 차지
하고 있다. 이렇게 제한된 그렇지만 특권적인 맥락 속에서는 마치 명제적
지식과 언어적 의사소통만으로 살아갈 수 있는 것처럼 만들고 수행하는 활
동보다 말하고 글 쓰는 활동이 숭상된다. 뒤에서 볼 것처럼 놀랍지도 않게
사회과학자들이나 철학자들 또는 지식인들은 자주 이러한 특징을 그들의
연구 대상인 사회에 투사함으로써, 사회적 행위가 실천적 의식 — 모호하고
검토되지 않은 — 에 의해 안내되는 정도를 낮게 평가한다.[7] 사회과학자들
이 그 의식을 검토할 수도 있겠지만, 그러한 검토의 결과가 원래의 것과 혼
동되고 그것에 역투사되어서는 안될 것이며, 또한 그것의 실천적 배경으로

---

6) P. Bourdieu, "Vive la crise: for heterodoxy in the Social Science," *Theory and
   Society* 17(1988), p. 780.
7) 담론적 의식과 실천적 의식의 구별에 대해서는 기든스(Giddens)의 *Central Prob- lems
   in Social Theory*(London, 1979)를 참조. 학자들의 위치가 갖는 함의 그리고 학자들이
   실천적 지식을 담론적 지식으로 잘못 표현하는 것에 대해서는 부르디외, 특히 그의
   Outline of a Theory of Practice(Cambridge, 1977)가 가장 풍부하게 탐구하고 있다.

부터 분리되어서도 안 될 것이다. 이 문제에 관해서는 제3장에서 더 이야기할 것이다. 학자들은 거의 모든 것들에 관해 성찰할 수 있는 정도의 자유를 누리고 있음에도 불구하고, 사회적 분업에서의 그들의 위치에 의해 제한된 지평은 실천적이고 전략적인 능력과 관련된 곳에서는 맹점을 조장한다. 지능과 능력에 대한 지성주의적 및 언어주의적 견해를 일방적으로 강조하는 우리 교육체계의 편향성은 부분적으로 이것의 탓으로 돌릴 수 있다.

이렇게 쓰면서 책 속에서 나는 이런 편견에 대하여 분명히 단지 내부로부터만 싸울 수 있는 것이다.

잘못된 생각 ③은 지식을 우리의 외부에 존재하며 우리가 '소유'할 수 있는 그리고 우리의 머릿속에나 도서관에 최종적인 형태로 저장할 수 있는 사물이나 생산물로 생각하는 공통의 경향과 관련된 것이다. 지식에 대해 우리는 '알아나감(knowing)'에 입각해서 생각하는 것이 아니라, 또한 의식으로서 되어감의 과정에 있거나 '해결되어 가는' 것이 아니라, 이미 '예비된' 사물로 생각하는 경향이 있다.[8] 지식을 발전시키고 공유하는 데에는 활동이 포함됨에도 불구하고, 이 능동적 측면은 (되풀이하면, 지성주의적 편견의 결과로) 간과되는 경향이 있다. 그 자체로 그것은 사회세계를 **물상화**하는 공통된 경향 — 즉 능동적이고 의식적인 사회적 관계와 과정을 우리와 무관하게 존재하는 사물로 바꾸며 그에 따라 우리는 그것을 '존재함(being)'이 아니라 '소유함(having)'에 입각하여 사유하게 되는 — 의 한 사례이다.[9] 비록 접근의 편리를 위하여 내가 지금 '알아나감'이라는 물상화되지 않은 그렇지만 낯설고 모호한 말 대신 물상화된 명사형의 '지식(knowledge)'이라는 말을 사용하지만, 나는 이것에 의해 조장될 수 있는 잘못된 생각에 대항하고자 한다.

이러한 정태적 견해와 싸우기 위해서는 지식의 생산을 하나의 사회적 활

---

8) R. Williams, *Marxism and Literature*(Oxford, 1977), p.133ff.
9) E. Fromm, *To Have or To Be*(London, 1976).

동으로 파악하는 것이 필수적이다.10) '지식'을 발전시키기 위해서는 우리
가 그것에 대해 그리고 그것을 가지고 일할 수 있는 원료와 도구가 필요하
다.11) 이것들은 물질적이면서 동시에 언어적이고 개념적이며 문화적인 것
이다. 세계를 이해하고자 시도하면서 우리는 다른 '원'재료 — 자료형태의 지
식, 기존의 주장, 정보 또는 그밖의 무엇이거나 — 에 대해 일하기 위하여, 어떤
것이든 얻을 수 있는 문화적 자원으로부터 이끌어낸 기존의 지식과 기술을
사용한다. 오직 이러한 활동, 이러한 과정에 의해서만 지식은 재생산되거
나 변형된다. 지식은 결코 무(無)로부터 창조되는 것이 아니다. 바스카를 빌
려 말한다면, 생산물로서나 자원으로서나 기술로서의 지식은 즉 그것의 모
든 형태에서의 지식은, '인간 주체의 늘 존재하는 조건이며, 동시에 지속적
으로 재생산되는 결과물이다.'12) 과학은 사물이 아니라 사회적 활동이다.

지식에 관한 네 번째의 공통된 잘못된 생각은 과학주의와 관련된 것이
다.13) 일반적으로 철학은 아무런 제한 없이 질문할 수 있다고 받아들여짐에
도 불구하고 영미의 과학철학 및 사회과학철학에는 간단히 과학을 누구나
그것을 열망하는 최고의 지식 형태로 상정하는 놀라운 경향이 존재한다. 이
것은 지성주의적 편견과 공명하며 그것을 강화한다. 과학철학에 관한 아주
많은 문헌들이 이것을 그들의 출발점으로 삼고 곧 과학의 내적 절차에 대한
서술이나 처방으로 옮겨간다. 그렇지만 과학의 지위에 대한 그리고 과학이
다른 종류의 지식들과 어떻게 연결되는가에 대한 이러한 무질문적 태도는

---

10) B. Barnes, *Interests and the Growth of Knowledge*(London, 1977), ch.1.
11) R. Bhaskar, *The Possibility of Naturalism*(Hassocks, 1979).
12) Ibid., p.43. 그리고 기든스(Giddens)의 *Central Problems in Social Theory*(London, 1979)의 '구조화'에 관한 부분도 참조.
13) 하버마스(J. Habermas)의 *Knowledge and Human Interests*와 그의 "The analytical theory of science and dialectics," in T. Adorno et al., *The Positivist Dispute in German Sociology*(London, 1976) 참조.

경험적 연구, 추론 양식들, 설명과 시험의 모델 등에 대한 내적 절차의 문제에 대한 전체적인 논의를 비뚤어지게 한다.

상이한 형태의 지식은 상이한 기능과 맥락에 충당된다고 나는 주장할 것이다. 예컨대, 공학은 자연을 우리의 설계에 맞춰 움직이게 하는 과제를 위한 것이며 윤리학은 사회 속의 사람들의 행위를 조화시키기 위한 것이다. 그러나 이러한 맥락들은 상호배타적인 것이 아니라, 중첩된 것이다. 과학적 실천은 여러 형태의 지식을 포괄하며, 그 중에는 과학주의가 일반적으로 비과학 또는 심지어 반(反)과학이라고 배제하는 것도 일부 포함된다. 이러한 '과학주의'의 입장을 취하는 많은 철학자들은 윤리적 결정을 무이성적이고 순전히 정서적인 것이며 과학의 일부가 아니라고 취급해왔다. 이와 대조적으로 과학은 순전히 사실의 사항을 다루며 '무엇이 사실인가' 하는 이성적이고 객관적인 질문을 다룬다. 그렇지만 과학은 또한 전문화된 사회적 활동이며, 그 자체로 무엇이 적절한 행위이며 무엇이 부적절한 행위인가를 지배하는 규칙을 필요로 한다. 정직한 보고나 비논리적 주장에 대한 거부 등과 같은 윤리적 원칙이 없다면 과학은 존재할 수 없다. 달리 말하면, 과학적 지식은 바로 그것의 기초에 '과학주의'가 부인하거나 배제하고자 또는 경멸하고자 하는 종류의 지식을 전제하고 있는 것이다.[14] 배제된 그렇지만 중첩된 다른 형태의 지식들도 뒤에서 짧게 살펴볼 것이다.

몇 가지 상이한 종류의 지식을 논의하고 이제 지식이 발전되는 맥락과 그것이 어떤 영향을 미치는가를 알아보겠다.

---

14) Ibid.

지식, 일 그리고 의사소통적 상호작용

지식은 두 가지 주요한 형태의 맥락 속에서 발전되고 사용된다. 일(또는 '노동')과 의사소통적 상호작용이 그것이다.[15] 이 두 맥락들은 밀접히 연관되어 있지만, 어느 것도 다른 것으로 완전히 환원될 수는 없다. '일' 또는 '노동'으로 나는 자연의 어떤 부분 ― 그것이 손닿은 적이 없는 자연이거나 아니면 이미 상당히 변형된 자연이거나, 즉 그것이 광업이거나 운송이거나 기계의 제작과 활용이거나 또는 봉투 속에 편지를 넣는 것이거나 ― 을 변형, 수정, 이동 또는 조작하려는 의도의 인간 활동 종류를 의미한다. 이런 활동들은 모두 인간의 목적에 맞춘 물질의 조작을 포함한다.

동물들의 움직임과 달리, 인간의 노동은 의식적이다. 일하는 사람은 목표에 대하여, 즉 일의 최종적인 산물에 대하여 일정한 생각을 가지고 있다.[16] 노동이 완전히 습관적인 것이 된 곳에서조차도 우리는 이런 목표를 다시 찾아 낼 수 있다. 우리는 우리의 물질적 작업의 진보를 검출할 수 있을 뿐 아니라 검출 결과들을 기록하고 성찰할 수 있으며, 작업에 대하여 그것들을 다른 사람과 토론하고 새로운 방법과 목표나 기획을 만들어낼 수도 있다. '알아나감'의 과정은 이 맥락에서 일의 결과로부터의 반응입력을 통하여 (세계를 수동적으로 관찰하는 것 ― 세계가 우리의 외부에 있는 것처럼 그 세계를 우리의 지식이 성공적으로 '반영하는가'를 알기 위하여 ― 을 통한 것뿐 아니라, 자연 속에서 작동하는 자연의 힘의 하나로서의 물질적 활동의 결과로부터)

---

15) *Knowledge and Human Interest* 또한 Sayer, "Epistemology and conceptions of people and nature in geography," *Geoforum* 10(1979) 참조.

16) 의사소통적 상호작용에 관해서는 그다지 그렇지 않지만, 일에 관한 이러한 언급은 마르크스의 저작에서 이끌어낸 것이다(Marx. *Early Writings*(London, 1975); *Grundrisse*(London, 1973); A. Schmidt, A. *The Concept of Nature in Marx*(London, 1971) 참조).

일종의 점검을 이끌어낸다. 자연과학은 그 자체로 결코 관찰 및 개념화에 그치는 사안이 아니다. 자연과학 실행자들은 대부분의 시간을 자연에 개입하는 데, 즉 자연에 대해 무슨 일을 가하는 데, 실험이 작동하게 하고자 시도하는 데 보낸다.[17] 우리가 일하면서 사용하는 실천적 지식을 검출하고 점검할 때 문제가 되는 것은 세계에 대한 수동적인 '반영'이나 '재현'이 아니라 이러한 변형 – 지식의 이러한 능동적인 '객관화' – 의 성공 또는 실패이다. 이것은 차례로 우리가 지식을 평가하거나 시험하는 방법에 영향을 미치게 된다. '인간의 사유에 객관적 진리성이 부여될 수 있는가 여부는 이론의 문제가 아니라 실천의 문제이다. 인간은 실천 속에서 자신의 사유의 진리성을, 즉 그것의 실재와 힘을 증명해야 한다.'[18]

인간의 삶이 노동에 의존함에도 불구하고, 인간의 목적에 맞추어 자연을 변형시키는 것으로서의 노동은 놀랍게도 철학에서 그리고 사회과학에서조차 거의 주목받지 못했다. 아마 이것도 자신의 삶의 양식을 자신이 연구하는 객체들의 삶에 투사하는 강단학자들의 사례일 것이다. 사람들이 그들 자신의 삶을 영위해 가는 수단을 무시하는 경향이 단지 영화와 대중 소설에서만 나타나는 것은 아니다. 대부분의 사회이론들도 사람들이 그들 자신의 삶의 수단을 어떻게 (재)생산하는가에 대해서는 고려하지 않은 채 사회가 어떻게 조직되고 있으며 그것이 어떻게 응집되는가에 대해서만 주의를 기울인다. 그렇지만 노동은 사람과 자연 사이의 가장 변형적인 관계이다. 그것은 물질적인 과정이면서 동시에 의식적인 과정이다. 그것은 순전한 물리적 행위로 또는 수동적인 관조로 환원될 수 없다.[19] 노동은 지식과 세계

---

17) Hacking, *Representing and Intervening.*
18) Marx, "Second thesis on Feuerbach," in C. Arthur(ed.), *The German Ideology*(London, 1974), p.121.
19) Ibid.

사이의 간격(지식인의 편견에 의해 그리고 자본주의에서의 노동과 '생활'의 현실적인 분리에 의해 확대된 간격)을 연결하는 '보이지 않는 연결고리'이다.

노동은 또한 인간의 발전 또는 '자기변화'를 이해하는 데 핵심적이다. 우리의 사회적 및 자연적 환경을 변화시키면서 우리는 사회와 그 사회의 사람들의 성격을 모양짓는 힘과 조건들을 변화시킨다. 새로운 종류의 노동과 사회관계가 발전되면 사람들은 새로운 욕구를 발전시킨다. 달리 말하면 인간은 '스스로를 변화시킬 수 있는', 즉 그들 자신의 역사를 만들 수 있는 (마르크스가 지적하였듯이 '인간은 자기 마음대로 자신이 선택한 환경 아래서 역사를 만드는 것이 아니라, 과거로부터 주어지고 물려받은 직접 부딪히는 상황 아래서 역사를 만들지만')[20] 능력을 가지고 있다. 달리 말하면 역사는 사람들에게 일어날 뿐 아니라 사람들에 의해 의식적·무의식적으로 만들어진다. 사람을 행위주체나 생산자가 아니라 역사의 수동적인 대상이나 지식의 단순한 운반자로 취급하는 사회 개념들(평범한 것이거나 과학적인 것이거나)은 모두가 그 대상과 그 자신을 잘못 제시하게 되어 있다.

지식의 두 번째 기본 맥락은 '의사소통적 상호작용'이다. 이 말로 나는 사람들 사이에서의 의미의 공유나 전달을 포함하는 상호작용들을 뜻한다. 그것은 결코 말이나 글로 이루어지는 의사소통에 한정되지 않고 신호와 관습과 개념과 그림과 규칙 그리고 행위의 의미에 대한 이해를 전제하는 온갖 종류의 활동들을 포함한다. 의사소통이 언어적인 곳에서조차도 흔히 중요한 비언어적 차원이 존재한다. 취업 면접이 명백한 사례인데, 이 경우 면접자와 피면접자는 말을 주고받는 것에 포함된 기술에 더하여, 해석과 자기표현과 '인상관리'의 광범한 기술들에 의존한다.[21]

---

20) K. Marx, *The Eighteenth Brumaire of Louis Bonaparte*(London, 1926).
21) E. Goffman, "The presentation of self," in D. Potter et al., *Society and Social Sciences*(London, 1981).

역설적으로 언어로 표현되지 않은 지식은 무시되는 일이 통상적이었지만 근래까지도 사회과학자들과 방법론 학자들은 언어가 투명하고 문제없는 매개물에 지나지 않는 것처럼 그들의 지식의 언어적 성격을 당연한 것으로 취급해왔다. 숙고하건대 언어를 효과적으로 사용하는 능력을 방법론이 세계를 이해하고 설명하는 우리의 능력과 무관한 것으로 취급하는 것은 이상한 일로 생각된다. 일반적으로 기술적인 분석기법들에는 주의를 기울이면서도, 우리가 세계를 특징짓는 데 사용하는 언어에 대해서는 매우 불균형하게 성찰하고 있다. 그러므로 언어를 현재의 무시당하는 위치로부터 들어올려 (그것의 맥락으로부터 추상해서는 안 되지만) 제자리에 놓을 필요가 있다.[22]

언어는 그것의 사용자들이 의도하는 것을 넘어서는 그 자체의 효과를 가지고 있다. 언어의 여러 구성요소들 사이의 결합의 움직임과 맥락 사이의 상호작용으로부터 생겨나는 가능한 의미들은 부분적으로는 언어의 구조에 의존한다. 우리는 언어에 대해 우리가 사용자로서 그것을 가지고 또 그것을 통하여 말을 하는 어떤 것이라고 생각하는 데 익숙하다. 그렇지만 어떤 의미에서는 정반대도 역시 사실이다. 내가 이 책의 유일한 필자인 것은 아니다. 내가 부분적으로만 의식하고 있는 학술적 문헌의 언어와 담론형태의 구조가 나를 통하여 발설되는 것이다. 한 수준에서는, 우리는 이것이 집을 짓는 것 등과 같은 모든 생산활동과 유사하다고 말할 수도 있다. 재료의 성

---

22) 불행하게도 언어와 그것의 효과에 대한 관심은 언어를 그것의 맥락으로부터 기묘하고도 터무니없게 추상하는 구조주의 및 탈구조주의적 저작에 의해 발전되어 왔다. 여기서는 행위자와 사회와 세계가 언어나 담론으로 붕괴되며, 담론의 외부에는 아무 것도 존재하지 않는다고 주장되기 때문에 세계에 대한 우리의 지식의 지위는 평가될 수 없다. 나는 제2장에서 이러한 결론이 거부될 수 있다는 것을 제시할 것이다[T. Eagleton, *Literary Theory: An Introduction*(Oxford, 1983); C. Norris, *The Contest of Faculties*(London, 1985); R. Williams, *Marxism and Literature*; K. Baynes et al., *After Philosophy*(Cambridge: Mass, 1987)].

질이 집을 짓는 사람의 노동과 똑같이 결과의 성질을 결정하기 때문이다. 그렇지만 언어의 효과가 벽돌이나 철근의 효과처럼 고정된 것은 아니다. 언제나 새로운 해석이 가능하며, 결코 미리 정해질 수 없는 것이다.

둘째, 전혀 사회화되지 않은 고립된 개인에게는 언어가 존재할 수 없다. 언어는 사회적 상호작용의 매체이면서 산물이기 때문이다.[23] 명제적 지식은 언어 속에서 얻을 수 있는 개념들에 입각하여 구성되고 표현되며, 우리는 명제에 대하여 의사소통적 상호작용을 통하여 **상호주관적으로** 확인하고자 한다. 과학적 공동체들에서는 사유의 엄격성을 추구하기 위하여 이러한 종류의 점검이 고도로 정식화되어 있다.

셋째, 언어는 표출적 기능을 갖는다. 느낌의 표현은 특히 개인적이고 개별적인 듯 보일 수도 있지만, 그것이 그 자체의 언어 속에서 얻을 수 있는 용어들로 행해지는 것은 아니며, 그러므로 사회적 차원을 갖는다.

넷째, 우리의 지식의 대부분은 그리고 우리의 언어 사용의 대부분은 세계에 관한 명제를 만들거나 우리의 느낌을 표현하는 것과 관련되는 것이 아니라, 사회에서 우리가 질문을 제기하고 명령하고 논쟁하며 존경을 나타내거나 경멸을 보이며 관계를 형성하는 그리고 일반적으로는 우리의 업무를 수행하는 수단을 제공함으로써 직접적으로 사회적 기능을 갖는다.[24] 지식이나 언어를 사회적 맥락의 외부에 존재하는 것처럼 취급할 수 있는 경우는 존재하지 않는다. 많은 철학자들이 그러하듯 우리의 이해 관심이 1차적으로 지식의 진위(그것의 사회적 기원과 무관하게)에 있다 하더라도 진위에 대한 판단은 상호주관적인 평가를 필요로 한다는 것을 기억해야 한다.

나는 분석적이고 서술적인 편의를 위하여 지식의 노동적 맥락과 의사소통적 상호작용적 맥락을 구분하여 다루었다. 실제에서는 이 두 가지 맥락

---

23) Marx, *Grundrisse*, p.84를 참조.
24) Lyons, *Language, Meaning and Context*, Williams, *Marxism and Literature*, ch.2 참조.

이 상호의존적이기 때문에 이런 방식의 논의는 우리에게 매우 잠정적이고 조악한 개괄만을 제공한다. 단순한 동물의 행동으로부터의 인간노동의 발전은 동시에 높은 수준의 의사소통(이것을 통하여 사람들이 노동에서 사용하는 '도구적' 지식을 획득하고 발전시킬 수 있는)의 발전을 요청한다.

의미체계는 사회적 상호작용 과정에서 사람들에 의해 **협상된다.**[25] 의미체계는 그 자체로 **협약적**(conventional) 특성을 갖는다. 그것은 개인들의 행위들을 연결지을 수 있는 협약이 된다. 화폐와 연결된 의미체계는 훌륭한 사례이다. 그렇지만 모든 협약들이 똑같이 작동하지는 않을 것이다. 우리가 생존하기 위하여 수행해야 하는 **성공적인** 노동과 상호작용에 정보를 제공할 수 있는 협약들은 선호될 것이며, 성공적인 기획에 정보를 제공할 수 없는 (그렇다고 상호주관적으로 동의된) 협약은 제거될 것이다. 모든 지식이 활동의 기초로 구실하지는 않는 까닭은, 자연 및 그것의 물질적 과정(인간의 활동을 포함하는)이 그것에 대한 우리의 지식과 무관하게 존재하는 독특한 구조와 속성을 갖기 때문이다.[26] 자연에의 우리의 개입에 대한 상호주관적인 점검을 통하여 우리는 실천적으로 가능하게 보이는 활동들과 일치되는 우리의 언어와 지식을 발전시키고자 한다. 의미의 사회적 결정에서의 권력과 지배의 존재는 이러한 상황을 단지 약간만 수정한다. 왜냐하면 권력 있는 것들은 또한 가능한 것들의 영역에 의해 속박되기 때문이다. 이 점에 대해서는 뒤에 다시 논의를 발전시킬 것이다.

인간의 노동과 의사소통적 상호작용이 매우 상호의존적이지만, 하나를 와해시켜 다른 하나 속에 집어넣을 수는 없다.[27] 최대로 말하면 의사소통

---

25) C. Taylor, "Interpretation and science of man," *Review of Metaphysics* 25.

26) Bhaskar, *Possibility of Naturalism*, p.31.

27) 특히 마르크스는 그의 후기 저작들에서 의사소통적 상호작용을 노동 속으로 와해시켜 집어넣는 경향을 보인다. 이러한 환원은 사회주의 사상과 실천에 해로운 영향을 미쳤다[Habermas, *Knowledge and Human Interests*; A. Wellmer, *Critical Theory of*

이 힘든 일이라고 하더라도 그것을 세계에 대한 물질적 변형으로 완전히 환원시킬 수는 없다. 의미에 대한 해석과 가장 수동적인 형태의 관조조차도 두뇌 속에서의 물질적 과정을 포함하지만 의미가 그 과정으로 환원되지는 않는다. 어떤 사람이 말을 하고 있을 때 그의 두뇌 속에서 작동하는 화학적이고 물리적인 과정을 관찰할 수 있다고 하더라도 그 말을 이해하기 위해서는 여전히 그가 말하고 있는 것의 의미를 알아야 할 필요가 있다. 역으로 물질을 변화시키는 것으로서의 작업 또한 의미의 공유나 해석으로 완전히 환원될 수는 없다.

지식의 맥락에 관한 잘못된 생각은 사회과학자들이 자신들의 연구대상 및 그들 자신의 행위에 대해 갖는 견해를 왜곡시킬 수 있다. '급진적 행태주의'로 불리는 접근은 좋은 사례를 보여준다. 그 접근의 옹호자들은 사람들이 그들 자신의 행위에 그리고 다른 대상들에 부착시키는 의미는 그들이 수행하는 것의 결정에서 아무런 구실도 하지 않는다고 주장한다. 그러므로 지식은 실천으로부터 분리된다. 물론 이것은 급진적 행태주의자들 자신의 행위에 대한 그들의 견해에 대해서도, 그들의 관념은 그들의 행위와 무관한가 하는 질문을 야기한다. 이것은 터무니없음이 명확히 드러나는 극단적인 사례이며, 흔히 다른 잘못된 견해들에서는 훨씬 덜 분명하다. 그럼에도 불구하고 사람들이 상황에 부여하는 의미의 대부분을 무시하는 것은 사회과학자들에게서 (비록 그렇게 하는 것을 원칙의 문제라고 주장하는 사람은 거의 없지만) 예외적인 일이 아니다. 철학과 방법론을 논의하면서 급진적 행태주의를 받아들이는 사람은 거의 없지만 실제의 사회과학적 작업에서는 그것에 근사한 방식의 연구가, 특히 일부 자연과학에서 볼 수 있는 것과 동일한 법칙적인 경험적 규칙성을 추구하는 것을 자신의 임무라고 생각하는 사람

Society(Berlin, 1972); R. J. Bernstein, The Restructuring of Social and Political Theory(Oxford, 1976)].

들의 작업에서는, 흔히 나타난다. 이 때문에 잘못된 생각을 좀 더 살펴보는 것이 중요하다.

주체와 객체 사이의 관계

'맥락 속의 지식'에 대한 이러한 설명은 '주체'와 '객체' 사이의 관계를 검토함으로써 더 발전되고 더 명확해질 수 있다. 앞의 논의의 대부분에서 '주체'(때로는 '지식-주체')는 관찰자나 탐구자나 또는 단순히 '사유자'를 가리키며, '객체'는 연구되고 있는 것으로 정의된다. 나는 이러한 정의에 대하여 두 가지 제한이나 부가조항을 덧붙이고자 한다. 첫째, 현재의 단계에서는 과학적 지식과 그밖의 종류의 지식 사이의 유사성과 연관성을 찾아내고자 한다는 이유 때문에 나는 앞에서와 마찬가지로 '주체'의 의미를 과학자에 한정하지 않으려 한다. 둘째, 나는 변동을 일으키는 창조적 행위주체로서의 '주체'라는 좀 오래된 의미를 포함시키고자 한다. 이러한 부가조항의 핵심은 처음부터 관계의 개념을 수동적이고 사변적인 양식의 것에 한정하지 않으려는 데 있다.

관계에 대한 몇 가지 순진한 견해를 소개하고 비판하는 것으로부터 시작하여 자연과학 및 사회과학에 적용되는 대안적인 견해를 발전시키는 데로 나아가고자 한다. 이것은 자연과학과 사회과학의 유사성과 차이에 대한 그리고 그것들에 대한 대조적인 접근들에 대한 논의로 이어질 것이며, 끝으로 우리는 사회과학이 어떻게 일상의 지식과 실천으로 연결되는가의 문제로 되돌아갈 것이다.

이 주제에 관한 대부분의 견해의 배후에는 다음과 같은 일련의 이원론 또는 이분법들을 포함하는 개념틀이 자리 잡고 있다.

사람 — 자연

개인 — 사회

주체 — 객체

사유 — 행위

정신 — 물질

마음 — 육체

지식 — 실천

믿음 — 사실

언어의 표현적 기능 — 언어의 준거적·명제적 기능

이 대비의 틀은 우리의 문화 속에 깊이 뿌리내리고 있는 것이며, 그것을 벗어나서 사유하기는 사실상 힘들다. 그것은 상식 속에 내재되어 있을 뿐 아니라 대부분의 영·미의 철학 및 사회과학 문헌들에서 나타나고 있다. 그럼에도 불구하고 이 이원론들이 우리에게 '제2의 본성'이며 아마도 전혀 해롭지 않은 것으로 보일지라도, 나는 이것들 하나하나가 세계에 대한 그리고 우리 자신에 대한 우리의 지식에 문제를 야기하는 잘못된 견해에 사로잡혀 있다고 주장할 것이다. 이 이원론들은 단독으로 작동하는 것이 아니라, 서로를 강화하면서 결합하여 작동하며 그러므로 도표의 한쪽 항목들에서는 의미와 연상이 하나로부터 다음 것으로 '스며든다.'

나는 이미 이 틀이 야기하는 문제들의 일부를 암시하였지만, 그 함의를 밝히는 작업은 아직 시작조차 하지 않은 셈이다. 여기에는 다음이 포함될 것이다.

① 노동과 활동은 배제되고, 일종의 망각 속으로 추방된다. 따라서 사람들은 사회와 그들 자신의 활동으로부터 분리되며, 이 때문에 우리는

사유가 자연과 사회 속에서 실질적으로 어떻게 관련되며 어떻게 기능
하는가를 알기 어렵다. 이것은 부적절한 지식이론(인식론)뿐 아니라
우리 자신에 대한 소외된 견해를 함축한다.

② 또한 사회관계와 상호주관성의 배제는 사회를 개인들의 집단이나 느
슨한 덩어리에 지나지 않는 것으로 환원시키는 경향이 있기 때문에,
이 틀은 소외적이다. 동시에 이 틀은 언어의 사회적 기능을 모호하게
만든다. 참으로 상호주관성 – 언어가 (재)생산되는 맥락으로서의 – 의
생략은 언어 일반을 이해하기 어렵게 만든다.

이런 점들은 주체-객체 관계의 모델들에 대한 비판의 과정에서 내용을
갖추게 될 것이다.

가장 단순한 모델은 이 개념틀에 아주 알맞다(〈그림 1-1〉 참조). 여기서
주체 S는, 객체 O에 관한 정보를 관찰하고 기록한다. 앞에서의 우리의 논
의에 기초를 둔다면, 그 관계 속에 활동, 특히 노동이 포함되도록 우리는
이것을 정정할 수 있다.

주체는 객체에 관해 사유할 수 있게 하는 언어를 가져야 한다는 것도
논증할 수 있다.[28] 언어의 사회성을 고려하면, 〈그림 1-1〉에서의 주체-
객체 관계는 사회관계, 또는 어떤 언어 공동체 속의 '주체-객체 관계'의 존
재를 전제할 수밖에 없다.[29] 보통 언어공동체는 내적으로 분화되어 있으
며 그들 자신의 어떤 언어적이고 개념적인 자원 – 그것이 물리학, 경제학, 농
업, 조리, 컴퓨터프로그래밍, 또는 그밖의 자원이거나 – 을 가지고 있는 전문적
인 하위집단들을 포괄한다. 주체-객체 관계에 대해 이 사회적 맥락이 부수

---

28) 자신들이 사회로부터 독립된 자기완결적인 개인들이라고 상상하는 사람들은 그들 자신
이 이야기하거나 읽을 때마다 언제나 스스로 모순을 저지르는 것이다.
29) A. Giddens, *New Rules of Sociological Method*(London, 1976).

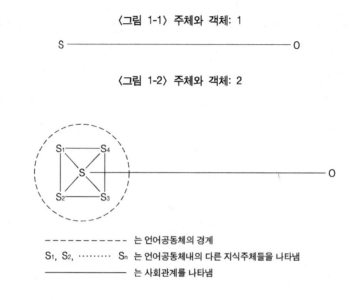

〈그림 1-1〉 주체와 객체: 1

S ————————————————————— O

〈그림 1-2〉 주체와 객체: 2

- - - - - - - - - - 는 언어공동체의 경계
S_1, S_2, ········ S_n 는 언어공동체내의 다른 지식주체들을 나타냄
———————— 는 사회관계를 나타냄

적인 것이 아니라 불가결한 것이기 때문에 우리는 당분간 단순성을 위하여 객체가 단지 비사회적인 객체들로 구성된다고 상정하면서, 그림을 이에 맞추어 수정해야 한다(〈그림 1-2〉 참조).

〈그림 1-2〉는 지식의 상호의존적 맥락으로서의 노동과 의사소통적 상호작용에 관한 앞에서의 지적과 공명한다. 왜냐하면 그것은 주체들(그들이 보통사람들이거나 전문가들이거나 학자들이거나 그 누구이거나 간에)이, 그들의 객체에 대해 그리고 다른 사람들에 대해, 이중적 관계에 있음을 보여주기 때문이다. 주체들은 특정 공동체들의 인지적 및 개념적 자원들을 사용하지 않고서는 그들의 객체들에 대한 명제적 지식을 획득할 수도 없고 그것들을 어떻게 조작할 것인가에 대한 실천적 지식을 얻을 수도 없다. 달리 말하면 세계를 이해하기 위해서는 우리는 동시에 서로를 이해해야 한다. 일상의 삶에서 상식이라는 것이 특징적으로 검토되지 않는 지식이라고 하면, 우리는 이러한 사회적 측면에 주목하지 않는 경향이 있으며, 우리가 무매개적인 방식으로

객체들을 알 수 있다고 상상하는 경향이 있다. 상식에서는 우리는 믿음과 개념들을 가지고 사유하지만, 그것들에 관해서 사유하지는 않는다.[30)]

주체가 — 객체에 대해 — 자리하고 있는 다른 (상호의존적인) 관계도 또한, 그것이 흔히 실천적인 것이 아니라 단순히 사변적인 것으로 파악된다는 점에서 널리 오인되고 있는 것이다. 그러므로 그것은 먼저 지식을 자율적으로 발전시키고 그 다음에 (아마도) 실천적 맥락에 적용하는 문제가 아니다. 지식과 실천은 처음부터 결합되어 있는 것이다. (그렇지만 상식적인 이원론의 집합은 이것을 깨닫기 어렵게 한다.) '순수한' 과학조차도 또한 일련의 실천이다.

지식의 이러한 두 차원의 중요성과 상호의존성은 새로운 기술이나 과학을 익히는 경험을 상기해 보면 쉽게 알 수 있다. 예컨대, 광물학에서는 몇 주일만에 개념들을 이해하고 현미경에 나타나는 상을 어떻게 볼 것인가를 배우기 시작하며 그럼으로써 우리는 변화하는 여러 유형들이 아니라 특정의 광물을 알아내게 된다. 그리고 우리는 단순히 보는 것이 아니라 광물과 현미경을 가지고 무엇인가를 함으로써 이것을 성취한다. 두 차원이 '접속되지' 않기 때문에 우리는 잠시 당황할 수도 있을 것이다. 도구와 재료를 사용하면서 우리는 왜 그런가를 알지 못한 채 단지 '하는 척'만 하고 있을 수 있으며, 개념을 사용하면서도 그것을 이해하지 못한 채 단지 '소리만 내거나' 또는 '뇌까리는' 것처럼 느낄 수도 있다. 나중에, 두 차원을 연결하는 것이 '제2의 본성'이 되고, 그렇게 되면 우리는 그 속에 우리가 주체로 자리잡고 있는 이중적 관계를 망각하도록 유혹받으며, 그 결과 우리는 물질적 노동이나 의사소통적 상호작용 없이 '지식을 축적'한 것으로 생각할 수도 있다.

우리가 이러한 차원 둘 모두를 포괄하도록 '실천'의 의미를 확대하면, 실

---

30) B. Barnes, *Scientific Knowledge and Sociological Theory*(London, 1974), p.1.

천의 성질은 그것이 연결 짓는 주체와 객체의 종류를 결정하고 또한 그것에 의해 결정된다. 예컨대, 요리사와 영양학자 또는 회계원과 경제학자는 어떤 공통되는 이해 관심을 갖지만, 그들은 상이하게 정의된 객체를 가지고 있는 상이한 종류의 '주체'이며, 차이는 그들의 실천에 의하여, 즉 그들이 사용하는 개념적 도구의 형태들과 그들이 속한 사회적 관계와 물질적 활동에 입각하여 결정된다. 그렇지만 아직도 상이한 공동체들에서의 그리고 상이한 역사적 시점에서의 지식을, 마치 그것들이 세계에 대한 상이한 관조 양식들인 것처럼, 그것의 실천적 맥락으로부터 추상하여 비교하는 일을 자주 보게 된다.

실천의 이 두 측면들이 상호의존적이지만, 위에서 말했다시피, 이것들은 질적으로 상이한 것이다. 〈그림 1-2〉에서 주체들 사이의 사회적 관계의 핵심적인 측면은 의미의 공유이다. 비사회적 객체들에 대한 지식의 경우 주체와 객체 사이의 관계는 그 자체가 사회적인 것은 아니다. 그것이 사회적 맥락에서만 얻을 수 있는 개념들과 언어의 응용을 필요로 한다 하더라도, 객체 자체는 개념들과 의미들을 포함하지 않는다.[31] 비사회적인 현상들은 우리가 그것들에 부여하는 의미에 의해 영향받지 않는다. 그러한 객체들에 대해 '사회적으로 정의된다'는 말을 할 수는 있지만 그것들이 사회적으로 생산되는 것은 아니다. 정의와 생산은 전혀 다른 것이다(비록 '실재의 사회적 구성'이라는 착상을 강조하는 문헌들의 일부에서는 이것을 잊고, 지구가 평평하다는 이론을 포기하고 대신 지구가 둥글다는 이론을 택하면 지구 자체가 그 모양을 바꾸는 것처럼 생각하는 경향이 있지만[32]). 그렇지만 '주체들'은 공유된 이해들 — 이 이해들은 변화될 수 있다 — 을 기초로 상호작용

---

31) Taylor, "Interpretation and the science of man."
32) Schmidt, *The Concept of Nature*, P. L. Berger and T. Luckmann, *The Social Construction of Reality*(London, 1967).

한다. 자연은 변화될 수 있지만, 노동을 통해서 그렇게 되며 단순한 의미체계의 변화에 의해서는 그렇게 되지 않는다. 원자와 같은 비사회적인 객체들은 공유된 이해(理解) 위에서 움직이지 않으며, 그러므로 이해들에서의 변동에 영향 받지 않는다. 이것은 매우 자명해 보일 수도 있지만, 흔히 그림의 왼쪽에서의 변동(개념적 변동)이 오른쪽에서의 변동과 혼동된다는 것은 놀라운 일이다. 반면, 오른쪽에 대해 우리는 오로지 왼쪽을 통해서만 납득할 수 있다고 하면 그것은 그렇게 놀랍지 않은 일이다.

객체가 사회인 곳에서는 이 관계가 어떻게 보일 것인가? (현재 단계에서는 논의를 '과학적 연구'에 한정하지 않고 있다는 것을 기억하기 바란다.) 이러한 객체들이 다른 주체들과 그들의 상호작용을 포함하는 한 그 관계는 왼쪽의 주체들 사이의 관계와 약간의 공통된 특징들을 가질 것이며 따라서 그림은 대칭적인 것이 된다(〈그림 1-3〉 참조).

표현의 명료함을 위하여 그림은 두 개의 분리된 언어공동체를 보여주는데, 이것은 역사 연구나 다른 문화들에 대한 연구에서 볼 수 있는 그러한 상황들을 나타낼 것이다. 물론 주체와 객체들이 동일한 언어공동체나 사회에 자리하는 일이 더 일반적일 것이다. 인류학적 탐구나 역사학적 탐구조차도 두 공동체들 사이의 개념적 연관의 수립을 필요로 한다는 점을 고려하면, 그림에서의 분리는 실질적인 서술에 널리 응용될 수 있는 것이라기보다는 분석적인 도구로 간주되어야 할 것이다. 실제로 주체와 객체의 부분적 동일성이 통상적으로 존재하며,[33] 그러므로 우리가, 우리의 '객체'에서의 사회적 현상들의 의미에 이미 친숙한 일이 흔히 있다. 그럼에도 불구하고 주체와 객체의 동일성이 부분적인 것이 아니라 완전한 것인 경우조차, 주체가 객체들의 지식을 잘못된 것이라거나 불완전한 것이라고 규정하는 것이 가능하며,

---

33) L. Goldmanan, *The Human Sciences and Philosophy*(London, 1969).

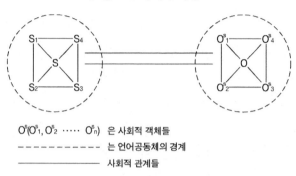

〈그림 1-3〉 주체와 객체: 3

$O^s(O^s{}_1, O^s{}_2 \cdots\cdots O^s{}_n)$ 은 사회적 객체들
- - - - - - - - - - 는 언어공동체의 경계
─────── 사회적 관계들

또한 그 역도 마찬가지이다. 〈그림 1-3〉에서의 수평적인 주체-객체 관계와 언어공동체내에서의 그러한 관계의 등가성을 고려하여, 때때로 사회적 지식 — 사회과학을 포함한 — 속에 있는 사람들에 대하여 그 객체와 '대화적(dialogic)' 관계에 있다고 또는 주체-객체 관계가 아니라 주체-주체 관계에 있다고 이야기하기도 한다. 뒤에서 살펴볼 것처럼 이 관계는 흔히 오해되고 있으며, 따라서 주의 깊은 분석이 필요하다. 그렇지만 이 분석에 착수하기 전에, 그림에서 수정할 것이 더 있다.

사회현상을 이해하는 것은 결코 사회에서의 개념들과 실천의 의미를 이해하는 문제에 한정되지 않는다.[34] 예컨대 영국 경제를 연구하면서, 우리는 말하자면 '통화주의'나 '인플레이션 계산'이 그것들을 실천에 옮기고 있다고 지적되는 사람들에게 무엇을 의미하는가 하는 것만을 알아내야 하는 것은 아니다. 우리는 또한 어떤 조건 아래에서, 어느 정도로 그리고 어떤 결과를 초래하면서 그것들이 사용되는가를 알아야 하는 것이다. 사회현상은 중요한 물질적 차원을 가지고 있으며, 어디서나 자연(천연 상태 및 그것의

---

34) 윈치(Winch)는 '사회관계는 실재에 관한 관념의 표현이다'는 널리 인용되는 주장에서 알 수 있듯이 이러한 환원을 행하는 경향이 있다[*The Idea of Social Science*(London, 1958), p. 23].

〈그림 1-4〉 주체와 객체: 4

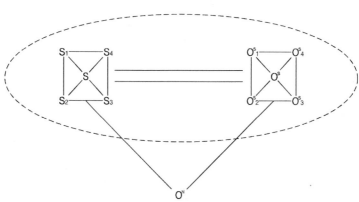

O^N은 그것이 자연적인 것이건 인공적인 것이건 간에 물질적인 즉 의미를 갖지않는 객체들이다(다른 표시는 앞의 것과 동일하다).

인공적인 변형 상태의)과의 관계와 긴밀히 결합되어 있다. 그러므로 그것이 과학적인 것이건 일상적인 것이건 간에 사회에 대한 지식은 언제나 이러한 물질적 측면에 대한 언급 — 비록 사회학과 인류학에서의 일부의 '해석적 접근들'에서는 이것이 간과되는 경향이 있지만 — 을 포함해야 한다(〈그림 1-4〉 참조).

공동체들과 자연을 연결 짓는 선은 〈그림 1-2〉에서의 수평적인 주체-객체 관계와 일치한다는 점이 지적될 것이다. 그 자체로 이것은 물질적·실천적 관계를 포함한다. 그렇지만 사회과학에서의 상황은 두 가지 이유에서 좀 더 복합적이다. 첫째, 사회과학에서 실험을 이용할 수 없다는 사실은 과학적 목적을 위하여 그러한 물질적 개입을 사용하는 것을 더 어렵게 만든다.[35] 둘째, 사회현상은 학습에 의해 그리고 주체의 이해를 조정하는 것에 의해 본질적으로 변동될 수 있다. 사회적 실험을 바람직하지 않은 것으로 보는 경향이 있을 뿐 아니라, 사회현상 자체가 실험에 의해서 불가역적으

35) R. Harré & P. F. Secord, *The Explanation of Social Behaviour*(Oxford, 1972).

로 (비사회적인 현상들에서는 발생하지 않는 방식으로) 변동될 수도 있는 것이다. 우리의 탐구에 반응함으로써 수정된 것으로서의 사회가 아니라 통제되지 않은 조건 아래에서의 있는 그대로의 사회를 알고자 하는 욕구에서 사회과학은 그러한 상호작용적 영향을 제거하고자 해야 한다는 점이 널리 받아들여지고 있다. 뒤에서 살펴볼 것처럼 이러한 입장은 점점 더 도전받고 있는데, 이것은 사회에서의 사회과학의 역할에 대해 중요한 함의를 갖는다. 그렇지만 지금으로서는 첫째 특징이 자동적으로, 사회과학이 그 객체에 대해 갖는 관계를 순전히 사변적인 것으로 환원시키는 것은 아니라는 것(바로 두 번째 이유 때문에)은 적어둘 수 있다.

주체-객체 관계의 몇 가지 함의

위의 해설은 몇 가지 측면에서 그러한 어려운 논의를 보증하기에는 너무 자명하게 보일지 모른다. 그렇지만 특히 〈그림 1-3〉과 〈그림 1-4〉는 우리에게 익숙한 '주관적인 것과 객관적인 것', '사유와 행위'의 대립 등과 같은 지배적인 개념틀(46쪽 참조)과 근본적으로 대립한다. 사회과학에 대한 몇 가지 가장 일상적인 오해들은 이것의 함의에 대한 몰이해로부터 유래하는 것이지만, 불행하게도 이 몰이해는 사회과학 자체에서 흔히 나타나는 것만큼이나 자연과학과 일상적 지식에서도 흔히 나타나고 있다. 이런 사정을 고려할 때, 〈그림 1-3〉과 〈그림 1-4〉가 함축하는 것을 좀 더 천천히 그리고 주의 깊게 살펴볼 필요가 있다.

첫째 사항은 사회현상의 '본질적으로 의미 있는' 또는 '개념의존적인' 성질과 관련된 것이다.[36] 이것은 무엇을 뜻하는가? 이것은 분명히, 의미가 사회현상들에 대해 단지 외부적으로 적용되는 (비사회적인 객체들에 대해서 그러하듯) 서술일 뿐이라는 (매혹적인) 가정을 부인한다. 관념과 의미는 물질적 객체들이 '정신적이고 물질적인 것' 그리고 '주관적이고 객관적인 것'의 이원론을 뒷받침하는 것과는 다르게 작동한다는 것이 요점이다. 게다가 이원론적 사유는 사회의 물질적 구조 – 사회의 제도들, 사회관계 그리고 인공물들 – 가 여러 측면에서 사회적 의미들에 어떻게 의존하고 있는가를 알아내는 것도 어렵게 만든다.

본질적으로 의미 있는 사회현상들로 지적될 수 있는 가장 분명한 후보자는 사회 속의 사람들이 가지고 있는 관념, 믿음, 개념 그리고 지식이다. 이런 것들에 담긴 의미는 지식의 객체의 (또한 주체의) 일부로 이해되어야 한다. 비사회적 현상들이 관련된 곳에는 이것의 등가물이 존재하지 않는다. 뒤에서 입증하겠지만, 〈그림 1-2〉와 〈그림 1-3〉의 대비에 담겨 있는 이 구분은 한쪽의 사회과학과 인문학과 일상의 사회적 지식 그리고 다른 쪽의 비공식적인 지식과 과학적인 지식 사이의 절대적으로 근본적인 차이를 구성한다. 파시스트 사회를 연구할 때 우리는 그 사회에서 파시즘이 그 성원들에게 의미하는 것을 해석해야 한다. 몇 가지만 열거한다면 지위, 정치, 민족성, 성(gender) 등과 같은 사회적 '객체들'에 대해서도 이 점은 마찬가지이다. 그렇지만 원자나 분자나 블랙홀 또는 암석의 구성 등과 같은 객체에 대해서는 이것이 적용되지 않는다.

위에서 보았듯이, 이러한 관념들과 의미들이 사회 속의 것일 뿐 아니라 사회에 관한 것이라는 점 때문에 우리는 상식적인 틀로, 즉 지식과 언어와

---

36) 이 점에 관해서는 많은 문헌이 있다. B. Fay, *Social Theory and Political Practice* (London, 1975); Bernstein, *The Restructuring of Social and Political Theory*; Winch, *The Idea of Social Science*; Taylor, "Interpretation"; Giddens, *New Rules*; K.-O. Apel, "Communication and the foundations of the humanities," *Acta Sociologica* 15, 1972 참조. '개념의존적'이라는 말은 바스카의 용어이다. 다음 절은 이들의 저작에 크게 의지하고 있다.

의미를 객체의 세계로부터 분리시키는 틀로 되돌아가도록 유혹받는다. 이 것에 대비하여 기억해야 할 중요한 점은 사회현상이 개념의존적이라는 사실이다. 자연적인 것(즉 비사회적 객체들)과 달리 사회현상들은 그것들에 부여되는 의미에 무감각하지 않다. 실천이나 제도나 규칙이나 역할 또는 관계가 무엇인가 하는 것은 그것들이 사회에서 그 성원들에게 의미하는 것이 무엇인가 하는 것에 달려 있다. 철학자 윈치(Peter Winch)의 견해는 사회에서의 의미의 구성적 역할에 대한 가장 영향력 있는 논의 중의 하나인데, 그는 개인들이 무엇을 할 수 있고 할 수 없는가에 관련될 뿐 아니라 그것들을 어떻게 수행해야 하는가 와도 관련되는 다소간 전략적인 구성적 규칙에 대한 실천적 지식을 가지고 있는 것이 사회제도의 핵심적인 특징이라고 주장했다.[37] 그럼에도 불구하고, 이러한 주장을 당황스러운 것으로 받아들이거나 이런 주장에 대해 저항이 제기될 만큼, 위에서 언급한 상식적인 대립 또는 이원론의 영향력은 막대하다. 그러므로 나는 몇 가지 사례를 들어 이것을 살펴보고자 한다.

화폐와 결합된 제도 및 실천들은 우리 사회에서 극히 중요한 것이다. ('돈이 세상을 움직인다.') 화폐 사용의 필수적인 조건은 그것의 사용자들이 작고 둥근 금속판이나 특수하게 인쇄된 종잇조각과 상품을 교환하는 행위가 무엇을 의미하는가 또는 무엇을 '나타내는가'에 대하여 일정한 이해를 가져야 한다는 것이다. 사용자들은 화폐에 대하여 일정한 개념을 가지고 있어야 하며, 또한 소유권이나 교환 등의 관련 현상들에 대해서도 개념을 가지고 있어야 한다. 그러므로 이러한 사회현상들은 '개념의존적'이다.

마찬가지로 대화나 면접이나 연구모임이나 논쟁이 수행되기 위해서도 참가자들이 그러한 상황에서 일어난다고 상정되는 일에 관련된 규칙에 대

---

37) Winch, *The Idea of Social Science*.

해 실천적인 지식을 가지고 있어야 한다.

개념의존적 실천의 세 번째, 그리고 상당히 진부한 사례는 투표와 선거에 관한 것이다. 선거 실시의 필수적인 조건은 사람들이 선거, 투표, 투표용지, 후보자, 민주주의 등이 의미하는 것에 대하여 일정한 이해를 가지고 있어야 한다는 것이다. 이런 것들에 대한 이해가 없는 개인들에게 투표용지의 어느 칸에 표시하라고 강제한다면 그것은 적절한 선거로 취급될 수 없을 것이다. 끝으로 〈그림 1-3〉에서의 대칭을 고려하면 우리는 사회과학 자체도 본래 의미 있는 실천의 한 사례라고 취급할 수 있다.

이 모든 경우들에서 그리고 무수한 다른 경우들에서, 우리는 물리적인 '움직임(behaviour)'과 실천에 포함된 '행위(actions)'의 의미를 구별할 수 있다. 화폐 사용의 사례에서 우리는 작고 둥근 금속판을 넘겨주고 소를 받는 물리적 움직임을 관찰할 수 있고 우리의 관찰 자료를 가공하기 위하여 책 속의 온갖 통계기법들을 사용할 수 있다. 그렇지만 연구하고 있는 사회에서 화폐 사용이 의존하고 있는 의미를 알지 못한다면 우리는 실제로 일어나고 있는 일에 대해 또는 그것이 어떤 종류의 '행위'인가에 대하여 아무런 견해도 갖지 못할 것이다. 따라서 윈치와 그밖의 사람들은 이러한 종류의 지식이 경험적 자료의 수집에만 필요한 것이 아니라, 행위 및 그 속에 함축된 규칙에 대한 개념적이거나 철학적인 분석에도 필요하다고 주장한다.[38] 눈을 깜박이거나 걷거나 잠자거나 침을 삼키는 것과 같은 '단순한' 물리적 움직임은, 특별한 상황에서는 이것들이 특정의 사회적 의미(예컨대, 불만을 표시하는 헛기침처럼)를 얻을 수 있지만, 고유의 의미를 갖지 않는다. 대부분의 행위들은 관례적으로 물리적 움직임과 결합되어 있지만, 그렇지 않은 것들도 일부 있다. 심문을 받을 때 침묵을 지키는 것이나 선거에서 기권하

---

38) Ibid.

는 것 등이 그 사례일 것이다.

때때로 동일한 움직임은 상이한 맥락에서 상이한 의미의 행위들을 구성할 수도 있다. 시위에서 상이한 정치집단들의 물리적 움직임이 매우 유사할 수 있지만 그들의 행위의 의미는 전혀 상이할 수도 있다. 어떤 모임에서 손을 들 수 있지만, 이것이 투표를 구성하는지 발언 요구를 표시하는지 아니면 경매에서 입찰을 나타내는지 여부는 맥락에, 그리고 다른 '사회적 행위자들'이 그것이 무엇을 뜻하는 것으로 받아들이는가에 달려 있다.

'구성적 의미' 또는 '사회 속의 개념들'이라는 표현으로 내가 단순히 개인들의 주관적 믿음이나 의견이나 태도만을 의미하는 것은 아니라는 점을 가장 단호하게 적어두고자 한다. 이러한 혼동은 앞에 논의한 이원론의 개념적 틀로부터 쉽사리 생겨나는 것이다. 그 이원론에 사로잡힌 사람들은 사회에서의 구성적 의미가 개인들의 주관적 믿음 — 질문지나 면접을 통하여 확인할 수 있고 그런 다음 그 개인들에 관한 문제없는 객관적 사실로 취급할 수 있는 — 에 지나지 않는다고 상정함으로써 위의 논쟁에 대응하는 경향이 있다. 이러한 상식적인 해명에서의 의미는 '사사로운', 주관적 '느낌'이나 의견 — '내적 상태'의 표현 — 이거나 아니면 사물에 대한 언급으로 환원된다. 이러한 개념틀에서는 앞에서 언급한 언어의 속성들에 대한 인식이 간과된다. 또한 그것은 주체에 대한 것으로서의, 즉 사람에 대한 것으로서의 의미라는 개념을 전혀 갖지 않거나, 어떤 사람에게 무엇인가를 의미하는 발음과 행위라는 개념을 전혀 갖지 않는다.[39] 더구나 이것과 연결된 것이지만, 여기서는 언어의 상호주관적 맥락에 대한 인식이 제거된다. 쓰거나 읽는 것은 사회적 관계 속으로 들어가는 것이다.[40] 앞에서 지식의 맥락에 관하여 언급하면서 설명했다시피, 우리의 가장 개인적인 느낌이나 의견조차도 상호주

---

39) Taylor, 'Interpretation' 참조.
40) Williams, *Marxism and Literature*, ch. 2 참조.

관적으로 이해된 용어들 (흔히 비음성적인 것이지만) 속에서만 구성되고 의사소통될 수 있다(그러므로 구성적인 것이 될 가능성이나 다른 사람들에게 인상을 남기고 영향을 미칠 가능성을 갖는다). 의미에 대한 해석을 부지불식중에 의견(또는 믿음)에 관한 자료 수집 작업으로 환원시키는 사람들은 오로지 이미 전제된 지식 ― 의미를 구성하는 어휘들의 의미에 대한 ― 에 의해서만 자신들의 자료를 파악할 수 있다. 믿음은 다른 것들에 의해 모양 지어질 뿐 아니라, 상호주관적으로 이용가능한 의미에 입각하여 구성된다.

사회적 실천이 자신들의 개인적인 믿음을 근거로 행위하는 개인들의 충돌로 구성되는 것이 아닌 것처럼, 언어의 사용도 단지 자신들의 느낌을 나타내거나(표출적 기능) 외부세계의 상태를 나타내는(명제적 기능) 일련의 상표에 불과한 것은 아니다. 앞에서 논의했듯, 언어는 사회적 기능을 가지며 그것을 통하여 행위가 조정되고 (또는 대립되고) 사람들은 서로 의사를 소통한다.

믿음과 의견이 개인들에 의해 산출되는 그렇지만 사회적으로 구성되는 유일의 현상인 것은 아니다. 일반적으로 역할과 개인들의 인성도 또한 개인들에 의해 (또는 심지어 때로는 집단들에 의해) 일방적으로 결정될 수 없는 것이다. 어떤 사람이 자신을 피고용자라고 믿고 선언하는 것으로 간단히 피고용자가 될 수는 없다. 그가 피고용자가 되는가 여부는 (여러 가지 가운데) 다른 사람들이 그를 어떤 사람으로 취급하려 하는가 그리고 그들 자신은 어떤 사람이 되는가(예컨대, 그들이 생산수단에 대한 접근을 통제하는가)에 달려 있다. 상호주관성은 그러므로 과학자들과 그밖의 사람들이 사회세계에 대한 지식을 어떻게 획득하는가를 이해하는 데(인식론적 관계)뿐 아니라 사회들 자체가 어떻게 응집되고 기능하는가를 이해하는 데에도 핵심적인 범주이다.

사회 내에서의 실천의 의미를 결정하고 확인하는 데에는 물질적 장치들도 또한 중요하다. '공적인 것'과 '사적인 것'이라는 개념의 사례를 생각해 보자. 그것들의 의미가 정태적인 것은 분명히 아니었지만, 그것들은 여러 세기 동안 우리 사회에서의 행위들에 정보를 제공해왔으며, 차례로 그것의 물질적 조직 속에서 (가장 분명하고 단순하게는 개념적 구분 - 물질적 장치를 만들어 내는 행위들이 이것에 의존하는 - 을 확충하는 것으로 해석되는 폐쇄되고 봉쇄된 공간 속에서) 객체화되어 왔다.

그럼에도 불구하고 그것의 존재를, 그것에 대한 우리의 개념화에 전혀 의존하지 않는 물질적 객체들조차도 때때로 사회에서 개념의존적인 (상징적인) 기능을 부여받을 수 있다. 금과 금강석은 명백한 사례이다. 금화나 경주용 자동차 등과 같은 가공된 객체들은 본래 의미 없는 객체들로부터 구성된 것이지만, 그것의 고안과 사용과 기능에서 특정의 개념들을 상징한다. 경주용 자동차는 기술적 지식을 객관화할 뿐 아니라 남성적인 사회적 영상의 담지자로 작동한다. 그러한 객체를 소유한 사람은 다른 사람들이 자신의 이러한 자아영상에 맞추어 반응할 것이라고 상정한다(물론 그것이 부주의하게 자신의 정체를 폭로하는 일을 촉진할 수도 있지만). 여기서의 요점은 물질적 객체들이 어떤 의미에서는 본래는 의미가 없는 것이지만 사회 속에서의 그것의 사용과 기능은 개념의존적이라는 것이다. 역으로 의미 및 믿음체계는 그 자체로 물질적인 것은 아니지만, 그것들이 안정된 방식으로 사회적으로 의사소통되고 기능하기 위해서는 흔히 어떤 물질적인 객체화 양식을 필요로 한다. 달리 말하면 실천, 즉 물질적 구성과 의미체계는 **상호적으로 승인한다.**[41]

이러한 '상호승인'을 고려하면 우리는 일반적으로 의미에서의 변동과 실천에서의 변동이 함께 진행된다는 것을 알게 된다. 여성과 유색인에 결합

---

41) Williams, *Communications*(Harmondsworth, 1962); Bourdieu, *Outline of a The- ory of Practice*.

된 부정적인 의미를 제거하려는 여성주의자들과 반인종주의자들의 투쟁이 순전히 의미론적 수준에서의 싸움만으로 효과를 얻을 수는 없다. 그것은 객관적으로 그들을 제약하는 물질적 장치들(예컨대 지불노동에의 접근 기회)을 망가뜨리는 일, 그리고 성차별주의자들과 인종차별주의자들에 의해 이런 부정적 의미들을 관례적으로 상호 승인하는 것으로 해석되어 온 장치들을 망가뜨리는 일을 포함해야 한다. 사회 속의 개념들을 이해하고 그것들이 어떻게 변동하는가를 이해하는 것은 그러므로 그것들과 결합된 물질적 실천에 대한 그리고 그것들이 결합하는 방식에 대한 이해를 필요로 한다. 부르디외가 이야기하듯이 사물들을 나타내는 일상적인 범주들, 예컨대 직업이나 인종집단 등과 같은 범주들의 사용에 대하여 문제를 제기하지 않는 것은 '현실에서는 해결되지 않은 쟁점을 종이 위에서 해결하는 것'과 마찬가지이다. '그렇지만 현실에서는 그 쟁점들이 지속적인 투쟁의 상태에 있는 것이다.'42)

이러한 주장에 대한 일반적인 반응은 그것을 인정하면서 그것들이 사회세계의 소규모적인 특징을 이해하는 데에만, 즉 개인 상호의 관계가 재생산되는 방식을 이해하는 데에만 적절할 뿐이라고 내세우는 것이다. 의미와 실천에 대한 이러한 상호승인 과정을 전문 분야로 삼는 사회과학자들이 대체로 미시적 현상들에 초점을 맞추어 온 것이 사실이지만, 신분체계의 재생산, 정치조직의 형태, 민족주의 그리고 종교체계 등과 같은 대규모 현상들도 그에 못지않게 개념의존적이다.43) '민주주의', '개인주의', '예술', '문화' 그리고 '공업' 등과 같은 사회적 개념들과 실천들에서의 변화에 대한 윌리엄스(Raymond Williams)의 『문화와 사회(Culture and Society)』에서의 연구는 이 점을 잘 보여준다.44) (대부분의 사회과학자들이 이것에 대해서는 사회과학이라고 생각하지 않

---

42) Bourdieu, 'Vive la crise,' p.776.
43) B. Smart, *Sociology, Phenomenology and Marxian Analysis*(London, 1976).

는다는 사실은 '과학주의'의 지표이며, 구성적 의미의 중요성에 대한 광범한 무지를 암시한다.)

물론 관념의 영역과 물질의 영역 사이에는 또 다른 종류의 의존도 존재한다. 이 의존은 사람들 자신이 물질적인 동물이며 자연의 일부로서 자연의 인과 법칙과 조건의 일부에 의해 지배받는다는 사실로부터 나오는 것이다. 사회들이 어떤 의미체계를 채택하거나, 그 의미들이 존속하기 위해서는 몇 가지 기본적인 물질적 필요를 충족시켜야 한다. 이것은 유물론적 원칙으로 불릴 터이지만, 물질적 필요의 충족이 반드시 시기적으로 의사소통이나 문화 등에 앞서야 하는 그런 종류의 것은 아니다. 왜냐하면 가장 기본적이고 필수적으로 필요한 물질적 필요조차도 동시적으로 특정 종류의 의미체계에 입각하여 해석되어야 하기 때문이다.[45]

그러므로 의미의 구성과 물질적 환경의 구성 및 사용 사이의 상호적 관계에 관하여 내가 이야기한 것들은 어느 것이든 그렇게 조건 지어진 '유물론적 원칙'과 양립가능하다. 불행하게도 '속류 유물론자들'은 종종 앞의 관계를 망각하는 반면 의미구성 연구자들('속류 상징적 상호작용론자들')은 흔히 뒤의 관계를 망각한다. 사회적 존재는 빵만으로 사는 것도 아니고 관념과 상징만으로 사는 것도 아니다.

지배의 체계는 예외 없이 두 종류의 의존을 활용한다. 그 체계는 지배적인 계급, 인종 또는 성에 의한 핵심적인 물질적 필수물의 점유, 통제, 배분을 통해서뿐 아니라 그것들을 뒷받침하는 특정의 의미체계의 재생산을 통해서도 유지된다.[46] 지배에 관련된 구성적 의미(예컨대, 두목이나 지배적 인종이나 불

---

44) London, 1958. 또한 W. E. Connolly, *The Terms of Political Discourse*(Oxford, 1983) 참조.
45) Giddens, *A Contemporary Critique of Historical Materialism*(London, 1981). 시기적 해석은 마르크스에게서 찾아볼 수 있을 것이다(*The German Ideology*, p.31).
46) 기든스(Giddens)의 *Central Problems of Social Theory*(London, 1979)에 제시되고

촉천민 또는 남편이나 아내는 어떠해야 하는가에 관한)는 분명히, 그것과 관련된 실천들에 대해 '초연하거나(disinterest)' 공평한 것이 아니며, 상이한 집단들은 그것의 재생산이나 변형에서 매우 상이한 또는 심지어 모순적인 물질적 이해관계를 갖는다.

나는 바로 위에서의 주장들과 사례들로부터 주체-객체 관계에 관한 그리고 지식의 맥락에 관한 첫눈에 자명한 주장들이 사회과학의 작업을 넘어 사회적 실천 일반에까지 미치는 함의를 갖는 것이라는 점도 입증되었기를 기대한다.

이해

'사회현상의 개념의존성'의 의미를 논의하였으므로 이제 이것과 연관된 이해(Verstehen)의 특성을 좀 더 자세히 살펴볼 것이다. 먼저 여기서 언급된 이해는 〈그림 1-3〉에 나타난 관계들 모두에 공통적이라는 점을 강조하고자 한다. 그것은 사회과학에만 그리고 주체와 객체들 (주체와 사회적 객체) 사이의 관계에만 독특한 것이 아니다. 어떤 사회의 성원이라면 누구든지 일상의 삶에서 이러한 이해를 성취하며 이해의 사실이 인지되지 않는 일이 보편적인 까닭도 바로 이 때문이다.

의미의 해석과 관련된 분야 또는 과학은 '해석학(hermeneutics)'이라고 불린다. 이 용어를 사용한다면 우리는, 자연적 객체에 대한 연구(〈그림 1-2〉)는 '단일의 해석학'(S1, S2 …… Sn)만을 포함하는 반면 관념들과 개념의존적 사회현상들에 대한 연구는 '이중의 해석학'을 포함한다고 이야기할 수 있다.[47]

있는 배분적 권력과 권위적 권력의 구별을 참조.

47) Giddens, *New Rules*.

어떤 사람에 대해 우리는 종종 그가 사회적 상황을 잘 또는 잘못 '읽고 있다'고 말한다. 이것은 뜻을 담고 있는 서술인데 우리가 언급하는 이해(때때로 verstehen이라고 불리는)가 책읽기에 사용되는 그리고 책읽기로부터 얻는 것과 비슷하기 때문이다.[48] 우리는 단어들의 모양과 그것들이 나타나는 빈도를 보고 분석하여 책을 이해하는 것이 아니라 (외국어를 이해하게 되는 것 이상의 이해라면) 그것들의 의미를 해석하여 이해한다. 이러한 읽기에 대하여 우리는 언제나 그 텍스트가 무엇에 관한 것일까에 대한 몇 종류의 선이해(pre-understanding) — 반드시 정확한 것은 아니더라도 — 와 해석의 기술을 적용한다. 달리 말하면 독자와 텍스트의 '의미틀들(frames of meaning)'의 상호 관통과 교전(交戰)이 존재하는 것이다. 어떤 텍스트에 대해 그것을 매개되지 않은 방식으로 이해하고자 하는 희망에서 우리가 백지상태(tabula rasa)의 정신을 가지고 접근할 수는 없다. 왜냐하면 우리 자신의 의미틀이 이해를 위한 불가결한 도구 또는 자원이기 때문이다.[49]

그렇지만 일상적 삶에서의 사회적 상호작용에서 의미가 맡는 역할은 통상적으로 문헌이나 논증 등과 같은 담론에서의 그것과 상이하다. 일상적 삶에서는 상호작용의 연쇄적인 요소들이 서로 논리적으로 그리고 개념적으로 일관성 있게 연결되지는 않는다. 예컨대, 두 나라 사이의 대결 상황에서 갈등은 의사소통적 상호작용을 요청하지만, 응답들이 마치 더 좋은 논증의 힘으로 상대를 압도하려는 것처럼, 논리적으로 서로 이어질 가능성은 별로 없다. 오히려 상대적인 경제적 힘, 권력집단의 특성, 또는 각 나라에서의 정치변동의 예기치 못한 결과 등과 같은 우연성들에 의해 결정될 가능성이 더 높다. 특히 행위자들이 자신들의 의도를 아주 공식적으로 진술

---

48) R. Keat, "Positivism and statistics in social science," in J. Irvine, I. Miles and J. Evans (eds.), *Demystifying Social Statistics*(London, 1979).
49) Giddens, *New Rules*.

하는 곳에서는 우리는 종이 위에 일관성 있게 표현되고 있는 것이 실제에서도 가능하리라고 상정하는 일에 조심해야 한다. 정치성명 발표자들은 이런 위험의 좋은 사례이다. 책읽기라는 유추는 사회과학의 상황을 자연과학의 그것과 구별 짓는 데 유용하지만 단지 일정정도까지만 그러하다. 실제의 사회과정이라는 '텍스트'는 통상적으로 매우 분산적이며 종종 모순적이기도 하다. 그리고 책을 이해하기 위하여 그 책이 어떻게 만들어졌는가를 반드시 알아야 하는 것이 아닌 반면, 국제적인 갈등 같은 사회적 상호작용에 대해서는 특정의 행위가 어떻게 산출되었는가를 탐구하지 않은 채 그것을 파악할 수는 없다.50)

〈그림 1-4〉가 보여주듯이 해석학이 사회과학이나 일상의 사회적 실천에 사용되는 유일한 종류의 이해는 아니다. 그렇지만 아주 많은 사람들이 그렇게 오해하고 있다는 것도 분명하다. 그러므로 여기서 나는 몇 가지 잘못된 생각과 반대와 대결하고자 한다.51)

아마도 가장 흔한 오해는 다음과 같은 것이다. '사회과학은 그 자체가 객관적인 것에 대해서 만큼이나 주관적인 것에 대해서, 그리고 사람들의 물질적 상태와 상황에 대해서 만큼이나 그들의 의견과 감정에 대해서 관심을 가져야 한다. 사람들이 왜 그렇게 행동하는가를 이해하는 데에는, 이러한 주관적 측면에 대한 탐구가 필요하며, 이 때문에 우리는 그들에 대해 "감정이입"(우리가 그들의 상황에 있다면 우리는 무엇을 어떻게 하였을 것인가를 우리

---

50) 이 점에 대하여 토론해 준 존 맥클레인(John Maclean)에게 감사한다. 푸코는 우리의 '준거점은 언어(langue)와 기호의 거대모델이 아니라 전쟁과 전투의 모델이어야 한다'고 주창한다(*Power/Knowledge,* Brighton, 1980, pp.114-115).

51) 이것이, 해석학에 대한 적절한 이해에 기초한 효과적인 비판이 없었다는 이야기는 아니다[Bhaskar, *The Possibility of Naturalism,* pp.179-195; Giddens, *New Rules of Sociological Method;* Gellerd, "The new idealism-cause and meanning in the social sciences," in A. Musgrave and I. Lakatos(eds.), *Problems in the Philoso- phy of Science*(Amsterdam, 1968)].

자신에게 묻는 것에 의한)을 행할 필요가 있다.' 여기서 우리는 주관적인 것-
객관적인 것의 이원론이 어떻게 단언되는가 그리고 상호주관적 의미가 어
떻게 주관적인, 본질적으로는 사적인 의견과 감정으로 무너져 내리는가를
다시 보게 된다. 사회적 지식의 해석학적 요소에 대한 이러한 오염된 설명
이 일단 권위 있는 것으로 받아들여지면 그것은 특정의 전형적인 반대에
부딪히게 된다. 감정이입은 행위가 왜 일어나는가에 관한 예감 또는 가설
의 유용한 원천이 될 수 있겠지만 그것이 특권 있는 원천은 아니며, 따라서
문제는 그러한 설명적 가설이 어디서 오는가 하는 것이 아니라 그 가설을
어떻게 시험대에 세우는가 하는 것이라는 주장이 한 가지 반대이다. 한 비
판자가 말하듯, '감정이입, 이해 그리고 이와 비슷한 것들은 연구자에게 도
움이 될 수는 있지만, 진술체계에 들어와서 그것은 한 잔의 차가 연구자의
작업에 도움이 되는 것 이상은 하지 않는다'는 것이다.[52] 이해에 대한 가장
유명한 비판자의 한 사람인 아벨(Abel)은 이러한 '이해에 대한 차 한 잔 이
론'의 불합리성을 잘 보여주고 있다. 그는 특정의 공동체에서 해마다 결혼
율이 왜 변동하는가를 설명하는 문제를 사례로 들고 있다.[53] 여기서 이해
는 행위자들의 동기를 이해하기 위한 감정이입의 사용으로 그리고 그들의
행위를 설명하는 가설의 원천으로 제시된다. 일단 이러한 역할로 환원되면
이해는 제거가능한 지위로 쉽게 격하될 수 있다. 그렇지만 결혼(본래 의미
있는 사회현상으로서의)이 무엇인가를 이미 알고 있다는 것에 의해 간단히
아벨은 저도 모르게 감정이입이 아니라 구성적 의미에 대한 이해로서의 이
해를 전제한다 – 누구나 사회적 행위 속에서 그것을 전제하듯 – 는 사실로부
터 불합리가 생겨난다. 참으로 이해가 없다면 아벨은 사회적 행위자가 아
닐 것이다.

52) 아벨의 "Communication"에 인용된 Otto Neurath의 이야기다.
53) T. Abel, "The operation called *Verstehen*," *American Journal of Sociology* 54(1948).

이것은 또한 이해가 보편적인 것이라는 것을 함축한다는 것도 적어두고
자 한다. 이해는 특수한 기법이나 절차가 아니라 모든 지식 즉 자연에 대한
지식(〈그림 1-2〉와 같이 그것은 단일의 해석학에 한정된다)과 사회에 대한
지식(〈그림 1-3〉과 〈그림 1-4〉와 같이 그것은 이중의 해석학 속에 자리한
다)에 공통되는 것이다. 그렇지만 이것이 이해가 맥락에 따라 상이하게 사
용된다는 것을 부인하는 것은 아니다. 의미에 대한 지식인의 해석은 엄밀
하고 자각적이며, 앞에서 말했다시피 믿음과 개념들을 가지고 사유하는 만
큼 그것들에 관하여 사유하는 것이다(또는 사유하는 것이어야 한다). 이와 대
조적으로, 일상의 실천적 맥락에서 사용되는 종류의 해석적 이해는 훨씬
덜 검토되고 있다. 실천적 맥락에서 사람들은 자신들의 행위가 이해를 전
제한다는 것을 거의 자각하지 못한다. 비성찰적인 사회과학자들이 이해에
대하여 갖는 위에서 말한 오해는 바로 이 몰지각성에 의해 설명된다. 그렇
지만 일상의 실천에서는 사람들이 상호 이해에 도달하는 과정에 대한 너무
지나친 자아의식이 실질적으로, 대화를 나누는 것 등과 같이 가장 현실적
인 사회적 행위의 성공적인 실행을 방해할 수 있다는 것도 인정해야 한다.
그러므로 이해는 모든 맥락 속의 지식에 공통되는 것이지만 그것이 각각에
서 동일한 형태를 취하는 것은 아니다.

이해에 관한 또 다른 공통된 오해는 이해가 동의를 함축한다는 가정이
다.[54] 일단 이렇게 받아들이면, 당연히 사회에서의 갈등과 의견차이는 납
득하기 힘들다. 그렇지만 사회적 행위와 의사소통이 사회에서의 공통의 이
해를 기초로 일어난다고 말하는 것이, 모든 성원들이 그들의 사회의 모든
개념들 및 관련된 실천들에 동의한다고 말하는 것은 아니다. 사실상, 우리
가 예컨대 인종차별(apartheid)의 실천과 관례를 좀 더 완전하게 이해하게

---

54) 윈치(Winch)는 *The Idea of Social Science*에서 이렇게 제시하고 있는 것으로 보인다.

되면 될수록, 우리는 더 강하게 그것에 이의를 제기할 수도 있다.[55] 더구나 사회에서의 개념들과 행위들이 이해되고 '공유될' 수 있다고 제시하는 것이, 그것들이 어떤 민주적 과정에 의해 확립되었다는 것을 함축하는 것은 아니다. 그와 반대로, 그것들은 각각의 사회성원들보다 먼저 존재해왔으며, 대체로 사회화 과정을 통하여 성원들에게 부과된다.

상이한 집단들은 매우 상이한 인지적·언어적 그리고 물질적 자원을 가지고, 의미와 실천의 새로운 상호 승인적 순환을 확립하게 된다. 대학교 등과 같은 자유주의적이고 개방적이며 자기비판적이라고 하는 제도들에서조차 무엇을 교육이라고 해야 할 것인가에 대한 정의는 현저하게 부과되며 단지 주변적이고 단편적인 방식의 그러므로 불평등한 조건에서의 절충만이 허용될 뿐이다. 모든 실천들과 관례들이 동시에 '쉽게 획득된다'면 사회조직이 붕괴될 수 있지만, 이것이 지금 존재하는 사회들의 재생산과 변형의 비민주적인 성격을 정당화하는 것은 물론 아니다.

관련된 또 한 가지 반대는 대부분의 사회관계들과 실천들이 이해보다는 (여러 가지 가운데) 잘못된(mis) 이해에 의존한다는 것이다. 이것은 사실이지만, 중요한 점은 이해와 잘못된 이해가 의미와 관련된다는 것과 의미가 기만적인 것이건 정확한 것이건 간에 그것들은 사회현상들의 구성요소일 수 있으며 사회에 대한 연구에서 무시될 수 없다는 것이다.

지금까지의 논의의 어디서도, 사람들이 자신들이나 다른 사람들 또는 자신들의 환경에 대하여 완벽하게 또는 진리적으로 이해한다는 또는 사람들의 사유에 작용하는 개념들이 적절하거나 일관성 있는 것이라는 이야기는 하지 않았다. 겔러(Gellner)가 주장하듯이[56] 사실상 사회에서의 여러 개념들의 힘은 그것들의 모호함, 위선, 현혹성 그리고 권력구조를 강화하는 데

---

55) Taylor, 'Interpretation' 참조.
56) E. Gellner, "Concepts and society," in B. R. Wilson(ed.), *Rationality*(Oxford, 1970).

에서의 그것들의 효과 등으로부터 나온다. 정치적 담론은 특히 '국가 이익' 등과 같은 개념의 사례나, 구분된 제도들이나 사회들에서 1인칭 복수를 사용하는 훈계 등과 같은 사례들을 풍부하게 보여주고 있다. 예컨대 '우리 모두 허리띠를 졸라매야만 할 것이다'[그렇지만 이미 브레히트(Brecht)가 말했듯, '당신과 나는 우리가 아니다']. 사람들의 행위가 그러한 관념에 의해 안내되는 한, 환상과 거짓은 실천의 '구성요소'가 될 수도 있다. 예컨대 냉전 시대의 동서관계에 대한 연구는 양쪽의 물질적 자원뿐 아니라, 적에 대한 '내부의 소비'를 위한 이해, 오해, 허세, 이중적 표준 (인권에 대한) 그리고 고의적인 윤색 등의 복합체도 살펴보아야 할 것이다.

지금까지 우리는 일상적 지식 및 실천과 사회과학, 두 가지 모두의 공통적인 근거를 살펴보았으며, 사회과학과 자연과학 사이의 몇 가지 차이를 알아보았다. 이제 이것은 사회에 대해 사회과학자가 갖는 의식적 관계의 문제(특히 그것이 비판적이어야 하는가 아니면 '초연해야' 하는가의)를 검토할 토대 구실을 할 수 있다.

주체와 객체 사이의 관계와 비판적 이론57)

우리가 사용하는 믿음들과 개념들을 성찰하면서 우리는 종종 그 과정에서 그것들을 변경한다. 우리는 비일관성을 찾아내고 그것을 해소시키고자 하며 따라서 우리는 자신과 세계를 새로운 방식으로 이해하거나 또는 의미의 새로운 '수준들'을 발견하게 된다. 그리고 이런 점은 과학에서도 마찬가

---

57) 페이(Fay)의 *Social Theory*는 비판이론에 대한 이용하기 쉬운 소개서이다. 또한 커네턴(Connerton)의 *Critical Sociology* 그리고 헬드(Held)의 *Introduction to Critical Theory*(London, 1980)도 참조.

지이다. 참으로 세계에 대한 상식적인 이해를 넘어서지 못한다면 과학은 없어도 좋은 것이라 하겠다. 사회과학의 연구대상들 가운데에는 상식도 포함되어 있기 때문에 사회과학은 상식과 비판적 관계를 갖지 않을 수 없다. 왜냐하면 현 상태의 대중적인 의식을 이해하고자 하면서, 즉 **통상적으로는** 검토되지 않는 것을 검토하고자 하면서 우리는 그것의 환상성을 깨닫게 될 수밖에 없기 때문이다. 리쾨르(Ricoeur)가 지적하듯 '의미의 복원'은 불가피하게 '환상의 축소'로 미끄러지게 된다.58) 더구나 허위의 관념에 의해 안내된 행위의 결과는 대체로 행위자들이 얻기를 기대한 것과 다를 것이다. 우리가 그러한 상황을 정확하게 재현하려 한다면 우리는 사람들이 가진 이러한 관념들을 확실하게 기록하고, 그리고 어떤 점에서 그것들이 허위인가를 입증하고자 해야 한다. (어떤 관념을 허위라고 비판하는 것이 곧 그 관념을 가진 사람들이 있다거나 그 관념이 결과를 갖는다는 사실을 부인하는 것은 아니라는 점을 적어두고자 한다.) 그러므로 사회현상들을 이해하고 설명하기 위해서는 우리는 사회들 자체의 자기이해를 평가하고 비판하는 일을 피할 수 없다.

현재의 경제불황을 설명하려는 시도는 어느 것이거나 정치인들과 제도들 그밖의 개인들의 행위를 서술할 뿐 아니라 안내하기도 해 온 (공식적이고 비공식적인) 이론들에 대하여 비판적인 평가를 해야 할 것이다. 유사하게, 남아프리카 사회에 대한 설명은 인종의 우열과 관련된 구성적 의미(인종차별을 안내하고 또한 인종차별에 의해 객체화되는)를 비판하지 않는다면 — 물론 사람들이 그것을 가지고 있다는 것(이 사실이라는 점)을 인정해야 하지만 — 설명적으로 적절한 것이 될 수 없을 것이다.

여기서의 논증의 구조는 중요하다. 나는 어떤 것들이 단순히 용인 받지 못하는 일이 생길 수도 있기 때문에 사회과학자들이 그것들을 비판해야 한

---

58) P. Ricoeur, "Restoration of meaning or reduction of illusion?" in Connerton, *Critical Sociology*.

다고 이야기하는 것이 아니다. 오히려 핵심은 사회현상에 대한 우리의 설명은 그 현상들에 대한 비판적 평가를 수반한다는 것이다. 게다가 비판은 허위의 관념들을 구성요소로 포함하고 있는 실천적 맥락으로부터 추상하여 합리적으로 비판하는 것에 한정되는 것이 아니라 반드시 그것들과 결합된 실천 및 그것들이 생산하여 차례로 그 실천을 돕는 물질적 구조에 대한 비판적 평가에까지 확대되어야 한다.[59] 화폐를 장롱 속에 감춰두는 것이 비합리적이라거나 잘못이라고 비판할 때, 단지 그것에 대한 관념만이 잘못이라고 의미하는 것이 아니라 그 실천이 잘못이라는 것을 의미한다. 마찬가지로 인종차별의 경우에도 추상 속의 인종차별 배후에 있는 관념들(인종적 차이 등에 대한)만 잘못된 것이 아니라, 이 관념과 상호 승인하고 이 관념을 정당화하며 또한 이 관념에 의해 정당화되는, 실제의 실천들(흑인의 신분증 소지 의무법 시행 등)과 물질적 구조(구분되고 물질적으로 곤궁한 주거지구 등)도 그러하다. 사회과학의 가치자유와 '초연한' 입장을 옹호하는 사람들은 대부분 그러한 평가를 허용하면 우리는 존재하고 있는 것에 관한 사실들에 대하여 왜곡된 그림을 만들어낼 것이라고 걱정한다. 그렇지만 인종차별의 설계자들이 인종에 관한 그들 자신의 믿음이 사실적으로 옳다고 말하는 것은 사실적으로 잘못된 것일 것이다. 행위들에 대한 행위자들 자신의 설명이 옳은가 여부에 대하여 우리가 결정하지 않고서는 우리는 우리의 설명이 어떤 것이어야 할까를 결정할 수 없기 때문에 우리는 모든 평가(긍정적인 것이든 부정적인 것이든)를 간단히 거부할 수가 없다. 또 다른 사례를 생각해 보자. 가사노동에 대한 연구에서 우리는 남편들이 자신은 주당 6시간씩 집안일을 하는데 아내는 그가 단지 2시간밖에 집안일을 하지 않는다고 짜증낸다고 말하는 경우를 보게 된다. 양쪽이 모두 옳을 수는 없다. 우

---

59) Bhaskar, *The Possibility of Naturalism*, pp.69-83.

리는 결정을 해야 하며 누가 잘못된 것인가를 판단한다. 이 때 그가 말하는 것이 잘못되었다고 판단하더라도 그것이 그가 그런 말을 했다는 사실을 부인하는 것은 아니다. 오히려 그가 이야기한 것이 그의 행위에 대한 설명에서 중요할 수도 있기 때문에 우리는 그것을 기록해 두어야 할 것이다.

그러므로 사회에 대한 이해에서는 이러한 비판적 요소를, 사회과학은 가치자유적이며 '초연'해야 한다고 믿는 사람조차도 회피할 수 없다는 것을 깨닫는 것이 중요하다. 예컨대, 가치자유 교의를 지지하는 경제학자라도 불경기 등과 같은 경제적 사건을 설명하고자 할 때 어떤 경제행위가 합리적이라거나 오도된 것이라고 평가하는 일을 피할 수 없다. 그렇지만 특징적으로 그러한 연구자들의 작업은, 어느 정도 자의적으로 한정된 집단('의사결정자들')의 행위들('정책들')만이 평가될 수 있는 것으로 생각하는 제한된 형태의 비판만을 보여준다. 이러한 제한은 몇 가지 상호 강화적이고 의식되지 않은 가정들로부터 나온 것으로 보인다. 그러한 '정책들'로부터 나오지 않은 실천과 관계들은 개념의존적인 것이 아니며 따라서 평가 대상이 아니라는 가정('정책들'에 의해 산출된 사회세계 부분들만이 사회적으로 구성된 것인 듯한), 의미는 사회적 실천에 외부적인 것이며 예외적으로 정책은 어떻든 위로부터 사회에 부과되는 것으로 간주하는 가정, 그리고 실천에서 의미의, 여타 활동들에서 정책의 이러한 분리를 상정하고 앞의 것에 대한 판단이 뒤의 것에 대한 판단으로 넘어가지 않고서도 이루어질 수 없다고 생각하는 가정 등이 그것이다. 이러한 일관성 없는 견해에 따르면 자본주의하의 사회조직들의 형태에 관한 평가적 진술은 '과학'과 아무런 관련이 없는 것으로 배제되지만 정부의 정책들에 대한 평가는 전적으로 받아들일 수 있는 것이다.

사회과학이 그것의 객체들에 대하여 비판적이어야 한다는 견해에 반대하는 또 다른 이유는 그것의 주체-객체 관계가 〈그림 1-2〉처럼 자연과학의 그것과 차이가 없다는 가정으로부터 나온다. 비사회적인 객체들은 개념 의존적이지 않기 때문에 그것들을 비판한다는 것은 납득되지 않는다. 원자의 반응은 그것이 우리 자신의 틀과의 관계 속에서 우리에게 좋거나 나쁜 것이라고 말할 수는 있지만 본래적으로 좋거나 나쁜 것 또는 합리적이거나 비합리적인 것은 아니다. '우리의 이론이 아니라 세계가 잘못되었다'는 말 속에 담긴 생각은, 자연에 대한 지식과 관련해서는 확실히 터무니없는 것이지만, 위의 논의가 옳다면 사회적으로 생산된 현상들에 관해서 이야기할 때에는 합리적일 수도 있다.

그러므로 사회과학은 그것의 객체에 대하여 그리고 상식적 지식에 대하여 설명적이고 해석적인 관계와 함께 비판적인 관계를 가져야 한다는 이러한 제안의 급진성을 오해하지 않아야 한다. 이 제안은 단지 '사회과학 수행'의 상이한 방식을 말하는 데 그치지 않는다. 이 제안은 이러한 형태의 지식의 사회적 역할에 대한 그리고 '지식인'에 대한 상이한 견해를 함축하고 있다. 사회과학에 대해, 우리 외부의 객체에 관한 지식 덩어리를 발전시키는 것으로 볼 것이 아니라, 주체로서의 사람들 속에 비판적인 자기각성을 발전시키고 참으로 그들의 해방을 돕는 것으로 보아야 한다는 것이 그것이다. 사회과학은 그 '객체'가 주체들을 포함하고 있다는 것, 사회세계는 사회적으로 생산된 것이며 따라서 여러 가지 가능한 인간의 구성물들의 하나라는 것을 기억함으로써 이러한 작업의 첫걸음을 시작한다. 사회과학은 외양적인 사회적 삶의 물상화되고 자연적인 듯한 성질을 부인함으로써, 인간의 행위에 대한 이전까지 인식되지 않았던 제약들에 조명을 가함으로써 해방과 자기발전을 촉진한다. 익명적인 사람들 사이의 극단적으로 확대된 경제적 관계를 특징으로 하는 자본주의 사회들에서 사람들의 행위의 결과들(그들 자신의 산출물들)은, 그것들이 우리가 복종해야만 하는 알 수 없는 힘으로 우리에게 반작용을 가한다는 의미에서, '자연적인 듯한' 성질을 띤다. 컴퓨터 등과 같은 인간의 창조성의 전리품들은 특정의 방식으로 구성되고 응용된다면 인간을 그들의 일 속에 노예화할 수도 있다. '호경기', '하강기', '불황기', '시장경기의 등락' 등과 같은 경제학 언어는 중요하다. 이러한 사건들은 모두 인간 행위자들의 산출물임에도 불구하고 기후나 홍수나 지진 등의 변화처럼, 즉 우리가 단순히 대처해야 하는 외부적 (자연적) '사실들'처럼 우리에게 다가온다. 사회과학의 대부분을 포함하는 우리의 사회적 지식은 인간 행위의 이러한 이해가 능한 물상화를 당연시하고 강화하지만, 비판적 이론은 이것에 대해, 실재하지만 그럼에도 불구하고 허위라고 도전한다.

우리 사회의 이러한 특징은 여러 사회과학자들에게서 볼 수 있는 그들의 연구 객체들의 개념의존적 성격에 대한 그리고 사회적으로 생산된 성격에 대한 무지를 다소간 설명해준다(용서해 주지는 않지만). 결과적으로 그들은 사회현상의 의미를 해석하고 개념화하는 문제를 과소평가하고 방법론적 문제에 대한 자신들의 인식을 양적 관계에 관한 표본수집과 가설 검증 등과 같은 그밖의 작업들에 한정하고 있다. '급진적 행태주의자들'은 주체-객체 관계에 대한 이러한 견해(〈그림 1-1〉 참조)를 자신들이 연구하고 있는 사회적 상호작용에 투사하고 있으며, 따라서 사람들에 대해 이해에 의해 매개되지 않고 물리적 자극과 반응을 기초로 서로 관계를 맺는다고 상정하고 있다.[60] 실제로, 이러한 행태주의적 견해는 주체로서의 사람의 지위를 부인하는 행위들(예컨대, '정신장애자'에 대한 '전기자극 치료법'이나 정치적 불만을 가진 사람들에 대한 수감 등)에 의해 상호 승인될 수 있다. 물론 그것이 완벽하게 수행되는 일은 없지만 그러한 입장의 허위성이 그것의 실행을 저지하는 것은 아니다. 의미 있는 행위를 본질적으로 의미 없는 행태로 축소시키는 행태주의의 철저한 실행은 의사소통과 사회적 삶을 불가능하게 만들

---

60) 급진적 행태주의의 가장 유명한 옹호자인 스키너(Skinner)의 *Beyond Freedom and Dignity*(London, 1972)을 참조.

것이다.

여기서 발전된 견해에 따라 '과학'이라는 용어가 특히 점검된 지식을 가리킨다면 많은 사람들이 상상하듯 그것이 단지 상식의 확장에 그칠 수는 없다. 여러 측면에서 그것은 상식과 맞수가 될 것이다. 상식은 사회현상을 자연화하는 경향이 있으며, 존재하는 것을 당연한 것으로 상정하는 경향이 있다. 무비판적으로 상식 위에 구축되고 그것의 오류를 재생산하는 사회과학이라면 아마도 피상적인 수준에서는 정확한 결과를 만들어내는 것처럼 보일 수도 있을 것이다. 반면 그런 지식을 자명하고 비판받을 것이 없는 것으로 취급하는 상식의 관점에서 본다면, 마르크스주의 등과 같은 비판적 이론들이 만들어 내는 지식은 그 상식이 사실이라고 판단하는 것과 갈등하기 때문에 ('상식을 모욕하기 때문에') 거짓인 것처럼 보일 수 있다. 그렇지만 그러한 비판적 이론들은 사회에 대한 이해에 고유한 환상을 감소시키거나 대안을 제시하려는 목표뿐 아니라 실제로 존재하는 것을 가능한 한 진정하게 재현하고, 설명하고자 하는 목표를 겨냥하고 있다. 인간의 삶이 상당한 정도로 사회들의 자기이해에 의존하고 있다는 것, 그것이 사회적으로 생산된 것 ─ 단지 일부만이 의도한 방식으로 그러하지만 ─ 이라는 것, 그리고 그러한 자기이해에서의 변동이 사회의 객관적 형태에서의 변동과 결부되어 있다는 것[61] 등이 인간의 삶에 관한 '사실들'의 일부라는 것을 인식한다면, 지식이 어떻게 설명적 및 서술적일 뿐 아니라 동시에 평가적이고 비판적이며 해방적일 수 있는가를 알 수 있게 된다.

---

61) 자기이해에서의 변화가 반드시 물질적 변화를 초래하는 것은 아니라는 점도 지적해 두어야 할 것이다. 노예가 자신의 상황을 충분히 이해하게 되었다고 하더라도 그 상태를 벗어나기 위하여 할 수 있는 일은 아무 것도 없을 수도 있다.

결론

사회과학적 지식의 성격과 맥락을 당연한 것으로 받아들이고 그것의 내적 절차에 대한 설명으로 달려가는 대신, 나는 여러 가지 종류의 맥락 속의 지식들을 살펴보고자 했다. 여기에는 이렇게 하는 것이 지식의 역할에 관하여 무엇인가를 그리고 일반적으로 지식의 내적 문제로 기록되는 것을 드러낼 것이라는 믿음이 자리하고 있다.[62] 주요 주제 중의 하나는 지식과 실천 사이의 관계, 특히 사회과학과 그것의 연구 대상 사이의 관계의 문제였다. '상호 승인'이라는 개념을 통하여 지식과 실천의 상호의존을 강조했다. 적절한 것이건 아니건 간에 지식은 진공에서 발전되는 것이 아니라 늘 사회적 실천 속에 새겨져 있으며, 뒤의 것을 알아낼 때 우리는 앞의 것도 좀 더 풍부하게 이해할 수 있다.

만약 이것이 사실이라면, 우리는 이것을 우리 자신의 주제에 대해서도 성찰적으로 적용할 수 있어야 한다. 바꾸어 말하면, 주체와 객체 사이의 관계에 대한 상이한 견해들은 특정 종류의 실천적 상황들로부터 도출되거나 그것과 긴밀하게 결합되어야 한다. 이 문제를 살펴봄으로써 우리는 비판적 이론의 강점과 한계를 그리고 일상의 실천 및 실천적 지식과 대비된 '지식인들'과 과학자들의 입장을 더욱 예시할 수 있다.

이제 나는 주체-객체 관계를 논의하면서 여러 순간에 그것이 '탐구자'와 그의 연구의 사회적 객체 사이의 관계인지 아니면 탐구되고 있는 사회 속의 '보통'사람들 사이의 관계인지를 분명히 드러내지 않았다는 것을 깨닫고

---

62) 나의 논의는 '지식사회학'의 그것과는 다른 것이다. 지식사회학에 따르면, 우리는 지식을 그 저자의 사회적 위치와 이데올로기를 준거로 평가해야 한다. 제2장에서 분명해지겠지만, 나는 지식의 이러한 맥락을 인식하는 것이 지식사회학과 결합된 상대주의적 견해를 보증하는 것은 아니라고 믿고 있다.

있다. 부분적으로 이 모호함은 의도적인 것이었다. 왜냐하면 이것을 통해 두 가지 관계들의 유사성들의 일부를 입증하고 탐구자도 그들의 객체의 외부에 존재하는 것이 아님을 그리고 '보통'사람들도 역시 주체라는 것을 상기시키고자 하였기 때문이다. 참으로, 지식에 대한 논의라면 어느 것이거나 간에, 일관성 있는 것이 되려면, 주체(또는 탐구자들이나 연구자들)로서의 사람들에 대해서는 독특한 특성을 단언하면서 객체로 지각된 역할 속에 있는 사람들에 대해서는 그 특징을 부인하지 않아야 하며, 그 역도 마찬가지이다. 달리 말하면 두 가지 관계 사이에 유사성이 있는 곳에서는 한쪽의 특징을 다른 쪽에 투사하는 것이 가능해야 한다는 것이다. 그러므로 〈그림 1-3〉과 〈그림 1-4〉는 대칭이 된다.

그렇지만 우리는 지식의 유형들과 그 지식들의 맥락들에서 보이는 몇 가지 중요한 차이도 지적했다. 가장 중요한 것은 무엇을 어떻게 하는가를 아는 것에 관련된 실천적 지식과 세계에 관한 사실들에 대한 명제적 지식 사이의 차이이다. 뒤에서 우리는 사회과학 내부에서의 그 밖의 차이들을 논의할 것이며, 그것들의 목표와 그것들이 성공적일 수 있는 맥락을 살펴볼 것이다. 중심적인 주장의 하나는 사회과학이 그 목표와 방법과 객체 유형에서 단순하고 일원론적인 것이 아니라 분화되어 있다는 것일 것이다. 이 장에서는 지식 일반에 관하여 비슷한 점을 지적함으로써 이러한 논의를 위한 길을 닦았다. '과학'을 주어진 것으로 취급하고 맥락으로부터 이탈시키고 그것의 내적 절차에 대해 단일의 모델을 부과하는 통상적인 전략은 의도적으로 거부했다. 그 결과 논의가 이례적으로 폭넓어졌지만 나는 그것들이 사회과학에서의 그리고 사회에서의 매우 구체적인 실천들과 어떻게 관련되는가를 보여주고자 했다.

제 2 장

이론, 관찰 그리고 실천적 적합성

사회과학에서의 방법에 대한 진지한 논의라면 어느 것이거나, 곧 이론과 경험적 관찰 사이의 관계 그리고 우리가 현상들을 어떻게 개념화하는가 등과 같은 기본적인 쟁점으로 달려간다. 차례로 이러한 사항들에 관한 성찰은 어느 것이든 우리의 지식의 객관성이나 지위 등과 같은 좀 더 근본적인 문제를 제기한다. 전통적으로 사회과학방법에 관한 교과서들이나 강의들은 이러한 사항들을 회피해왔지만, 실질적인 작업에 대한 평가에서 이런 좀 더 철학적인 쟁점들이 빈번히 떠오르기 — 일부 학문분야들에서는 다른 분야들에서보다 더욱 그러하다 — 때문에 그것은 의심스러운 전략이다. 그러므로 나는 이런 쟁점들을 다루는 것에 대하여 아무런 변명도 하지 않고자 한다. 이 쟁점들은 방법의 가장 중요한 계기, 즉 우리는 어떻게 개념화하는가를 다루는 것이기 때문에 방법에 대한 논의에서 서설 이상의 것이다.

과학적 지식의 객관성과 지위에 관한 현재의 의심은 한동안의 상대적인 확신과 확실성에 뒤이은 것인데, 그 시기에는 과학이, 관찰 또는 '경험'이라는 문제없는 매개물을 통한 객관적 지식의 꾸준한 증가인 것으로 압도적으로 간주되었다. 이러한 '순진한 객관주의적' 견해에 따르면 사실들은 '스스로 말하며', 오로지 '자료'로 '수집'되기만 하면 되었다. 이론이 역할을 갖는다면 그것은 그 다음에 이어지는, 사실들을 질서 짓고 설명하고 아마도 예측하는 단계에서 가질 뿐이었다.

순진한 객관주의는 상식적 사유 속에서 번성을 계속하고 있으며, 과학에서조차 아직 소멸되지 않고 있다. 근래 어떤 정치가는 강력히 의문시된 경제노선 – 통화주의 – 이 '단순한 이론'이 아니라 '사실'이라고 강조하였으며, 또 다른 정치가는 '이론'을 포기하고 '사실로 복귀할 것'을 요청했다. 그리고 우리는 지금도 다윈의 진화론은 '이론일 뿐'이며 '사실이 아니다'라는 과학자들의 이야기를 듣고 있다. 여기서는 사실과 이론의 대비가 논란의 여지가 없는 사안인 것처럼 제시되고 있다. 그러나 그 구분을 이렇게 적용하는 예, 특히 마지막 사례를 생각하게 되면, 우리는 그 구분 자체에 대해 의심을 갖게 되며, 실제로 철학에서는 그것이 전면적으로 도전받아 왔다. 이론은 점점 더 관찰 자체에 영향을 미치는 것으로 인정되고 있으며, 따라서 관찰은 '이론부과적인 것'이라고 받아들여진다. 지식이 경험에 기초하고 있다는 생각은 그러므로 적어도 매우 모호한 것이 되고 있으며, 다수의 근본적인 문제들이 시야에 들어오기 시작하고 있다. 경험적 관찰이 이론부과적인 것이라면 관찰은 어떻게 이론에 대해 독립적인 시험을 제공할 수 있는가? 세계가 오직 특정의 보는 방식을 통해서만 이해될 수 있다면, 그럼에도 불구하고 우리는 '진리'와 '객관성'을 이야기할 수 있는가? 문제가 없는 이론중립적 관찰의 가능성에 대한 순진한 믿음이 깨어짐으로써 일부 과학자들은 '급진적 상대주의'라는 반대쪽의 극단으로 나아갔다. 여기서는 진리가 순전히 하나의 이론이나 '패러다임'이나 '문제틀' 또는 '세계관'에 상대적인 것이며, 이런 것들에 대한 독립적인 시험은 존재하지 않는다고 생각한다. '그것은 모두 당신의 패러다임에 달린 것이다' 또는 "이러저러한 개념은 그것이 '진리'라고 주장되기 때문에 사용되는 것이 아니라 '유용하기' 때문에 사용된다"고 말하는 과학자들을 자주 보게 되었다. 일부에서는 이론중립적 관찰이라는 개념의 전복이 모든 종류의 경험적 연구에 대한 연구자들의 믿음을 붕괴시키고, 그들을 이론적이고 철학적인 내성(內省)으로 밀어 넣었다.[1] 그밖에도 이론 자체의 가치에 의심을 퍼부음으로써 겉보기에 끝이 없을 이론적 논쟁에 반발한 사람들도 있다. 그러므로 혼란이 지배하게 되었다. 이러한 상황으로부터 벗어날 길은 없는가?

답을 찾아야 한다면 몇 가지 인식론(지식이론)의 사항을 검토하는 것뿐 아니라 이론과 관찰의 성질을 더 심층적으로 검토하는 것이 중요하다. 이 과정에서 나는 의미(sense)와 준거(reference)의 성질, 개념적인 것과 경험적인 것의 구분, 그리고 의미와 맥락 사이의 관계에 대해서도 검토할 것이다. 이것은 다음에 이어질 진리와 상대주의 그리고 지식의 발전에 대한 논의에도 도움이 될 것이다.

지식과 객체

우리는 우리의 개념틀, 즉 우리 철학의 뒷받침을 위하여 그것에 계속 의존하면서, 조금씩 개선할 수 있다. 그렇지만 우리는 그것으로부터 벗어날 수는 없으며, 그것을 비개념화된 실재와 비교할 수도 없다. 그러므로 실재에 대한 거울로서의 개념틀의 절대적 정확성을 탐구한다는 것은 의미 없는 것이라고 나

---

1) Barnes, *Scientific Knowledge and Sociological Theory*(London, 1974), p.21 참조. 그는 '정향 상실과 인식론적 충격(disorientation and epistemological shock)'이라고 적고 있다.

는 생각한다(Neurath).[2]

우리는 대중적 대화에서 '사실'에 호소하는 일을 자주 보는데, 이것은 세계 자체의 상태나 속성으로서의 '사실'과 이러한 상태에 관하여 잠정적으로 이루어진 '사실적 진술'로서의 '사실' 사이에 숨어 있는 불명료함을 이용하고 있다. '지구는 둥글다'는 것과 같은 사실적 진술은 그것이 나타내고 있는 사물과 동일한 것이 아니다. 하나는 '사유 속의 객체(thought object)'이고 다른 하나는 '실재하는 객체(real object)', 즉 우리가 그것을 알게 되는가 여부와 무관하게 존재하는 어떤 것이다. 물론 우리는 오직 사유 속의 객체에 입각해서만 실재하는 객체에 관해 생각할 수 있다. 노이라트가 상기시키듯이 우리의 언어나 지식이 그 객체와 얼마나 유사한가를 알기 위하여 우리가 언어나 지식의 밖으로 나갈 수는 없다. 대중적 대화에서 보이는 사실에 대한 호소의 환상에는 진술을 그것의 준거물로, 즉 사유 속의 객체를 실재하는 객체로 붕괴시키는 일이 내포되어 있다. 그것에 의해 그 대화는 직접적인 방식으로 사실 자체에, 즉 세계가 존재하는 방식에 호소하는 것처럼 보이는 것이다. 그러나 그것은 사실상 일정한 개념체계 속의 세계에 관한 특정의 진술 방식에 호소하는 것이며 따라서 이의를 제기당할 수도 있다. 결과적으로 사실적 진술로서의 사실은 사실에 대하여 일반적으로 주장되는 권위를 가질 수 없다.

그러한 위험한 혼동을 피하기 위해서 우리는 그러므로 사유 속의 객체와 실재하는 객체를 구별할 필요가 있으며, 여기서는 이론적 진술뿐 아니라 경험적 또는 관찰적 진술도 모두 사유 속의 객체의 영역에 포함된다. 달리 말하면,

---

2) W. V. O. Quine, *From a Logical Point of View*(London, 1961)에서 재인용.

사유 속의 객체 — 실재하는 객체

이론 — 사실

의 구분 대신 우리에게는

사유 속의 객체 — 실재하는 객체

의 구분이 필요한 것이다. 왼쪽에 열거된 항목들은 오른쪽에 있는 항목들을 나타내려고 시도하는 것이지만 이것들과는 질적으로 상이한 것이다. 우리는 이제 이론적 지식과 사실적 지식이 공통점을 가지고 있다는 것, 그리고 이론의 이른바 사변적이고 비실재적인 특성과 '사실'의 이른바 부인할 수 없는 실재성에 대한 대중적 대비가 그것의 힘을 대부분 상실한다는 것을 알 수 있다.

그렇지만 이 두 번째 모델에 만족하여 멈출 수는 없다. 그림으로 나타낸 것을 수정하는 세 가지 조정이 필요하다. 첫째, 인지적 과정을 물질적 구조로 환원시킬 수는 없지만, 이 과정은 그 구조 속에 자리하고 있으며, 그 구조에 의해 제약받으며 또한 그것에 의해 가능하게 되는 것이다. 그 물질적 구조와 과정에는 두뇌 자체도 포함된다. 비심리학자들은 두뇌를 종종 백지 상태로 취급하는데, 물론 이것은 뇌종양이 두뇌활동에 미치는 극적인 효과 등과 같은 현상을 이해할 수 없게 만드는 견해이다.[3] 지식이 상당정도 언

어적이라는 사실이 지식은 물리적 측면을 갖지 않는다는 것을 의미하는 것
은 아니다.

둘째, 앞 장에서도 지적하였듯이 실천은 지식과 세계 사이의 연결물이다
(물론 위에서 밝혔듯이 실천이 둘 사이의 근본적인 차이를 없애거나 지식에 진리
의 절대적 보증물을 제공하는 것은 아니지만). 그러나 ① 사유와 그 사유가 가
리키는 객체들 사이의 관계와 ② 실천과 그 객체들 사이의 관계에는 중요
한 차이가 있다(지식의 지위에 대한 논의에서는 흔히 이 차이가 간과되어 왔다).
테일러(Taylor)는 이렇게 말하고 있다.

> 우리는 어떤 객체에 대한 나의 그림과 그 객체 사이에 엄격한 선을 그을
> 수 있지만, 그 객체에 대한 나의 처리(dealing)와 그 객체 사이에서는 그렇게
> 할 수 없다. 어떤 사람에게 어떤 것, 말하자면 축구공에 관하여 그것이 지금
> 없더라도 그가 생각하고 있는 것에 초점을 맞추라고 요청하는 것은 납득될
> 수 있다. 그렇지만 축구공을 가지고 경기를 하게 될 때에는 그런 요청이 어
> 처구니없는 것이 될 것이다. 그 경기에 관련되는 행위들은 그 객체가 없이는
> 행해질 수 없다. 그 행위들은 그 객체를 포함하는 것이다.[4]

이것에 비추어 볼 때 우리는 아마도 지식을 세계의 재현이라기보다는 세
계에 있는 사물들에 행위를 가하기 위한 수단으로 생각해야 할 것이다. 그
러므로 실천에 대한 앞 장에서의 강조를 계속한다면 과학 자체가 인지적인
만큼 실천적이며, 통상 순전히 인지적인 것으로 간주되는 많은 행위들은
흔히 탐색, 접촉, 추출, 구분, 결합, 활성화, 조작 등과 같은 물질적 과정을

---

3) Sacks, *The Man who Mistook his Wife for a Hot*(London, 1986).
4) Taylor, "Overcoming epistemology," in K. Baynes et al.(eds.), *After Philosoph*(Cambridge Mass, 1987).

포함한다.

그림에 대한 세 번째 수정은 사회과학이 연구하는 객체들 — 여기에는 개념적 및 개념의존적 현상들이 포함될 것이다 — 의 성질을 설명하기 위하여 필요한 것이다. 여기서는 사유 속의 객체들이 반드시 탐구자에게 친숙한 것은 아닐지라도 탐구되고 있는 실재하는 객체들에 포함된다. 이중적 해석학(double hermeneutic) — 관찰자와 피관찰물 각각에 대한 이해를 매개하기 위하여 그 두 가지의 준거틀을 파악할 필요 — 은 사유 속의 객체와 실재하는 객체에 대한 우리의 구분을 흐리게 한다. 그럼에도 불구하고 연구당하고 있는 사람들의 사유 속의 객체들은 자기성찰의 경우를 제외하면 연구하고 있는 사람의 그것과는 다르다. 그리고 이와 반대로 생각하는 것은 잘못이다. 사회적 현상들이 행위자나 주체와 무관하게 존재할 수는 없지만, 대체로 그 현상을 연구하는 특정 개인과는 무관하게 존재한다. 사회과학자들과 역사학자들은 객체들에 대한 해석을 생산하는 것이지, 일반적으로 객체 자체를 생산하는 것은 아니다. 그러므로 적절히 제한한다면 사유 속의 객체와 실재하는 객체 사이의 구분은 사회과학에서도 여전히 유효하다.[5]

지식과 그것의 객체 사이의 관계에 관한 보통사람들이나 연구자들의 대중적인 생각에 대한 이러한 비판은 진술과 그것이 가리키는 것 사이의 혼동과 같은 몇 가지 문제들을 해결해 준다. 그리고 상대주의 및 진리의 성질 등과 같은 또 다른 근본적 문제들을 좀 더 명확하게 부각시키는 틀을 제공해 준다. 그렇지만 앞에서 내가 지적했듯이 먼저 이론, 관찰 그리고 의미와 준거와 같은 개념들의 성질을 좀 더 자세히 살펴보는 것이 도움이 될 것이다. 이런 것들은 언어의 성질 및 언어와 세계의 관계도 밝혀줄 것이다. 이 작업을 하지 않는다면 이어지는 논의는 이런 용어들의 일관성 없는 사용에

---

5) Bhaskar, *The Possibility of Naturalism*, Hassocks, 1979; *Reclaiming Reality*(London, 1989).

의해 뒤집히기 쉽다.

이론

'이론'에 대한 형식적이고 규정적인 정의로부터 시작하기보다는 매우 '융통성 있는' 이 용어가 과학과 일상생활에서 사용되는 범위를 먼저 살펴보는 것이 좋겠다. 이론에 대한 상식적인 견해는 복잡하며 일련의 중요한 대비들을 전제한다.

다시 한 번 말하면, 이러한 대비는 대부분 잘못된 것이지만, 그것들이 좀 더 '존중할 만한', '과학적인' 사용에서도 흔히 나타나기 때문에 무시할 수도 없다.[6] 또한 되풀이하면 이들 용어들은 '새어 나와' 서로 세로로 결합된다. 예컨대, 이론이 일단 실천에서 실제로 일어나는 것과 대비되면 이론적인 것은 비실천적인 것과 같은 곳에 배열되는 엉성한 사유만이 일어난다. 사실상 '이론'에 대한 다소간 경멸적인 여러 가지 사용법들을 볼 수 있으며, 상식이 확인시켜 주는 현재 상태를 보존하고자 하는 사람들은 이 사용법을 충분히 이용한다. ('학문적'과 '지적'이라는 용어도 표의 왼쪽에 첨가될 수 있으며, 이 때 이 용어들도 또한 부정적으로 결합될 수 있다는 것을 적어 두자.)

이론가들이 '좋은 이론만큼 실천적인 것은 없다'는 주장으로 반박하는 일은 상당히 일반적이지만 좀 더 급진적으로 반발하는 논자들은 순진하게 (또는 그다지 순진하지 않게) '사실'을 말하는 사람들을 인용하면서, 이론을 뒷받침하고 상식을 손상시키며 '원문 그대로(sic)'라고 표기하면서 경멸적

---

6) 이들 용어들의 의미의 전환에 관한 레이몬드 윌리엄스(Raymond Williams)의 흥미로운 지적, 특히 그의 『주요용어(*Keywords*)』(London, 1976)에 실린 '주관적'과 '객관적'이라는 용어의 전환에 관한 지적을 비교할 것.

이론	–	사실 또는 실재
		실천
		상식
관념화된, 가설적인	–	현실적인
사변적인	–	확실한
의견, 가치, 믿음	–	사실
주관적	–	객관적

인 부과물을 뒤엎고자 시도한다.[7]

그렇지만, 이론이란 무엇인가? (사회)과학에서는 다음의 의미가 특히 중요하다.

① 질서 짓는 틀(ordering-framework)로서 [또는 프리드먼(Friedman)이 표현하듯 '정리체계(filing-system)'로서의] 이론.[8] 이것은 관찰자료들을 질서지어 경험적 사건들을 예측하고 설명하는 데 사용될 수 있도록 한다.

② 개념화(conceptualization)로서의 이론. 여기서는 '이론화 한다'는 것이 어떤 것을 개념화 하는 특정의 방식을 규정하는 것을 의미한다.

③ 이론은 또한 흔히 '가설'이나 '설명'과 뒤바뀌어 사용된다.

뒤에서 간략히 논의하겠지만 ①과 ②의 차이는 미세하지만 중요한 것이다. 잠정적으로 말하면 ①에서의 이론은 관찰들(또는 자료들) – 그것의 의미는 문제가 없는 것으로 받아들여진다 – 사이의 관계를 질서 짓는(ordering) 방식으로 생각될 수 있다. ②에서는 이러한 질서짓기 기능은 2차적인 것이며,

---

7) 이것은 아마도 유럽 대륙의 특히 프랑스의 마르크스주의적 저작과 마르크스주의의 영향을 받은 저작들에서 가장 흔할 것이다.

8) Friedman, "The methodology of positive economics," *Essays in Positive Economics*(Chicago, 1953).

객체 – 그것의 관찰가능한 그리고 관찰불가능한 속성들 속의 – 를 개념화하는 기능이 1차적이다. 이러한 대안적인 사용법들의 대중성은 사회과학들 전체에서 다양하다. 아마도 경제학 – 여기서는 질서 짓는 틀이 대부분 수학적 형식으로 제시되어 왔다 – 등과 같이 정통성의 정도가 높은 학문분야들에서는 ①이 좀 더 일반적일 것이고, '가설'로서의 이론이라는 ③ 또한 마찬가지이다. 이것은 또한 방법론에 관한 그리고 경험적 연구를 어떻게 할 것인가에 관한 책들에서 가장 빈번하게 상정되어 온 모델이다. 어떤 경우 그것은 연구에 대한 표준적인 기대의 형식(특히, 학문공동체의 박사과정 학생들과 같은, 초급 성원들에게 주어지는)으로 제도화되었으며, 이 기준을 거부하는 사람들은 승인받지 못할 수도 있다. ②는 사회학 등과 같이 근본적인 분화와 상당한 철학적 및 방법론적 내성을 특징으로 하는 분야들에서 좀 더 일반적이다.

다음 절에서는 '이론부과적' 관찰이라는 개념을 좀 더 자세히 검토할 것이다.[9] 질서 짓는 틀 모델에서는 이론과 관찰이 암묵적으로 잘못 특징지어지고 있으며, 어떤 객체에 대한 검토된 개념화로서의 이론이라는 견해가 좀 더 적절하다고 나는 주장할 것이다.[10]

---

[9] 다음 절들 특히 이론과 인식론을 다루는 절들에서의 나의 논의는 M. Hesse, *The Structure of Scientific Inference*(London, 1974); *Revolutions and Reconstructions in the Philosophy of Science*(Hassocks, 1980); Harré, *Theories and Things*(London, 1961); *Varieties of Realism*(Oxford, 1986); W. V. O. Quine, *From a Logical Point of View* (London, 1961)을 참조했다.

[10] 이 책의 제4장과 6장에서는 질서 짓는 틀로서의 이론 개념이 약간의 근거를 갖는 일부의 제한적 조건들이 존재하며 그 조건은 일반적으로 오로지 특정의 자연과학들에서만 발견된다고 주장할 것이다.

지각의 개념적 매개

우리의 시각, 청각, 촉각, 미각 그리고 후각 등에 대해서는 그것들이 우리를 세계와 간단하고도 직접적인 방식으로 연결시킨다고 생각하는 것이 솔깃할 만큼 일상생활에서 당연한 것으로 받아들인다. 관찰의 중립성에 대한 상식적인 믿음도 마찬가지이다. 그렇지만 몇몇 익살꾼들이 이야기하였듯이 '보는 것에는 눈에 부딪히는 것 이상의 것이 있다.' 지각에 관한 연구는 보는 것이 복잡하다는 것, 그렇지만 기본적으로 세 부분으로 구성된다는 것을 알려준다.[11] 나는 시각적인 지각을 사례로 사용할 것이지만, 다른 감각들에서도 동등한 과정이 존재한다.

첫째, 지각의 대상, 즉 일정한 형태로 에너지 — 이 경우에는 '빛'이라고 부르는 것과 같은 — 를 방사 또는 반사하는 물질적 실체가 존재한다. 둘째, 이 에너지에 민감한 기제 — 시각의 경우에는 망막 세포 — 가 존재한다. 이 기제는 활성화되면 순간적인 전류를 두뇌에 전달하며, 이것이 우리에게 감각을 제공한다. 셋째 이러한 감각이 어떤 식으로 개념화된다면 우리는 지각의 특정 대상을 판별할 수 있다. 그러므로 우리가 지각할 수 있는 것이라고 주장되는 것은 복합적인 일련의 요인들 — 즉 객체의 성질뿐 아니라, 특정 유형의 에너지에 민감한 물리적 기제의 조건(예를 들어 우리의 눈의 조건)과 그 '감각 자료'를 납득하기 위해 우리가 가지고 있는 개념들의 유형 — 의 산물이다.[12]

현재의 논의를 위해서는 셋째 부분이 가장 중요하다. 우리의 시각적 (또 다른 감각적) 영역은 '개념적으로 침윤된(conceptually-saturated)' 것이다.

---

11) O'Connor and B. Carr, *Introduction to the Theory of Knowledge*(Brighton, 1982); ch.4; Abercrombie, *The Anatomy of Judgment*(Harmondsworth, 1960).

12) O'Connor and B. Carr, ibid., p.96.

갓 태어난 아기들과 수술을 통하여 시력을 회복한 태어날 때부터의 장님들
은 의심할 것 없이 비개념화된 시각적 영역을 가진 유일의 인간피조물이다. 우
리는 그것이 이전에 어떠했었는가를 전혀 기억하지 못한다 …… 확실히 시각적
경험을 언어로 표현하는 것은 그것이 아무리 원시적이고 잘못 정의되었더라도
이미 개념적으로 감염된 것이다(예컨대, '나는 노랑을 본다'는 것조차도). 13)

이전까지 장님이었던 경우에도 환자들이 지각하는 방법과 개념체계 —
그것을 통하여 시각적인 감각자료를 해석할 수 있는 — 의 형성 방법을 학습하
기에는 몇 초가 아니라 몇 주나 몇 달이 걸릴 수도 있다.

지각심리학 문헌들은 학습과정에서 실천이 핵심적 역할을 한다는 점을
더 보여준다. 지각과 학습은 세계에 대한 능동적 조작과 탐구에 의해, 즉
객체들 — 다른 사람들을 포함하는 — 과의 상호작용에 의해 크게 도움 받는
다. 이런 것이 가능하지 않고 주체가 단지 세계를 관조하는 인지 능력만을
사용하도록 제한될 때에는 학습이 매우 지체된다. 앞 장에서 지적하였듯이
많은 철학자들은 이러한 실천적 차원을 무시하는 경향을 보여 왔으며 결과
적으로 지식과 세계 사이의 관계 그리고 지식의 지위, 진리성 또는 신뢰성
의 문제를 혼란시켰다.

실천적 차원을 무시한 점을 제쳐놓더라도 철학자들과 과학자들은 인지
적 측면에 대한 이러한 연구의 함의를 다른 식으로 해석해왔다. 질서 짓는
틀로서의 이론 개념을 뒷받침하는 아주 공통적인 한 가지 해석이 있거니와
나는 그것에 이의를 제기하고자 한다. 이 해석에서는 사회과학에서 통상적
으로 사용되는 단어의 의미로 '자료'와 지각에 대한 연구에서 사용되는 의
미에서의 '감각자료'를 같은 것으로 상정한다. 그렇게 되면, 조사결과나 통
계와 같은 '자료'는 개념이나 이론들에 의해 오염되지 않는 것으로 그리고

---

13) Ibid., p.111-112.

오로지 뒤이어서 어떤 이론적이거나 개념적인 '틀'을 사용하여 해석·설명 또는 예측되는 것으로 나타난다. 이것은 지각에 대한 연구의 결과와 분명히 정반대되는 것이다. 왜냐하면 이론중립적 또는 개념중립적 (그렇지만 납득가능한) 관찰이라는 관념을 밀반입하기 때문이다. 과학에서 우리가 '수집하는'[14] 자료는 이미(사전: pre) 개념화된 것이다. 우리가 개념들 없이 '감각(sensations)'을 가질 수는 있겠지만, 개념들 없이 지각(perception)을 가질 수는 없다. '자료'를 문자 그대로 '주어진 것'으로 취급하는 사회과학자들(이들은 흔히 자신들의 지식의 객관성과 자신들의 사실의 '견고성'에 관해 가장 강한 믿음을 표시한다)은 자료 속에 내재된 해석을 저도 모르게 받아들이고 재생산하는 것이다. 그들은 이러한 숨은 개념들을 가지고 사유하지만 그 개념들에 관하여 사유하지는 않는다. 프래트(Pratt)가 말하듯이 '우리의 개념체계는 범주들을 부과하며 경험을 구별되는 항목들 ─ 그것들 사이의 관계가 가능한 ─ 로 쪼갠다. 우리의 개념들은 이미 구별된 실체들에 이름을 붙이는 것이 아니라 그 실체들에 대한 구별을 가능하게 하는 것이다.'[15] 그렇지만 프래트의 정정에 대해서는 제한을 가할 필요가 있다. 왜냐하면 통상적으로 개념들이 독자적으로, 즉 실천에서 이루어지는 물질적 구별과 개입의 도움 없이, 구별을 가하는 것은 아니기 때문이다.

우리가 일련의 특정한 개념들에 입각하여 사유하는 데 익숙해 있다는 바로 그 이유 때문에 우리는 그것들의 영향을 거의 인식하지 못한다. 이러한

---

14) '자료수집'이라는 통상적인 표현에 대해서도 의문을 제기해야 한다. 이 표현은 자료들이 그것에 대한 개념화보다 먼저 존재하며(pre-exist), 단순히 '수집되거나', '모을' 수 있는 것처럼 제시하기 때문이다. 일부 저자들은 '자료생산'이라는 표현을 선호하지만, 이 표현은 우리가 반드시 자료뿐 아니라 그 자료가 나타내고 있는 객체들까지도 생산하는 것처럼 제시할 수 있다는 점에서 마찬가지로 오도의 위험이 있다[Irvine et al., *Demystifying Social Stastistics*(London, 1979), p.3].

15) V. Pratt, *The Philosophy of Social Science*(London, 1980), p.53.

측면에서 예술사학자 곰브리치(E. H. Gombrich)의 유사한 논의는 교훈적이다.16) 곰브리치는 동일한 풍경을 그린 두 개의 그림을 비교함으로써 예술가의 작품에서 '틀(schemata)' – 개념의 등가물이라고 할 수 있는 – 이 차지하는 역할을 검토한다. 두 그림 모두 영국 북부의 호수지방을 그린 것으로 하나는 유럽 화가의 것이고 다른 하나는 중국 화가의 것인데 둘 모두 풍경을 '충실하게 재현'하고자 하지만, 중국 화가의 그림에 대해 유럽 사람들은 중국의 풍경을 그린 것으로 느낀다.

관찰의 '개념적 침윤성'을 고려하면 관찰가능한 것과 관찰불가능한 것을 구별하기는 힘들다. 지구가 태양 주위를 돈다는 것을 관찰가능하다고 주장할 수 있는가? 경치가 얼어붙었다거나 사람이 지루하다는 것을 정말 볼 수 있는가?17) 보통사람이 현미경으로 볼 수 있다고 주장하는 것과 생물학자가 볼 수 있다고 주장하는 것은 그들이 동일한 모양의 것을 보면서 그것을 상이하게 해석한다는 의미(이것은 이론을 '질서 짓는 틀'로 보는 견해와 합치할 것이다)에서뿐 아니라 상이한 유형들을 첫 눈에 볼 수 있게 또는 '구별할 수 있게' 학습했기 때문에 상당히 다를 것이다. 그러므로 관찰가능한 것과 관찰불가능한 것의 구별은 우리의 감각기관의 물리적 수용능력의 문제일 뿐 아니라 지각에 포함되어 있는 개념들을 우리가 얼마나 당연시하고 있으며 따라서 얼마나 잊고 있는가에 의해 강하게 영향을 받는다. 그 속의 개념들이 의식되지 않는 경험의 영역 (예컨대, 상식)과 그것들이 자각되는 영역들에 대한 이러한 어느 정도는 자의적인 대비는 흔히, '사실적' 지식과 '이론적' 지식 사이의 대중적인, 그렇지만 문젯거리인 구분을 뒷받침한다.18)

---

16) E. H. Gombrich, *Art and Illusion*(London, 1960), pp.73-74.

17) Hesse, *Structure of Scientific Inference*, pp.22ff; I. Lakatos, "Falsification and the methodology of scientific research programmes," in I. Lakatos & A. Musgrave (eds.), *Criticism and the Growth of Knowledge*(Cambridge, 1970), pp.107, 129.

18) Lakatos, "Falsification," p.107 참조.

  처음에는 사변적이고 '이론적'인 것으로 간주되었다가 나중에는 친숙하고 아무 문제없이 관찰가능한 것으로 취급되게 된 개념들의 사례가 과학사에는 아주 많다. 객체를 이해하는 방식이라고 잠정적으로 해석되는 대신 그것들은 객체 자체의 관찰가능한 특징들에 대한 서술로 취급된다. 이전에는 이해를 돕는 사변적 보조물이라는 의미에서 '이론적인 것'으로 간주되었던 많은 과학적 개념들이 상식이 되어버렸으며, 여기서 경험의 개념매개적 성격에 대한 무지 때문에 개념들은 '사실'의 지위를 획득하였으며, 아직도 뚜렷한 '이론적' 개념들을 독단적으로 기각하기 위해 사용될 수 있다. 지구가 태양 둘레를 돈다는 생각은 '관찰가능한 사실들'을 준거로 쉽게 기각될 수 있었다. 놀랍지 않게 종종 이론들 사이의 논쟁에서 한쪽에서는 관찰할 수 있다고 (아마도 진정으로) 주장하는 것에 대해 다른 쪽에서는 참으로 '이론적 가설'이라고 항의하는 것을 흔히 볼 수 있다. 그것이 마르크스주의건 신고전파경제학이건 아니면 다원론적 정치이론이건 간에 새로운 이론체를 배우면서 우리는 통상적으로 결국 새로운 개념에 의해 일상의 관찰에 대한 상이한 해석을 제시할 뿐 아니라 새로운 객체들 또는 객체의 새로운 측면들을 볼 수 있게 된다는 것을 깨닫게 된다. 그러므로 여기서 지적하려는 것은 관찰불가능한 것과 관찰가능한 것과 이론적 진술과 관찰적 진술을 구분하는 인정된 기준의 일부가 근거 없는 것이라는 점이다. 두 가지 모두 개념적으로 매개되고 있다는 공통된 특징을 갖는다. 이론부과성의 보편성에 비추어 보면, 경험적 지식과 이론적 지식의 구분을 관찰가능한 것과 관찰불가능한 것과 연결짓는 대중적인 견해는 의심스러운 것으로 판정되어야 한다.
  이론이 개념체계와 다름 없다면 이론부과성을 정도의 문제로 간주할 수 없게 된다.[19) 관찰가능한 사실들에 호소한다고 할 때 우리는 '덜 이론 부과

---

19) Hesse, *The Structure of Scientific Inference*, p.20; *Revolutions and Reconstructions*, pp.94-95; Pawson, *A Measure for Measures*; Harré, *Varieties of Realism* 참조. 뒤쪽

적인' 종류의 경험에 호소하는 것이 아니라 우리가 좀 더 자신감을 갖는 그
렇지만 다른 것에 못지않게 개념적으로 침윤된 경험의 영역에 호소하는 것
이다. 경험이 덜 이론부과적이라고 상상하는 경향은 아마도 비밀스런 관념
을 가리켜 '개념'이라는 단어를 사용하는 일상적인 제한용법으로부터 생겨
나고 또한 그것을 뒷받침할 것이다.

이론적 언어와 관찰언어의 구별의 붕괴를 고려할 때 사회과학자들에게
서 흔히 들을 수 있는 이론과 경험의 '중간지대(middle ground)'의 필요에
대한 이야기는 납득하기 힘들다.[20] 그들이 전형적으로 추구하고 있는 것
은 상이한 것들 사이의, 즉 소외나 존재론적 안전 등과 같이 매우 추상적인
그리고 때로는 비밀스런 개념들과 직무만족 등과 같은 일상적인 개념들 사
이의 중간지대이다. 때로는 다리 또는 중간지대가 정말 필요할 수도 있지
만, 그 중간지대 역시 그것이 결합시키고자 하는 것들 못지않게 이론적이
면서 관찰가능한 것들이다.

이러한 주장에도 불구하고 관찰의 이론부과적 성격에 대한 이해가 매우
제한적이라는 점은 아주 놀랍다. 그리고 흔히 순진한 객관주의를 대신하는
것이 대체로 질서 짓는 틀로서의 이론에 대해 좀 더 두드러진 역할을 부여
할 뿐인 모델이라는 점도 놀랍다. 예컨대 많은 물리과학자들 및 사회과학
자들이 관찰은 진공에서 이루어지는 것이 아니라 선행하는 질문이나 문제
들, 또는 가설들이나 추측 또는 이론들에 의해 안내되고 모양지어진다는
것을 강조할 것이다. 이러한 견해는 포퍼 같은 철학자의 초기저작들로부터

에서 학킹과 하레가 지적했듯이 이론부과성은 이론에 대해 매우 광범한 개념을 함축한
다. 그 개념은 제한적인 의미와 쉽게 조화되지 않는다. 저자들은 모든 관찰이 개념매개
적이라는 생각을 받아들이지만, '이론'은 그밖의 용법들을 위해 유보하고자 한다
(Hacking, *Representing and Intervening*).

20) 이론과 경험 사이의 '칼날 같은' 엄격한 구분을 이야기하는 것은 더 납득하기 어렵다
(N. Smith, "Dangers of the empirical turn," *Antipode* 19, no.3, pp.354-363).

정당화되기도 할 것이다.[21] 그런데 이러한 견해는 쉽사리 '2단계' 모델 —
먼저 가설을 제시하고 질서 짓는 틀을 고안한 다음 아무런 문제도 없는 것으로 간
주되는 '자료'로 여백을 채우고 그것에 의해 시험하는 — 로 빠져들 수 있다는 문
제를 가지고 있다. 달리 말하면 이론에 대하여 단지 변수들 사이의 관계(특
히 규칙성)에 관한 추측(등)만을 하는 것을 상정함으로써 많은 저자들의 관
찰이 이론부과적이라는 생각에 말로만 동의하고 실제로는 계속 관찰을 이
론중립적으로 취급한다는 것이다. 분명히 이러한 견해는 이론을 질서 짓는
틀로 보는 입장이나 '여과장치'로 보는 입장을 지지하고 있다.

'이론부과성'에 대한 이러한 오해는 아주 일반적인 것이기 때문에 개념
의 역할을 좀 더 자세히 살펴보는 것이 도움이 될 것이다. 여기서도 곰브리
치의 저작이 다시 한 번 유용하다. 곰브리치에 따르면 틀의 개별 요소들이
특정의 객체들을 보는 방식을 제공하는 것이 아니라 다른 요소들과의 대비
와 유사성에 입각하여 제공한다.[22] 그는 '학습과정, 즉 시행착오를 통한 조
정과정을 "스무고개" 놀이' — 어떤 일련의 부류들 가운데에서 배제와 포함을 통
하여 객체의 정체를 추정해가는 — 에 비교한다. 우리가 먼저 객체를 보고 그
것을 우리의 틀이나 개념체계 속에 짜 맞추는 것이 아니라는 것을 기억하
고 있는 한에서는 이것은 도움이 된다. 마치 스무고개 놀이에서 응답자가
'동물인가, 식물인가, 광물인가 아니면 추상명사인가?'와 같은 질문들에 대
한 답을 듣기 전까지는 객체에 관해 아무것도 모르듯, 객체들을 식별할 수

---

21) K. R. Popper, *The Logic of Scientific Discovery*(London, 1959) 참조. 포퍼의 저작에
대한 이러한 해석은 공통적인 것이지만, 그의 제자들 가운데에는 그가 나중에 훨씬 더
세련된 정식을 발전시켰다고 주장하는 사람들도 있다(Lakatos, "Fal- sification").

22) Gombrich, *Art and Illusion*, p.76. 또한 기든스(Giddens)의 *Central Problems in
Social Theory*(London, 1979, p.12)도 비교할 것. 여러 철학자들(Pratt, Barnes, Feyer-
bend 등)이 곰브리치의 저작에 의존하지만 그들이 늘 나와 같은 결론에 도달하는 것은
아니다. 곰브리치 어떤 부분에서는 아마도 포퍼의 영향 아래에서(그는 포퍼의 저작에
감사를 표하고 있다)는 지각에 대한 질서 짓는 틀 모델을 지지하는 것처럼 보인다.

있는 대비나 관계가 아무리 기초적이더라도 우리는 어떤 틀이 없이는 그 객체들을 인지하지 못한다. 그럼에도 불구하고 이러한 유추는 한계를 가지고 있다. 왜냐하면 그것은 실제를 무시하고 있기 때문이다. 우리의 틀은 대체로 분화된 세계 ─ 이 세계는 상이한 행위들에 대해 중립적으로 반응하지 않는다 ─ 에 대한 행위를 통하여 발전된 것이다.

예술가의 틀을 가졌을 때와 마찬가지로 우리가 사용하는 용어들은 다른 용어들과 무관하게 객체들(물질적인 것이건 추상적인 것이건 간에)을 가리키는 것이 아니라 다른 용어들과 대비를 만들어 즉 분화에 의해 가리킨다. 특정의 용어는 다른 용어들과의 관계를 통해서만 의미를 갖는다. '낮'과 '밤'이라는 용어는 서로 독립적으로 또는 특정의 다른 용어들과 독립적으로 이해될 수 없다. 앞에서 보았던 대비체계 또는 이원론들(주체-객체, 이론-사실 등)은 언어의 단위들 사이의 '차이의 놀이(play of difference)'를 통하여 의미가 구성되는 방식을 보여주는 사례라고 할 수 있다.[23) 어떤 것을 '개념화' 또는 '이론화'하고자 의식적으로 노력할 때 우리는 이러한 차이의 유형들 ─ 그것에 의해 우리가 세계의 분화를 파악하는 ─ 을 (재)구성하고 수정한다.

우리가 단 하나의 또는 소수의 이론들만을 가지고 그것에 입각하여 관찰할 수 있다고 상정하는 사람들이 종종 있다. 이것은 이론들이 일원론적이고 견강부회적이며, 따라서 세계에 민감하지 못하다는 것을 함축한다. 이런 견해는 분명히 '차이의 놀이'의 미묘한 변동 가능성이라는 생각에 쉽사리 좌우되지 않을 것이다. 뒤에서 살펴볼 터이지만 이러한 견해에 따르면 이론적 변동은 '전부-아니면-전무'의 사안이며 이론을 판단하는 획득 가능한 유일의 기준은 이론에 내재적인 것이기 때문에 경험은 이론과 모순될 가능성이 거의 없는 것으로 보인다. 그렇지만 어떻게 정의하건 간에 우리

---

23) Giddens, *Central Problems in Social Theory*, pp.33-34.

는 소수의 이론이 아니라 다수의 이론들을 가지고 있으며, 분명히 매우 많은 수의 개념들과 틀들을 가지고 있다. '스무고개' 유추가 제시하듯, 이해에는 커다란 저장고에서 꺼낸 일련의 틀들이나 개념들의 사용이 필요하다. 개념들 사이의 관계에는 논리적 제약이 존재하기 때문에[24] 이것들을 무제한적으로 조합할 수 있는 것이 아니다. 또한 상당한 융통성이 허용되며 한 묶음의 개념들을 사용하는 관찰이나 성찰에 대해서도 다른 묶음의 개념들을 사용하여 상당 정도의 교차점검을 할 수 있다. A라는 개념 아래에서 우리는 어떤 객체가 갑이라는 속성을 갖지만 을이라는 속성은 갖지 않는다고 기대할 수 있을 것이며, B라는 독립적인 개념에 의해 객체가 어느 것을 가졌는가를 결정하는 일이 가능할 수도 있다.

의미와 준거, 개념적인 것과 경험적인 것

여기서는 이론을 '질서 짓는 틀'로 보는 견해가 '의미와 준거' 그리고 '개념적인 것과 경험적인 것'에 대한 의심스러운 구별에 의해 뒷받침된다는 것을 주장하고자 한다. 의미와 준거의 구분은 개념적인 것과 경험적인 것의 구분이 도전받게 되면서 철학에 처음 소개되었다. 일반적으로 비철학자들은 이런 이름에 의한 구별에 민감하지 않지만 질서 짓는 틀 모델 속에는 이것과 유사한 것이 함축되어 있다. '어린이'라는 단어의 의미와 관련된 〈그림 2-1〉을 살펴보면, 제1장의 〈그림 1-2〉와의 유사함이 명확해질 것이다. '어린이'라는 단어의 준거(reference)(그것이 가리키는 객체)와 그것의 의

---

24) 우리는 이러한 논리적 제약이 어떤 점에서는 실재하는 객체들 사이의 물질적 제약(예컨대, 물리적 가능성이나 불가능성에 대한)을 '그려내거나' 그것에 '상응'하기를 희망한다.

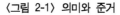

〈그림 2-1〉 의미와 준거

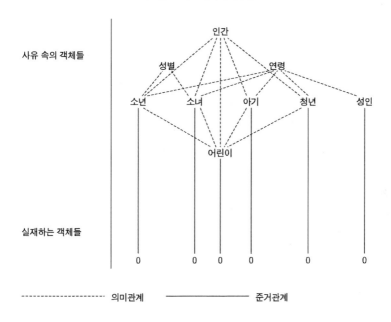

미(sense) – 그것을 다른 단어들과 묶는 일련의 연관 또는 '의미-관계'로부터 도출
되는 – 를 구별하는 것은 매력 있는 일이다. 25) 이러한 '의미관계'는 여러
가지 형태, 즉 동의어, 이의어(정반대의 뜻)일 것이다. 그러므로 의미-관계
가, 마치 언어가 준거행위로부터 분리될 수 있는 것처럼 그리고 역으로 준
거행위가 단지 객체를 지적하는 것에 의해 언어와 무관하게 가능한 것처
럼, 언어의 공헌을 보여준다고 말하는 것은 그럴듯해 보인다. 그리고 이 분
리는 해석(외견상 의미를 산출하는)으로부터 관찰(외견상 준거로 나아가는)의

---

25) 일부의 필자들은 '준거'라는 말보다 '지시(denotation)'라는 말을 사용한다. 예컨대, 리
   옹은 다음과 같이 말한다. '의미는 언어적 표현들 사이에서 즉 모두 이 언어나 저 언어에
   속하는 실체들 사이에서 유지되는 관계의 문제이다. 이것은 의미를 지시와 확실하게 구
   별짓는다. 지시는 표현을 세계에 있는 실체의 부류들과 연결짓는다'[J. Lyons,
   Language, Meaning and Context(London, 1981), p.58].

분리와 공명한다.

그렇지만 좀 더 자세히 살펴보면 의미와 준거는 분리가능한 것이 아니라 상호의존적인 것으로 드러난다. 무엇을 가리키는 준거가 작동한다면 우리는 가리킴이 뜻하는 것뿐 아니라 객체의 어떤 측면이 가리킴을 당하는가 그리고 우리는 그것을 어떻게 관찰한다고 상정하는가 하는 것까지 알아야 한다. 그러므로 성공적이려면 준거행위는 동시에 의미관계를 발동시키거나 구성해야 한다.[26] 역으로 개념체계 속의 의미관계들 사이에서 구성된 '차이의 놀이'는 물질세계에 대한 준거에 의해 그리고 그 세계 속에서의 행위에 의해 상호 승인된다. 그리고 두 단어가 동의어라고 말하는 것은 (적어도) 그것들이 공통의 준거를 가지고 있다고 말하는 것이다.

이러한 관계는 개념적인 것과 경험적인 것에 대해 더 널리 알려진 구별에서도 다시 되풀이된다. '개념적 문제'라는 사례에는 아마도 주술과 관련된 행위의 의미, 이데올로기의 의미 또는 과학적 개념의 의미 등이 포함될 것이다. 경험적 문제라는 사례에는 아마도 정당에 대한 지지의 분포 또는 상이한 공업 분야들에 대한 투자 수준 등이 관련될 것이다. 이제 ① 경험적 문제들에 대한 답이 그것의 객체를 판별해 내는 데 사용된 과학적 (그리고 그 밖의) 개념들에 관한 답을 전제하며, ② 개념 의존적인 사회적 객체들의 경우 경험적 지식이 구성적 개념들에 대한 이해를 전제한다는 것, ③ 개념들에 관한 질문은 어떤 종류의 것이거나 그것들이 사용되는 (경험적) 상황을 고려해야 한다는 것이 명확해질 것이다. 그렇지만 이것이 X에 관한 우

---

26) '집합적으로 살펴보면 과학은 언어와 경험에 이중적 의존을 가지고 있다. 그렇지만 이 이중성을 하나씩 살펴보는 과학의 진술 속에서 의미 있게 찾아낼 수는 없다'(Quine, *From a Logical Point of View*, p. 42, 67). 물론 비과학에도 똑같은 것이 적용된다. '외부에 세계에 관한 우리의 진술은 개별적으로가 아니라 오로지 집단적인 덩어리로 감각 경험의 법정에 선다'(Ibid., p. 41; Hesse, *The Struc- ture of Scientific Inference*, p. 26). 그럼에도 불구하고 집단적인 덩어리의 모든 부분들이 재판에 연루될 필요는 없다.

리의 경험적 믿음에서의 모든 변동이 X라는 용어의 의미에서의 변동을 낳
는다는 이야기는 아니다.[27]

이론을 두 가지 상이한 그리고 외면적으로 구분되는 방식으로, 즉 그것의
내적·개념적 일관성에 입각하여 그리고 그것의 경험적 적합성에 입각하여
평가할 수 있다는 주장은 이제 일반적인 것이다. 그렇지만 의미와 준거 및 개
념적인 것과 경험적인 것의 상호의존 때문에 이 두 방식을 완전히 분리된 것
으로 취급할 수는 없다. 이론의 경험적 성공은 의미관계망이 어떻게 구성되
는가 그리고 결과되는 기대들과 행위들이 세계의 실질적인 구조와 어떻게
관련되는가에 의해 영향받는다(물론 뒤의 것에 관한 우리의 판단은 늘 실천적 관
계와 개념화를 통하여 이루어질 것이지만). 그리고 이것을 다른 방향에서 바라
보면, 세계에 대한 준거를 가능하게 그리고 그 세계 안에서의 행위를 가능하
게 하고자 하는 어떤 개념체계의 일관성은 그것의 경험적 준거 및 사회적 실
천의 결과와 독립적으로 판단될 수 없다. 예컨대 어떤 개인을 자본가와 프롤
레타리아 두 가지로 서술하는 것이 개념적으로 일관되지 못한 것인가 여부
는 무엇을 그 사람의 그리고 생산수단 등의 가능한 특성으로 받아들이는가
에 좌우된다.

그러한 경우 우리는 개념적 비일관성이 실천적 비일관성에 근거하고 있다
는 것을 알게 된다. 또 다른 사례를 생각해보자. 마르크스주의에 대해서는
탈자본주의 사회가 생산자들의 자유로운 연합(거기서 생산자들은 자본주의하
에서보다 더 자유를 누린다) 그리고 중앙집중적 계획경제를 포함할 수 있다고
제시하고 있다는 비판이 제기되어 왔다. 그렇지만 레닌이나 그밖의 사람들이
깨닫듯이 중앙집중적 계획경제는 생산자가 중앙집중적인 규제에 완전히 예
속되는 것을 함축한다(경제의 독재가 '하나의 거대한 공장'을 경영한다). 여기에

---

27) R. J. Bernstein, *The Restructuring of Social and Political Theory*(Oxford, 1976); R. Rorty, *Philosophy and the Mirror of Nature*(Oxford, 1980), p.273 참조.

는 이상들 사이의 비일관성의 문제뿐 아니라 상이한 사회구조들 및 실천들 사이의 근본적 모순 또는 양립 불가능성의 문제(이 경우에는 종합적인 중앙집 중적 계획을 특징으로 하는 사회주의적 실험의 역사가 다시 없이 명확하게 드러 낸)가 포함될 수 있다.

앞에서와 마찬가지로 이 사례들은 지식의 실천적 맥락을 상기시키고 제1장에서 지적한 지성주의적 오류에 대항하려는 의도에서 제시한 것이다. 그렇지만 핵심을 좀 더 명백하게 드러내 보자.

첫째, 우리는 세계를 관찰하고 재현하는 것을 통하여 그리고 그것을 위하여 개념들을 발전시키고 사용할 뿐 아니라 세계 속에서 활동하기 위해서(노동과 의사소통적 상호작용을 위하여 말하고, 쓰고, 듣고, 읽는 것과 동시에 만들고 행하기 위하여 조직을 운영하고 그 속에서 일하기 위하여 컴퓨터 프로그램을 만들고, 음식을 조리하고, 어린이를 가르치고, 우편물을 분류하기 등)도 그렇게 한다. 또한 개념들을 갖기 위하여 개념들의 이름을 알아야 하는 것은 아니다.[28] 개념체계는 우리가 관찰(할 수 있다고 우리가 생각)하는 것뿐 아니라 우리가 할 수 있는 것 그리고 그것을 하는 방법과도 관련된다. 다시 말하면 지식에 대해 세계를 사진처럼 '재현' 또는 '반영'하고자 시도하는 것으로 생각하지 않는 것이 현명할 것이다.[29] 우리가 세계에서 어떤 일을 할 수 있게 하는 또는 사건에 대처할 수 있게 하는 수단을 제공하는 지도나 처방전 또는 교육교범이 좀 더 좋은 유추일 것이다.[30]

---

28) 일부의 현대 마르크스주의자들, 특히 (신)알튀세주의자들은 개념들이 호명될 때에만 사용될 수 있다고 믿는 것으로 보인다. 이것은 개념들의 이름들이 지면(紙面)의 위아 래로 시위행진을 하고, '재생산' 등과 같은 단어들이 거의 주문(呪文)처럼 사용될 때까지 어휘가 의도적으로 제한되는 (즉 불모스러워지는) 방식을 설명해 주는 것으로 생각된다.

29) B. Barnes, *Interests and the Growth of Knowledge*(London, 1977), ch.1.

30) Rorty, *Philosophy*(존재론을 고찰하기를 거부하는 로티의 입장 그리고 그 결과로 빚어지는, 특정 실천의 성공의 규정요인에 대한, 또는 세계의 구조에 의한 대처방식에 대한

둘째, 개념과 틀이 마치 그것의 진공 속에 존재할 수 있는 것처럼 사람들이 일하는 과정에서 그들에 의해 사용되는 용법으로부터 추상하지 않아야 한다. 그것들은 고정된 것이 아니라 발전되고 확대되거나 축소될 수 있으며, 상이한 정도의 기술자들에 의해 사용될 수 있다.[31] 훌륭한 예술가는 가장 고도로 발전되고 풍부하게 분화된 틀을 잘 사용하여 우리로 하여금 사물을 전혀 새로운 방식으로 볼 수 있게 하는 반면, 형편없는 예술가는 그것을 서툴게 사용하여 납득할 수 없거나 상투적인 결과를 낳는다. 과학 및 일상적 실천에서의 개념의 사용에 대해서도 똑같은 이야기를 할 수 있다.

셋째, 언어적 표현들 사이의 '차이의 놀이'의 구성과 해석을 통하여 의사소통은 물질적 측면을 갖는다. 우리는 이미 '공적인 것'과 '사적인 것'이라는 개념의 사례에 의하여 의미가 물질적 장치에 대한 준거 및 그것의 구성에 의하여 어떻게 상호 승인되는가를 예시했다. 개념들의 확립과 협상을 포함하는 성공적인 의사소통은 어느 정도는 언어적이고 비언어적인 행위들의 특정한 시간적 연속과 공간적·물질적 배경에 좌우된다. 달리 말하면, 의미는 맥락의존적이다. 결혼식 등과 같은 극단적인 경우 의미는 특정의 시·공간적 무대 속에서의 형식화된 행위들에 의해 엄격하게 승인된다. 매우 융통성 있게 사용되는 행위들의 경우에서조차도 성공은 즉흥적인 맥락화에 좌우된다. 철학적 논의는 다양한 상황에서 이루어질 수 있지만 길거리에서 낯선 사람에게 '의미는 맥락 의존적이다'라고 철학 세미나에서 기대될 종류의 이야기를 한다면 그 사람은 나를 미친 사람으로 취급할 것이다.[32]

그의 무관심을 내가 보증하려는 것은 아니다); Bhaskar, *Reclaiming Reality* 참조.

31) 그러므로 일부의 문제들(또는 쿤의 용어로 '수수께끼')은 개념 장치에 결함이 있어서가 아니라 사용자들이 충분히 숙련되지 못했기 때문에 해결되지 않고 있다고 인정할 만한 근거가 있다[T. S. Kuhn, *The Structure of Scientific Revolu- tions*(Chicago, 1970)].

32) 브로흐(Maurice Bloch)는 의미의 구성에서 맥락을 과대평가하는 경향에 대한 유용한 비판을 보여주고 있다[Bloch, *Ritual History and Power*(London, 1989); Giddens,

그러므로 사건의 의미를 납득하는 데는 우리가 어떤 방식으로라도 그것을 '맥락화'하는 것을 필요로 한다.

사회현상에 대한 이해는 이중의 맥락화를 필요로 하는데 그 까닭은 사회현상이 '이중의 해석학' 속에 자리하는 상황 때문이다(제1장 참조). 우리가 낯선 사건에 부딪혔을 때 이것은 어려운 것으로 판명될 것이며 따라서 그 사건을 '이해할 수 있게 해 주는' 맥락을 찾아내기 위하여 우리는 친숙한 맥락 속의 목록을 통하여 '근근히 처리하게' 된다. 이러한 맥락화는 주의 깊게 고려된 분석에서만 나타나는 것이 아니라 사진의 재현을 포함하는 가장 단순하고, 가장 '원시적'이며 직접적인 서술에서도 나타난다. 논쟁들은 흔히 적절한 맥락화의 선택과 관련되어 있다. 북아일랜드에서의 갈등을 계급에 기초한 것으로 구성해야 할 것인가, 종교에 기초한 것으로 구성해야 할 것인가 아니면 그밖의 다른 어떤 것에 의해 구성해야 할 것인가? 이 과정은 아마도 새소식의 보고에서 가장 잘 드러날 것이다. 새소식은 정의상 주로 낯설고 이상한 것들과 관련되며 정상성 및 일상성과의 대비에 의해 관심을 끌게 된다.[33] 언론종사자들은 그들의 일반적인 믿음과는 반대로 매우 전문화되고 독자들이 사용하는 것과는 상이한 맥락화의 목록들을 가지고 있다. 최악의 경우 언론은 새소식을 찾으면서 진부한 맥락화를 구성하는 것으로 보이는데, 이 때 새소식은 그 진부한 맥락화에 적용될 수 있는 것이어야 한다. 법정 공휴일 해변의 폭력, '비공인 파업자들(wildcat striker)'과 그들에게 돌아오라고 재촉하는 그들의 아내들, '인간적으로 흥미로운' 이야기, 좌익적인 정책을 지지하는 사람들의 '광신성' 등이 그런 것들이다.[34]

Social Theory and Modern Society(Oxford, 1987), p.100도 볼 것.

33) 영(J. Young)은 매체에 관해 이렇게 논평하고 있다. '매체는 비전형적인 사건들을 선택하고, 그것들을 판에 박은 방식으로 제시하며 명백하게 전형적인 정상성의 배경에 대비시킨다'[S. Cohen(ed.), *Images of Deviance*(Harmondsworth, 1971)에서 재인용].

34) '강도행위'와 관련하여 이런 현상을 논의하고 있는 홀(S. Hall)의 *Policing the Crisis*

그렇지만 신축성 있는 맥락화조차도 도달할 수 없는 신기한 사건들도 있다. 1981년 여름 영국의 도시 폭동 초기에 대부분의 신문들은 낯설게 조합된 사건들(흑인 폭도뿐 아니라 백인 폭도, 젊은 미혼 노동계급 약탈자, 자동차를 소유한 '중간계급' 기혼 약탈자 …)에 부딪히자 자신들의 맥락화를 신속하게 되돌리려고 변화시켰다. 흔히 신문들은 그들이 이전에 보고했던 어떤 측면들을 망각함으로써만 '결론적인' 확고한 맥락화에 도달할 수 있다. 또 한편으로는 이전에 '낮은 등급'의 틀(어떤 사회집단들이 관련되었는가를 판별하는 데 포함되어 있는 틀)을 통하여 판별된 것을 그것이 '높은 등급'의 좀 더 포괄적인 틀(예컨대, '계급투쟁'이나 '인종폭동'에 관한)과 쉽게 들어맞지 않기 때문에 이렇게 망각하는 현상은 언론 외부에서도 아주 흔히 볼 수 있는 일이다. 자연과학에서조차 비정상적인 증거('이론과 갈등하는 관찰들')를 무시함으로써 친숙한 이론들의 혼란을 회피하는 사례들이 많이 있었다. 이럴 때 친숙한 이론에 대해서는 그 이론이 그러한 결정에 의해 시험으로부터 보호받고 있다는 사실에도 불구하고 '시험을 거친 믿을 만한' 것이라고 주장된다. 비록 맥락과 이론으로부터 자유로운 사실적 기초―의견이 서로 다른 경우 그것을 향해 우리가 오던 길을 되돌아갈 수 있는―가 존재하는 것은 아니지만, 의견 차이가 없는 곳에서의 그러한 개념들과 경험적 증거(이 두 가지가 상호의존적이라는 점을 상기할 것)로 퇴각하여 이 개념, 증거들과 논란되는 개념들 및 경험적 증거의 일관성을 검토함으로써 쟁점을 해결하고자 하는 것은 합리적이다.

사건을 맥락화하는 데에는 친숙한 결합유형을 발견해 내는 일이 포함되지만, 그런 유형으로부터 추론해 내는 과정은 어려움으로 가득 차 있다. 우발적이거나 우연적인(필연적인 것도 아니고 불가능한 것도 아닌) 결합을 마치

(London, 1978)를 참조.

객체들의 필연적인 속성인 것처럼 취급하는 경우에는 위험이 명백하다. 예 컨대 열악한 주거가 소수 인종 성원들의 직업과 결합될 수 있을 텐데 인종 주의적으로 사유하는 사람들은 이 우연적인 그리고 변화될 수 있는 관계를 필연적인 것으로, 즉 인종 때문에 그 사람들이 갖는 본질적 특성으로 취급 할 수도 있다. 검토되지 않은 사유에서는 결합의 조합이 한 객체나 맥락으 로부터 부주의하게 '누출되어' 다른 것에 고착될 수도 있다.

이러한 과정은 특정의 개인들이나 집단들, 제도들['인간 악마들(folk dev-ils)']이 갑자기 그 사회가 두려워하는 모든 것의 상징으로 등장하게 되는 '도덕적 공황'에서 특히 분명해진다.[35] 일반적으로 그러한 공포는 극단적 으로 잘못 정의된다. 그것은 도덕적 가치의 쇠퇴, 핵가족 등과 같은 이상화 된 제도의 해체, 이상의 상실과 '무지배상태(anarchy)'의 도래, 그리고 권위 와 부에 대한 경멸 등에 대한 관심 속에서 공통적으로 표현된다. 도덕적 공 황기에는 통상적으로 산만한 결합이 투사되며, 억압된 공포에 일시적인 방 출구를 제공하면서 특정의 집단에 초점이 맞추어진다. 유사한 과정이 예컨 대 전쟁에서의 승리에 이어지는 도취기에도 일어난다.

더글러스(Douglas)는 이러한 '의미의 누출'(이미 앞에서 차용한)을 이해하 는 유용한 한 가지 방식을 발전시켰는데, 그는 일상적 삶에서의 개념적이 고 실천적인 구별을 사람들이 자신의 경험과 행위와 제도를 구조지을 때 의거하는 규칙에 입각하여 특징짓고 있다.

일련의 규칙들은 다른 것들과 비유적으로 연결되며, 그것들이 보여주는 형식적 유사성에 따라 한 맥락으로부터 다른 맥락으로 의미가 누출되는 것 을 허용한다. 의미의 일정한 영역들 사이의 장벽은 언제나 사회적 관심의 폭 력적인 홍수에 의해서나 또는 각 영역에서 동일한 규칙구조를 사용하는 미

---

35) S. Cohen, *Folk Devils and Moral Panics*(London, 1972).

묘한 경제에 의해서 무너진다.36)

의미체계에서의 이런 변동들은 분명히 사회 속에서의 실천에서의 변동들과 결합되어 있다. 그 변동들은 단순한 외적 서술이 아니다. 그것들은 조악할 수도 있고 어느 정도는 비합리적일 수도 있다. 개념화의 중요성을 무시하는 사회과학은 검토되지 않은 상식적 의미의 잘못된 견해를 그것의 질서 짓는 틀 속에 삽입하기 쉽다. 심지어 우연적이고 역사적으로 특수한 결합을 자연법칙의 지위로 격상시키고 '과학'이라는 도장을 찍어 그것을 상식적 사유 속에 되집어넣음으로써 허위의식을 강화할 수도 있다.37) 사회과학의 역사에서는 예컨대 핵가족의 성적 관계(gender rela- tions)와 같은 우연적인 성적 관계를 자연화시키고 그러므로 가부장적 사회구조를 정당화해 온 사례들을 볼 수 있다. 사회과학의 중요한 역할의 하나는 결합의 인과 유형 또는 검토되지 않은 지식의 의미관계를 채증하고 재구조화함으로써 필연적인 관계와 우연적인 관계의 그리고 보증된 결합과 보증되지 않은 결합의 차이를 이해할 수 있게 하는 것이다.

이것은 분명히 사회과학에서는 의미의 변환이나 '누출'이 일어나지 않는다고 주장하는 것이 아니다. 참으로 개념적 혁신을 산출하기 위하여 그것이 권장될 수도 있다. 사회과학의 개념발전 과정에서 비유와 유추는 중요하지만 종종 잘못 이해된 역할을 수행한다. 새로운 준거 객체에 대한 개념의 치환이 그 개념을 비교적 온전하게 놓아두는 일도 때로는 있지만, 좀 더 흥미로운 사례들에서는 그러한 치환이 '원래의' 개념의 의미를 변동시킨다. 예컨대, 전쟁을 '국가가 승인한 폭력'이라고 재서술하는 것은 우리의 일반적인 폭력 개념을 변화시킬 수 있으며, 이것에 의해 우리는 폭력의 통상적인

---

36) M. Douglas, *Rules and Meanings*(Harmondsworth, 1973), p.13.
37) G. Lichtheim, *The Concept of Ideology*(New York), 1967.

사례로 제시되었던 것(테러리즘 같은)을 상이한 시각에서 볼 수 있게 된다.

우리의 개념체계가 비유를 통하여 구성되는 정도는 일반적으로 낮게 평가되어 왔다. '광부들은 노동운동의 돌격대이다'와 같은 표현에서는 단어가 원래의 쓰임새로부터 낯설게 치환되고 있기 때문에 비유가 분명히 드러난다. 그렇지만 그러한 '생생한' 비유 가운데 어떤 것들은 그것이 치환이라는 점을 우리가 의식하지 못할 만큼 친숙하고도 널리 사용될 수 있다. 위의 두 문장에는 또한 몇 가지 '죽은' 비유도 담겨 있다.[38] 새로운 개념들은 오직 이전에 존재하던 개념들로부터 발전될 수 있다. 우리는 일반적으로 낯익은 것을 준거로 낯선 것을 설명하고자 한다. 그래서 놀랍지 않게 우리의 어휘를 좀 더 자세히 살펴보면 비유를 풍부하게 사용한다는 것을 알게 되며, 어떤 식으로든 기존의 용어들과 연결되지 않는 새로운 용어들을 주조하는 일은 거의 없다는 것을 깨닫게 된다. 때로는 오래된 비유가 다시 한 번 눈에 두드러질 수도 있지만(예컨대 전'류'), 그럼에도 불구하고 그것들이 문제없거나 또는 좀 더 현대적인 용어들에 의해 표시되는 것과는 다른 측면의 객체를 가리킨다면 존속될 수도 있다. 이러한 현대적인 용어들은 그 자체가 종종 비유적일 것이다. 비유는 점점 더 제거되어 가고 있는 전과학적인 잔재가 아니다. 가장 고대적인 과학적 어휘 못지않게 가장 진보된 과학적 언어도 비유를 담고 있다.[39] 사회과학에서 사용되는 '인플레이션', '협동적 경기', '무임승차자', '공급 연쇄', '연공조직' 등과 같은 어휘들은 스미스(Adam Smith)의 '보이지 않는 손' 못지않게 비유적인 것이다. 과학 발전에 대한 통상적인 견해와는 반대되게 진보는 부분적으로는 세계를 그려내는 우리의 능력을 개선하고 확장하는 것으로 구성된다.

일부의 과학자들과 철학자들은 비유와 '그림을 담고 있는 표현'의 역할

---

38) D. Schon, *Displacement of Concepts*(London, 1963).

39) Hesse, *Revolutions and Reconstructions*; Harré, *Theories and Things*, p.38.

을 무시해왔다.[40] 그리고 과학적 언어를 일련의 경험적 용어들—그 것들은 자체만으로 그것의 객체를 가리킬 수 있는 것으로 (잘못) 취급된다—과 이러한 원자적 관찰용어들을 연결 짓는 논리적 공식의 조합이라고 제시해왔다. 어떤 경우 논리적 관계는 수학적 공식으로 서술될 수도 있다. 이것은 일련의 자료를 다른 자료의 계산에 사용할 수 있게 한다. 경제학이나 인구학 그리고 지리학 등과 같은 분야들의 수학적 모델은 이러한 형식을 취한다. 그 모델은 1차적으로 계산도구다. 실제로 경제학자 프리드먼(Friedman)은 '이론'을 두 가지 요소, 즉 '복합적인 실재의 추상적인 핵심적 특징을 겨냥하여 고안된 실질적인 가설들의 덩어리'와, '정리체계'로 구실하는 일련의 동어반복들로 구성되는 '언어'의 혼합물로 서술한다.[41]

일련의 진술들 사이의 논리적 관계가 이론의 중요한 구성요소들인 것은 사실이지만 이론을 질서 짓는 틀로 보는 이러한 견해는, ① 관찰의 이론부과적 특성을, 그리고 이것과 관련된 것으로서의 많은 이론적 용어들이 정리체계처럼 단순히 '자료'를 질서 짓는 것이 아니라 세계의 성질에 관하여 주장을 한다는 사실을, ② 의미와 준거의 상호의존을, ③ '언어'의 불가결한 '그림 담기적' 성격, 즉 비유적 성격을 통찰해 내지 못한다. 사실상 이론에 대한 이러한 견해가 설득력 있는 것이라면 과학은 결코 개념적 문제, 즉 의미의 문제에 부딪히지 않을 것이다. 유일한 어려움은 '알려지지 않은 것들에 대한 계산'이 이루어지도록 허용하는 논리적 구조를 발견하는 데에만 있을 것이다. 확실히 다듬어진 수학적 '이론들'이 여러 과학들에서 고안되었으며, 많은 사람들이 불평하였듯, 그 이론들은 실재세계에 대한 모든 준거로부터도 추상되어 발전되고 논의되는 일이 흔히 있었다. 그것들이 실재

---

40) Ibid. 이것에 반대하여 로티(Rorty)는 '우리의 철학적 믿음의 대부분을 결정하는 것은 명제가 아니라 그림이고 진술이 아니라 비유이다'라고 논평하고 있다(*Philosophy*, p.12).
41) Friedman, "The methodology of positive economics."

세계의 무엇인가를 설명, 예측 (또는 계산)하기 위해 사용될 때는 ①과 ②, ③에 대한 광범한 무지 때문에 그것의 옹호자들은 문제없는 관찰들을 간단히 등식 속에 '집어넣을' 수 있고 일단 이것이 행해지기만 하면 경험과학의 실질적인 임무가 시작된다고 상상할 수 있었다.[42]

이것은 프리드먼의 것과 동일한 이론관을 공유하고 있는 다른 과학자들이 과학발전에서의 비유 및 유추의 역할에 대해 거의 논의한 일이 없다는 이야기가 아니라, 그들이 이 용어들의 의미를 이론을 질서 짓는 틀로 보는 견해에 도전하지 않는 방식으로 제한했다. 이야기이다. 예컨대, 일부의 인문지리학자들은 질병 확산에 대한 수학적 모델을 기술혁신이나 폭동 또는 소수사회집단 등과 같은 사회현상들의 확산에 대한 '유추 모델'로 사용할 것을 제안했다.[43] 여기서는 새로운 상황에도 기존의 질서 짓는 틀 이론이 적용되고 있다. 그러한 비교에는 '유사하지 않은 것들(disanalogies)'도 포함된다—폭동과 소수인종들과 혁신은 질병과는 전혀 종류가 다른 일이다—는 것이 분명하지만, 이러한 '확산이론'의 변호자들은 이것을 그다지 걱정하지 않는다. 그들은 접근방법의 지침에 따라 그들의 정리체계의 양적 차원(적절한 수학적 공식의 선택)에 관해서만 생각할 뿐 그들의 공식에 '집어 넣어지는' 관찰 진술에 담긴 개념들의 의미는 생각하지 않는다.[44]

---

42) 제5장과 6장 참조.

43) R. J. Chorley & P. Haggett, *Models in Geography*(London, 1967).

44) 이런 식으로 코레이와 하가트(Chorley & Haggett)는 지각의 개념적 매개에 대한 연구들을 길게 언급하기는 하지만 '자료'가 모델 및 이론들에 대해 갖는 관계를 해석하면서 이것을 무시한다.

진리와 실천적 적합성

이론과 관찰의 성질에 대한 지금까지의 탐구를 기초로 이제 우리는 지식의 객관성에 관한 몇 가지 근본적인 의심, 특히 이론중립적 관찰의 불가능성 때문에 이론과 지식이 일반적으로 외부적인 점검을 받을 수 없는가의 문제, 그리고 지식의 발전이 단속적으로 그리고 아마도 비(非)합리적으로 일어나는가의 문제를 다룰 수 있게 되었다.

우리는 관찰 및 '사실'에 대한 순진한 객관주의의 천진한 믿음이 관찰은 세계에 대해 문제없는 접근을 제공해 준다는 믿음이나 그보다 나쁜 것으로 사실 진술과 그것의 준거물에 대한 혼동 즉 지식과 그것이 대상으로 삼는 것에 대한 혼동으로부터 나온다는 것을 알아보았다.45) 그것의 독단적 성격(아마도 이 점은 대중주의 정치가의 언어에서 가장 명백히 나타날 것이다)은 차례로 뒤쪽의 구별에 대한 무지와 어휘나 개념체계 — 이것에 의해 세계에 관한 주장을 만들 수 있는 — 의 필요성에 대한 무지로부터 나온다. 먼저 진술이 납득할 만한 것인가, 그 다음 그 진술이 참인가 거짓인가를 확인하기 위해서는 진술을 상호주관적으로 협의해야 한다. 이중의 해석학이 존재하기 때문에 사회에서의 개념들과 믿음들(그것이 참이건 거짓이건 간에)에 대한 의식적인 해석 또는 검증된 해석이 필요한 사회과학에서는 이것에 대한 무지는 훨씬 더 심각한 것이다. 그렇지만 관찰의 이론부과성과 해석적 관계의 불가피성을 고려하면 순진한 객관주의자들(또는 '경험주의자들')에 대해 그

---

45) 경험주의에는 여러 가지 변종들이 있으며 그것들 모두가 이런 비판을 받을 것은 아니라는 이유에서 나는 아주 통상적으로 쓰이는 '경험주의'라는 용어 대신 '순진한 객관주의'라는 용어를 사용했다. 사회과학에서의 많은 반경험주의자들은, 관찰의 정정불가능에 대한 믿음을 예컨대 흄(Hume) 등과 같은 첨단의 경험주의 철학자들이 어떻게 공격했는가를 알지 못하고 있다(O'Connor and Carr, *Introduction to the Theory of Knowledge*).

들의 분석에 이론과 해석적 측면이 결여되어 있다고 비판하는 것은 적절하지 않다는 점을 유념해야 할 것이다. 그들에 대해 비판할 수 있는 것은 그들이 이러한 차원에 무지하며 따라서 그들의 지식이 비성찰적이고 독단적인 성격을 갖는다는 점이다.

사회과학의 이중의 해석학을 고려하면 그 지식의 지위와 신뢰성에 관련된 문제는 사유와 물질적 객체 사이의 단순한 관계를 넘어 탐구자의 사유속의 객체와 연구되고 있는 사회의 개념 및 믿음 사이의 관계에까지 나아간다. 그렇지만 사회의 물질적 차원의 중요성 때문에 사유와 물질적 세계사이의 관계에 대한 다음과 같은 논의도 필요하게 된다.

사유 속의 객체와 그것의 물질적 준거물은 전혀 상이한 것이다. 그렇지만 우리는 오직 앞의 것을 통해서만 뒤의 것을 고찰할 수 있다. 그런데 이딜레마에 대해서는 두 가지 공통된 반응이 존재하며 두 가지 반응 모두 우리가 지식에 관해 사유하는 방식에 대한 근본적인 도전을 포함하고 있다.

① 실재세계의 존재를 오직 사유 속에서만 상정할 수 있다면 우리는 어떻게 우리에 대해 독립적으로 존재하는 실재세계가 있다는 것을 아는가? 우리가 꿈꾸는 것이 아니라는 것, 우리의 '실재하는 객체'가 상상력의 가공물이 아니라는 것을 우리는 어떻게 아는가?(관념론)

② 실재하는 객체가 있다면 그것이 사유 속의 객체와 맺는 관계는 어떻게 발견될 수 있는가? 어떤 진술이 참이라고 이야기하는 것에 대해 또는 그 진술이 그 객체와 '상응한다'거나 그것을 '재현한다'고 이야기하는 것에 대해 특정의 사유체계나 이론체계의 내적 기준을 준거로 하는 것 이외의 어떤 정당화가 부여될 수 있는가?(상대주의)

이것들은 근본적인 문제지만 일부의 독자들은 ① ('이 책상' 등의 존재에 관한 철학자들의 무익하고 명백히 허풍스런 의심과 결합된)에 대해 조바심을 느끼거나 심지어는 초조해질 것이라고 생각된다. 나는 그 조바심에 공감하지만 나중에 과학적 검증과 같은 좀 더 '일상적인' 쟁점들을 다루는 데 도움이 될 수 있는 답변을 제시하고자 할 것이다.

모든 것을 의심하라는 충고를 종종 듣지만 우리가 동시에 모든 것을 의심하기는 불가능하다. 한 영역의 지식에 이의를 제기하기 위해서 우리는 적어도 일시적으로라도 어떤 다른 영역의 지식을 정박점과 도구로 사용해야 한다.[46] 회의주의에 대하여 우리는 그것이 신봉자와 회의론자 모두가 가장 확신하고 있는 지식과 양립 가능한가 여부 – 또는 좀 더 나은 것으로는 그 지식에 의해 전제되는가 여부 – 를 점검하는 것에 의해서만 답할 수 있다. 잠정적인 공통의 근거에 대한 그러한 호소를 거부하면 사유와 의사소통은 불가능하게 될 것이다. ①과 ②에 관한 주장은 논쟁자들이 일관성 있고자 하는 한도에서만 유용할 수 있다. 즉, 그들은 자신들의 결론이 부정하는 어떤 것을 전제하지 않아야 한다는 것을 받아들여야 한다. 그렇지만 바로 여기에 전면적인 '엉터리' 회의주의의 문제가 자리하고 있다. 그 의심이 다른 믿음 및 실천과 일관되는가 여부를 고찰하지 않은 채 어떤 것에 관하여 의심하는 척 하는 것은 매우 쉬운 일이지만 아주 쓸모없는 일이다. 모든 것이 꿈이라면 아무 것도 있을 수 없다. 우리가 우리의 모든 경험에 '꿈꾸기'라는 새 이름을 붙인다면 우리는 단지 꿈꾸기와 '깨어 있는 경험' 사이의 오래된 구분에 붙인 새로운 이름에 대하여 생각해야 할 것이다.[47]

여타의 다른 믿음들과 마찬가지로, 관념론에 반대하는 이러한 주장에 담긴 생각도 그 자체로 오류가능성으로부터 벗어날 수 없는 것이다. 그렇지만 공통적인 경험 – 우리 눈에 보이는 것에 의해 놀라움 속에서 얻는 – 은 우

---

46) 포퍼 이후 이런 점들은 종종 '기본 진술'이라고 알려졌다.

47) R. Harré, *The Philosophy of Science*(Oxford, 1972).

리에게 세계가 우리 자신의 고안물이 아니라고 ('세계'라는 개념은 확실히 존재하지만) 상정할 수 있는 합리적인 근거를 제공해준다. 우리가 눈을 뜨고 바라볼 때 그것에 의해 언제나 우리 앞에 있는 객체들이 미리 결정되어 있는 것은 아니다(우리가 그것들을 보는 방식은 분명히 개념적으로, 심리학적으로 매개된 것이지만). 순진한 객관주의와 마찬가지로 관념론도 사유와 그것의 객체를 함께 와해시킨다. 단지 환원의 방향만이 서로 다를 뿐이다.[48]

문제 2는 사회과학에서의 논쟁들에 많은 문제를 야기하였으며, 이것에 대해서는 좀 더 주의를 기울일 가치가 있다. 우리는 이미 사유와 세계 사이의 관계의 실천적 차원을 염두에 두어야 한다고 주장했다. 아마도 중심적인 문제는 개념이나 진술 또는 등식 등과 같은 비물질적인 것을 두고 어떻게 물질적인 것에 대해 '참'이라거나 '상응한다'거나 또는 '재현한다'고 이야기할 수 있는가 하는 것이다. 이것에 관해 생각하면 '상응' 등과 같은 용어에 숨어 있는 비유적 성격이 분명해진다.[49] 그렇지만 이미 제시하였듯이 언어의 대부분은 불가피하게 비유적이며, 따라서 사유와 세계 사이의 관계를 직접 파악하는 것이 불가능함을 고려하면 세계를 서술하는 데의 어려움은 그다지 놀라운 일이 아니다.

그러므로 엄밀히 말해 우리는 사실의 문제에 관하여 결코 절대적 진리를

---

48) 단호한 관념론자들은 세계의 이른바 독립성이 그리고 우리를 놀라게 하는 세계의 능력이 정신의 산물이라고 주장함으로써 언제나 이러한 주장을 누를 수 있다. 그들은 세계 속에서의 그들 자신의 실천적 개입의 실재까지도 받아들이기를 거부할 수 있다. 그렇지만 실재세계의 존재를 믿는 사람들과 매우 똑같은 방식으로 말하고 행위하기를 계속하면서 그리고 경험적으로 참인 명제와 허위인 명제를 여전히 구별하면서 그들은 그러한 세계에 대한 암묵적인 이론을 보유하고 있는 것이다(그들이 이점을 인정하기를 거부하기 위하여 세련된 고안물들을 사용하더라도). 페이어벤드와 바슐라르를 비판하면서 '암묵적 존재론'에 관해 언급하고 있는 바스카를 참고(*New Left Review* 94, 1975).

49) Barns, *Interests and the Growth of Knowledge*, 그리고 로티(Rorty)의 "'정확한 재현'이라는 관념은 단지 우리가 하고 싶은 것을 하는 데 도움이 되는 믿음들에 대해 우리가 지불하는 자동적인 찬사일 뿐이다'는 말(*Philosophy*, p.10)을 참고할 것.

발견했다거나 우리의 지식의 어떤 절대적 기초를 확립했다('기초주의')고 정당하게 주장할 수 없다. 우리의 지식이 오류의 가능성이 있다는 것은 인정해야 한다. 실재론자는 이것을 위협이 되는 진술이라고 생각하지 않는다. 왜냐하면 경험적 실수를 범하는 또는 세계의 성질을 오인하는 공통적인 경험은 역설적으로 실재론을 침식하는 것이기 보다는 그것을 뒷받침하는 것이기 때문이다. 즉, 세계가 우리가 그것에 대해 갖고 있는 기대에 꼭 맞는 결과를 산출하지 않기 때문에 바로 우리는 세계가 우리와 무관하게 존재한다고 그리고 세계가 단순히 우리의 상상력의 가공물이 아니라고 믿을 수 있는 것이다. 우리의 진술이 혼란되지 않고 세계가 우리의 소망적 사유대로 작동한다면 실재론자가 될 이유가 없을 것이다. 그리고 우리는 진리가 순전히 우리의 개념틀에 상대적인 것이라고 말할 수 있다.

여기서 우리는 사회과학에 때때로 나타나는 몇 가지 잘못된 결론을 조심해야 한다. 첫째, 지식과 물질적 세계가 서로 다른 종류라는 사실로부터 둘 사이에 아무런 관계도 있을 수 없다는 이야기를 끌어낼 수는 없다는 것이다. 둘째, 모든 지식이 오류가능성을 가지고 있다는 것을 인정한다고 해서 그것이 곧 모든 지식이 동등하게 오류가능성을 가졌다는 뜻은 아니라는 것이다.[50] 두 번째 사항은 순진한 객관주의의 붕괴에 흔히 이어지는 비합리주의와 상대주의에 맞서 사회과학을 옹호하는 데 특히 중요하다.

또한 우리는 다음과 같은 또 다른 혼란스런 주장에 대해서도 조심해야 한다. 첫째, 지식의 절대적 기초는 발견할 수 없다. 둘째, 실재론 철학은 지식의 기초를 제공할 수 없다. 셋째, 그러므로 실재론은 기각될 수 있으며 따라서 더 좋은 대안을 제공할 필요도 없다. 실재론자들은 두 번째 주장은 받아들이지만 어떤 철학에 대하여 실재론이나 그것에 대한 비판, 그 어느

50) A. Collier, "In defence of epistemology," *Radical Philosophy* 20(1979); T. Skillen, "Discourse fever: post marxist modes of production," *Radical Philosophy* 20.

쪽도 받아들이지 않는 기준을 충족시키지 못한다는 것을 이유로 기각하는 것은 일관성이 없다고 믿는다. 또한 더 나은 대안을 제시하지 않은 채 그것을 기각하는 것도 합리적이지 않다. 소망적 사유, 즉 철저한 협약주의나 '아무렇게나 해도 좋다'는 생각은 분명히 효력을 나타내지 않는다. 모든 방법이 효력을 나타내는 것은 아니며 모든 협약들이 불합리 없이 지켜질 수는 없다.

그렇지만 기초주의에 대한 거부는 분명히 주요한 함의를 갖는다. 특히 그것은 '진리'의 성질에 관한 표준적인 견해에 대해 의문을 제기한다. 사실에 관한 '절대적 진리'가 하나의 개념과 마찬가지로 경험적으로 알아낼 수도 없고 납득될 수도 없다면 그리고 지식과 그 객체 사이의 관계의 성질을 오로지 간접적으로만 알아낼 수 있다면 이것은 진리개념에 대하여 무엇을 남기는가? (나는 '분석적 진리'의 문제 즉 정의에 의해서 진리인 진술의 문제, 그리고 도덕적으로 바람직한 것의 문제는 언급하지 않는다.) 진리라는 관념이 사회에서 중요한 역할을 맡고 있으므로 틀림없이 이 문제는 혼란을 야기할 것이다. 그러한 개념을 풀어놓아 버리는 것에 대하여 사람들이 염려할 것이라는 점은 이해할 수 있는 일이다. 그렇지만 허위와 진리라는 관념 사이에는 약간의 조절이 이루어져야 할 필요가 있다.

그 개념을 조건 지으려는 시도는 두 방향에서 나왔다. 하나는 지식의 지위에 관한 결정의 상호주관적 성질과 관련된 방향이고 다른 하나는 실천과 관련된 방향이다. 앞의 경우 진리는 동의의 문제에 지나지 않는 것으로 취급된다. 이 견해에 따르면 이른바 진리진술에 관하여 할 수 있는 이야기는 그것이 약속에 의해 진리로 정의되고 인정된다는 것이 전부이다. 놀랄 것도 없이 진리란 무엇이거나 간에 사람들이 진리로 만들기로 선택한 것이라는 이 입장의 함의에 대하여 광범한 거부가 있어 왔다. 상식적인 (절대적) 진리개념은 지식과 세계의 관계에 관하여 정당화될 수 있는 것보다 많은 것을 상정하는 반면, '협약주의적' 견해는 정당화될 수 있는 것보다 적은 것을 제시한다. 앞 장에서 지적한 것처럼 진리개념에 분명히 이러한 상호주관적이고 협약적인 차원이 존재하지만, 아무런 협약이나 존재하는 것은 아닐 것이다. 그것은 실천에서 쓸모가 있어야 할 것이다. 그들의 논증의 일부로서 협약주의자들은 종종 단어와 그 객체 사이의 관계의 자의성을 내세운다. 왜 어떤 사람은 '어린이'라고 말하고 다른 사람은 'Kinder'나 'enfants'이라고 말하는가? 개별 단어의 선택은 자의적인 것처럼 보이지만(의성어의 경우는 예외지만), 단어의 의미관계는 객체의 일정한 속성을 파악하고자 하며, 따라서 자유롭게 선택가능한 것이 아니다. 어떤 객체를 일단 '물'이라고 부르기로 택했다면 우리는 그것을 '맑은', '흐린', '뜨거운' 등의 단어로는 묘사하지만 '정서적'이라거나 '꼼꼼한'이라고 묘사하기로 자유롭게 선택하지는 않는다. 일단 객체들에 대해 '자의적으로' 이름이 부여되고 나면 용어들을 결합시켜 의미 있는 담론을 형성하는 방식을 지배하는 협약들은 결코 자의적인 것이 아니다.[51] 협약은 개정이 가능하지만 언어가 물질적 현상들과 관련된 곳에서는 어디서나 상당한 안정성을 갖는다. 역으로 언어가 실천에 정보를 제공한 데 성공하는 것은 그 언어가 가리키는 세계의 구조가 어떤 영속성을 갖는다는 것을 시사한다. 마찬가지로 지식이 성공적인 실천을 안내하는 데 실패하는 것은 세계의 구조가 우리가 그것에 관해 생각하는 것과 독립되어 있는 그런 것임을 시사한다.

이것은 우리를 진리개념에 대한 두 번째 유형의 조건 짓기, 즉 실천과 관련된 방향의 조건 짓기로 데려간다.

여기서는 진리 개념을 '실천적 적합성(practical adequacy)'이라는 개념으로 대체(또는 원한다면, 정정)하는 것이 도움이 될 것이다.[52] 실천적으로 적

---

51) Giddens, *Central Problems in Social Theory*, pp.11-16; *Social Theory and Modern Society*(Oxford 1987), pp.81ff.

합하려면 지식은 반드시 세계에 관한 그리고 실제로 실현될 우리의 행위의 결과에 관한 예상을 발생시켜야 한다. (또한 그것은 협약주의자들이 강조하듯 언어적으로 표현된 지식의 경우 상호주관적으로 납득가능하고 인정가능해야 한다.) 우리의 지식의 상이한 부분들의 실천적 적합성은 맥락에 따라 다양할 것이다. 동일한 실천적 맥락에서의 상이한 믿음체계들의 성공의 차이, 그리고 상이한 맥락에서의 동일한 믿음들의 성공의 차이는 세계가 구조지어지고 분화되어 있다는 것을 시사한다. 협약주의의 오류는 세계의 구조와 실천을 무시하는 것이다. 협약주의의 정의에 따르면 지식과 진리 – (집단적인) 의지에 따라 변화될 수 있는 협약의 사안으로서의 – 의 확실히 변덕스럽고 임의적인 성격이 지식의 대상에 투사되고, 그 대상은 이제 구조가 없고 완전히 변조가능한 특성을 갖는 것으로 상정된다. 지식만이 확실히 우리가 주의 깊게 만들어내는 것(그것이 무엇이거나 간에)이 아니라 세계도 역시 그러하다. 그러한 믿음은 엄밀히 '밤의 철학(nocturnal philosophy)'으로 불려온 것에 속한다. 왜냐하면 그들 자신의 실천에 대한 '낮의 철학(diurnal philosophy)'에서는 모든 사람들과 똑같이 관념론자들도 실재론자라고 고백하고 있기 때문이다. 그들도 일반적으로 방에서 나올 때 문을 통해서가 아니라 천정을 통해서 나오려고 하지는 않는다. 또 그들도 '위험: 고압전류'와 같은 표지판을 보고는 그것이 준거를 갖지 않는다거나 물질적 중요성을 갖지 않는다면서 치워버리지는 않는다.

우리는 물 위를 걸을 수 있다는 협약 ①이 아니라 우리는 물 위를 걸을 수 없다는 협약 ②가 선택되는 까닭은 ①이 아니라 ②로부터 제기되는 예상이 실현되기 때문이다. 그 예상이 실현되는 것은 관련된 물질적 개입(물 위를 걷고자 하는 시도)과 그 개입의 물질적 맥락의 성질 때문이다. 달리 말하면 객체

---

52) D. Sayer, *Marx's Method: Science and Critique in Capital*(Hassocks, 1979).

와 과정(인간의 행위를 포함하는)의 성질이 유일하게 인간의 지식의 내용을 결
정하는 것은 아니지만, 우리가 갖는 인지적이고 실천적인 가능성은 그것에
의해 결정된다.[53] 물 위를 걷는 일이 이루어지지 않는 것은 우리의 지식이
그렇기 때문에 그런 것이 아니다. 오히려 물의 성질이 ①보다는 ②를 실천적
으로 좀 더 적절하게 만드는 것이다. 원칙적으로 ②에도 역시 여전히 오류가
능성이 있다는 사실 때문에 우리의 선택(①이 아니라 ②를 택한)을 변경시켜야
하는 것은 아니다.[54]

　그렇다면 왜, 일부 (사회)과학자들이 하는 것처럼 지식은 진리인가 허위
인가에 의해서가 아니라 더 '유용한가' 덜 '유용한가'에 의해서 판단되어야
한다고 말하지 않는가? 이런 입장은 '도구주의'라고 불리는데 이 입장에 대
해서 일반적으로 유용한 지식은 그것이 진리이기 때문에 유용할 뿐이다는
응답으로 대항해왔다. 여기에서 보듯이 이런 종류의 논증은 쉽게 순환에
빠져들지만, 그 응답에 관해서 중요한 점은 그것의 유용성이 우발적인 것
이 아니라 지식의 객체의 성질로부터 비롯된 것이라는 점을 이야기하고자
한다는 사실이다. 그 지식이 유용한 것은 세계의 구조와 '상응하기' 때문이
라고 이야기할 사람도 있지만, 이러한 서술의 한계에 대해서는 이미 검토
했다. 지식은 세계에 대하여 그것이 '실천적으로 적절한' 때 유용하다.

　실재론적 기준과 도구주의적 기준 사이에는 유사성들이 존재하지만 실

---

53) R. Bhaskar, *The Possibility of Naturalism*(Hassocks, 1979), p.31; D. Sayer, *Marx's Method: Science and Critique in Capital*(Hassocks, 1979).
54) ① 물을 건널 수 있는 기술적 수단들(다리, 비행기 등)이 존재한다는 근거에서 그리고 ② 실천적으로 적절한 것이 반드시 도덕적으로 받아들일 만한 것은 아니라는 근거에서 레이더(Layder)는 이것에 반대한다. 그렇지만 ①은 단지 사례에서의 변화일 뿐(다리를 건너거나 비행하는 것은 물 위를 걷는 것이 아니다)인 반면 ②는 주제와 관련이 없는 이야기이다. 도덕적 수용성에 관해서는 아무런 주장도 제시하지 않았다. 실천적 적합성이 도덕적 기준을 무시할 필요는 분명히 없는 것이다[D. Layder, *The Realist Image in Social Science*(London, 1990)].

재론적 기준은 좀 더 많은 요구조항을 가지고 있다. 특징적으로 도구주의자들은 오직 그들의 이론의 산출물(보통은 예측)에 관해서만 염려하고 투입물(가정, 범주)에 관해서는 염려하지 않으며, 따라서 도구주의자들은 잘못된 추론에 의하여 옳은 답을 얻을 가능성 또는 모델이 다른 경우에 작동하지 않을 가능성에 의해 전혀 교란되지 않는다.[55] 실재론들은 단지 이것을 잠정적인 해결책으로 받아들일 수 있을 뿐이다. 우리는 실천적으로 적절하고 다른 맥락에서도 작동하는 다른 지식 및 실천들과 모순되지 않는 이론들에 들어갈 투입물을 찾아내려고 해야 한다. 우리의 지식은 지금 검토되고 있는 상황을, 결과를 '도출하는' 또는 계산하는 방식뿐 아니라 그 상황을 만들어낸 것에 대한 해명을 제공함으로써, 설명해야 한다. 그리고 끝으로 그것이 특이한 객체에 관한 것이 아니라면 우리는 그 이론이 튼튼한 것이라고 기대해야 한다.

우리의 이론은 우리의 세계가 어떠한가를 이야기하는 것이 아니라는, 그리고 우리는 단지 사물들이 마치 그것들에 대한 우리의 모델이 진리인 것처럼 움직인다고 말할 수 있을 뿐이라는 견해는 도구주의에 가까운 것이다. 한 수준에서 이 견해는 지식과 객체의 차이를 인식하고 그 관계를 어떻게 특징지을 수 있는가의 문제를 인식하고 있기 때문에 우리의 실재론적 입장과 유사해 보이기도 한다. 어떤 것에 대한 우리의 이론이 진리인 것처럼 움직인다고 이야기하는 것은 그것이 우리의 이론과 모순되지 않는다고 이야기하는 것과 비슷하다. 그렇지만 두 가지 측면에서 그것은 불만스럽

---

55) 로티 같은 일부의 '실용주의자들'은 세계의 성질에 기대는 것은 가외의 것으로 불필요하다고 주장하면서 도구주의적 입장과 실재론적 입장 사이에 아무런 차이도 없다는 견해를 취한다. 이것에 따르면 방망이와 돌멩이가 우리의 뼈를 부러뜨리는 것은 그것의 성질 때문이 아니라 그것들이 그럴 수 있다고 우리가 생각하기 때문인 것처럼 정의상, 실천적 적합성은 우연이나 협약의 문제가 된다[Rorty, *Philosophy*; Bhaskar, *Reclaiming Realism*(London, 1989)].

다. 첫째, 우리는 그 관계에 관해 우리가 이야기할 수 있는 것 이상의 무엇인가가 여전히 존재한다는 것을 잊고 있다. 즉, 실천을 가능하게 또는 불가능하게 만드는 것은 세계에 관한 우리의 이론들이 아니라 세계 자체의 구조라는 것을 잊고 있는 것이다. 둘째, '마치 …… 인 것처럼'이라는 논리는 그것이 우리가 편리한 허구라고 알고 있는 이론들(즉 어떤 측면에서는 잘못된 것임을 알면서도 어떤 목적에 쓸모 있는 이론들)과 당분간 개선되지 않고 있는 이론들 (즉 그 한계가 아직 발견되지 않은 이론들) 사이의 차이를 모호하게 만드는 한 흔히 부정직한 것이다. 예컨대, 경제학자들이 경제적 행위를 마치 그 행위가 완벽한 지식과 무수한 구매자들 및 판매자들 등의 초공간적 세계는 포함하지 않는 것처럼 이해하고자 시도하기 보다는 좀 더 관대하게 마치 그것이 완전경쟁을 포함한 것처럼 이론화하고자 시도한다는 것은 중요하다. 외스터베르그(Österberg)가 지적하듯이 '마치 …… 인 것처럼'의 논리에 의지하는 것은 보통 안전하다고 판명된 추상화를 옹호하려는 것이 아니라 선호하는 특정의 추상화 양식을 비판으로부터 보호하려는 욕망의 함수이다.56)

결론적으로 '진리'와 '허위' 또는 '재현'과 '상응'이라는 용어를 대신할 좋은 대체물을 찾아내기 어렵다는 것을 인정해야 하지만 그런 용어들을 계속해서 사용해야 한다면 우리는 사유 속의 객체와 실재하는 객체 사이의 중요한 구별과 근본적인 차이와 지식의 실천적 맥락을 무시하는57) 피상적인 해석들의 결점을 염두에 두어야 한다.

---

56) D. Österberg, *Metasociology*(Oslo, 1988), p.78.
57) 또는 바스카의 용어를 사용하면 이것은 과학의 자동적 차원과 타동적 차원 사이의 구별을 무시하는 것이다[*Realist Theory of Science*(Leeds, 1975)].

상대주의, 이론 간의 논쟁과 지식발전에서의 불연속성

상대주의적 견해는 지식이 단절된 한 덩어리씩의 그리고 상호 납득 불가 능하거나 모순되는 사유체계로 분리되는 것처럼 제시한다. 각 체계는 외부 로부터의 비판에 면역성을 갖는 데 그 이유는 그것이 무엇을 지식으로 취 급하는가에 대한 비판자의 기준을 기각함으로써 그 비판을 허용하지 않거 나 무력화시킬 것이기 때문이다. 논쟁을 해결하는 방법으로 증거에 호소하 는 것은 그 증거가 양립 불가능한 만큼 상이한 방식으로 해석될 수 있기 때 문에 효력을 갖지 못하는 것이다. 참으로 순진한 객관주의와는 정반대로 여기서는 이론에 대해 실질적으로 관찰 중립적인 것으로 취급한다. 상이한 체계의 성원들은 서로 빗나가게 이야기할 뿐이며 의견 차이는 늘 상호 오 해에 기초를 두고 있을 것이다. 이러한 생각의 영향 아래에서 우리는, 상호 배타적인 일련의 선택자들 가운데 당신이 '당신 돈을 내고 이것저것을 선 택하듯', '…… 주의자로서 나는 이러저러하게 믿는다'라는 방어적인 이야 기로 자신의 책에 머리말을 쓰는 사회과학자들을 자주 보게 된다.

관련된 '사유체계'는 '패러다임', '문제틀' 또는 '세계관' 등으로 다양하게 불려 왔다. 이 용어들은 정확히 정의되지 않은 것으로 악명이 높다. 일반적 으로 그것들은 광범한 사유체를 의미하는 듯 보인다. 하지만 의미 있는 대 화와 효과적인 외부적 비판의 가능성에 관한 동일한 회의론이 매우 구체적 인 이론들 사이의 논쟁에 관한 논평들에서도 발견된다. 어떤 규모에서나 이러한 회의론은 엄청나게 과장된 것이라고 나는 주장할 것이다.

관련된 일련의 견해들은 그러한 사유체계가 역사적으로 이어져 온 것이며 쿤(Khun)의 저서인 『과학혁명의 구조(The Structure of Scientific Revo- lutions)』 로부터 비롯된 것이다. 여기서 나는 쿤의 원래 생각이나 사회과학에서 흔히 보 이는 대중화된 (그리고 흔히 조악하게 혼합된) 해석들을 논의하지는 않는다. 58)

이 해석들은 오랜 발전 기간을 시기 구분짓고 한 패러다임에 의한 다른 패러
다임의 전복과 대체를 표시하는 불연속성 또는 과학혁명을 강조한다. 아인
슈타인 패러다임에 의한 뉴턴 패러다임의 전복은 아마도 가장 유명한 사례
일 것이다. 지식의 점진적인 변이 (즉 연속성을 갖는 변화) 대신 변화는 대체에
의해 일어난다. 상대주의적 설명의 가장 영향력 있는 요소들 가운데 하나, 즉
토끼로도 볼 수 있는 오리 그림이나, 안쪽을 바라보는 한 쌍의 얼굴로도 볼
수 있는 꽃병 그림으로 친숙한 형태전환(gestalt switch)의 유추—이것에 따르
면 때에 따라 이 그림으로도 볼 수 있고 저 그림으로도 볼 수 있으며 그것들 사이에서
의 변화는 순간적인 것이다—는 이것을 예시한다. 아마도 과학혁명 기간 동안
의 변화과정은 논증과 증거에 의한 이성적 설득보다는 형태전환이나 신비적
개종의 경험과 더 비슷하다.[59]

아마도 이런 견해의 가장 기본적인 결함은 우리가 사용하는 다수의 도식
들과 개념들을 철저히 과소평가하거나, 그것들이 모두 논리적 수반 관계에
의하여 한 덩어리의 묶음으로 융합된다고 함축한다는 점이다. 그러므로 (패
러다임 내에서의) 완전한 동조나 (패러다임들 사이에서의) 완전한 양립 불가
능만 있을 뿐 의미의 차이는 없는 것으로 나타난다. 이론내의 쓸데없는 여분
의 것과 미해결된 긴장의 정도는 과소평가되며 이론들 사이에서의 중첩 영
역—이것에 관해서 동의나 차이 없음이 존재하는—도 마찬가지로 과소평가된
다. 주요 이론들의 통합을 과장함으로써 일부에 대한 반증이 전체에 대해 치
명적인 것으로 나타난다. 겔너의 유추를 빌려 말하자면 이것은 이론들을 불
가피한 실패에 대처할 수 있고 자신의 내부 운영의 부분들을 수정하여 존속
할 수 있는 다양화된 기업이 아니라, 단 하나의 생산물에 자신의 모든 것을

---

58) 쿤의 저작이 사회과학에 대해 갖는 함의에 대한 논의로는 번스타인(Bernstein)의 *Restructuring*
   와 기든스(Giddens)의 *Studies in Social and Political Theory*(London, 1977)을 볼 것
59) Lakatos, 'Falsification.' 그는 '군중심리(mob psychology)'라는 용어를 사용한다.

걸고 있는 외로운 기업가처럼 보이게 만든다.[60] 경쟁하는 사유체계들에 대한 서술을 그 체계들에 고유한 용어들로 환원시킴으로써 (보통, 그 체계들이 공유하고 있으며, 논쟁을 해결하고자 할 때 호소할 수 있는 좀 더 세속적인 개념들을 무시하면서) 종종 공약 불가능성이라는 환상이 만들어진다. 나아가 모순되는 두 관념들에 대하여 그것들이 공통되는 어떤 용어들을 가지고 있다는 것은 흔히 간과된다. 그 공통의 용어들 위에서 두 관념들은 서로 모순될 수 있고, 따라서 상호 납득이 가능할 수 있는 것이다.

그러므로 이론부과적인 관찰은 이론결정적이라는 생각과 이론은 관찰중립적이라는 생각은 쉽게 논박될 수 있다. 어떤 사람이 돈을 얼마나 가지고 있는가를 밝히는 예를 생각해 보자. 이것을 위해 나는 다수의 개념들 — 여러 가지 형태의 돈, 사람 그리고 계산법 등에 관련된 — 을 구사할 수 있어야 한다. 그렇지만 이런 것들을 아는 것이 나의 문제에 답하는 것은 물론 아닐 것이다. 여전히 나는 불가피하게, 이론부과적이고 이론결정적이지 않은 방식으로 살펴보아야 한다. 우리는 오직 내적으로 분화되어 있는 특정 개념 체계 안에서만 사유할 수 있지만 반드시 그 체계 속에 포함되어 있는 것에 대해서만 사유할 수 있는 것은 아니다.[61] 더구나 어떤 관찰, 측정 또는 시험에는 여러 이론들이 포함되어 있기 때문에 평가되는 이론에 반드시 우리의 관찰을 지배함으로써 그 이론을 기각하지 못하게 만드는 순환성이 존재하는 것은 아니다. 오히려, '측정된 것들에 대한 탐구로 우리를 이끄는 이론들이나 기대들이 (반드시) 그것의 측정에 사용된 이론들이나 원칙들인 것은 (아니다).'[62]

---

60) E. Gellner, *Culture, Identity and Politics*(Cambridge, 1987), p.156.

61) 주요한 협약주의자인 페이어벤드(Feyerabend)조차도, '어떤 이론이라도 전적으로 그것 자체의 관점 안에서 해석된 경험에 의해서 기각하는 것이 가능하다'고 인정한다 ("Consolations for the specialist," in Lakatos and Musgrave, *Criticism and the Growth of Knowledge*).

관찰에 대하여 이론이 갖는 이른바 중립성에 관하여 말한다면, 그러한 이론들의 협약은 실천적 적합성에 관한 모든 제약으로부터 자유로울 것이며 그 사유는 소망적 사유일 수 있다. 왜냐하면, 모든 가능한 관찰로부터의 도전에서 면제됨으로써 이론들은 실재하는 객체들에 관하여 확고하게 관여할 수 없을 것이기 때문이다. 그러한 입장을 지지하는 사람들(이런 사람들이 제법 있다)은 흔히 지식이나 '담화'와 물질적 객체 사이의 근본적 차이가 그것들 사이의 실천적 적합성의 관계의 가능성을 배제한다는 불합리한 추론에 의거하여 그것을 옹호한다. 그렇지만 그들은 보통, 실천적 적합성에 대한 판단의 가능성을 믿는 사람들이 하는 것과 똑같이 동일한 종류의 객체들과 사건들에 관하여 많은 것을 계속 이야기한다. 그들이 일관성을 지키고자 한다면, 저녁 식사 자리에서 토요일의 양 등과 같은 터무니없는 것에 관하여 이야기하고 있는 관념론자들을 중지시키는 일은 없어야 할 것이다. 그들이 그렇게 하지 않는다는 사실은 그들 자신의 철학적 믿음에도 불구하고 그들의 담론이 실천적 적합성의 유사한 제약에 영향을 받는다는 것(비록 그들은 이것을 깨닫지 못하고 있지만)을 보여준다.[63] 그런 것들은 실천을 무시하고 주체와 객체 사이의 관계를 반영의 관계로 환원시키는 것의 귀결이다. 형태전환의 유추와 관련해서, 패러다임을 바꾼 일부 과학자들은 우리가 그림을 보면서 왔다 갔다 할 수 있는 것처럼 다시 이전으로 되돌아가는 변화를 할 수 없다는 점에서 그것이 부적합한 유추라고 주장해왔다. 그렇지만 이 유추에는 더 중요한, 그러나 그다지 인식되지 못한 문제가 또

---

62) Pawson, *A Measure for Measure: A Manifesto for Empirical Sociology*(London, 1989), p.115. 나로서는 실재론과 사회과학에 대한 파손(Pawson)의 견해의 여러 측면이 의문스럽지만, 자연과학에서의 측정 —이론부과적인 물질적 실천으로서의— 에 대한 그의 논의에 대해서는 강력하게 추천하고자 한다.

63) Collier, "In defence of epistemology"와 Skillen, "Discourse fever"에서의 힌데스(Hindess)와 허스트(Hirst)의 관념론에 대한 비판을 볼 것.

있다. 즉, 어떤 그림을 토끼로 보다가 오리로 보는 또는 그 역으로의 형태전환이 가능하기 위해서는 우리는 각각이 무엇으로 보이는가를 이미 알고 있어야 한다는 사실이 바로 그것이다.[64] 마찬가지로 '새로운' 개념의 납득가능성은 아마도 상이한 맥락으로부터의 비슷한 개념에 대한 어떤 먼저 알고 있음을 필요로 한다. 형태전환에 대한 통상의 해석들은 이것을 간과하고 있으며, 따라서 이른바 과학혁명들에 걸쳐 있는 연속성을 과소평가하고 있다.

캠벨(Campbell)이 주장하듯이 이러한 모든 상대주의적 오해의 최종적인 효과는 쿤의 저작에 분명히 나타나는데,

모든 물리학적 지식이 하나의 단일한 통합이론과 하나의 등호 속에 고정된다는, 그리고 이 이론을 검토할 때 준거로 삼는 모든 '사실들'에는 하나의 포괄적인 이론이, 오직 이 이론만이 부과되어 있다는 인상을 야기하는 것이다. 이 우두머리이론(master-theory)이 변화될 때에는 동시에 모든 '사실들' (또는는 이론부과적 관찰들)도 동시에 변화된다고 상정된다.[65]

이제 나는 순진한 객관주의와 협약주의 및 상대주의가 그것들의 정반대되는 결론들에도 불구하고, 동일한 기본 구조의 오해를 공유하고 있으며 그 속에는 질서 짓는 틀로서의 이론 개념이 함축되어 있다는 것을 주장하고자 한다. 비록 협약주의와 상대주의에 대한 철학적 옹호자들은 여러 가지 조건을 덧붙이지만, 이 구조를 바꾸지는 못하고 있다.

순진한 객관주의에서는 단어들을 아무 문제없이 서로서로 독립적으로 객

---

64) R. Norman, "On seeing things differently," *Radical Philosophy* I, no.1(1972).
65) D. T. Campbell, "Qualitative knowing in action research," in M. Brenner et al.(eds.), *The Social Contexts of Method*(London, 1978).

체들을 마치 하나하나 그것의 준거물에 간단히 '고착될' 수 있는 것처럼 가리킨다. 관찰은 이론중립적인 것으로 취급되며 이론의 역할은 만약 있다면, 자료들을 질서 짓는 방식을 제공하는 것으로 여겨진다. 그러므로 지식에서의 변화는 오직 성장뿐이라고, 즉 옛 것의 의미를 변화시키지 않은 채 새로운 것들이 더해지는 축적의 과정이라고 이해될 수 있다. 그렇지만 이런 견해는 명백히 허위이다. 의미는 변화되며, 적어도 약간의 불연속성과 대체가 존재한다. 내가 상대주의와 협약주의라고 부르는 견해에서는, 말하자면 표지를 뒤집는 것으로 이 상황에 대응한다. 용어와 개념들은 그것의 준거물들에 고착되는 대신, 뭉쳐서 단단한 구조로 고착되며 그 준거물들과 관련해서는 아무런 제약도 갖지 않게 된다. 이론중립적 관찰 대신, 우리는 관찰중립적 이론을 가지며, 실재에 대한 단순한 '반영'으로서의 진리 대신, 진리는 순전히 협약의 문제가 된다. 그리고 지식에서의 변화는 오직 전부 또는 전무의 사항이 된다. 즉, 하나의 견고한 구조가 또 다른 견고한 구조에 의해 대체되는 것으로 제시된다.

비슷한 맥락에서 쉐이퍼(Shapere)는 이들 경쟁적인 입장들에서 공통적으로 볼 수 있는 '의미' 개념을 공격한다.

(이 견해들에 따르면) 두 가지 표현, 또는 두 가지 묶음의 표현들은 엄밀히 동일한 의미를 가지고 있거나, 아니면 철저하고 완전하게 상이해야 한다. 이론들이 역사적으로 좀 더 광범하고 심층적인 이론들로 발전되고 통합되어 가면서 의미-불변적이지 않다면, 이들 연속되는 이론들(패러다임들)은 명백한 유사성들에도 불구하고 실제로 전혀 비교될 수 없을 것이며, 그 유사성들은 부적절하거나 피상적인 것으로 기각되어야 한다. '축적에 의한 발전'과정으로서의 과학사라는 개념이 옳지 않다면, 유일한 대안은 그것이 대체라는 완전히 비축적적인 과정이어야 한다는 것이다. 중간지대는 결코 있을 수 없

다……그렇지만 이러한 상대주의, 그리고 상대주의로 귀착되는 교의들은 실제의 과학 및 과학사에 대한 탐구의 결과가 아니라, '의미'란 무엇인가에 대한 협소한 선입견의 순전히 논리적인 귀결일 뿐이다.[66]

참으로 이론을 질서 짓는 틀로 보는 견해는 이론화가 의미와 어느 정도나 관련되는가, 즉 이론화가 용어의 준거물과 의미에서의 동시적인 협상적 수정과 어느 정도나 관련되는가를 간과하게 만든다. 이론화는 오직 기존의 재료들을 가지고서만 작업할 수 있다. 그리고 이해될 수 있는 혁신이라면 그 혁신은 완전히 새로운 것일 수 없기 때문에 이론화가 또 하나의 완전히 상이한 집합의 재료들을 취할 수는 없다. 다시 말하면 기존 재료들로 교두보를 확보해야 한다.

이와 달리 이론들을 지속적인 개념적 지도(conceptual map) — 지속적으로 그리고 불균등하게 전개되는 — 속의 다소간 구별되는 국지성들로 생각한다면, 지식의 발전에서 연속성과 새로움 및 불연속성 두 가지 모두를 찾아낼 수 있다.[67] 일부의 국지성들은 다른 것들로부터 멀리 떨어지고 거의 연결되지 않을 수도 있지만, 새로운 연계가 확립될 수도 있다. 상대주의와 순진한 객관주의라는 대립되는 양극을 피하기 위해서는 지식 발전의 해석적 성격 그리고 의미와 준거물의 상호의존을 이해해야 한다. 준거물은 어떤 객체에 단순히 용어를 '고착시키는' 문제가 아니라, 획득가능한 개념적 자원들을 가지고 행해지는 실험에 부분적으로 시행착오적인 과정을 통하여 도달되는 실천적 성취물이다. 더구나, 의미의 변화가 반드시 의사소통 및 비판을 불가능하게 만드는 것은 아니다. 사실상, 그들의 경험 또는 의미를 해

---

66) D. Shapere, "Meaning and scientific change," in R. Colodny(ed.), *Mind and Cosmos* (Pittsburgh, 1966), pp.67-68.

67) 이러한 맥락에서 이론적 혁명은 좀 더 온건한 것으로 보인다. '"새로운 이론"이란 단지 믿음의 거대한 그물에서의 아주 작은 변동일 뿐이다'(Rorty, *Philosophy*, p.284).

석하면서, 적어도 부분적으로는 서로 다른 당파들 사이에서 의사소통이 일어나는 것은 일상적인 상태의 일이다. 만일 이것이 사실이라면 의사소통에는 수렴점이 있는 것이다.[68] 아마도 경험, 언어 그리고 의미가 완전히 다른 곳에서는 의사소통이 가능하지 않겠지만 완전히 같은 또 다른 극단에서는 그것이 쓸모없는 여분일 것이다. 몇 가지 측면에서, 우리와 다른 의미틀을 가진 사람들과의 의사소통은 일상적 삶에서 평범하게 일어나는 일이다. 의미틀에서의 차이 — 사회과학에서 해소를 요청하고 있는 — 는 다른 연구자들과의 의사소통뿐 아니라 사회에서의 의미(특히 과거나 현재의 다른 문화에 대한 연구에서의)에 대한 해석에서도 상당히 난해한 문제들을 포함할 것이다. 또한 확실히 이론 간의 논쟁은 흔히 오해에 기초한 비판을 포함하거나 아니면 피상적인 동의에 의해 은폐된다. 그렇지만 그것들의 해소가 극히 어렵고 오랜 기간이 소요될 수 있는 것이라고 하더라도, 그것을 불가능한 것으로 해석하는 것은 패배주의적인 것이다.

이러한 패배주의는 '내 패러다임을 외부로부터 비판하려고 고생하지 말라. 나는 그대가 그것을 오해하리라는 것을 선험적으로 알고 있다'는 독단주의를 낳을 수도 있고, '모든 이론들과 패러다임들은 무엇인가 기여할 유용성을 가지고 있다'라는 불모스러운 절충주의를 낳을 수도 있다. 그 논리적 귀결을 살펴보면 이 절충주의, 즉 겉보기에는 개방적이고 자유주의적인 이 견해는 그것이 대립하는 이론들이 적어도 일부의 모순적인 주장들(그것의 일부는 근본적인 것일 수도 있다)을 포함하고 있을 것이라는 사실을 경시한다는 점에서 몰지각하고 보수적인 것이 된다. 그러므로 그것은 지식발전

---

68) Bhaskar, *The Possibility of Naturalism*, p.189. 또한 해석학에 의거하여 상대주의의 문제를 해결하려는 시도에 대한 논의로는 R. Keat and J. Urry, *Social Theory as Science*(London, 1975), p.216[이기홍 역, 『과학으로서의 사회이론』(한울, 1997), pp.316-317]; A. Giddens, *New Rules of Sociological Method*(London, 1976); Bernstien, *Restructuring* 참조.

에서 비판이 갖는 핵심적 역할을 무력화시킬 수도 있다. 극단적으로 말하면, 그러한 견해는 예컨대 이윤의 기원을 잉여가치와 '자본의 한계효용' 두 가지 모두에서 찾아낼 수도 있고, 영국을 계급사회와 무계급사회로 볼 수도 있다. 또한 순진한 객관주의적 입장과 상대주의적 입장은 심지어, 예컨대 '이것은 내 패러다임이며, 나는 내가 내 자신의 패러다임을 가지고 지내도록 허용된다는 조건 아래서 다른 패러다임들도 역시 그것 자체의 쓰임새를 가질 수 있다는 생각에 경의를 표시할 것이다'는 것과 같이 순진한 객관주의를 비판으로부터 보호하기 위하여 상대주의적 입장의 절충주의를 이용함으로써, 내밀스럽게 결합될 수도 있다. 상대주의에 대하여 가장 불길한 것은 그것이 자기 논박적이라는 점이다. 즉, 모든 가능한 사유체계를 똑같이 진리이며 (또는 비진리이며) 도전받지 않는 것으로 취급해야 한다면, 반(反)상대주의도 그렇게 취급받아야 한다는 것이다.

그렇지만 좀 더 합리적인, 즉 제한된 형태의 절충주의도 존재하지 않는가? 예전의 주제를 다른 이론들로부터 개념을 빌려서 전혀 상이한 방식으로 살펴보는 것은 때때로 계몽적일 수 있다. 이것은 기존 체계를 개선시킬 수도 있고, 심지어는 그렇지 못한다 하더라도 이것이 기존 체계의 강점을 더 부각시키는 데 도움이 될 수도 있다. (우리는 때로는 형편없는 책들을 읽는 것으로부터 많은 것을 배울 수 있다.)

흔히 마르크스주의는 특별히 구별되는 지식체로 취급되지만, 그것 내부의 다양성 그리고 그것과 다른 지식과의 연속성은 대체로 과소평가된다. 다른 모든 사유체계들과 마찬가지로 그것 역시 기존의 이론적 전통들(예컨대, 스코틀랜드의 정치경제학, 헤겔주의 등)로부터 안출된 것이며, 끝없이 이어지는 '읽기들'과 마르크스주의를 다른 전통들에 동화시키려는 시도들에서 알 수 있듯이 그 이후에도 광범한 관점들로부터 해석되어 왔다. 그러한 이론체계들과 다른 체계들 사이의 관계는 해석적 성격을 가지고 있으

며, 예컨대 사회학이 마르크스주의로부터 배우고 마르크스주의가 여성해
방이론으로부터 배우는 것과 같은 교환과정을 포함한다.

　그렇지만, 예컨대 침술과 서양의학, 또는 유신론을 따르는 농업방법과
과학을 따르는 믿음 및 영농방법 등과 같이 비록 모순적이지는 않더라도 양
립 불가능한 이론들은 적어도 어떤 맥락에서는 동일한 실천적 적합성을 가
진 것으로 보이는 경우들도 있다. 그렇지만 둘 또는 그 이상의 매우 상이한
이론들이 '똑같이 진리'일 수 있다는 이야기는 아마도 이상하게 들릴 것이
다. 사람들은 일반적으로 진리를 단일한 것으로 생각하고 있으며, 다수의
진리들이라는 생각을 혐오한다. (지식이 그 객체와 혼동되어 믿음들에서의 차
이가 다수의 실재들을 나타내는 것으로 취급되는 곳에서 이 다수의 진리라는 생각
은 불합리한 것이다. 또한 이러한 견해는 '내 비판자들은 사실상 상이한 실재들에
관해 이야기하고 있다'는 식으로 그것이 비판적 평가를 회피하고 있다는 점에서
위험한 것이다).

　우리는 완전한 진리 또는 사유와 세계 사이의 상응이라는 단일하고 특권
적인 관계라는 가정에 대해서는 이미 의문을 제기했다. 돌이켜 본다면, 우
리는 지구가 평면이라는 이론이 확실히 '허위'였지만 어느 정도는 실천적
적합성을 가진 것이었으며 탐험여행과 같은 실천을 통하여 그 한계가 발견
되었다고 이야기하고 싶어 할 것이다. 그리고 증기기관을 최초로 만든 사
람은 열을 사물들 사이에서 흘러나오는 실체로 취급하는 이론을 가지고,
소망한 결과에 도달하는 데 성공했다.[69] 달리 말하면, '진리'라는 용어와
마찬가지로 '허위'라는 용어에 대해서도 그리고 '반증', '논박' 또는 '확증'이
라는 용어에 대해서도 그러한 허위의 신념을 갖는 것이 반드시 아무 것도
알지 못하는 것이며 따라서 아무 것도 할 수 없는 것이라는 인상을 주지 않

69) Lakatos, "Falsification"; Hesse, *The Structure of Scientific Inference*, pp.298ff.;
　　Revolutions and Reconstructions, pp.96ff.

도록 그것의 절대성을 완화시킬 필요가 있다.[70]

특정의 맥락에서 한 이론이 '작동한다'라는 것, 또는 어떤 실천적 적합성을 갖는다는 것을 인식하는 것이, 그 구성요소들 하나하나가 '진리'라고 또는 실천적으로 적합하다고 상정하는 것은 아니다. 고대의 천문학자들이 별의 움직임을 예측하는 데에서 보인 성과는 아직도 인상적인 것이지만, 현대의 관점에서 볼 때 그들이 별이 무엇인가에 대하여 타당한 생각을 가지고 있었던 것은 아니다.[71] 그렇지만 그들이 '과학'을 실천적으로 사용한 맥락 속에서는 이러한 무지와 지식의 이런 불균등성이 문제가 되지 않았다. 특정의 맥락에 적합한 것으로 우리가 유지하고 있는 믿음들이 모두 우리의 행위와 그 결과에 대하여 차이를 만드는 것은 아니다. 일부의 것들은 발생하는 일을 이해하는 데 중요함에도 불구하고 실천적인 목적에 대해서는 쓸모없는 것일 수도 있다. 또 일부는 서술로서는 만족스럽지만 설명으로는 전혀 만족스럽지 않을 수도 있고, 또한 마찬가지로 일부는 잘못된 추론에도 불구하고 일을 정확하게 수행하게 할 수도 있다. 다시 한 번 이야기한다면, 특정의 견해들의 '유용성'에 대한 앞에서의 설명을 되풀이하는 것이지만, 구조화되고 분화되며 불균등한 세계의 성질이 바로 불균등하게 발전된, 그렇지만 실천적으로 적합한 지식에 대한 인지적 가능성을 발생시킨다.

물질적 과정이 그것에 관한 우리의 믿음과 별개의 것이라고 하면, 둘 또는 그 이상의 근본적으로 상이하고 참으로 양립불가능한 믿음체들이 똑같은 실천적 적합성을 갖는 경우를 발견하더라도 놀랄 일은 아니다. (사실상 우리는 흔히 통일적인 믿음체계로 보이는 것 속에 있는 믿음들조차도 서로 일관되

---

70) 순진한 객관주의적 견해나 협약주의적 견해와 반대로, 준거의 문제가, 예컨대 군중 속에서 특정 개인을 골라낼 때 정확하게 그를 지목하거나 아니거나 한 것처럼, 늘 전부냐 아니면 전무냐의 사안일 필요는 없다(Rorty, *Philosophy* 참조).

71) Quine, *From a Logical Point of View*, p.47.

지 않는다는 것을 깨닫게 된다.) 의미의 비일관성이 반드시 상호모순적인 믿음들의 전체적인 실천적 부적합성을 보증하는 것은 아니다. 역으로, 내적으로 완전히 일관성 있고 조리 있는 믿음체를 갖는 것이 반드시 그것의 실천적 적합성을 보증하는 것도 또한 아니다. 그럼에도 불구하고 특히 과학 등과 같이 검토된 지식에서 우리는 그러한 비일관성들이나 모순들을 제거하고자 한다. 왜냐하면, 우리는 단지 무엇이 작동하는가를 아는 데 만족하는 것이 아니라 세계의 무엇이 특정의 실천과 기대를 성공적인 것이 되게 하는가에 대하여 조리 있는 이해를 얻고자 원하기 때문이다.

사회과학에서는 이러한 종류의 판단이 '과학적' 공동체내에서 그들 자신의 개념들에 관해서만 이루어지는 것이 아니라, 연구되고 있는 사회의 개념들에 관해서도 이루어진다. 그리고 우리가 사회의 특정 집단의 믿음들이 환상에 기초하고 있다고 결론내릴 수도 있다는 사실이 반드시, 그 믿음들이 아무런 효과도 미치지 못하며 아무런 실천적 적합성도 갖지 못한다 — 적어도 '살아갈 수 있는 것'이라는 의미에서 — 는 것을 의미하는 것은 아니다.[72]

---

72) 근래, '탈구조주의'와 결합된 새로운 형태의 관념론이 발전되고 있다. 이 관념론은 언어를 그것의 실천적 맥락으로부터 뽑아내고, 그것이 초언어적인 어떤 것을 가리킬 수 있다는 것을 부인하며, 우리가 하나의 텍스트를 다른 텍스트들에 비추어 무한히 해석할 때 언어 속에서의 차이의 논리의 이른바 미결정적 특성에 초점을 맞춘다. 이러한 주장은 그 옹호자들에게 그들이 실천 속에서 (심지어는 이러한 똑같은 주장을 제기하는 행위 속에서) 수행해야만 하는 것을 부인하도록 요구한다. 왜냐하면 준거의 가능성과 의미의 상당한 정도의 안정성이 없이는 의사소통이 불가능하기 때문이다. 이런 입장은 저자에 대해 통제를 부인하고 독자에 대해 텍스트 해석에 대한 권위를 부인하기 때문에 상대주의와 마찬가지로 자기 논박적이다. 즉, 일관성 있는 탈구조주의자들은 탈구조주의와 정반대되는 읽기를 인정해야 한다. 텍스트에 대한 강조에도 주목할 필요가 있는데 이것은 문학연구에서의 이런 생각의 기원을 상기시킨다. 문학연구자들은 우리에게 '사실'과 '허구'의 공통되는 뿌리—만들어진 것이라는 의미에서의—를 신속하게 상기시키며, 문학도 '진리'를 추구한다고 주장할 수 있다는 것을 신속하게 상기시킨다. 그렇지만 우리는 시인이 경제학자나 사회학자 등과 동일한 종류의 활동에 개입하고 있으며 동일한 종류의 제약과 자유에 예속되어 있다는 것에 반드시 동의하지는 않더라도 그러한 점을 인

'이론화'와 지식의 발전

지식 발전 과정에 대한 순진한 객관주의적 해석과 상대주의적 해석의 부적절성을 논의했으므로, 이제 대안적 해석의 성질을 좀 더 명확히 밝힐 차례이다. 분석적 목적을 위해 그 과정은 다음의 구성요소들로 쪼갤 수 있다는 것이 나의 생각이다.

① 가장 단순한 변동 유형에는 이미 만족스럽게 개념화될 것으로 판단되는 객체의 사례들을 더 발견하는 것이 포함된다.

② 단순한 성장이 아니라 발전을 포함하는 좀 더 흥미로운 종류의 변동은 기존의 개념을 새로운 상황 속에 옮겨 놓음으로써 그 의미가 실질적으로 변동할 때 일어날 수 있다.

③ 기존 지식에 의해 발생된 기대가 충족되지 못함을 발견하는 것에 이어서 변동이 일어날 수도 있다. 이것은 흔히 '사실과의 불일치'라고 언급되지만, 이러한 표현은 사실 자체와 그 사실에 관한 진술 사이의 구별을, 그리고 흔히 논란되고 있는 '관찰적' 진술과 '이론적' 진술 사이의 구별을 흐뜨리는 잘못된 것이라고 논박된다. 실천적 부적합성을 발견하게 되면, 우리는 우리가 '관찰적 진술'이라고 생각하는 것이나 우리가 '이론적' 주장과 가정이라고 생각하는 것에 관련된 문제를 판

정할 수 있다. 사회과학자들은 사회과학적 텍스트에 더하여 텍스트들을 (그것이 그들의 객체의 일부를 구성하는 한, 그리고 그것이 그들 자신의 것에 대해 경쟁적인 해명을 제공하는 한) 연구한다. 그렇지만 그들은 또한 텍스트가 아닌 것이나 텍스트 비슷한 것도 아닌 것을 많이 연구한다. 그러므로 우리는 특정하고 상당히 특수한 종류의 지식에 관한 주장을 보편화하려는 제국주의적 시도를 용인하지 않는가 조심해야 한다[C. Norris, *The Contest of Faculties*(London, 1988); A. Jefferson, "Structuralism and post-structuralism," in A. Jefferson & D. Robey(eds.), *Modern Literary Theory: A Comparative Introduction*(London, 1986); T. Eagleton, *Literary Theory: An Introduction*(London, 1983)].

별해 낼 수 있다. 개념들 및 관련된 기법들의 사용에서의 실수와 이상(異狀)들을 못 본 채하는 이상한 실천들을 제외하면, 적절한 반응은 '관찰적'이건 '이론적'이건 간에 우리의 개념체계의 일부를 변화시키는 것이다.

④ 개념체계의 구조에서의 변동과 의미에서의 변동은 경험적·실천적 이상(異狀)들에 의해서뿐 아니라, 이론적 성찰을 통한 개념체계 속의 모순들과 결여들의 발견에 의해서도 촉진될 수 있다. 모순은 질적인 종류의 것(적절하지 않게 등치시키는 것과 같은)일 수도 있고, 개념적인 종류의 것[몇 개의 개념들이 동일한 객체를 가리키면서 그것들의 '묘사재현적(picture-carrying)'인 내용과 그것들의 연결 및 예상의 관점에서 조화될 수 없는 것으로 보이는]일 수도 있다. 이런 종류의 변동은 과학과 같이 고도로 검토적인 유형의 지식들에서는 가장 일반적인 것이다. 이와 대조적으로, 반스(Barnes)에 따르면 '일상의 언어에서는 기능에 방해가 되지 않는 모순들은 용인된다 …… 그것은 맥락 속에서 취급되기 때문에 전혀 모순으로 취급되지 않는다.'[73] 모순을 제거하라는 자극은 그것이 양립 불가능한 일련의 행동들을 뒷받침하거나 제시하는 곳에서 가장 강력하다. 그럼에도 불구하고, 이론적 성찰은 그 성찰이 종종 유형 ①의 경험적 발견들을 예기하고 자극할 수 있는 것과 똑같이 그러한 문제들의 실질적인 발생을 예기할 수도 있다.

⑤ 사회적 지식에서도 이와 같은 변동 유형들의 사례들을 발견할 수 있지만, 그 지식이 우리 자신의 대상의 일부라는 사실로부터 몇 가지 중요한 부가적 특징들이 생긴다. 제1장에서 제시한 것처럼 사회과학적 지식에서의 변동은 그 지식의 대상에서의 변동을 촉진할 수 있고, 또

---

73) Barnes, *Scientific Knowledge*, p. 38.

한 그 역도 성립한다. 자기실현적 효과를 갖는 믿음의 이러한 관계와 가능성을 고려하면 연구 대상 속의 '허위의' 신념의 존재는 엄격하게 비판적이지 않은 사회과학에 대해 문제가 된다.

효력 있는 개념적 변동들을 만들어 내는 것의 어려움을 인식하는 것이 중요하다. 노이라트(Neurath)는 지식의 발전을 바다 한가운데에서 널빤지를 대어가면서 배를 개조하고자 하는 일과 비교했다.[74] 더욱이 우리는 새로운 개념들을 오로지 옛 개념들로부터만 다듬어낼 수 있는데, 일부의 옛 개념들은 우리가 벗어나고자 하는 문제들의 일부일 수도 있다. 너무 많은 것을 버리는 것은 우리의 사유능력을 파괴하는 것이며, 그렇게 되면 우리는 우리 자신이 이전에는 간단하게 해냈던 것들과 씨름하게 된다. 과학의 위기의 시기에는 과학자들의 상황이, 그 시대의 예술의 상투적인 관행으로부터 탈출하기를 원하지만 그 결실이 예술로 인정받기 위해서는 그 관행을 사용해야 하는 예술가들의 상황과 비슷할 수 있다. 그러므로 혁신에는 불가피한 내적 제약이 존재한다.

그것이 어떤 종류의 것이건 간에 이상(異狀)에 부딪혔을 때의 통상적인 반응은 우리의 개념체계와 우리의 기법들에서의 변화의 정도를 최소화하려는 것이다. 그렇지만 일부의 이상은 기본적인 개념들(예컨대, 인과성과 시간 및 공간 등의 의미와 관련된)의 근본적인 재정식화를 필요로 할 수도 있으며, 그것은 개념체계의 주요 부분들의 의미를 변화시킨다(비록 이것이 늘 실천에서의 큰 차이를 만들어 내는 것은 아니지만).

그것이 광대한 것이건 소소한 것이건 간에 이러한 변화들은 복합적이지만 결점 있는 회로의 배선을 변화시키는 것과 상당히 비슷하게 개념들을

---

74) Quine, *From a Logical Point of View*, p.79에서 재인용.

연결짓고 형성하는 의미관계의 망의 재구성을 포함한다. 이러한 교체는 우리에게 문제의 개념들을 '해명'할 것을 요청한다. 즉, 중요하지만 모호하게 이해된 용어들에 대해 의미관계의 망 속에서 그 용어들과 다른 용어들과의 관계를 개정하는 것을 통하여 간결한 정의를 제공할 것을 요청한다. 콰인 (Quine)이 말하듯이 '해명될 가치가 있는 단어는 어느 것이든 어떤 맥락 − 전체적으로 명확하고 엄밀하여 유용성이 있는 − 을 가지고 있다. 그리고 해명의 목적은 유리한 맥락의 사용을 보존하면서 다른 맥락의 사용을 다듬는 것이다.'75)

'이론화'라고 불리는 것의 대부분은 1차적으로 이러한 '규범적 해설 (normative explication)'의 과정을 포함하고 있다는 것이 내 생각이다. 이 점은 사회과학에서의 가장 어렵고 지속적인 이론적 논쟁, 예컨대 경제학에서의 '가치' 개념 그리고 '계급', '시민사회', (자본주의적) '국가', '도시적인 것', '정치적인 것'과 '경제적인 것'의 구분, 또는 '생물학적인 것'과 '사회적인 것' 등과 같은 것에 관련된 논쟁에서 특히 분명하다. 이것이 바로 내가 '이론'이라는 단어로 다루고자 했던 것이다. 그리고 ① 기존의 사용법을 가지고 문제를 판별해 내는 것, ② 문제가 되는 의미의 사용을 중단하는 것, 그러므로 ③ 어떤 의미관계가 변화되어야 하며 어떤 의미관계가 그대로 남아야 하는가를 아는 것이 어렵다고 지적했다. 이런 것들은 이론화의 특징적인 문제이다. 놀랄 것도 없이, 대부분의 '규범적 해설'의 시도는 '막다른 골목 (culs-de-sac)'에 빠지게 된다.76) 이 막다른 골목 중의 일부는 매우 길 수도

---

75) Ibid., p.25.

76) 이 위험은 사회과학자들이 상식적인 이해를 무시할 때 이 위험은 증대된다. 상식의 결함이 무엇이건 간에, 적어도 상식은 광범한 (즉 대부분의 경우 과학이론들이 채용되는 것보다 더 광범한) 맥락에 채용되고 있다. 결과적으로, 사회과학자들이 지금까지 간과되었던 측면들을 '재발견'할 때, 일상적 지식에서는 그것들이 처음부터 인지되어 왔다는 것이 종종 드러난다. 자연히 이것은 사회과학에 대한 평판을 별달리 개선

있으며, 그것들은 주요 사상가의 저작의 특정 측면이나 사회자체의 특정 측면에 대한 깨달음을 증대시킬 수도 있지만, 흔히 다른 측면들에 대한 일종의 '집합적 기억상실'을 낳기도 한다. 예컨대, 마르크스주의 학문조류에서는 전후의 시기에 구조주의적이거나 결정론적인 '읽기'와 인간주의적인 '읽기'를 향한 진동이 교대되어 왔는데, 각각은 이전의 해석자들의 학파에서 여과해서 제거했던 마르크스주의의 측면들에 대한 '재발견'으로부터 출발했다. 물론 이것은 풍자그림이며, 대립되는 읽기 사이의 진동만 있었던 것이 아니라 용해도 일부 있었다. 재발견과 발전이라는 비슷한 진동은 대중문화의 지배적 가치에서의 지속적인 전환(예컨대 청소년 양육에 대한 관용적 접근과 권위적 접근 사이의)에서도 일어나고 있다.

또한 특히 어려운 개념들에 대해서는 여러 가지의 경쟁하는 해명들이 존재하기 때문에 우리가 동일한 것에 관해 이야기하고 있는 것인가조차 불확실하게 되는 경우도 있다. 어떤 용어들에 대해서는 여러 가지의 의미관계들이 의문시되고 보류되어서 용어가 그 의미를 상실하는 일도 있을 수 있다(가능한 사례로는 '이데올로기', '계급', 경제학에서의 '가치', '도시적' 등을 들 수 있다).

겉으로 보는 것과 달리, 규범적 해설 또는 이론화의 과정은 우리가 사유 속의 세계를 잘라서 나누거나 구별하는 방식과 관련되어 있기 때문에 '단순히 의미론적인 것'이라거나 '강단적인 것'이라고 기각할 수 있는 것이 아니다. 다음 장에서 논의하겠지만 이러한 구별의 중요한 측면은 객체들―그것들이 자연적인 것이건 사회적인 것이건 간에―의 움직임의 힘과 방식을 밝히

시키지 않는다. 상식이 검토되지 않은 지식이라고 비판받는다면 우리는 그 상식을 무시하거나 무비판적으로 받아들일 것이 아니라 검토해야 할 것이다. 이런 측면에서 레이먼드 윌리엄스(Raymond Williams)의 작업은 흥미로운 것인데, 왜냐하면 그 작업이 보통은 매우 이론적 (내가 제시한 의미에서)이면서도 흔히 일상의 개념들에 대한 분석으로부터 출발하고 있기 때문이다.

는 것이다. 왜냐하면 이것이 세계에 대한 구별 속에서의 우리의 실천적 개입의 성공 여부에 영향을 미치기 때문이다. 역으로, 앞에서 논의했던 것처럼 물질적 사건들과 실천들에서의 발전이 우리의 개념틀에 대한 수정을 촉진시킬 수도 있다. 원자의 분열은 명백한 자연과학의 사례이며, 핵가족의 등장과 쇠퇴에 따른 가족개념의 전환은 사회적 사례이다. 이러한 견해에 따르면 이론화는 강력한 이해관심이 걸려 있는 실천들과 결합된 이념들을 해명하는 것과 연관될 때 특히 직접적인 사회적 중요성을 갖는다. 예컨대, '민주주의' 등과 같이 적절히 정의되지 않은 채 막대한 정서적 함의를 지니고 있는 용어들에 대한 해명은 그런 용어들을 구호로 환원시키는 통상적인 사례들에 의해 유지되는 혼란을 드러내는 데 매우 유용할 것이다.[77]

대부분의 정치적 투쟁은 그 필수부분으로서 '의미에 대한 논쟁'을 포함하고 있다. 인종에 관한 갈등은 물질적 자원 및 기회에의 접근에 관한 것일 뿐만 아니라 정체성에 관한 (흑인 의식운동의 경우, 흑인이라는 것이 무엇인가에 관한) 것이기도 하다. 관련된 사람들은 자신들의 정체성이 일상의 행위들과 사유의 습관들에 의해 상호 승인되는 방식을 변화시키고자 한다. 달리 말하면 의미에 대한 논쟁은 이론화와 유사하며, 바로 사회적 지식에서의 주체와 객체의 부분적 동일성 때문에 이론화는 의미에 대한 논쟁에 직접 영향을 미칠 것이다(대부분의 경우 그 영향은 사소할 터이지만).

---

77) 예컨대, '의회민주주의'라는 변화하는 개념에 대한 윌리엄스의 꼼꼼한 해명을 볼 것 (*Marxism Today* 26, no.6, 1982).

결론

나는 이론과 관찰 사이의 관계를 개괄하는 것으로 이 장을 시작했다. 이 문제에 관한 결론이라면 어느 것이거나 우리가 이론과 지각 그리고 지식과 그 객체 사이의 관계를 어떻게 이해하는가에 따라 달라질 것이다. 제1장에서 제시한 주체들 사이의, 그리고 주체와 객체 사이의 상호의존적 관계의 '흔적'이 의미와 준거, 개념적인 것과 경험적인 것, 실천적 적합성과 지식 발전과정에 대한 논의에서 나타나곤 했다. 순진한 객관주의와 상대주의(그리고 협약주의)는 대조적이지만, 이러한 상호의존을 파악하지 못하는 상호보완적인 결과를 낳았다.

이러한 쟁점들을 검토하면서 우리는 인식론 또는 지식이론에 대한 더 넓은 토론으로 끌려 들어갔다. 세계는 사용가능한 개념적 자원들에 입각해서만 이해될 수 있지만, 그 자원들이 세계 자체의 구조를 결정하는 것은 아니다. 그리고 우리가 우리의 개념체계 속에 갇혀 있다 하더라도 물질적 세계에 관한 실천적으로 좀 더 적합한 믿음과 덜 적합한 믿음을 구별하는 일은 여전히 가능하다. 관찰은 이론중립적인 것도 아니고 이론결정적인 것도 아니지만 이론부과적인 것이다. 진리는 절대적인 것도 아니고, 순전히 협약적이며 상대적인 것도 아니며, 실천적 적합성의 문제이다. 의미에서의 차이가 반드시 이론 간의 또는 패러다임간의 의사소통과 비판을 불가능하게 만드는 것은 아니다. 지식은 완전히 연속적이고 누적적으로 변동하는 것도 아니고, 한 덩어리로 뭉쳐진 하나의 패러다임이 또 다른 패러다임에 의해 완전히 대체되는 것에 의해 변동하는 것도 아니다. 이론은 관찰이나 자료에 질서를 부여하는 것이 아니라, 관찰에 대해서조차도 그것들의 개념화를 협상한다.

이론에 관해서는 이것보다도 이야기할 것이 많지만, 더 자세한 이야기를 위해서는 다음 장에서 논의될 방법과 우리의 연구대상의 독특한 성질에 관련된 다른 몇 가지 주제들의 발전을 기다려야 한다.

제3장

이론과 방법 1
추상화, 구조 그리고 원인

　이론과 사회과학적 지식의 성질에 대한 일반적 논의를 마치고 나는 이제, 사회연구의 방법의 좀 더 직접적인 문제들과 관련된 실재론적 과학철학의 몇 가지 핵심 개념들을 다루고자 한다. 이 장에서는 주로 질적 방법만을 다루고, 양적 방법은 제6장으로 미루고자 한다. 그런데 사물들 — 방법은 그것을 연구하는 데 사용되는 것이다 — 의 성질을 고려하지 않고서는 방법에 관해 아무런 이야기도 할 수가 없다. 예컨대, 인과적 분석과 구조적 분석에 관한 결정은 인과성 및 구조의 성질에 관한 판단들에 따라 달라질 것이다. 그러므로 이 장에서는 이 두 측면들 사이를 왔다 갔다 할 필요가 있다. 방법에 대해 다루면서 두 가지 측면들의 실천적 함의를 약간은 언급할 것이지만, 그 이상의 것들은 어쩔 수 없이 실재론적 접근의 전체구조가 확정될 때까지는 명확해지지 않을 것이다.

　실재론적 접근의 대부분은 비정통적이지만, 지금의 논의 단계에서는 가능한 반대들에 답하기 위해 논의의 흐름에서 많이 이탈하지는 않고자 한다. 정통적 과학철학으로부터 제기될 수 있는 비판들에 대한 답은 제5장에 실려 있다.

우리는 가장 '원초적인' 수준에서 객체들을 개념화하는, 중요하지만 덜 분석된 방법 — 추상화 — 으로부터 시작하여 그 방법이 전문화된 형태의 하나인 구조적 분석으로 나아간다. 구조적 분석은 관계와 구조의 성질에 대한 검토를 필요로 한다. 이러한 논의 과정에서 추상적 연구와 구체적 연구 사이의 근본적인 차이가 도입된다. 우리는 거기서 잠시 멈추어 구조와 행위 주체 사이의 관계라는 영구한 문제, 즉 사회과정이 계급구조 등과 같은 사회구조 — 개인들은 단지 그것의 담지자일 뿐인 — 에 의해 설명되어야 하는가, 아니면 개인들 및 집단들의 의식적인 행위에 의해 설명되어야 하는가, 아니면 어떤 다른 해답이 있는가의 문제를 살펴본다. 그 다음 절에서는 일반화를 다루는데, 거기서는 사회과학자들이 이것에 친숙함에도 불구하고 이것의 한계를 충분히 감지하지 못하고 있다는 것도 제시된다. 이 장의 마지막 부분은 사회에서의 인과 관련의 문제 및 그것을 어떻게 분석할 수 있는가의 문제를 자세히 검토한다.

추상과 구조적 분석

실천적으로 적합한 것이 되려면, 지식은 세계의 분화를 파악해야만 한다. 우리에게는 객체들을 개별화하는 방법과 객체들의 속성 및 관계를 특징짓는 방법이 필요한 것이다. 일정한 목적에 적합한 것이 되려면, 지식은 특정의 조건들로부터 '추상'해야 한다. 즉, 중요한 영향을 미치는 조건들에 초점을 맞추기 위해서는 그렇지 아니한 조건들은 배제해야 한다. 전체에 관심을 가졌다고 하더라도 우리는 그 구성요소들을 선택하고 추상하지 않으면 안 된다.

과학에 대한 대부분의 설명들에서 추상은, 그것이 어떻게 이루어져야 하는가에 대해서 거의 언급되지 않을 만큼, 너무나도 당연히 필수적인 것으로 상정된다. 추상은 강력한 도구이며, 따라서 또한 소홀히 사용하면 위험한 도구이기도 하다. 일단 우리가 특정의 '추상 양식'에 익숙해지면 그것이 연구와 적용에서 문제를 일으킨다고 하더라도 그것을 제거하기는 쉽지 않다. 그러므로 나는, 일부의 설명[1]과 달리, 우리가 무엇으로부터 추상하는가를 명심하는 것의 중요성을 강조하고자 한다. 따라서 경제학자들은 자본과 노동의 결합을 나타내기 위하여 생산기능이라는 것을 사용하기에 앞서, 자본의 경직성으로부터의 그리고 작업재료의 실질적인 조직과 연쇄로부터의 추상이 문제가 되는가 여부를, 그것이 중요한 차이를 낳는가 여부를 평가해야 한다. 비슷하게 어떤 사회적 과정을 서술하기 위하여 '재생산'이라는 비유를 사용할 때, 사회학자들은 그 과정의 개방성을 무시하는 그리고 그 과정이 숙련된 행위자들에 의존하고 있다는 사실을 무시하는 대가를 고려할 필요가 있다. 흔히 추상은 참으로 문제가 없는 것으로 입증될 것이지만, 단순히 그것을 습관으로부터 사용하거나, 또는 그것이 '과학'의 향기처럼 여겨지기 때문에 사용하는 것은 정확한 사용의 비법이 되지 못한다.

둘째, 단 한 가지 유형의 추상을 사용하기보다는 여러 유형의 추상들을 결합시키는 (비모순적인) 방법을 찾는 것이 바람직하다. 지각에 대한 앞 장에서의 논의는, 여러 가지 틀(schemata)들을 사용할 수 있고 또 그 틀들의 한계 및 병존 가능성의 범위를 아는 사람이 숙련된 관찰자라는 점을 알려주는 것이었다. 이것은 여러 유형의 추상의 한계와 병존불가능성을 인지하지

---

1) 예컨대, J. Elster, *Logic and Society*(London, 1978); J. Roemer, *Analytical Marxism*(Cambridge, 1986), Introduction.

못한 채 그것들을 절충적으로 사용하는 절충주의를 옹호하는 것이 아니다.

통속적으로 사용될 때, '추상적'이라는 형용사는 흔히 '모호한' 또는 '실재로부터 괴리된'을 의미한다. 그렇지만 이 책에서 그 용어를 사용할 때는 의미가 다르다. 추상적 개념 또는 추상은 대상의 일면적 측면 또는 부분적 측면을 사유 속에서 분리시키는 것이다.[2] 우리는 그 측면을, 결합하여 함께 **구체적 대상들**─민중, 경제, 민족, 제도, 활동 등과 같은─을 구성하는 다른 여러 측면들로부터 추상한다. 이러한 의미에서 추상적 개념은 모호하기보다는 정확한 것일 수 있다. '온도', '원자가', '성(gender)', '수요의 소득 탄력성' 또는 '화폐자본의 순환' 등과 같은 추상에는 모호함이 없다. 그리고 이러한 추상들이 가리키는 사물들이 좀 더 구체적인 개념들이 가리키는 사물들보다 덜 실재적이어야 하는 것도 아니다. 그러므로 추상적인 것과 구체적인 것의 구분은 사유와 실재의 구분과 혼동되지 않아야 한다.

'구체적 대상'이라는 개념은 '무엇이거나 존재하는 것'과 관련될 뿐 아니라, 대상이 보통 다양한 요소들이나 힘들의 결합으로 구성된다는 사실에 주목한다.[3] 구체적 실체로서의 특정의 사람이나 제도 또는 무엇이거나 간에, 그것은 광범한 원천으로부터 나오는 영향력들과 성질들을 결합시키며, 그 각각의 영향력들과 성질들(예컨대, 체격, 인성, 지능, 태도 등)은 추상─그 결합의 결과를 개념화하기 위한 첫걸음으로서의─에 의해 사유 속에서 분리될 수 있다.

---

2) '추상'과 '구체'의 이러한 사용법을 나는 마르크스의 용법과 같은 것이라고 생각한다. 예컨대 *Grundrisse*(1973)에 실린 「1857년 서문」을 볼 것. 추상에 대한 이러한 1차적인 규정이 베버적인 '이념형'과 유사하다고 지적하는 독자도 있을 것이다. 그렇지만 베버의 '이념형'은 이 장에서 도입된 여러 가지 유형의 관계들의 차이에 관심을 두지 않는다. 이념형에 대한 더 자세한 언급은 제9장을 참조.

3) '구체적 개념이 구체적인 것은, 그것이 많은 규정들의 종합이며 따라서 다양한 측면들의 통일을 재현하기 때문이다'(ibid., p.101).

달리 말하면 구체적 사건이나 대상들에 대한 이해는 이중의 운동, 즉 구체 → 추상, 추상 → 구체의 운동을 포함한다. 구체적 대상에 대한 우리의 개념은, 처음에는 피상적이거나 혼돈스러울 것이다. 그 대상의 다양한 규정들을 이해하기 위해서 우리는 먼저 그 다양한 규정들을 체계적으로 추상해야 한다. 추상된 각 측면들을 검토하고 나면, 추상들을 결합시켜 그 대상의 구체성을 파악하는 개념을 형성하는 것이 가능하다.

논의를 진전시키기에 앞서 모든 구체적 대상들이 경험적으로 관찰가능한 것은 아니며, 대상의 모든 추상적 측면들이 관찰불가능한 것도 아니라는 점을 지적해 두어야 할 것이다. 개념의존적 현상들을 논외로 한다면, 대상들은 누가 그것들을 관찰할 수 있거나 아니면 알 수 있는가 여부와 관계없이 존재한다. 추상은 '이상화(idealizations)'로 간주될 것도 아니며, 단지 관찰을 질서짓기 위한 색출적인 도구로 간주될 것도 아니다. 개념들과 마찬가지로 추상은 그것이 가리키는 물질적 대상들과 분명히 다르지만, 이런 점은 추상뿐 아니라 경험적 관찰과 구체적 개념들도 마찬가지이다. 그것들은 모두 실재하는 대상들을 가리킬 수 있다.

앞 장에서 나는 '이론적인 것'과 '경험적인 것'이 모두 개념적 내용을 가지고 있는 사실에 주목함으로써, 그것들 사이의 구분을 완화시키고자 했다. 그리고 그 구분이 정신적인 것과 실재하는 것 사이의 구별, 또는 관찰불가능한 것과 관찰가능한 것 사이의 구별과 전혀 다른 것임을 주장했다. 이것은 그러므로 다음과 같이 요약될 수 있다.

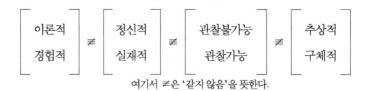

$$\begin{bmatrix} 이론적 \\ 경험적 \end{bmatrix} \neq \begin{bmatrix} 정신적 \\ 실재적 \end{bmatrix} \neq \begin{bmatrix} 관찰불가능 \\ 관찰가능 \end{bmatrix} \neq \begin{bmatrix} 추상적 \\ 구체적 \end{bmatrix}$$

여기서 ≠은 '같지 않음'을 뜻한다.

대상들이나 그것들의 관계는 우리에게 투명하게 주어지는 것이 아니다. 그것들에 대한 판별은 우리가 성취해 낸 것이며 추구해야 하는 것이다. 대상들이 가진 일부의 속성들과 힘들은 그 대상의 필연적인 특징으로 나타나지만(예컨대 동물이 호흡기를 갖거나, 경제의 경우에서 사용가치를 갖는 것), 일부의 것들은 우연적인 것으로 보인다. 추상은 우연적인 것들로부터 본질적 특징들을 구별해 내야 한다. 추상은 분리불가능한 것을 분리하거나 구분가능한 것들과 이질적인 것들을 한 덩어리로 묶거나 하지 않아야 한다. '이론화'라는 작업의 대부분은 대상들과 관계들에 대한 우리의 추상을, 이러한 위험은 피하면서 그것의 실제적 적합성은 증가되도록 조정하는 것을 포함한다.

추상할 때는, 상이한 유형의 관계들을 구별하는 것이 도움이 된다. 관계라는 용어는 매우 융통성 있게 사용되는 용어이지만, 여러 가지 방식의 사용에는 몇 가지 중요한 대비가 함축된다.[4] 간단한 것으로는 연관 및 상호작용이라는 '실질적' 관계와 유사성 및 차이성이라는 '형식적' 관계를 구별할 수 있다. 주택들은 도로로 연결되고 전기는 전깃줄로 연결된다. 개인들은 직접 상호작용할 수도 있지만, 또 아무런 상호작용도 없이 유사한 특징들을 가진 객체들로서 순전히 형식적인 관계를 가질 수도 있다. 연결된 사물들이 비슷해야 하는 것은 분명히 아니며, 그 역도 마찬가지이다.[5] 뒤에서 입증되다시피, 이것은 매우 단순한 구분이지만 사회과학에서는 많은 접

---

4) 나는 일부 논자들에게서 볼 수 있는 것과 같은 '관련(relations)'과 '관계(rela- tionships)'의 구별을 시도하지는 않고자 한다. 나는 이 두 용어를 서로 바꿀 수 있는 것으로 사용할 것이다.

5) 때때로 '연관(connection)'이라는 또 다른 용어의 사용으로부터 약간의 혼란이 야기될 수도 있다. 이런 경우 나는 이 용어를 물질적 연관에 한정하고, '공통의 요인들'이라는 의미에서의 논리적인 연관은 배제한다(비록 '종속(dependence)'—유사성에 대립되는 것으로서의—이라는 개념적 연관은 실질적인 것으로 취급될 것이지만).

근들이 연관관계를 인식하는 데 어려움을 겪고 있다.[6]

또 하나의 유용한 구분은 외적 또는 우연적 관계(contingent relation)와 내적 또는 필연적 관계(necessary relation) 사이에서 그어질 수 있다.[7] 당신 자신과 흙더미 사이의 관계는, 두 가지 어느 것도 다른 것이 없이 존재할 수 있다는 의미에서 외적인 것이다. 그것들이 어떤 특별한 관계에 있을 필연성이 있는 것은 아니며 또한 그런 특별한 관계에 있는 것이 불가능하기만 한 것도 아니다. 달리 말하면 그것은 우연적인 것이다(이러한 의미에서의 우연적인 것은, '~에 의해 좌우된다'를 의미하면서 일상적으로 쓰이는 '~에 따른다'는 것과는 다르다는 것을 적어두자). 어떤 관계가 우연적인 것일지라도 중요한 결과를 가져올 수도 있다. 그러므로 사람들은 흙더미를 파헤치거나 흙 속에 묻히기도 한다. 그렇지만 두 가지 각각의 성질이 반드시 그러한 관계에서의 그것들의 위치에 의해 좌우되는 것은 아니다. 이와 대조적으로 주인과 노예 사이의 관계는, 그것이 무엇인가 하는 것이 다른 것과의 관계에 의해 좌우된다는 점에서 내적인 것 또는 필연적인 것이다. 주인이 없다면 노예는 노예일 수 없으며 그 역도 마찬가지이다. 또 다른 사례는 지주와 소작인 사이의 관계이다. 여기서 어느 하나의 존재는 반드시 다른 것의 존재를 전제한다.

필연적·우연적 또는 내적·외적 관계의 구분을 사용할 때 몇 가지 중요한 제한이 필요하다는 것을 적어둘 필요가 있다.

첫째, 지주와 소작인 또는 남편과 아내의 경우에서와 같이 내적 관계가 두 가지 객체들의 어느 쪽에 대한 정의의 일부분을 이룬다고 하더라도, 일

---

6) 젤레니(Zeleny)는 모든 용어를 '비실체주의적으로(asubstantialistically: 원문 그대로)' 그리고 순전히 형식적인 것으로 해석하는 경향에 관해 언급하고 있다[이기홍 옮김, 『마르크스의 방법론』(까치, 1989), p.39].

7) Bhaskar, *The Possibility of Naturalism*(Hassocks, 1979), p.54; Elster, *Logic and Society*, pp.20-25.

부에서 상정하는 것처럼, 그것이 동어반복으로 졸아드는 것은 아니다. 예컨대 당신이 소작인이라면, 당신이 지주에게 소작료를 지불하는 것은 동어반복 때문이 아니라 당신이 물질적인 사회관계 속에 들어가 있기 때문이다. 그리고 관계의 양쪽이 상대가 없이 그 자체로만 존재할 수는 없다고 하더라도 그들 각각을 분리하여 판별해 내는 데 문제가 있는 것은 아니다.

둘째, 비록 내적으로 관련된 현상들이 강한 의미에서 상호의존적이라고 하더라도, 이것이 그 현상들이 변화될 수 없음을 뜻하는 것은 아니다. 한쪽에서의 변동은 다른 쪽에서의 변동과 결합되어 있는 것이다. 남편들과 아내들 사이의 관계에서 일어난 변동은 좋은 사례이다.

셋째, 필연적인 것과 우연적 것의 구분은 중요하다거나 또는 흥미롭다는 것과는 아무런 관련도 없다. 필연적 관계나 우연적 관계 어느 것이라도 중요한 것이거나 하찮은 것일 수 있다. 영국정부와 북해석유회사 사이의 관계는, 다른 쪽이 없이도 각각 존재할 수 있다는 의미에서 우연적이지만, 영국정부의 입장에서 북해석유회사의 세금의 영향은 상당히 중요하다. 영국정부와 나의 음악적 기호 사이의 외적 관계는 우연적이고 하찮은 것이다. 이와 비슷하게 사람들의 필수적인 존재조건들이 모두 사회과학의 커다란 흥밋거리가 되는 것은 아니다. 예컨대 사람들의 숨쉬기의 필요 같은 것이 그것이다.

어떤 관계의 한쪽 대상은 다른 쪽이 없이는 존재할 수 없는 반면 그 역은 그렇지 아니한 비대칭적인 내적 관계도 판별해 낼 수 있을 것이다. 화폐와 은행체계, 국가와 의회 사이의 관계들이 사례이다. 대칭적이고 내적 관계라고 하더라도 늘 조화롭고 균형적인 것은 아니다. 오히려 많은 경우 상호의존과 일방적 지배가 결합되어 있다.

이러한 구별은 상이한 계급 개념들을 명확히 하는 데 도움이 된다. 마르크스주의의 계급 개념은 내적 관계를 축으로 삼는데, 자본주의 사회의 경우 1차적으로 임금노동과 자본 사이의 관계에 달려 있다. 반면 대다수의 공식적이고 대중적인 사회학적 견해에서는 계급이 다수의 공유된 속성(소득, 교육, 지위, 태도 등)에 입각하여 정의되며, 개인들은 이러한 정의와의 상응에 따라 '계급으로 분류'된다. 이러한 계급들 사이의 관계는 그러므로 우연적인 것이다. 이 두 가지 계급 개념은 그것들이 사회의 전혀 상이한 측면들과 관련되기 때문에 구별되어야 하지만, 그것들이 반드시 상호 배타적인 것은 아니다. 외적으로 관련된 계급들 사이의 차이가 상당히 희미하다는 것이 반드시 마르크스주의에서 개념화하는 내적으로 관련된 구분의 약화를 함축하는 것은 아니다. 역으로 혁명에서의 자본/임금노동 관계의 제거가, 사회학적 개념에 의해 판별되는 모든 차이들을 자동적으로 소멸시키는 것도 아니며 성, 정신노동, 부분적 노동 등과 관련된 실천처럼 내적으로 관계된 다른 실천들은 큰 변동 없이 지속될 수도 있다.

고립되어 존재할 수 있다고 우리가 임의로 생각하는 행위들의 대다수는 사실상 내적 관계 속에 각인되어 있다. 예컨대, '존경'이나 '경멸'과 결합된 태도와 행위는 각각, 사람들 사이의 상호관계와 받아들일 수 있는 행동에 관한 일련의 규칙들을 전제한다.[8] 대다수의 행위들이 맥락 의존적인 한, 그것들은 내적 관계—비록 대부분의 경우 비대칭적인 관계이겠지만—를 포함한다. 시험을 치르거나 질문에 답하는 것은 선행하는 그리고 기대된 다른 행위, 사건, 환경—흔히 특정의 공간-시간 연쇄 속의—을 전제한다. 그것들은 예외 없이 규칙-지배적이다. 그것들의 특정 맥락이 없다면 그것들은 이러한 종류의 행위로 취급되지 않는다. 어떤 실천이 개념 의존적이라고 말하는 것은 그것이 특정의 개념들과 내적으로 (되풀이하자면, 아마도 비대칭적으로) 관계되어 있다는 것을 알아채는 것

---

8) Ibid.; R. Harré, *Social Being*(Oxford, 1979), p.24. 개인들이 '자기 존경' 등과 같은 그러한 태도들을 내면화함으로써 그 태도의 관계적 성질에 관한 주장을 손상시킬 가능성은 무시한다.

이다. 사회과학에서 가장 일반적인 오류의 하나는 인간 행위의 내적 관계성을 깨닫지 못하는 상식의 특징적인 부주의를 재생산하는 것이다.

실제의 상황이라면 어디서나, 보통 이러한 유형의 관계들이 복합적으로 결합된다. 이해관심 체계의 구조는 그러한 관계에 관한 몇 가지 간단한 질문을 제기함으로써 발견될 수 있다. 이러한 객체의 (이러한 형태로의) 존재는 무엇을 전제하는가? 그것은 그 자체로 존재할 수 있는가? 만약 그렇지 않다면, 그밖의 무엇이 있어야 하는가? 그 객체에 들어 있는 무엇이 그 객체를 그렇고 그렇게 움직이게 만드는가? 이러한 질문은 진부하기까지 할 만큼 간단해 보인다. 그렇지만 그에 대한 답은 종종 복합적이며, 이 질문을 회피하게 되면 개념화와 추상화의 여러 가지 오류가 생겨난다.9) 김 씨와 장 씨라는 두 사람 사이의 관계에 관하여 인위적으로 설정한 간단한 사례로부터 시작하여 세 가지 사례를 살펴보자. 그들은 각각 고용주와 피고용자일 수 있으며, 이러한 측면에서는 그들은 내적으로 관계되어 있다. 물론 종교나 태도 또는 여가활동 등과 같은 다른 측면에서는 그들이 우연적으로 관계되어 있을 수도 있다. 달리 말하면, 우리가 김 씨와 장 씨의 무슨 측면을 고찰하고 있는가를 명확히 하지 않는다면, 어떤 속성이나 실천의 내적 관계와 외적 관계, 또는 필연적 관계와 우연적 관계를 구분하려는 시도는 혼란을 결과하기 쉽다.10)

---

9) 뒤에 살펴볼 것이지만, 일부 사회연구들에서는 흔히 이러한 질문들이 간단함에도 불구하고, 제기조차 되지 않은 채, 그 대신 분석이 이러한 (필연적이거나 우연적인) 실질적인 관계가 아니라 형식적인 관계의 발견에 한정되기 때문에, 오류가 생겨난다.

10) 대상의 어떤 측면을 다루는가를 이렇게 정확히 정의해야 할 필요성에 비추어 볼 때, 우리가 관계를 내적이라고 부를 것인가 외적이라고 부를 것인가의 문제에 대해 그것이 단지 정의상의 문제일 뿐이라는 반대가 제기될 수 있다. 제한된 의미에서는 그렇다. 그렇지만 실재하는 대상을 가리키고자 하는 정의는 자의적인 것이 아니다. 그 정의의 적용가능성과 실질적인 적합성은 그것들이 적용되는 사물들의 성질에 달려 있다. 예컨대, 단순히 인간으로서 나는 내가 함께 사는 인간들과 외적으로 관계되어 있

관계의 성질을 평가하는 데 명확한 정의가 필요함을 입증하는 좀 더 복잡한 사례는 자본주의와 가부장제가 상호의존적인가의 문제에 관한 것이다. 자본주의의 가장 기본적인 관계 – 자본/임노동 관계 – 의 수준에서는, 자본가나 노동자가 남성인가 또는 여성인가 여부는 우연적인 것이다. 이러한 수준에서 자본은 '성 맹목적(sex-blind)'이다. 그렇지만 그 관계의 구체적인 형태에서는, 관계의 사례들이 성에 의해 영향 받을 것이며, 영국과 같은 특정 자본주의 사회들의 덜 기본적인 구조는, 성에 의해 결정되고 성을 재생산하는 실천을 포함할 것이며, 그 실천은 가부장적 구조와 자본주의적 구조를 '결합시키는'것이다. 그러므로 실질적으로는 모든 사례들에서 자본주의적 사회관계가 어떤 방식으로 성차별적이고 가부장제와 자본주의가 서로를 이용한다고 하더라도(그것들이 서로에게 문제를 야기할 수도 있지만), 우리는 가부장제와 자본주의 사이의 관계가 우연적인 것이라고 주장할 수 있다.[11] 왜냐하면 자본주의 없이도 가부장제는 존재해왔을 뿐 아니라, 계급관계, 교환가치, 이윤을 위한 생산 등에서도 가부장제의 존속에 의존하는 것이 있다고 생각되지 않기 때문이다. 추상에서 현상의 어느 측면이 고찰되는가를 적절히 주의한다면, 혼란이 아니라 해명이 결과될 것이다.[12]

다고 이야기될 수 있다. 그렇지만 인격체(personalities)로서의 나는 그들의 영향을 크게 받았으며, 우리의 행위는 내적으로 관계되어 있을 수 있다. '인간', '인격체' 그리고 '행위'라는 범주들은 자의적으로 대체가능한 것이 아니라 대상의 상이한 측면들을 가리키는 것이다.

11) M. Barrett, *Women's Oppression Today*(London, 1980); S. Walby, *Patriarchy at Work*(Cambridge, 1986) 참조. '가부장제'라는 용어가 여러 가지 방식으로 사용되기 때문에 우리는 이것도 명확하게 해야 할 것이다.

12) 기록할 때는 추상의 과정이 힘겨운 것으로 심지어는 지루한 것으로—마르크스의 이론적 저작의 대부분에서 그러하듯이—보일 것이다. 그렇지만 추상은 건강한 이론화의 본질적인 기초이다[A. Sayer, "Abstraction: a realist interpretation," *Radical Philosophy*, 28(1981). 젤레니가 지적하듯, '마르크스는 특정의 관계에 들어가는 것이 특정의 외양의 실질적인 속성을 변화시키는 경우와, 그것을 변화시키지 않는 경우, 즉

세 번째 사례는 우리 대상들의 성질에 관한 질적인 질문 제기의 중요성을 예시한다. 이것은 왜 어떤 산업들은 좀 더 파업 발생적인가에 대한 설명에 관한 것이다. 많은 사회과학자들은 조합원 비율, 회사의 규모, 성의 분포 등과 같은 가능한 독립변수를 평가하기 위하여 곧바로 통계적 분석에 착수함으로써 이 문제를 다루고자 했다. 그렇지만, 그 결과가 흥미로울 수 있음에도 불구하고, 이러한 탐구 노선은 우리의 간단한 질적 질문들, 즉 파업 행위는 무엇을 전제하는가, 회사의 규모와 관련된 무엇이 파업 성향에 영향을 미치는가, 피고용인 수에 입각한 규모 자체인가, 아니면 규모의 차이와 결합된 경영 통제의 사회적 관계 및 형태의 성질인가 등과 같은 질문을 무시한다. 연구자들은 흔히, 통계적 관계를 보여주는 것으로 설명이 충분한 듯, 그러한 질문에까지 나아가지 않고 멈춘다. 대신 그들은 그 질문들에 대한 답을 그밖의 '독립변수'로 취급하고 부가적인 통계적 시험을 수행하고자 할 수도 있다. 그렇지만 그 결과가 무엇이든, 우리는 질적 질문들에 답하면서 결론에 도달할 필요가 있을 것이다. 그것들에 답하는 것은 차례로, 우리가 어떻게 추상하며, 무엇으로부터 추상하는가에 대하여 상당히 주의할 것을 요구한다.

추상은 구조의 판별에서 특히 중요하다.[13] 구조는 내적으로 관계된 일련의 객체들이나 실천들이라고 정의될 수 있다. 지주와 소작인의 관계 자체는 사적 소유와 지대 그리고 경제적 잉여의 생산 등의 존재를 전제로 한다(〈그림 3-1〉 참조). 상식적인 가정과는 반대로 구조는 국제적 분업과 같은 거대한 사회적 객체들뿐 아니라, 개인적 및 개인들 사이의 수준에서의 작

새로운 관계에 들어가더라도 이러한 실질적인 관계가 본질적으로 변화되지 않고 남아 있는 경우를 주의깊게 구별한다'(Zeleny, *The Logic of Marx*, p. 26 참조).

13) 구조에 대한 나의 정의는 *Social Being*의 하레의 정의와 똑같은 것은 아니지만 그것에서 영향을 받은 것이다.

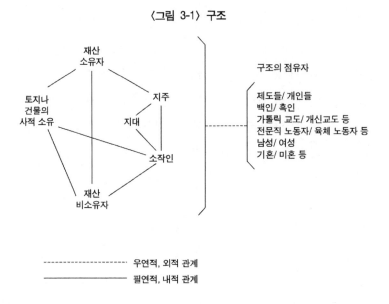

〈그림 3-1〉 구조

재산
소유자

지주

토지나
건물의
사적 소유

지대

소작인

재산
비소유자

구조의 점유자

제도들/ 개인들
백인/ 흑인
가톨릭 교도/ 개신교도 등
전문직 노동자/ 육체 노동자 등
남성/ 여성
기혼/ 미혼 등

- - - - - - - - - - - - - - - 우연적, 외적 관계
─────────── 필연적, 내적 관계

은 객체들(예컨대 개념적 구조들) 그리고 신경학적 수준이나 그 이하 수준의 더 작은 객체들을 포함한다.

사회구조 안에는 특정 역할들과 결합된 특정 '지위들'이 있다. 지위의 점유자와 지위 자체를 구별하는 것이 특히 중요하다. 일상적인 사유에서 보이는 가장 광범한 환상의 하나는, 지위의 속성들—그것이 좋은 것이건 나쁜 것이건 간에—을 그 지위를 점유하고 있는 개인들이나 제도들에 귀속시키는 것으로부터 생겨난다. 어떤 결과가 초래되든, 특정의 사람들이 그것에 책임이 있다고 상정된다. 사회적 관계들의 구조, 그리고 그것과 결합된 자원 제약 또는 규칙들이 발생하는 일을 결정할 것—사람들이 이러한 구조를 재생산하는 곳에서만 이 구조가 존재하더라도—이라는 인식은 거의 없다. 그러한 상황에서, 죄가 있는 사람을 발견해내고 다른 사람으로 대체하는 것에 의해 문제가 해결되기를 기대하는 것은 쓸모없는 일이다. 우리는 특정의 결과에 대하여 누가 비난받거나 칭찬받아야 하는가를 발견해내기를 희망하면서, '모든 책임은 내게 있다'는 곳을 찾아내지 않은 채, 구조 속의 개인들을 신문할 수도 있을 것이다. 앙드레 고르(André Gorz)는 이렇게 말한다.

(관료들의) 기능에 미리 규정된 의무는 모든 사사로운 책임과 결정으로부터 그들을 면제시키며 그들로 하여금, '우리는 이렇게 하는 것을 선택하지 않았다, 우리는 다만 명령을 시행하고 있을 뿐이다'라는 한심스러운 답을 가지고 저항에 대결할 수 있게 한다. 누구의 명령인가? 누구의 규제인가? 우리는 무한히 위계를 거슬러 올라갈 수 있으며, '나의 명령'이라고 말하는 사람을 발견하기는 아마도 불가능할 것이다.[14]

고르는 개인적 책임의 회피를 공격하는 것이 아니라, 그러한 경우에 그것이 존재하지 않음을 지적하는 것이다. 내적 관계와 구조의 존재를 잘못 인식한 경우는 경찰에 대해 비판했을 때 그 반응에서도 찾아 볼 수 있다. 이것은 흔히 경찰 안의 '썩은 사과'의 존재에 입각하여, 즉 경찰의 특정 성원에 대한 비판으로 표현되고 해석된다. 비판이 명백하게 경찰제도를 이루는 지위, 규칙, 힘들의 구조를 겨냥하고 있을 때조차도, 그 비판은 종종 개인들을 겨냥하고 있는 것으로—아마도 고의적으로—잘못 해석된다.

높은 사회이동률은 사회계급의 폐지를 의미한다고 보는 환상도 구조를 그것을 구성하는 개인들로 환원시키는 것으로부터 비롯된 것이다. 더구나 상식적인 사유에서는 구조가 눈에 보이지 않는다는 점 때문에, '구성의 오류'—한 집단의 구성원이 개별적으로 취한 행동에 그 집단의 모든 구성원이 동시에 같은 행동을 취하게 되면, 개별적으로 의도한 것과는 반대되는 결과를 낸다는 것을 가리키는 개념—라고 불리는 것과 지위들 사이의 상호의존을 과소평가하게 된다.[15] 이것은 모든 경우에 어떤 개인에게 가능한 것이라면 모든 개

---

14) A. Gorz, *Farewell to the Working Class*(London, 1982), p.58.

인들에게 자동적으로 가능하다고 간주하는 가정이다. 예컨대, 자본주의 경제에서는 개별 기업들이 '좀 더 경쟁적'으로 될 것이기 때문에, 마치 경제적 경쟁이 모든 참가자들이 동시에 일등상을 탈 수 있는 경주인 것처럼, 그것에 의해서 덜 경쟁적으로 되는 기업이 하나도 없이 모든 기업들이 동시에 좀 더 경쟁적으로 된다고 상상하는 사람들이 적지 않다. 비슷하게 청년의 실업을 낮추려는 희망 속에서 많은 '전문가들'은 젊은이들에게 좀 더 나은 자격을 갖추고 면접기술을 향상시키라고 충고하지만, 이렇게 하는 사람은 단지 다른 개인들의 기회를 악화시킴으로써만 자신들이 일자리를 얻을 기회를 향상시킬 뿐이다. 그것은 획득가능한 일자리의 숫자를, 즉 구조내의 자리의 숫자를 증가시키는 것은 아니다.

모든 종류의 개인, 집단 또는 제도들이 구조적 지위를 점유할 수 있는 것은 아니지만, 보통 일정한 허용 범위가 있다. 예를 들면 지주와 소작인은 각각 다양한 특징을 가질 수 있는데, 그것 중의 일부는 다른 내적 관계를 통하여 구성된 것이다. 구조는 그러므로 '일정한 변형 아래에서의 불변적인 것'이라고 할 수 있다.[16] 즉 구조들은 계속 존재하면서도, 그 구조의 재생산과 관련 없는 속성을 가진 구성요소들은 변동을 겪을 수 있다. 지주-소작인의 구조는 그 성원들의 지속적인 대사(代謝) ― 나이, 성별, 인종, 종교, 정치, 직업 등이 변동하는 동안의 ― 속에서 존속될 수 있다.

사람들과 제도들 자체는 불가피하게 몇 가지 사회구조들 속에서 존재한다. 당신은 집을 임대하고 있을 뿐만 아니라 대학에 다니며 시험을 치르는데 대학에 다니는 것은 교육구조를 전제한다. 다수의 학생들이 주택시장에서 임대시설의 이용가능성에 상당한 영향을 미칠 수 있다는 것은 틀림없지만, 학생 이외의 다른 유형의 개인들도 이러한 영향을 미칠 수 있다. 그러

---

15) Elster, *Logic and Society,* p.97.
16) Harré, *Social Being,* p.38.

므로 학생과 임대주택의 공존은 여전히 우연적인 것이다(두 가지 또는 그 이상의 객체들의 공존에 대해 우연적이라고 말하는 것이 그들이 어떤 식으로든 서로 영향을 미칠 수 있다는 것을 부인하는 것은 아니라는 점을 다시 적어 둔다).

사회생활에 전형적인 구조들의 복합적인 결합과 상호 강화는 사회과학에서 가장 어려운 몇 가지 문제를 야기한다. 우리가 그것들을 실험 속에서 하나하나 분리시킬 수 없기 때문에, 우리는 언제나 어떤 구조에서 기인된 것을 다른 구조에 귀속시키기 쉽다. 이것은 특히 ① 우리가 보통 상이한 구조들의 영향을 혼동할 수 있는 행위자들의 설명에 의존할 필요가 있기 때문에, ② 행위가 그러한 지식에 의해 정보를 얻으며, 그러한 구조들을 (아마도 무심코) 재생산하는 데 실질적인 영향을 미치기 때문에, 그리고 ③ 사회구조들이 개념 의존적 – 흔히 체계적으로 혼란된 개념에 의존하는 – 이기 때문에 그러하다. ① 및 ②와 관련하여 말한다면, 남성 노동조합주의자는 노동시장에서의 여성의 취약한 지위에 대하여 가부장제보다는 자본주의를 더 비난하면서 그 자신의 행동을 통하여 문제를 재생산할 것이다. ③과 관련하여 말한다면, 산업에서의 기술 분류에 대한 연구들은 그 분류의 대부분이 기술요건에서의 다른 어떤 고유의 차이보다도 전형적인 노동자의 성을 반영하고 있음을 보여 왔다. 타자수는 비숙련자로 분류되고 화물차 운전수는 숙련자로 분류된다는 것은, 앞의 것은 일반적으로 여성이며 뒤의 것은 남성이라는 것을 이야기하는 것에 지나지 않는다. 기술과 관련된 하나의 분류체계를 성과 관련된 또 다른 분류체계의 대체물로 사용하는 통상적인 용법은 사회구조들의 상호의존의 복합성들 – 그 구조들이 상호적으로 개념들을 승인한다는, 그리고 겉으로 주장하는 그대로 받아들일 필요가 없다는 사실에 의해 창출된 – 을 예시해준다. 달리 말하면, 한 구조에서 나온 것을 다른 구조에 귀속시키는 문제는 사회과학자들이 그들의 연구 대상 속에서, 즉 그들이 연구하는 사람들의 행동에서 그리고 그들이 연구하는 사람들이 사용하는 설명과 분류 속에서 똑같은 문제에 부딪힌다는 사실에 의해 악화된다.

이러한 종류의 문제들에 대응하여 사회과학자들이 취할 수 있는 최선의 길은 우리의 질적인 질문들을 추적하는 것이다. 구조 속에 있는 무엇이 쟁점이 되는 결과를 낳았는가? 예컨대, 다른 집단이 아닌 여성들에 대해 차별을 낳는 고유한 어떤 것이 독특하게 자본주의적인 이해관심 속에 들어 있는가? 숙련이라는 분류를 만들어 내는 것은 타자수라는 직무 속에 담긴 무엇인가 아니면 노동자의 성인가?

사회구조는 공존하고 결합될 뿐 아니라 지속된다. 가장 오래 지속될 수 있는 사회구조는 그 점유자들을, 그들이 기존의 지위들을 일방적으로 변동시킬 수 없는 그렇지만 기존의 지위들 사이에서의 변동은 가능한 상황 속에 가둬 두는 구조들이다. 노동자가 자신의 직무를 포기하고 자치공동체에 가입한다 하더라도, 그를 대체할 교체 요원은 쉽사리 발견되고, 자본주의의 구조는 계속 재생산된다. 그렇지만 자치공동체의 성원들은 자신들이 극복하려 하고 있는 사회구조들의 적어도 일부의 상품들과 실천들을 사용하고 승인하지 않기는 극히 어렵다는 것, 그리고 그것에 의해 그 구조들의 재생산을 돕고 있다는 것을 알게 될 것이다. 덧붙이면, 비록 구조들이 특정의 변형 아래에서는 달라지지 않으며, 흔히 제거되기 힘들지만, 이 이야기가 그것들이 내부로부터 점차적으로 변형될 수 없다는 것을 의미하는 것은 아니라는 점도 적어두어야 할 것이다. 예컨대, 종교적 구조들, 선생-학생 관계, 그리고 물질적 관계는 모두 서서히 그렇지만 의미 있게 변동되며, 힘의 균형과 구성적 의미 및 실천들도 변화되었다.

구조, 행위주체 그리고 재생산

사회구조의 '재생산'을 이야기하는 것은 이제 사회과학에서 일상적인 것이 되었지만, 재생산이라는 개념은 부주의로 빠지는 함정에 둘러싸여 있다. 사회구조들은 자동적으로 지속되는 것이 아니라, 사람들이 그것들을 재생산하는 곳에서만 그렇게 된다. 그렇지만 차례로, 사람들이 자동적으로 구조들을 재생산하는 것은 아니며, 또 의도적으로 재생산하는 경우도 드물다. 바스카가 말하듯이 '사람이 핵가족을 재생산하기 위해 결혼하는 것은 아니며, 자본주의 경제를 재생산하기 위해 일하는 것도 아니다. 그럼에도 불구하고 그것은 그들의 활동의 의도하지 않은 귀결(그리고 냉엄한 결과)이며, 또한 그들의 활동의 필요조건이다.'[17] 비슷하게, 우리가 그것을 깨닫고 있건 그렇지 않건 간에 말(言)은 언어의 구조에 의해 가능한 것이며 또 그것에 의해 제약되고 있지만, 언어는 오로지 말이나 글에 의해서 재생산될 수 있다. 그러므로 어떤 행위들은 특정의 사회구조 안에서만 가능한 반면, 그 구조의 존속은 이러한 행위들의 지속적인 (우연적인) 실행에 의존한다.

비록 사회구조들이 변형되기는 어렵지만, 그 구조들의 재생산에 필요한 행위들의 실행은, 재료뿐 아니라 특정 종류의 실천적 지식까지를 필요로 하는, 숙련된 수행으로 간주되어야 한다.[18] 행위자들은 단순한 '꼭두들', '자동인형들' 또는 재생산을 수행하도록 변화될 수 없게 기획된 '역할의 담지자'가 아니다. 사회구조들이 역사적으로 특정하다는 바로 그 사실 — 예컨대, 핵가족들이나 사유재산이나 감옥 등이 없이도 사회들이 존재해왔으며 존재

---

17) Bhaskar, *The Possibilty of Naturalism*, p.44.
18) A. Giddens, Central Problems of Social Theory 참조. 하레는 행위를 구성하는 개념들이 '형판(型板)'으로 작동할 수 있다는, 그리고 이것이 구조의 재생산에 필수적이라는 생각을 제시한다(Harré, Social Being).

하고 있다는 사실 — 은 우리에게 사회구조들의 우연적 지위를 깨닫게 할 것
이다. (구조들의 요소들은 필연적으로 관련된 반면, 어떤 구조가 단위로서 존재하
는가 여부는 우연적인 것이다.) 그러므로 단지 그것을 구성하는 내적 관련과
필요조건을 언급하는 것에 의해 구조의 존속을 설명하는 것으로는 불충분
하다. 자동차의 대량생산의 등장은 값싼 연료의 공급을 전제로 했다. 말하
는 것은 틀리지는 않지만, 그것으로 자동차의 발전이 설명되는 것은 아니
다. 달리 말하면, 구조적 분석에 의한 추상은 유용한 것이지만, 그것이 기
원을 설명하지는 않는다. 순전히 이러한 종류의 분석으로부터 그러한 추론
을 이끌어 낼 수 있다는 가정은 바로 기능주의의 가장 중요한 오류이다.[19]

'구조와 행위주체' 문제에 대해 널리 퍼져 있는 현재의 불만스러운 해결
을 고려할 때 이러한 종류의 제한과 경고는 필수적이다.[20] '구조주의적' 접
근은 그것의 강점의 대부분을 사회적 과정은 개인들의 명백히 제약되지 않
은 행위들로 환원시킬 수 있다는 개인주의적이고 자원론적인 견해에 대결
하는 것으로부터 획득한다. 그렇지만 행위가 사회적 관계들 안에서 일어나
고 규칙에 의해 지배되며 행위자가 선택한 것이 아닌 조건에 의해 제약되
는 방식을 강조하면서 행위자들의 행위와 그들의 숙련은 무시된다. 그러므

---

19) A. Giddens, 'Functionalism: aprés la lutte,' *Studies in Social and Political Theory*
(London, 1977).

20) 이러한 '구조-행위주체 논쟁'은 비록 그것이 모든 사회이론에 관련성을 갖는 것이지만
특히 지난 20여 년 동안의 마르크스주의의 이론적 논의에서 두드러졌다. 예컨대, 블랙
번(Blackburn)이 편집한 *Ideology and Social Science*(London, 1972)에 실린 밀리반
(Miliband)과 플란차스(Poulantzas)의 논쟁과, 알튀세의 구조주의에 대한 톰슨(E. P.
Thompson)의 *The Poverty of Theory*(London, 1979)에서의 반발, 그리고 톰슨에 대한
앤더슨(P. Anderson)의 *Arguments within English Marxism* (London, 1980)에서의 답
론을 볼 것. 이 문헌들은 적어도 문제를 논의하는 장점은 가지고 있지만—대부분의 사회
과학들은 간단히 '구조'에 무지하다—기튼스, 바스카 그리고 부르디외가 사회과학의 철
학에서 이룩한 중요한 진전을 따라잡는 데는 실패하고 있다. 또한 *Journal for the
Theory of Social Behavior* 13, no.1(1983)도 볼 것.

로 조건이 행위하는 것처럼 나타난다. 최악의 경우 '주체'가 모두 '소거되고' 탈인간화된 사회과학이 생산된다.

구조적 분석과 행위의 규칙지배적 성격을 강조하는 접근을 과장하는 데에는 또 다른 부차적이지만 좀 더 일반적인 위험이 있다. 이것은 그가 무엇을 보는가에 관한 관찰자의 관점의 인식되지 않은 결과로부터 유래한다. 즉, 또 다른 종류의 지성주의적 오류다. 행위자나 참여자의 관점에서는 행위들이 서로 쉽게 구별되지 않으며, 그 행위들의 목표도 흔히 명확하지 않고 그 행위들의 실행은 언제나 예기치 않게 빗나갈 수 있는 것이다. 관찰자에게는 위험과 위급이 덜 분명하며, 보고되었을 때에는 시간의 자원이 압축되거나 모두 무시되는 경향이 있다. 그 결과 불분명한 전략들이 사후에 잘 규정된, 아마도 물상화된 '행위들' — 확고한 '규칙'과 '역할'에 따라 수행된 — 의 일상적이고 기계적인 실행으로 나타난다. 이러한 '가설'이 발생함과 동시에 실용적 지식이 마치 명제적 형식의 것인 양 부호화된다.[21] 이것은 지식인들과 '보통사람들' 사이에, 보통사람들은 자신들의 경험이 전혀 조명되지 못하고 있다고 느끼는 반면, 지식인들은 그것을 좀 더 잘 알고 있다고 주장하면서 그것을 무시한다는 점에서, 상당한 오해와 불신을 유발할 수 있는 것이다. 일단 이런 일이 생기면, 강단적 엘리트주의와 반(反)지성주의라는 상호 강화적인 양극으로 나아가는 문이 열리게 된다. 지성주의적 오류의 모든 변종들과 마찬가지로, 이것은 사고방식 이상의 것이다. 그것은 사회적 분업에서 그것의 특권적 영역 — 그것의 점유자를 실천적 지식으로부터 격리시키는 — 을 갖는 지식생산의 실천에 의해 조건 지어지거나 상호적으로

---

21) P. Bourdieu, *Towards a Theory of Practice*(Cambridge, 1977), 또한 K. Knorr- Cetina and A. V. Cicourel(eds.), "Men and machines," in P. Bourdieu, *Advances in Social Theory and Methodology: Towards an Integration of Micro- and Macro-Sociologies*(Boston, 1981).

승인된다.

사회과학의 '숙련가들'은 흔히 자신들이 이러한 종류의 추상을 한다는 사실을 깨닫지 못하지만 신참자들은 이것에 크게 놀라는 경향이 있으며, 그들 자신이 말하자면 '직접 당사자'로 경험한 실천들에 대한 서술—보통은 수동적인 목소리이나 제3자적 입장에서—에 직면했을 때 특히 그러하다. 윌리엄스가 지적하듯이 구조적 분석의 추상이 전체적인 그림을 제공하는 것으로 (즉 그것들이 사실상 추상이 아닌 것처럼) 취급된다면 그 그림이 판별해 내는 '고정된 형태들'에 짜 맞춰지지 않는 '움직이거나', '살아 있는' 모든 것들은 '주관적인 것' 또는 '개인적인 것'으로 의심스럽게 범주화되는 경향이 있다.[22] 이러한 것들은 사회구조에 대한 모든 연구에서 볼 수 있는 심각한 직업적 위험요소들이지만 구조적 분석을 포기하는 것이 적절한 대응은 아니다. 왜냐하면 그것은 행위자들의 설명에 허위의 특권을 부여하고 '자원론', 즉 모든 것은 순전히 제약되지 않은 인간 의지의 함수라는 견해로 나아가는 문을 열게 될 것이기 때문이다. 오히려 우리는 이러한 추상화 양식의 힘뿐 아니라 그것의 한계도 염두에 두어야 한다. 위의 오류들은 추상화 양식으로서의 구조적 분석을 사용하는 데 담겨 있는 것이 아니라, 구조적 분석이 마치 그 자체로 구체적인 서술을 제공할 수 있듯이 그것을 사용하는 데 담겨 있는 것이다. 구조적 분석은 연구를 위한 가능한 출발점을 제공하는 것이지 종착점을 제공하는 것이 아니다.

---

22) Williams, *Marxism and Literature*, ch.9.

내용 없는 추상화

어떤 객체에서 추상되는 측면은 종종 추상적인 형태로 존재할 수 있는 것이 아니라, 오로지 특정의 구체적 형태들 속에서만 존재할 수 있는 데 '내용 없는 추상화'는 그것을 무시한다. 예컨대, 모든 상품들은 사람들이 그것을 산다면 틀림없이 '사용가치'를 가지고 있다. 그렇지만 상품들은 '사용가치 일반'을 갖는 것이 아니라, 오로지 영양가가 있거나 어떤 종류의 즐거움을 주거나 하는 성질과 같은 특정 종류의 사용가치만을 갖는 것이다. 이러한 사례들은 우리가 그것들에 어떤 '설명적 무게'를 부여하게 되기 전에는 또는 추상되는 것을 측정하고자 시도하기 전에는 장애가 되지 않는 것으로 보인다. 예상할 수 있는 것처럼 어떤 추상이 내용이 없는 것인가 아닌가의 여부는 종종 논쟁의 여지가 있다. 예컨대, 지능을 단일의 척도로 측정이 가능한 것으로 다루는 개념의 경우는 특히 논란거리이다.

추상이 나타낼 수 있는 것이 없기 때문이 아니라 그것의 감각 관계가 너무 취약하게 다듬어져서 모호한 준거만을 허용하기 때문에 추상이 사실상 내용이 없게 되는 경우들도 있다. 어떤 추상적 개념이 기호 p로 표시되고, 그것은 차례로 객체 P를 나타낸다고 하자. 추상을 단순한 표시의 극단적인 형태로 취급하게 되면 우리는 쉽사리 P, 그리고 그것이 어떤 종류의 사물인가를 잊고, 논리적이거나 수학적인 공식에 대한 우리의 조작이 '그것 자체의 생명을 갖게 되며' 우리는 P의 그러한 물질적이고 인과적인 (논리적인 것에 대비되는) 속성들—그것이 할 수 있는 것과 할 수 없는 것을 결정하는—에 관한 우리의 지식에 대한 우리의 통제력을 잃는다. 이러한 접촉의 상실을 장점으로 해석하는, 즉 그것이 질서 짓는 도구—다양한 일련의 대상들에 적용될 수 있는—모델들이나 이론들(예컨대, 파국이론)의 가능성을 시사하는 것이라고 해석하는 사람들도 있다. 물론 이것은 단지 문제를 교묘히 회피하는 것일 뿐이다. 마르크스가 헤겔에 대해 이야기하듯, 그것은 '논리(또는 수학)의 사물들을 사물들의 논리'로 대체하는 오류를 포함한다.[23] 이 점은 뒤에서 다시 논의하고 발전시키겠다.

일반화

지금까지의 논의에서는 객체들의 **질적 측면들**과 그것들의 실질적인 관계 ─ 필연적(내적)인 것이건 우연적(외적)인 것이건 간에 ─ 를 강조했다. 사실상, 현대 사회과학에서는 유사성과 비유사성이라는 형식적 관계에 대한 탐구와 체계의 양적 차원들에 대한 연구에 우선권을 부여하는 것이 훨씬 더 일상적인 일이다. 두 가지 초점이 모두 필요하지만, 질적 측면과 실질적 관계는 무시되고 있다고 생각된다. 그것은 부분적으로는 이론을 질서 짓는 틀로 보는 견해가 지배적이기 때문에 빚어진 결과라고 나는 믿는다. 왜냐하면 그 견해는 객체들이 상대적으로 단순하고 투명하다는, 그리고 주요한 문제는 객체들의 양적 분석과 관련되어 있다는 믿음을 장려하는 경향을 가지고 있기 때문이다. 그렇지만 내가 그러한 강조에 반대한다고 해서 양의 중요성과 그것을 연구하는 방법을 부인하려는 의도를 가지고 있는 것은 아니다. 구조가 내적 관계들─반드시 질적으로 이해되어야 할─로 구성되는 경우가 대부분이지만, 어떤 경우에는 크기나 양에 의해 영향 받을 수도 있는 것이다. 다리 등과 같은 물리적 구조들은 그것이 하중을 견디는 능력에서

---

23) 부르디외의 "Men and Machines," p.305에서 재인용. 정확히 말하면, 마르크스는 '사물의 논리'가 아니라 '사물의 행태'를 말했을 것이지만, 이것이 취지를 손상시켰을 것이라고 추측한다. 이런 맥락에서 엘스터의 *Logic and Society*는 흥미롭다. 왜냐하면 그 책은 일반적으로 논리를 폭넓은 취지로 사용하지만, 예컨대 인과 연관을 논리의 문제로 취급하는 데에서 볼 수 있듯이 때로는 이러한 함정에 빠지기 때문이다.

양화가능한 한계를 가지고 있으며, 자본주의적 기업들의 존속은 이윤율 등과 같은 양적 변수들에서의 변동에 의해 좌우된다. 또한 우리는 보통, 어떤 구조에 얼마나 많은 심급들과 차원들이 있는가를 알아야만 한다.

양적 서술과 형식적 - 실질적인 것과 대비되는 - 관계에 큰 우위를 두는 좀 더 정통적인 접근은 '일반화'이다. 일반화는 어떤 부류에 속하는 대상들의 수에 대한 거의 양적인 측정이거나, 또는 대상들의 어떤 공통된 속성들에 관한 진술이다. 예컨대, '대부분의 제3세계 국가들은 선진 공업국가들에게 무거운 빚을 지고 있다', '저임금 노동자의 85%는 여성이다' 등이 그러하다. 때로는 '규칙 위반자들은 젊은이들인 경향이 있다'는 것과 같이 '경향이 있다'는 모호한 용어가 포함되기도 하고, 또 그것은 필연적인 관계를 함축할 수도 있지만, 가장 일반적인 해석은 관계의 인과적 지위(있다고 하더라도)에 관해서는 불가지론적으로 남아 있는 것이다. 일반화를 추구하면서 우리는 '이 객체들이 공통으로 가지고 있는 것은 무엇인가' '그것들을 구별짓는 특징들은 무엇인가' '이 객체들은 그 특징들을 얼마나 많이 가지고 있는가' 등과 같은 질문을 제기한다. 추상의 전개와 구조적 분석에서 제기된 문제들과 달리, 일반화는 1차적으로 형식적인 관계를 찾아내며, 실질적인 관계에 우연히 부딪히더라도 그 관계가 필연적인 것인지 우연적인 것인지를 묻지 않는다. 일반화는 또한 주어진 상황에 대한 단순한 서술적 요약들이거나 아니면 추정─다른 상황은 어떤 것일까에 대한 조악한 예측─일 수도 있다. 앞의 것은 분명히 정보적인 반면 뒤의 것은 문젯거리이다. 많은 사회과학자들은 더 진전된 연구와 함께 2차적인 종류의 일반화가 인간 행위에 대한 결정론적이거나 확률적인 법칙으로 '확정'될 수 있을 것 ─ 그것이 성공적임을 시사하는 수집된 증거는 거의 없지만 ─ 이라고 믿어 왔다. 달리 말하면, 일부에서는 일반화 그 자체를 목적으로, 그리고 사회과학 ─ 질서와 규칙성에 대한 탐구라고 받아들이는 ─ 에서 중심적인 것으로 생각해왔다.

뒤에서 나는 이러한 목표가 잘못된 것임을 주장하겠지만, 여기서는 일반
화 추구에 수반되는 몇 가지 문제점들과 한계들을 지적하고자 한다. 첫째,
상이한 시기의 상이한 사회들에 공통적이라고 추정되는 속성들에 관련되
는 일반화는 그 대상들에 대한 '탈역사화'에 의해, 즉 실제로는 역사적으로
특수하거나 문화구속적인 현상들에 초역사적·범문화적 성격을 부여하는
것에 의해 오도될 수 있다.[24] 제1장에서 지적했던 것처럼 이것은 역사학과
인류학에만 국한된 문제가 아니라 모든 사회과학들에 해당되는 문제이다.
우리 자신의 현대 사회를 이해하는 데에서조차, 우리는 그것이 역사적으로
특수한 것인가 아닌가를 검토해야 한다. 노동은 인간 실존에 진정으로 초
역사적인 필요조건이지만, 그것이 그 자체로 특정 사회들에서의 구체적인
작업 관련 관행들 — 자본주의 사회에서 일자리를 획득해야 할 필요와 같은 —
을 설명하기에 충분한 것은 아니다. 마찬가지로 모든 사회들이 도구를 사
용하지만, '자본'을 도구로 환원시키는 것은 그 범주로부터 그것의 역사적
내용을 제거하는 것이며, 따라서 그것의 규정요인들을 신비화시키는 것이
다. 어떤 사회적 객체가 다른 객체들과 내적으로 더 관련되어 있을 때, 그
것이 시간과 공간을 가로질러 불변적일 가능성은 더 낮다. 그러므로 구성
적 의미는 특히 가변적이며, 2차적인 즉 예측적인 종류의 일반화의 대상으
로는 부적절하다.[25]

둘째, 어떤 범위의 객체들이 어떤 속성을 어느 정도 가졌다고 말하는 것

---

24) K. Menzies, *Sociological Theory in Use*(London, 1982), pp. 127-129; G. Kay, "Why
labour is starting point of capital," in D. Elson(ed.), *Value: The Repre- sentation of
Labour in Capitalism*(London, 1979), p. 55 참조.

25) 기든스(Giddens)는 행위자들에게 알려져 있고 그들에 의해 활용되는 일반화와 행위
주체들에게 작용하는 환경—그들이 그것을 깨닫거나 깨닫지 못하거나—에 관한 일반
화를 구별한다. 각각은 '다른 것에 대하여 불안정하다'[Giddens, *The Constitution of
Society*(Cambridge, 1984), pp. xix-xx, p. 343ff].

(예로, '소작인의 90%는 독신이다')은 그것이 우연적인 사실인가, 아니면 필연적인 사실인가에 관하여 아무것도 이야기하지 않는다. 이 점은 일반화가 아닌 다른 방법에 의해 결정되어야 할 것이다(소작인 100%가 독신이라고 하더라도 그것이 여전히 우연적 사실일 수 있다).

셋째, 일반화는 종종 '분포적 비신뢰도'의 문제 때문에 모호하다.[26] 어떤 시험에서 표본의 80%는 x를 하고 나머지는 y를 하는 것으로 나타날 수 있을 것이다. 이것은 두 가지 유형의 사람의 존재 - 늘 x를 하는 한 가지 유형과 늘 y를 하는 또 한 가지 유형 - 의 결과로 해석될 수도 있고, 아니면 각 성원들이 x를 하거나 y를 하는 동일한 성향을 가진 동질적인 집단에 관한 일반화로 해석될 수도 있다. 이러한 해석적인 문제는 사회조사에서 공통적인 것이지만, 앞쪽의 가능성은 간과되는 경향이 있다.

넷째, 일반화는 구조에 관심을 두지 않는다. 일반화가 구성적인 듯한 실체들을 언급할 때조차도, 그것은 각 개인들이 다른 개인들과 관련되어 있는지 아니면 독립되어 있는지에 관하여 아무런 이야기도 하지 않는다. 이것은 각각의 실체와 주어진 특징 사이의 관계의 지위에 대한 특정화의 결여와 관련된 앞의 문제와는 다른 문제이다. 여기서는 실체들 사이의 관계가 특정화되고 있지 않음을 말한다. 우리는 일반화로부터는 그것이 순전히 형식적인 유사성의 관계인지 아니면 실제적 연관인지를 알지 못한다. 그 개별 구성원들이 어떤 방식으로든 (실질적으로) 연관되어 있지 않은 집단들(예컨대 65세 이상의 사람들의 집단)을 하레(Harré)는 '분류학적 집합들'이라고 부른다.[27] 그 성원들이 공통점을 가지고 있다고 말하는 것은 합리적이

---

26) Harré, *Social Being*, pp.108-109.

27) Harré, "Philosophical aspects of the macro-micro problem," in K. KnorrCetina, A. V. Cicourel(eds.), *Advances in Social Theory and Methodology: Towards an Integration of Micro- and Macro-Sociologies*(Boston, 1981), p.147.

지만, 그들이 오로지 분류하는 사람의 마음속에서만 집단으로 존재한다고
말할 수도 있다.

다섯째, 또한 '생태학적 오류' 즉 집단적 수준의 특징들로부터 개별적인
특징들을 피상적으로 추론해 내는 것을 피하기 위해서는 일반화로부터 이
끌어낸 추론에 대한 자세한 검토가 필요하다.

> 마을에서 흑인들의 비율이 높은 것과 범죄율이 높은 것이 함께 관찰될 때 우
> 리는 흑인들이 백인들보다 범죄를 더 많이 저지른다고 결론내리는 경우가 있
> 다. 물론 이것은 공동체 수준에서의 상관관계에서 흑인이 더 자주 범죄의 희생
> 자가 된다는 것으로부터 비롯될 수도 있기 때문에 타당하지 않은 것이다. 좀
> 더 놀라운 사례는 다음과 같은 것이다. 청소년 비행과 노인성 치매가 공동체
> 수준에서 상호 관련되어 있다는 사실로부터 우리가 그것들이 종종 같은 개인
> 들에게서 발견된다는 결론을 이끌어 낼 수는 없다는 것이다. [28]

보통, 생태학적 오류들은 이것보다 덜 명백하지만 그것들을 폭로하고 회
피하려면 형식적 관계에 대한 일반화 및 다른 진술들과 관련된 개인들과
그들이 맺고 있는 실질적인 관계들에 대한 질적 분석으로 보충해야 할 필
요가 있다.

여섯째, 일반화는 추상을 포함할 필요가 거의 없다. 일반화에서는 모집
단에서 유형 비슷한 것으로 판단되는 양화 가능한 측면을 발견하면 흔히
추상이 정지되는 경향을 볼 수 있다. 단순한 사건들이나 객체들의 수준에
서는 종종 규칙성이 추구되지만, 그 규칙성은 집단 수준의 형식적인 유형
에 사로잡혀 있기 때문에 사건들이나 객체들의 구체적 특징을 특정의 판별
가능한 개인들과 연관 짓기 힘들게 만듦으로써 그것의 구체적 특징을 드러

---

28) Elster, *Logic and Society,* pp.99.

내지 못한다. 앞의 다섯 가지 문제들은 이것으로부터 비롯되었다고 할 수
도 있다. 이런 것들은 모두 사회과학에서 보편적으로 적용가능한 일반화
또는 '원형적 법칙(proto-law)'을 발견할 가능성에 의심을 던진다.

1960년대 버렐슨(Berelson)과 스타이너(Steiner) 두 미국인은 인간과학에
서의 과학적 발견의 목록을 편찬한다는 비범한 기획을 완수했다. 그들은
'인간의 행위와 사유와 느낌을 설명하고 예측하기 위한 타당한 일반화들'을
발견하는 것을 사회과학의 임무로 생각했다. 29) 명백히 외적으로 관계된
개인들 사이의 공통의 속성들에 관한 일반화에 입각하여 대부분의 발견들
을 제시하는 그들의 저작은 이러한 접근의 약점을 증명하는 입증서이다.
발견들의 대다수는 사소한 것들('사람들은 남이 자신을 좋아하는 것을 좋아하
다')이거나, 희미한 것들('조직은 정상적인 시기보다도 외적 위기의 시기 동안에
강하게 중앙집중화될 것이다')이다. 30) 다른 발견들은 개념적으로 연결된 실
천들을 본래적으로 의미 없는 행태 속의 단순한 경험적 규칙성들로 취급한
다31)('사회적 이동성이 있는 사람들은 규범, 표준, 가치, 외양 그리고 행위에서 자
신들이 열망하는 상층 수준과 동일시한다'). 또 다른 발견들은 우연적인 특성
들로부터 추상함으로써가 아니라 관심의 대상인 현상들의 본질적 특징에
서의 변이를 무시함으로써 규칙성이라는 인상을 만들어낸다. 예컨대,

도시화의 정도는 공업주의가 증가함에 따라 급격하게 증가한다. 따라서
경제발전에서 여전히 주로 농민농업적 단계에 있는 세계의 부분들은 최소한
의 도시화만을 보여준다 …… 1950년 현재, 우리의 지표로 측정해 보면 공업

---

29) B. R. Berelson & G. A. Steiner, *Human Behavior: and inventory of scientific findings* (New York, 1964), p.3.

30) Ibid., p.370.

31) Winch, *The Idea of Social Science*(London, 1958); A. R. Louch, *The Explanation of Human Action*(Oxford, 1966), ch.2 참조.

화의 정도와 도시화의 정도 사이의 (피어슨적) 상관관계는 세계의 국가들과 지역을 우리의 단위로 고려할 때 0.86이었다.[32]

이 사례가 가진 문제점은 '도시화'와 '공업주의'가 시간과 장소에 따라 근본적으로 다른 것을 의미한다는 점이다. 예컨대, 자본주의적 도시들과 전 자본주의적 도시들 그리고 공업은 단지 가장 피상적인 (그리고 가장 몰사회적인) 유사성들만을 보여준다.[33] 이 사례의 무의미성에 대해서는 눈감아주더라도 그러한 일반화가 보편적인 것으로 거의 입증되지 않는다는 사실을 이상하게 생각하는 사람도 거의 없다.

그러므로 일반화의 가치는 그것들이 언급하는 객체들의 질적 성질에 달려 있다. 그것들은 구조적 분석 등과 같은 질적 방법을 보충할 수는 있지만, 결코 대신할 수는 없다. 이렇게 이야기하는 것은 일반화를 금지시키려는 것이 아니라, 그것의 쓰임새를 좀 더 유용하게 하려는 것이다.

인과 관계와 인과 분석

추상화와 일반화는 본질적으로 공시적(共時的)인 것이며, 과정과 변동에 대해서는 기껏해야 단지 간접적인 언급만을 허용한다. 과정과 변동에 대한 설명은 인과 분석을 필요로 한다. 인과 추정은 철학에서 특히 논쟁적인 개념이며, 이것에 대한 몇 가지 상이한 해석들은 경쟁하는 철학적 입장들의 핵심적인 부분들을 형성한다. 형이상학적 쟁점들이 늘 그렇듯이, 특정의 해석들은 우리의 가장 믿을 만한 믿음들과 그것들의 양립성에 입각해서만

---

32) Davis & Golden, Berelson & Steiner, *Human Behavior*, p.604에서 재인용.
33) M. Castells, *The Urban Question*(London, 1977).

정당화될 수 있으며, 이것은 이 쟁점에 관한 실재론적 입장을 옹호하는 데 있어서의 나의 전략이 될 것이다.

여기서의 나의 목표는 다른 곳에서와 마찬가지로, 일상적인 사유와 과학적인 사유의 나쁜 특징들로부터 좋은 특징들을 제정하고 그러므로 구별하는 것이다. 인과 추정과 인과 분석에 대하여 '2차적' 설명을 제공하는 목적은 '1차적', 즉 실질적인 인과적 설명을 대체하려는 것이 아니라, 그것에 대해 가장 믿을 만한 것을 '재구성하고' 그리하여 명료화하려는 데 있다. 그러므로 나는 독자에게, 다음의 2차적인 설명에서의 용어법의 일부가 낯설다고 하더라도, 그것이 완전하게 일상적인 것을 명료화하려는 의도의 것이라는 점을 알리고자 한다. 이것은 이 주제에 대한 많은 철학자들의 설명들이 인과적 설명을 비전(秘傳)의, 즉 '과학적' 지식의 특수한 보존물로 보이게 만들기 때문에, 그리하여 아주 합리적인 일상의 인과적 설명조차도 훼손시키거나 무시하기 때문에 필요한 이야기이다. 과학철학에서의 정통적인 문헌은 과학적 실천의 범례들을 선택하는 데에서는 비상하게 협소하며, 그 범례들을 아주 상이한 영역들에 적용할 수 있다고 가정하는 점에서는 아주 대범하다. 이러한 문헌에 친숙한 사람들에게는 다음의 실재론적 설명은 낯설고 참으로 의문스럽게 보일 것이다. 물론 이 주제에 관한 신참자들에게도 그것이 그렇게 보일까 하는 것은 미심쩍지만 말이다. 지리멸렬한 서술을 피하기 위하여 나는 몇 가지 가능한 반대들에 대한 답변은 다시 한 번 제5장까지는 연기하고자 한다.

어떤 것의 원인을 묻는 것은, 무엇이 '그것을 일어나게 하는가', 무엇이 그것을 '만들어 내는가', '발생시키는가', '창출하는가' 또는 '결정하는가', 또는 좀 더 약하게 말하여, 무엇이 그것을 '가능하게 하는가' 또는 '초래하는가'를 묻는 것이다.[34] 그러한 단어들을 살펴보게 되면, 곧 그것들이 막대하게 다양한 수단들 − 이것에 의해 변화가 일어날 수 있는 − 을 암시하거나 요

약하는 비유들(그리고 게다가 전혀 '죽어 있는' 것이 아닌)이라는 점이 명확해
진다. 인과 과정에 대한 좀 더 특정한 언급은, 무엇보다도, 우리가 일상 생
활에서 그리고 많은 사회과학적 설명들에서 사용하는 타동사들 속에서 제
시된다. '그들은 집을 지었다', '공업을 **구조조정했다**.' '공통점에 동그라미
쳤다' 등은 간단한 인과적 서술이다. 즉, 변동을 일으킨 것에 대한 해명이
다. 다른 모든 서술들과 마찬가지로, 그런 서술들도 물론 '해체될' 수 있고,
좀 더 자세한 해명에 의해 대체될 수 있으며, 이 해명들도 차례로 타동사를
사용할 것이다. 설명으로서의 이러한 비공식적인 종류의 인과적 해명들은
특징적으로 불완전하지만, 좀 더 평범한 과정을 다루는 데에는 그것들이
아주 적합할 것이며, 우리는 그런 것들을 사용하지 않고서는 분명히 사회
에 관하여 많은 것을 이야기하는 데까지 밀어붙이기 어려울 것이다. 이러
한 유형의 그리고 그밖의 유형의 인과적 서술과 설명의 성질과 한계를 밝
히기 위하여 여기서는 좀 더 형식적인 논의로 나아갈 필요가 있다.

　　실재론적 관점에서는, 인과성은 구별되는 사건들('원인과 결과') 사이의 관계
와 관련되는 것이 아니라, 객체나 관계들의 '인과적 힘(causal power)'이나 '성향
(liabilities)', 또는 좀 더 일반적으로 말해 그것들의 작동 방식(ways-of-acting)이
나 '기제(mechanisms)'와 관련된다. 사람들은 일하고('노동력') 말하고 추론하고
걷고 재생산할 수 있는 등의 인과적 힘을 가지고 있으며, 집단의 압력이나 극
한 온도 등에 대한 감응성과 같은 많은 성향들을 가지고 있다. 흔히 인과적
힘은 단일의 객체나 개인들에게만 내재하는 것이 아니라, 그들이 형성하는
사회관계와 구조들에도 내재한다. 그러므로 교수의 힘은 개인으로서의 그
의 힘으로 환원될 수 있는 것이 아니라, 그가 학생들, 동료들, 행정직원들,

---

34)　이것은 흄적 인과 개념이 아니라 '발생적' 인과 개념이다[Harré, *The Principles of Scientific
　　Thinking*, p.103; Bhaskar, A Realist Theory of Science; R. Harré & E. H. Madden, *Causal
　　Powers*(Oxford, 1975) 참조].

고용주, 배우자 등과 맺고 있는 상호의존으로부터 나온다.[35] 힘들과 성향들은 그것들이 실행 – 또는 방치 – 되건 되지 않건 관계없이 존재할 수 있다. 예컨대 실직한 노동자들은 그들이 지금 당장은 노동을 하지 않고 있다 하더라도, 노동할 힘을 가지고 있으며, 쇠는 지금 몇 개의 쇠붙이가 반짝거리고 있더라도 녹스는 성향을 가지고 있다. 그러므로 이러한 견해에 따르면 인과적 주장은 구별되는 사물들이나 사건들 사이의 규칙성에 관한 주장이 아니라, 객체가 어떤 것인가 그리고 그 객체가 무엇을 할 수 있는가 그리고 단지 파생적으로 그 객체가 특정의 상황에서 무엇을 할 것인가에 관한 주장이다.[36] 그러므로 지금 실직 상태에 있는 사람이 그럼에도 불구하고 기회가 주어지면 일할 수 있다고 이야기하는 것은 미래에 발생할 수도 있는 것에 관하여 마음대로 추측하는 것이 아니라, 그 사람의 정신적이고 육체적인 상태와 능력이 지금 어떠한가에 관하여 무엇인가를 이야기하는 것이다. 인과적 힘들과 성향들은 사건들의 특정한 유형과 무관하게, 즉 'C가 E를 초래하는' 경우뿐 아니라 때로는 'C가 E를 초래하지 않는' 경우에도 객체들에게 귀속될 수 있는 것이다. 뒤에서 볼 것처럼, 이 점은 인과 분석에서 극히 중요하다.

특정의 작동방식 또는 기제는 그 객체의 성질에 의해 필연적으로 존재한다. 어떤 객체의 성질 또는 구성과 그것의 인과적 힘은 내적으로 또는 필연적으로 연결되어 있다. 비행기는 그것의 유체역학적 형태와 엔진 등에 의해 날 수 있다. 화약은 그것의 불안정한 화학적 구조에 의해 폭발할 수 있

---

35) 여기서 나는 '힘'과 '인과적 힘'을 의도적으로 섞어 쓰는데, 그것은 힘이 언제나 다른 사람들에 대한 지배라는 부정적 형태만을 취할 필요는 없으며, 단지 무엇을 창출할 수 있는 능력을 의미할 수도 있다는 것을 인식하는 데 도움이 되기 때문이다. 사회적 힘에 대한 훌륭한 실재론적 분석으로는 J. Issac, *Power and Marxist Theory: a Realist View*(Ithica NY, 1988) 참조.

36) Bhaskar, *A Realist Theory of Science,* p.45ff.

다. 다국적기업들은 상이한 발전 수준에 있는 여러 나라들에서 활동하는 것에 의해 그 생산물을 비싸게 판매하고 노동력을 싸게 구입할 수 있다. 사람들은 자신이 감시받고 있다는 것을 감시할 수 있는 능력에 의해 그들의 행위를 변화시킬 수 있다는 등.[37] 어떤 객체의 성질이 변화한다면 그것의 인과적 힘도 역시 변화할 것이다. 엔진은 마모되면 그 힘을 잃는다. 어린이의 인지력은 그가 성장하면서 증대된다. 그러므로 인과적 힘의 존재를 설정하는 것이 내가 어떤 고정되고 영구한 본질을 끌어들이는 것은 결코 아니다.

인과성을 어떤 객체의 필연적인 작동방식으로 보는 이러한 견해는, 일부에서 상정하듯 어떤 객체는 그렇게 할 수 있는 힘을 가졌기 때문에 그렇게 할 수 있다는 실질적인 동어반복으로 좁아드는 것이 아니다. 이러한 반대를 제기하는 사람들은 흔히 아편의 '수면력'의 예를 지적한다. 아편은 그것이 가진 수면력 때문에 사람을 잠들게 한다는 진술은 아편의 수면 유도 효과에 대한 설명으로 동어반복적으로 제시된 특징이다.[38] 그런데 과학자들은 흔히 그러한 힘의 존재를 상정하지만, 그 객체에 이러한 힘을 부여하는 실체 — 이러한 힘의 행사와 무관하게 판별해낼 수 있는 — 에 관하여 그것이 무엇인가를 경험적으로 확인해 냄으로써 동어반복을 피한다. 전류를 전도하는 금속의 힘에 대해 그 금속의 구조 속의 자유 이온의 존재에 의해 설명하는 것은 유명한 예이다. 비슷하게 걸을 수는 있지만 날 수는 없는 나의 능력을 나의 해부학적 구조, 근육조직, 비중, 외양 등을 근거로 설명하는 것은 분명히 동어반복이 아니다. 또한 지대로 살아가는 사람들의 능력에 대하여 토지나 건물이나 광산의 소유를 근거로 설명하는 것도 동어반복이 아니다.

---

37) Ibid.
38) Ibid., p.238; Harré and Madden, *Causal Powers*, p.85.

유명한 또는 유명하지 않은 '이윤율 저하의 경향'과 그것에 '대항하는 영향들'에서 볼 수 있는 것처럼, '경향'이라는 용어가 '기제'와 동의어로 사용되는 것은 마르크스주의 이론에서 흔한 일이다. 경향에 관한 이러한 종류의 진술에 대해 많은 사람들이 사건들의 규칙적 연쇄로 추정되는 것에 관한, 즉 평균적으로 일어나는 '추세인' 것에 관한 단순한 경험적 일반화로 해석해왔다. 그러나 마르크스가 제시하는 관련 논증들은 이 진술이 자본의 성질에 의해 필연적으로 존재하는, 그렇지만 다른 기제와 마찬가지로 그것의 결과는 다른 기제들과 조건의 다양성에 의해 매개될 수 있는 기제들을 서술하는 것임을 보여 주고 있다.[39] 다른 많은 사람들과 마찬가지로, 나 또한 이 경향에 관한 마르크스의 주장을 받아들이는 것은 아니지만, 마르크스의 주장을 단지 경험적 일반화라고 오해하고 비판하지 않는 것이 중요하다고 나는 생각한다. 오히려 그 기제가 자본의 성질에 의해 필연적으로 존재한다는 것을 입증하는 데 사용된 특정의 추론이 잘못된 것임을 보임으로써 그 주장을 논박할 수 있을 것이다.[40] 그렇게 되면 일반적인 인과적 범주들 – '경향'과 '기제' – 의 타당성이 문제가 되는 것이 아니라, 그 경우에서의 그 개념의 특정한 실질적 사용이 문제가 된다.

가능한 곳이면 어디서나, 우리는 어떤 것이 어떤 변화를 만들어낸다는 인식을 넘어서, 그 객체의 무엇이 그 객체로 하여금 그러한 변화를 만들어내게 하는가를 이해하는 데까지 나아가고자 한다. 예컨대 중력의 사례에서나 사람들의 의도와 행위 사이의 관련의 사례에서와 같은 일부의 경우, 우리는 관련된 기제들에 관하여 아는 것이 거의 없다. 뒤쪽의 예에서 우리가

---

39) 그렇지만 Marx, *Capital*, vol.3, 1963, p.252에서 법칙과 경향을 구별하고 있는 것으로 보인다. 이러한 사례와 별개로 나는 마르크스가 일관되게 발생적 원인 개념을 가지고 작업했다. 생각하고 있다. 또한 Bhaskar, *A Realist Theory of Science*, p.229 등에서의 경향에 대한 논의도 볼 것.

40) 인과적 주장을 시험하는 문제는 뒤의 제7장에서 논의된다.

알 듯한 것은 그리고 구리의 전도성이나 강물의 부식력과 같은 예에서 우리가 이미 알고 있는 것은, 그 과정이 어떻게 작동하는가에 대한 지식이다. 일반적으로 'C' 다음에는 'E'이 뒤따랐다는 것을 아는 것만으로는 불충분하다. 우리는 'C'이 'E'를 만들어낸 ─ 그것이 그렇게 했다면 ─ 연속적인 과정을 이해하고자 한다. 사건들을 만들어 낼 수 있는 능력을 가진 기제들을 상정하는 (그리고 판별해내는) 것에 의해 그 사건들을 설명하는 이러한 추론양식은 역행추론(retroduction)으로 불린다.[41] 많은 경우, 그렇게 역행추론된 기제는 다른 상황에 대한 파악으로부터 이미 친숙한 것일 수도 있고, 일부는 실제로 관찰가능한 것일 수도 있다.[42] 다른 경우들에서는, 지금까지 판별되지 않은 기제들이 가설로 설정될 수도 있다. 일상적 지식과 과학적 지식의 역사를 보면 그러한 가설들은 뒤에 실재하는 것으로 확인되는 경우(예컨대, 바이러스나 모세혈관)도 있고, 기각되는 경우(마법, 물질로서의 열)도 있다.[43] 물론 과학철학이 성공을 보장해 줄 수 있는 것은 아니다.

인과적 힘이나 성향이 어떤 기회에 실제로 활성화되는가 아니면 저지되는가의 여부는 조건 ─ 조건의 출현과 양상은 우연적인 것이다 ─ 에 달려 있다. 어떤 사람이 실제로 노동을 하는가 여부는 그에게 일자리가 주어지는가의 여부에 달려 있다. 화약이 폭발하는가 여부는 그것이 적절한 조건 ─ 불꽃이 주어지는가 등 ─ 속에 있는가의 여부에 달려 있다. 그러므로 인과적 힘은 그것을 가진 객체의 성질에 의해 필연적으로 존재하지만, 그 힘이 활성화되

---

41) Bhaskar, *A Realist Theory of Science*.
42) 기제들이 늘 '기저적(underlying)'이고 관찰불가능한 것이라는 견해─키트와 어리의 『과학으로서의 사회이론』과 바스카에게서 보이는─에 동의할 근거는 없다고 생각된다. 시계의 움직임, 상품을 생산하는 방식 국회의원 선거 등은 그것들이 만들어 내는 결과 못지않게 관찰가능한 기제들을 포함하고 있다(Louch, *The Explanation of Human Action*, p.41 참조).
43) Harré, *The Philosophies of Science*.

거나 행사되는가 여부는 우연적인 것이다. ('조건'이라는 말로 우리는 단지 다른 객체들을 의미할 뿐이다. 이 다른 객체들은 그것 자체의 인과적 힘과 성향을 갖는다. 상식적인 가정과 반대로, 조건이 비활성적인 것일 까닭은 없다.)

인과 기제들이 활성화될 때에도, 그 활성화의 실제 결과는 또다시 그것들이 작동하고 있는 조건에 따라 달라질 것이다. 인과적 힘들이나 기제들과 그것들의 결과들 사이의 관계는 그러므로 고정된 것이 아니라 우연적인 것이다. 참으로 인과적 힘들은 그 힘들을 형성하는 사회구조가 그 힘들로부터 나오는 특정의 결과에 의해 재생산되는 것이 아니라면, 그 힘들의 결과와 무관하게 존재한다.[44] 어떤 힘과 그것의 조건들 사이의 관계가 우연적이라고 말하는 것이, 조건들은 원인 없이 생겨난 것이라고 상정하는 것은 아니다. 조건들도 다른 기제들에 의해 원인 지어진 것이다. 인과적 힘이 그 조건들과 우연적으로 관련된다는 사실에 비추어 볼 때, 우리가 어떤 기제를 우리의 목적에 맞게 활성화시키려면 우리는 그 기제의 작동을 둘러싼 조건들에 주의를 기울여, 원하는 결과를 낳을 수 있는 것이 되도록 해야 한다는 사실을 깨닫게 된다. 섬뜩한 예를 들어보자면, 폭탄이 아무 때나 그리고 아무 곳에서나 폭발한다면 우리는 폭탄의 뇌관과 그 효과 사이의 관계 속에서 아무런 규칙성도 발견하지 못할 것이다. 원하는 결과를 얻기 위해서는, 그런 결과를 겨냥한 상당한 주의가 있어야 한다. 즉, 적절하게 구성된 조건들 속에 위치시켜야 한다. 폭탄이 폭발한다면 그것은 필연적으로 그것의 구조에 의한 것이지만 다양한 조건들 속에서 그렇게 될 것이다. 조건을 구성하는 객체들 역시 그것들 자체의 힘과 성향들을 가지고 있으며, 폭발이라는 결과가 필연적으로 일어나게 하는 조건이 어떤 것인가 하는 것은 그 객체들이 시멘트인가 물인가 아니면 신체인가에 따라 상이하게 된

44) Bhaskar, *The Possibility of Naturalism*.

다. 여기서 알 수 있듯이, 필연성과 우연성의 병렬은, 이처럼 단순한 사건의 경우에도 복합적이다. 객체와 인과적 힘들 사이의 관계는 필연적인 것이고, 이것들과 그 조건들 사이의 관계는 우연적인 것이며, 이러한 조건들의 일부는 기제를 활성화시키는 객체들을 포함하고 있을 수도 있다. 각각의 특정한 일련의 조건들에 대하여, 결과는 관련된 객체들의 성질에 의하여 필연적으로 발생하지만, 어떤 조건이 실제로 나타나는가 하는 것은 우연적이다(〈그림 3-2〉 참조). 더구나, 우리가 필연성이나 우연성을 알아내는가 여부도 우연적인 일이다.

변동의 과정은 보통 다수의 인과 기제들을 포함하며, 이 기제들이 단지 우연적으로만 서로 관련될 수도 있다. 그러므로 놀랄 것도 없이, 동

일한 기제의 작동이 조건에 따라 전혀 상이한 결과들을 만들어낼 수도 있으며, 반대로 상이한 기제들이 동일한 경험적 결과들을 만들어낼 수도 있을 것이다. 원인과 결과가 규칙적 연쇄[또는 '불변적 결합(constant conjunctions)']를 갖는다고 보는 정통적인 인과 개념과는 쉽게 조화되지 않지만, 이것은 참으로 예외적인 일이 아니라고 생각된다. 예컨대 자본주의적 기업들로 하여금 각각의 상품을 생산하는 데 소요되는 노동시간을 절감하도록 강제하는 가치법칙의 결과는 노동의 저항, 새로운 기술의 이용가능성, 생산물의 성질, 경영의 특징 등과 같은 우연적 조건에 따라 다양할 것이다. 기업들은 다양한 방식으로 반응할 것이다. 어떤 기업은 작업속도를 빠르게 할 것이고, 어떤 기업은 자동화를 추진할 것이며, 어떤 기업은 문을 닫을 것이다. 역으로 일자리의 감소 등과 같은 특정의 결과가 새로운 기술 도입에 의해 원인지어질 수도 있고 (경쟁의 감소에 의한) 새로운 기술 도입의 실패에 의해 원인지어질 수도 있다.[45] 두 가지 또는 그 이상의 기제들의 작동이 각각 동일한 결

---

45) D. B. Massey & R. A. Meegan, *The Anatomy of Job Loss*(London, 1982).

<그림 3-2> 인과적 설명의 구조

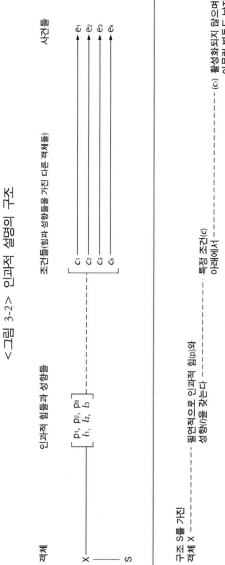

객체   인과적 힘들과 성향들   조건들(힘과 성향들을 가진 다른 객체들)   사건들

$$p_1, p_2, p_3$$
$$l_1, l_2, l_3$$

X —— S

$c_1 \to e_1$
$c_2 \to e_2$
$c_3 \to e_3$
$c_k \to e_k$

구조 S를 가진
객체 X ―――――――― 필연적으로 인과적 힘(p)와 ―――――――― 특정 조건(c) ――――――――― (c₁) 활성화되지 않으며
성향()를 갖는다   아래에서   아무런 변동도 낳지
       않을 것이다(e₁)
       (c₂) e₂ 형태의 변동을
       낳을 것이다
       (c₃) e₃ 형태의 변동을
       낳을 것이다 등

―――――― 필연적 관계

―――――― 우연적 관계

과를 동시에 발생시키는 곳에서는 때때로 상황이 '중층결정(overdetermined)'
되었다고 표현된다. 이민 온 여성의 낮은 사회적 지위는 계급지위와 인종적
및 성적 차별에 의해 중층결정된다.

불가피하게, 경험적 사건들의 유형들로부터는 흔히 인과 기제들의 작용
이 명확하게 나타나지 않는다. 내가 무거운 물체를 이동시키지 못했다고
그것이 내가 그 물체를 밀지 않았다는 것을 의미하는 것은 아니다. 비행기
가 날고 있을 때 그것이 중력의 법칙이 더 이상 작동하지 않는다는 것을 의
미하는 것은 아니다. 대항하는 힘이 특정 기제의 작용의 결과를 압도하거
나 감출 수 있는 것이다. 무거운 물체를 미는 경우라면, 그 물체가 움직이
는가 여부와 무관하게 내가 정말 그것을 밀고 있는가를 확인하기는 어렵지
않다. 그렇지만 다른 경우라면 그것을 검토하는 과학적 노동이 필요할 것
이다. 그러나 기제가 그것의 결과로부터 이렇게 독립되어 있다는 사실은
중요한 함의를 갖는다. 그것이 그렇지 않았더라면 우리는 자연의 과정에
결코 개입할 수 없었을 것이며, 지금 우리가 알고 있는 것 – 과학을 포함하
는 – 과 같은 삶은 불가능하였을 것이다.[46) 그것은 또한 주어진 기제가 무
엇을 할 수 있고 무엇을 할 수 없는가를 발견하는 데에는 상당한 노력과 재
능이 필요하다는 것을 그리고 규칙성에 대한 탐구가 이러한 목적을 위한
수단으로서 적합하지 못하다는 것을 의미한다.

또한 대중적인 신화(인과성을 규칙성에 결합시키는 것으로부터 도출된)와는
반대로 무엇이 하나의 사건을 원인 짓는가 하는 것은 관찰된 발생회수와
아무런 관련이 없으며, 또한 우리가 그것을 예측할 수 있는가 여부와도 관
련이 없다는 점도 적어두어야 한다.[47) 참으로 어떤 객체들에 대해서 우리

---

46) Bhaskar, *A Realist Theory of Science*.
47) Harré, *The Philosophies of Science*. p.117. 그리고 이런 종류의 오류의 사례로는 R.
Boudon, *The Logic of Sociological Explanation*(Harmondsworth, 1974), p.53을 볼

는 그것의 인과적 힘을, 그것이 행사되지 않았다 하더라도, 알고 있다고 믿고 있다. 예컨대 중성자 폭탄과 관련된 우리의 인과적 성향에서 그런 믿음을 볼 수 있다.

이제 지금까지의 논의에서의 나의 사례들이 대부분 물리적 원인들이었으며, 그 때문에 사회에 대한 연구에 이러한 인과 분석을 적용할 수 있는 가능성은 여전히 의문이라는 반론이 합리적으로 제기될 수 있을 것이다. 특히 관념, 믿음 그리고 이유 등의 사회현상은 그것의 인과적 지위가 널리 의심되고 있는 사회현상의 한 가지 특수한 유형이다. 사람들이 이유를 사용하고 관념을 형성할 수 있는 인과적 힘을 가지고 있다는 것은 인정할 수 있겠지만, 이유가 원인일 수 있다는 주장은 받아들이기 훨씬 어렵다. 이유는 물질적 사물들—이것들에서는 인과적 힘을 쉽게 인지해 낼 수 있다—과는 전혀 다르며, 이유에 의해 어떤 것이 가능하게 되는 조건은 거의 이해되지 못하고 있다. 제1장에서 보았다시피, 자연과학자들은 단지 과학적 개념의 의미만을 해석하면 되지만, 사회연구자들은 더하여 사회적 실천의 고유한 의미도 이해해야 한다. 이유에 대해서는 또한 좋다거나 나쁘다거나 거짓이라거나 조리 없다 등으로 평가할 수 있지만, 물리적 원인을 이런 식으로 평가하는 것—물론 그것의 결과를 우리 자신의 이해관심에 비추어 평가할 수는 있겠

것. 실재론적 설명과 아리스토텔레스의 원인의 4중 도식 — 질료인, 형상인, 운동인 그리고 목적인 — 사이에는 유사성이 있다. 물질적 원인들은 변화를 겪는 사물 — 사회화를 겪는 어린아나, 유리를 만드는 원료로서의 모래와 같은 — 을 구성하는 물질들이다. 형식적 '원인들'은 만들어지는 또는 결과되는 사물들의 형태들이다. 효력적 원인들은 실제로 변동을 발생시키는 사물이다. 그리고 최종적 원인은 과정이 도달하게 되거나 일부의 행위주체가 그것을 거기에 도달시키겠다고 의도하는 상태이다. 이 네 가지의 두 번째와 네 번째는 이제는 중복된 것으로 보이며, 세 번째는 현대적 견해와 가장 근접한 것으로 보이는 반면, 첫 번째의 것도 무시할 — 인과 추정이 단지 사건들의 연쇄나 사건들 사이의 관계로 제시되는 정통적 견해에서 하는 것처럼 — 수 없다는 것이 점점 인식되고 있다.

지만—은 납득되지 않을 것이다.

이러한 점들에서, 이유는 물리적 원인들과는 분명히 다르지만, 이것 때문에 그것이 어떤 사건의 원인이 될 수 없다는 이야기가 되는 것은 아니다.[48] 참으로, 이유가 원인이 될 수 없다면 우리는 왜 이유를 평가하려 하는가? 잘못된 믿음이 아무에게도 해를 미치지 않는다면 (그 믿음이 어떤 사람에게 어떤 일을 하도록 원인짓지 않기 때문에) 우리가 숨이 차도록 그것을 비판하는 것은 아무런 뜻도 없을 것이다. 그리고 이유는 원인이 될 수 없다는 주장(추론)을, 만약 그러한 주장이 사람들의 마음을 바꾸도록 원인지을 수 없다면, 왜 힘들여 하는가? 믿음(예컨대 실재론에 대한 나의 믿음)과 의도(실재론에 관한 글을 쓰겠다는 나의 의도)와 행동(나의 글쓰기)이 어떻게 연결되어 있는가에 관해서 우리는 아는 것이 없다는 점에 대해서는 누구나 인정하겠지만, 살아가면서 우리가 하는 일들 가운데 이유는 원인이 될 수 없다고 전제하고 하는 일은 거의 없다. 사실상 일반적으로 의사소통적 상호작용은 물질적 결과를 전제하고 있다.

또한 거짓이거나 일관성 없다고 입증된 개념들(그밖에 다른 것들도 있지만)에 의존하고 있는 사회적 실천들도 일부 있다는 것도 앞에서 지적했다. 가능한 믿음들 가운데에는 물질적 실천들이 그 믿음에 성공적으로 기초할 수 없을 만큼 어처구니없는 것들도 있지만(예컨대 물 위를 걸을 수 있는 가능성에 대한 믿음), 제한적인 실천적 적합성을 갖는 믿음도 있을 수 있다(예컨대, 물 위를 걸을 수 없는 것에 대한 마법에 입각한 설명). 달리 말하면, 이유가 반드시 '진리'인 믿음이나 일관된 믿음—원인인—을 포함해야 하는 것은 아니다.

또한 행위자들이 자신들의 행위에 대해 제공하는 이유가 늘 진정한 이유

---

48) 이런 나의 주장은 바스카의 *The Possibility of Naturalism,* ch.3에서 이끌어낸 것이다.

는 아니라는 점도 염두에 두어야 한다. 늘 남성적 이미지를 갖고자 하는 사람들도, 그러한 행위의 이유를 알고 있는 것은 그만두고라도, 늘 그것을 의식하고 있지는 않을 것이다. 참으로, 그들이 진정한 이유를 깨닫게 된다면, 아마도 그 이유는 그들로 하여금 달리 행위하게 할 수도 있을 것이다. 그러므로 사회 속의 환상을 제거하고자 시도하는 비판적 사회과학의 핵심은 단순히 사회에 대한 외부적 서술에 대해 '강단적' 비판을 제공하는 데 있는 것이 아니라, 그것의 결과를 변동시키는 데 있다.

사건의 직접적인 원인을 판별해 내는 것 이외에, 설명은 기제들의 존속에 필수적인 조건들—우리가 그것에 대해 이미 알고 있지 않은 경우—에 대한 언급을 포함해야 한다. 이렇게 하지 않는다면, 실천에 대하여 자원론적 설명이 만들어질 수도 있다. 어떤 과정—인플레이션과 같은—이 여러 가지 구별되는 기제들에 의해 공동 결정될 때, 한 기제가 다른 기제보다 더 영향을 많이 미친다고 말하는 것은 납득할 만하지만 필요조건의 존재(예컨대 교환의 존재)에 대해서도 동일한 이야기가 적용되는 것은 아니다. 왜냐하면 이 조건은 필수적일 수도 있고 그렇지 않을 수도 있기 때문이다. 언어를 가지고 있는 것이 지금 나로 하여금 글쓰기를 하도록 원인짓는 것은 아니지만, 그것은 지금 내가 글쓰기를 할 수 있는 것의 필요조건인 것이다. 장보기, 군입대, 수표에 서명하기, 투표, 결혼하기, 빚보증, 관세부과, 겸손함 등과 같은 행위에 대하여 이유 및 다른 원인들을 제시할 수 있을 것이다. 그렇지만 이런 행위들은 모두 관례, 규칙 그리고 의미체계 등을 포함한 물질적 자원과 사회구조를 전제하며, 이유는 그것들에 입각하여 형성된다.

자원론은 일상적인 인과적 설명에서 풍부하게 볼 수 있다. 근래, 많은 기업 경영자들은 그들의 작업장이 더 유순해지고 있다는 것을 느끼고 있다. 이것을 새로운 더 강력한 경영 '철학'의 탓으로 돌리는—이런 일이 일어날 수 있도록 해주는 조건들, 특히 실업수당을 받으려 장사진을 이룬 대열의 위협을 지적하지 않은 채—신문 기사들을 우리는 자주 읽는다. 그리고 경영자들과 부하들 사이에 차이가 존재할 수 있게 해주는 생산의 사회적 조직의 종류에 대해서는 거의 아무런 생각도 제공되지 않는다. 일상의 삶에서 우리는 이러한 필수적이고 구조적인 조건들 그리고 그것들의 역사적으로 특정한 성격과 변형가능한 성격을 깨닫지 않고도 살아갈 수 있지만, 우리가 상식의 한정된 지평을 넘어서 꿰뚫고 나아가기를 원한다면, 우리는 이런 것들을 무시할 수가 없는 것이다.

행위의 조건에 대한 그리고 그것의 직접적인 원인에 대한 우리의 인식수준은 또한 우리의 정치적 처방에도 영향을 미친다. '관리주의적인' 정치적 개입은 특징적으로 기제들의 작동을 둘러싸고 있는 조건들을 조작함으로써 기제들의 작동의 결과를 조정하고자 한다. 예컨대 도시계획법은 토지개발을 특정 지역으로 조타함으로써 그것의 결과를 조정한다. 그렇지만 근본적 또는 혁명적 정치변동은 구조(필요조건)—이것에 힘입어 기제들이 존속하는—를 (위의 경우라면, 토지 자본의 몰수와 토지의 국유화에 의해) 변화시킨다.[49] 일상적 사유는 보수적이어서 경영주의적 해결책을 선호하는 경향이 있으며, 이러한 보수주의의 한 가지 이유는 그것이 행위의 구조적 조건들을 무시하거나 아니면 그것들을 자연적이고 영구한 것으로 취급한다는 점에 있다.

사회적 실천에 대한 설명은 흔히, 이유를 통하여 행위로부터 규칙으로 그리고 그렇기 때문에 구조로 회귀하는 것(무한적인 것이 아니라, 제한적인)을 포함할 것이다. 예컨대, 왜 주택금융조합들이 비숙련노동자들에게는 주택자금을 잘 빌려 주지 않는가를 설명하면서, 우리는 먼저 행위자들의 해명에서 보이는 이유(안정된 소득의 결여)와 그 이유에 의해 안내된 행위를

---

49) 이러한 사례에 관해서는 D. Harvey, *Social Justice and the City*(London, 1973), ch.4 참조.

만날 것이다. 그러한 이유는 차례로 여러 가지 규칙들—공식적인 것이건 비공식적인 것이건 간에—을 상기시킬 것이며, 그것에 입각하여 그것들(주택자금 대출 자격을 지배하는 규칙들)을 납득하게 된다. 그렇게 되면 왜 그런 규칙들이 존재하는가, 즉 어떤 종류의 구조나 객체들 때문에 그 규칙들이 존재하는가를 묻는 중요한 단계에 이르게 된다. 그리고 이자를 좇는 자본으로서 주택금융조합들은 그 거래에서 이윤(또는 '수익')을 남겨야 한다는 답을 얻을 수 있을 것이다.50) 조합들은 그들의 채권자들에게 다른 투자처에 자산을 맡기지 않을 만큼 충분한 이자를 지급해야 하기 때문에, 이러한 요건을 충족시킬 수 있는 자신들의 능력을 손상시킬 수 있는 조건들—채무를 변제할 수 없을 듯한 사람에게 대부하는 것 등과 같은—을 최소화해야 한다. 기능주의적 설명에 대한 우리의 앞에서의 경고를 상기한다면, 단지 이러한 필요조건을 지적하는 것만으로는 그것들이 어떻게 충족되는가를 설명하기에 불충분하다는 것을 알 수 있다. 이러한 설명을 위해서, 우리는 행위의 수준까지 거슬러 올라가 언급해야 한다. 이러한 운동은 또한 구조와 행위주체의 상호의존을 다시 한 번 예시해 준다.

정치적 처방에 관한 우리의 앞에서의 주장에 짝 맞추어, 설명적 운동의 각 단계에서 상이한 평가적 함의들이 어떻게 '스며드는가'를 알아보자. 첫째 단계에서 우리는 행위자들과 그들의 이유를 좋다거나 나쁘다고 판단할 것이며, 두 번째 단계에서는 그 제도에 독특한 규칙들에 대해 판단할 것이고, 세 번째 단계에서는 제도의 존속을 가능하게 하는 좀 더 광범한 경제체계를 (그것을 구성하는 사회관계와 함께) 비판할 것이다.51) 설명과 평가 두

---

50) 비록 때로는 이러한 설명의 '수준들'이 상호보완적인 것이 아니라 경쟁적인 것이라고 상정하는 오해가 있었지만, 주택에 관한 연구는 사실상 이러한 회귀를 특징으로 해왔다K. Bassett & J. Short, *Housing and Residential Structure: Alternative Approaches* (London, 1980) 참조.
51) 설명과 평가의 관계에 관해서는 C. Taylor, "Neutrality in political science," in A.

가지 모두에서 경쟁하는 이론들은 흔히 '서로 빗나가는 이야기'를 한다. 왜 나하면 그것을 자각하지 않은 채, 그 이론들은 회귀에서의 상이한 단계들에 사로잡혀 있기 때문이다.

그 객체들의 존속을 위한 필요조건을 확인하고자 하는 사회이론들의 한 가지 매력 있는 특징은, 종종 그 객체들에게 생기는 변동을 상상하거나 실제로 변동을 낳도록 시도함으로써 그 이론을 쉽게 시험해 볼 수 있다는 것이다.[52] 예컨대, 우리는 주택금융조합의 지점장의 직무를 실제로 수행하면서 주택자금을 가장 필요로 하지만 갚을 능력이 거의 없는 사람에게 배정해 볼 수도 있고, 아니면, 그러한 배정을 '사유 속의 실험'에 의해 상상해 볼 수도 있다. 그러한 배정을 피하는 것이 조합지점 존속의 필요조건이라면 이타적인 지점이나 지점장도 그렇게 할 것이다. 이것으로부터, 가난한 사람들이 주택자금을 빌리는 것을 도우려는 정치적 처방이 단지 주택금융조합 지점장의 계몽과 친절만을 요구하는 것이라면 그것은 잘못된 판단이라고 주장할 수 있다.

일상의 담화에서 그리고 일부의 '과학적' 해명에서조차 우리는 자주 인과성에 관하여 매우 무심하다. 예를 들어, 일부 어린이들에 대하여 그들이 중간계급의 자녀들이기 때문에 말도 잘 듣고 공부도 열심히 한다고 말하는 학교 선생들이 있다. 이러한 진술로부터 여러 가지 문제가 제기된다. 그 어린이들이 중간계급이기 때문에 필연적으로 근면하고 순종적인가 아니면 그런 점은 그들과 관련하여 우연한 사실인가? 그리고 여기서 '중간계급'은 어떻게 규정되는가? 선생의 진술에 대한 좀 더 철저한 추궁은 공부의 성질

Ryan(ed.), *The Philosophy of Social Explanation*(Oxford, 1973); Bhaskar, *The Possibility of Naturalism*, p.69ff; A. Sayer, "Defensible values in geography," in R. J. Johnston & D. T. Herbert(eds.), *Geography and the Urban Environment*, vol.4(London, 1981) 참조.
52) 제7장 참조.

과 교실에서의 학생-선생 상호작용의 특성에 대해서도 질문을 제기할 것이다. 왜냐하면 이런 것들이 누가 공부를 하고 누가 공부를 하지 않는가에 영향을 미칠 것이기 때문이다. 예컨대, 노동자계급 어린이들이 좀 더 충실히 반응하는 교육 형태나 학교 형태도 있을 수 있는 것이다. 이러한 문제들은 모두 일반화에 의존하는, 그리고 그것이 나타내는 관계의 지위에 관하여 모호한 설명들이 갖는 불만족스러움을 보여준다. 일반화에 의한 설명은 단지 인과적 힘과 성향에 대한 지식이 없을 때에만 또는 설명되는 것이 단지 이미 알려져 있는 구성적 과정들의 조합형태와 비율인 곳에서만 받아들일 만한 것이다.[53]

그러한 설명들을 검토해 보면, 관련된 인과적 힘과 성향에 대한 탐구에는 사용된 추상의 종류를 밝히는 작업도 필요하다는 것을 알게 된다. 이런 작업은 조건들과 기제들을 판별해 낼 수 있도록 과정에 대한 질적 이해를 개선하는 데 도움이 될 것이다. 그러므로 인과 분석은 보통 추상 및 구조적 분석과 밀접히 결합되어 있으며, 그리하여 설명은 서술과 밀접히 결합되어 있다. 그리고 이 모든 것들과 의미에 대한 해석 사이에도 상호의존이 존재한다. 행위들은 의미를 가질 뿐 아니라, 원인과 결과도 갖는다. 이유가 원인일 수 있고 구조가 개념의존적일 수 있기 때문에, 인과 분석과 구조 분석 그리고 해석적 분석은 상호의존적이다.

일반화가 그리고 규칙성들에 대한 탐구가 인과 분석에 도움이 될 수 있는가? 때때로 경험적 규칙성의 발견은 어떤 유형을 발생시키는 인과적 힘을 가진 객체들에 주목하게 하고 그 객체들의 존속과 활성화에 필수적인 조건들에 주목하게 할 수도 있다. 그렇지만, 이러한 것들을 확증하기 위해서는 경험적 연쇄에 관한 양적 자료뿐 아니라 관련된 객체의 성질에 관한

---

53) 뒤쪽의 경우는 이 책의 제6장에서 논의된다.

정보가 필요하다. 그러므로 예컨대 역학(疫學)에서, 어떤 질병의 원인과 조건들에 대해 알지 못한다면 광범한 가능한 요인들에 관한 양적 자료의 도표화에 의지할 필요도 있을 것이다. 그 질병의 모든 사례들에 공통되는 요인들을 찾아내고 그것이 원인이라고 가설을 세우거나, 아니면 그 질병이 발생하는 곳에만 나타나는 요인을 찾아내는 것은 합리적이라고 생각된다.54) 이것들은 시도해볼 만한 가치가 있지만, 두 방법 모두 질병을 발생시키는 기제—단순히 질병들과 공변(共變)하는 요인들과 대립되는 것으로서의—를 발견하는 문제를 겨냥하지는 못하는 것이다. 단순한 연쇄에 대한 탐구의 약점은, 그러한 방법들을 사용하여 자신의 술주정의 원인을 발견하고자 시도한 술주정꾼의 유명한 이야기에서 찾아볼 수 있다. 월요일에는 위스키와 소다수를 마시고 화요일에는 진과 소다수를 마시고 수요일에는 보드카와 소다수를 그리고 다른 날 저녁에는 아무 것도 마시지 않고 말짱하게 있었던 술주정꾼이 자신이 술취했던 저녁들의 술마시는 유형에서 공통의 요인들을 찾아내어 소다수가 술주정의 원인이라고 결론내린다는 것이다. 술주정꾼이 알콜을 공통의 요인으로 선택하고 그것을 원인이라고 결론내릴 수도 있을 것이다. 그렇지만 그러한 추론에 신빙성을 부여하는 것은 알코올이 공통의 요인이라는 지식이 아니라 알코올에 술주정을 초래할 수 있는 기제가 들어 있다는 지식이다. 사회과학에서도 소다수와 같은 것이 하나가 아니라 많이 존재하기 때문에 사회과학에 대하여 이러한 사례를 적용할 수 있다고 지적하는 것은 분명히 억지가 아니다. 대안적으로, 공통되는 결과가 발생하는 상황들 사이에서 유사성들을 찾는 대신 우리는 때때로 상이한 결과가 발생하는 상황들 사이에서 차이점들을 찾아냄으로써 원인을 찾고

---

54) 이 방법들은 밀(J. S. Mill)의 '일치법과 차이법'으로부터 이끌어낸 것이다[A System of Logic(London, 1961); Harré, The Philosophies of Science, p.38; D. Willer & J. Willer, Systematic Empiricism: A Critique of Pseudoscience(Englewood Cliffs, NJ 1973)].

자 한다.

다시 말하면, 이 방법은 충분히 사리에 맞지만 결론적인 것은 아니다. 상이한 결과가 발생하는 비교 가능한 두 가지 사례들을 가지고, 두 상황들 사이에서 약간의 차이를 발견한다고 해서, 그것이 결과에 차이를 만들어내는 것이라고 이야기할 수는 없는 것이다. 그리고 되풀이하면, 그것이 그러한가 여부를 검토하기 위해서는 우리는 기제들을 판별해 내야 한다. 공통의 속성들이나 구별되는 속성들이 반드시 인과적으로 관련된 것은 아니다.

공통의 속성이나 구별되는 속성들을 판별해 내는 데는 흔히 통계적 기법들이 사용된다. 분명히 우리는 임의의 것들을 상호연관짓는 것이 아니라, 획득가능한 질적·인과적 지식을 사용하여, 관련된 힘과 성향을 가졌을 것들로 가능한 요인들의 목록을 좁힌다. 그렇지만 질적 탐구는 너무나 자주 정작 그것이 필요한—발견되는 유형들과 연쇄들의 지위와 인과적 (통계적인 것과 반대되는 것으로) 중요성을 파악해 내기 위하여—바로 그 지점에서 포기된다. 이런 일이 일어날 때 연구는 인과성을 드러 내기보다는 감출 것이다. 예컨대, '요인들'과 '변수들'—그것들이 원인이거나 조건이거나 아니면 구조의 일부이거나에 관계없이—사이의 연쇄를 찾는 것으로 시작하고 끝난, 그리고 주거관련 공무원들의 규칙준수 행위 등과 같은 분명한 기제들을 간과한 주거배분 연구들이 많이 있었다. 이런 류의 이론적 및 방법론적 금지를 통하여 사회과학자들은 그들 자신이 다루는 대상들에 관하여 (그 대상들의 모델들에 관한 좀 더 많은 것들을 통하여) 보통사람보다도 더 모르는 일도 종종 일어나게 된다.[55]

그럼에도 불구하고 이러한 종류의 작업을 옹호하면서, 사회과학에서는 이론의 결여와[56] 실험의 불가능성 때문에 진보가 저지되고 있다고 이야기

---

55) 예컨대, A. Sayer, "A critique of urban modelling," *Progress in Planning* 6, part 3(1976), pp.187-254 참조.

〈그림 3-3〉 구조, 기제 그리고 사건

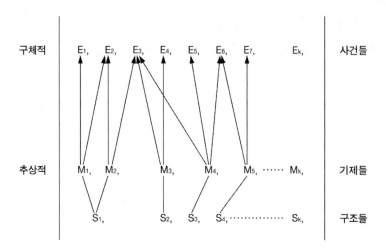

하는 사람들을 흔히 보게 된다. 앞의 판단은 이론들이 오직 자료들을 질서 짓는 구조의 형태로 존재한다는 오해에 기초하고 있으며, 그 결과 다른 형태의 이론들은 무시된다. 실험은 정말 불가능하지만, 기제들을 발견하는 데 실험-조건이 통제되기 때문에 그 기제들의 결과를 밝히는 데 도움이 되는 것이지만-이 늘 필수적인 것은 아니다.

그러한 옹호는 또한 자연과학자들에 비하여 사회과학자들이 갖는 이점, 즉 사회에 대한 지식과 그 대상인 사회 사이의 내적 관계의 이점, 즉 기제들에 좀 더 쉽게 접근할 수 있게 해 주는 이점을 간과하고 있다. 예컨대, 관

---

56) 예컨대 멘지스(Menzies)는 '사회학의 현재 발전 상태에 비추어 보면 변수들을 질서 짓는데 안전하게 사용될 수 있는 유일하게 만족스런 방식은 보통 시간적인 것이다-앞선 사건들은 뒤에 오는 사건들을 원인짓는다는 것이다'고 적고 있다. '질서짓기'가 중요하게 쓰이며 질적 형태의 분석이 '변수들' 사이의 관계에 대한 연구로 대체되고 있음을 지적해 두자. 멘지스는 실재론에 찬성하며 그것을 인용하고 있지만, 질서짓기의 추구를 인과분석의 핵심으로 상정하면서 실재론의 유용한 핵심의 대부분을 놓치고 있다 (Menzies, *Sociological Theory is Use*, p.158).

런된 기제를 이해하기 위하여 과잉 노동력에 대한 해고통지와 과잉 노동자들 사이의 규칙성에 관하여 실험을 수행하거나 규칙성을 추적해야 하는 것은 아니다. 다시 말하면, 이것을 파악하기 위하여 우리는 많은 인과 기제들이 일상적인 것들이며 행위자들에 의해 상당히 잘 이해되고 있다는 것을 상기해야 한다. 하나의 인과 기제가 비전(秘傳)의 공식 속에서 유일의 것으로 제시되어야 하는 것은 아니다.

결론

요약을 위해서, 추상적인 것과 구체적인 것 사이의 관계, 구조와 기제와 결과 사이의 관계를 〈그림 3-3〉에 제시한다. 수평적 차원은 복합적 체계에 있는 다양한 구조와 기제들 그리고 사건들을 나타낸다. 특정의 기제들은 활성화되면 '국면'에서 결과를 낳으며, 그것은 독특할 수 있다. 조건에 따라 동일한 기제가 때로는 상이한 사건들을 낳을 수도 있고, 역으로 동일한 형태의 사건이 상이한 원인들을 가질 수도 있다. 추상적 이론은 객체를 그것을 구성하는 구조들—좀 더 넓은 구조들의 일부로서의—에 입각하여 그리고 그것들의 인과적 힘에 입각하여 분석한다. 구체적 연구는 이것들이 결합될 때 무엇이 발생하는가를 살펴본다. 수직적 차원에 대하여 사건 위에 의미, 경험, 믿음 등을 포괄하는 제4의 수준을 더하기를 원하는 독자도 있을 것이다. 그렇지만 이것들은 구조나 원인으로서의 기능을 형성할 수 있고 아니면 사건들로 간주될 수도 있기 때문에 나는 그것들이 이미 포함되어 있는 것으로 취급할 수 있다고 생각한다.

제4장

이론과 방법 2
체계의 유형들과 그것의 함의

    지금까지 논의된 중심 주제의 하나는 연구되고 있는 객체들의 성질에 대한 주의 깊은 고찰 없이는 방법의 문제에 대해 답할 수 없다는 것이었다. 그러므로 앞 장에서 우리는 상이한 분석 및 설명 형태들이 어떻게 상이한 종류의 객체들과 관련되는가를 보았다. 이 관계를, 추상화, 인과 분석 그리고 일반화에 입각하여 간단한 수준에서 논의함으로써 우리는 이제 연구되고 있는 객체들의 그밖의 몇 가지 특성들과 그것이 방법에 대해 갖는 함의를 살펴볼 수 있다. 특히 중요한 것으로는 '층화', '폐쇄체계(closed system)와 개방체계' 그리고 공간적 형태 등이 있는데, 이것들은 설명과 예측에 대하여 주요한 함의를 가지며, 개별 학문분과들 사이에서 보이는 방법의 명백한 차이들을 설명하는 데 도움이 된다. 앞 장에서처럼, 논의는 객체의 문제와 방법의 문제 사이를 넘나들지만, 끝부분에 이르면 제3장에서 도입된 몇 가지 가장 일반적인 원칙들—추상적 연구와 구체적 연구, 이론과 경험적 연구에 관한-을 발전시키고 종합하는 것이 가능할 것이다.

충화와 발현적 힘

흔히 복합적인 객체를 이해하는 유용한 방식은 그것을 그 구성부분들로
깨뜨리는 것-추상화에 의해서나 또는 문자 그대로 그것을 조각내는 것에 의해
서-이라고 생각해왔다. 예컨대 고용변동과 같은 것을 이해하기 위해서는
집합적 통계를 (복합성과 불규칙성이 단순하고 규칙적인 구성요소들의 조합의
결과로 환원될 것을 기대하면서) 깨뜨리거나 '탈집합화(disaggregate)'하는 것
이 사리에 맞는 것으로 보인다. 많은 연구자들이, 개인들과 그들의 태도 등
이 이해되면 사회의 거시적 유형이 납득가능하게 될 것이라는 단순한 생각
에 매혹당해왔다. 그렇지만 그것이 언제나 그렇게 간단한 것은 아니다. 우
리는 사람들을 구성하는 세포들을 준거로 사람들의 생각하는 힘을 (즉 세포
들이 그러한 힘을 가진 것처럼) 설명하려 하지는 않을 것이다.[1] 또한 불을 끌
수 있는 물의 힘을, 물의 구성요소들의 힘으로부터 그것을 도출하여 설명
하지는 않을 것이다. 왜냐하면 산소와 수소는 연소성이 매우 강하기 때문
이다.

그러한 경우 객체들은 '발현적 힘(emergent powers)', 즉 그 구성요소들의
것들로 환원시킬 수 없는 힘이나 성향을 갖는다고 이야기된다.[2] 이 현상은
세계가 단지 분화되었을 뿐 아니라 **층화**(stratified)되었다는 것을 시사한다.

---

1) R. Harré, *Social Being*(Oxford, 1979), p.85.
2) 이어지는 논의는 바스카(R. Bhaskar)의 *A Realist Theory of Science*(Leeds, 1975)의
   p.163ff와 *The Possibility of Naturalism*(Hassocks, 1979)의 p.124ff에 기초한 것이다.
   또한 콜리어(A. Collier)의 *Scientific Realism and Socialist Thought*(Hemel Hemsptead,
   1989)에서의 발현에 관한 논의도 볼 것.

물의 힘은 수소나 산소의 힘과는 상이한 층에 존재한다. 발현은 내적 관계와 외적 관계 사이의 구별에 입각하여 설명될 수 있다. 객체들이 외적으로 또는 우연적으로 관련되는 곳에서는 그것들의 본질에 서로 영향을 미치지 않으며, 그것들의 인과적 힘을 변화시키지 않는다(비록 그 객체들이 이러한 힘의 작용의 결과에 간섭할 수는 있지만). 분류학적 집합체를 포함하는 단순한 집합체들(201쪽 참조)은 외적으로 관련된 개인들로 구성되며 따라서 발현적 힘을 갖지 않는다. 이 경우 전체를 설명하는 하나의 단계로서의 탈집합화는 문제를 발생시키지 않는다. 앞에서의 지주-소작 관계와 관련된 것과 같은 내적으로 연관된 객체들 또는 구조들의 경우에는, 개인들의 이러한 유형의 결합이 그들의 힘을 근본적인 방식으로 수정하기 때문에 발현적 힘이 창출된다. 사회구조가 오직, 사람들이 그것을 재생산하는 곳에서만 존재한다 하더라도, 그 구조들은 개인들의 힘으로 환원될 수 없는 힘을 갖는다(당신이 당신 자신에게 지대를 지불할 수는 없다). 그러므로 개인들의 행위에 대한 설명은 흔히 그들의 내적 구성을 살펴보는 미시적인 (환원주의적) 복귀(이것이 적합한 경우가 있을 수도 있지만)를 필요로 하는 것이 아니라, 그들이 자리하고 있는 사회구조를 살펴보는 '거시적 복귀'를 필요로 한다. 마찬가지로, 개인의 공손한 행위는 지위와 관련된 사회구조와의 연계 속에서 설명될 필요가 있다. 구매 행위는 구매자가 교환구조 속에 들어가는 것을 전제하며, 대통령의 행위는 정치적 위계를 전제한다는 것 등이다.

인간 등과 같은 좀 더 고등한 층의 객체들이 좀 더 하등한 층의 과정 속으로 되돌아 가는 것(그 과정의 법칙이나 필수적인 행위방식에 맞추어 자신들을 조작함으로써)은 가능하다. 경작이나 피임 등의 수단에 의해 우리는 생물학적 과정—우리 자신을 구성하는 과정을 포함하는—에 개입할 수 있다.

세계의 층화의 다행스런 한 가지 결과는 어떤 특정 층에 있는 객체를 이해하기 위하여 우리가 연속적인 구성 층들을 모두 거슬러 작업을 하지 않아도 된다는 점이다. 사회현상의 존재는 생물학적 현상을 전제하지만, 생물학적 현상의 객체들은 보통 주어진 것으로 간주될 수 있다. 비슷하게 생물학적 현상은 발현적 힘을 가지며, 그것들을 구성하는 화학적 현상들과는 상이한 층(또는 일단의 층들)에 존재하며, 마찬가지로 화학적 현상들은 차례로 물리학적 객체들과는 상이한 층에 존재한다. 환원주의적 연구는 층화를 간과하며, 그러한 복귀에 빠지게 된다. 층화 및 발현적 힘에 대한 기각은 단지 '요인들'이나 '변수들'로 취급되는, 그리고 전혀 상이한 층들에 속할 수도 있는 객체들 사이의 (통상적으로 양적인) 관계를 탐구하는 연구들에서도 분명히 나타난다. 층화(그리고 구조)에 대한 이러한 무관심은 인과성에 대한 잘못된 판별을 초래한다.

자연과학이 다루는 객체들에서는 층화의 증거가 비교적 풍부하지만, 사회와 관련해서는 상당히 빈약하다. 사회과학에서는 학문들 사이의 분화를 층들 사이에서의 분화에 대한 반영으로 해석하기는 분명히 매우 어렵다. 이 어려움은 아마도 부분적으로는 상이한 층들에 있는 체계들을 조작할 수 있는 인간의 매우 발전된 능력으로부터, 그리고 실질적으로 사회구조만이 가질 수 있는 기제에 대한 개념을 발전시킬 수 있는 개인들의 능력으로부터 나올 것이다. 더하여, 개인들과 제도들이 여러 가지 상이한 구조들 속에서 작동한다는 사실도 또한 어떤 구조 때문에 특정한 힘이 존재하는가를 판정하는 데 어려움을 야기한다. 대부분의 사회과학들은 사회적 실천의 전체 체계(고등한 층이 전체에 되돌아 작용을 가하는 과정을 포함한)를 종합하고자 하면서 여러 층들에 다리를 걸친다. '개인과 사회' 사이의 상호작용에 대한 연구(비록 많은 경우 그 연구들이 사회가 단지 개인들의 집합이며 따라서 발현적 힘을 결여하고 있다는 가정에 근거하고 있지만)는 이러한 관심의 매우 일반적인 사례이다.[3]

이론들 및 학문분과들 사이에서 가장 일상적이고 흥미로운 논쟁의 일부는 사실상 일단의 층들 속에서 특정의 객체가 어디에 속하는가에 관한 것이다. 예컨대 심리학의 대상은 사회적으로 결정된 것인가, 또 역사적·문화적으로 특수한 것인가, 아니면 초역사적·범문화적인 그리고 아마도 몰사회적인 것인가 하는 논쟁이 그것이다. 경제행위에서 소비자의 선호가 결정요인이라면, 그 선호는 경제학자에 의해 설명되어야 할 것인가 아니면 정확히 심리학의 관심사가 되는 상이한 영역을 구성하는가? 대부분, 그러한 질문에 대한 답은 더 많은 경험적 연구를 필요로 하는 것이지만, 철학적 분석에 의해서 적어도 완전히 가망 없는 출발자들은 제거할 수 있다. 예컨대 행태주의는 의미 있는 사회적 행위를 본질적으로 의미 없는 물리적 움직임으로 부당하게 환원시킨다. 의미 있는 행위는 언제나 물리적 과정(적어도 신경학적 과정)과 결합되어 있지만 의미 자체는 발현적 속성으로 '그 자체의 수준에서' 이해되어야 한다. 마찬가지로, 사회생물학에 관한 논쟁은 층화와 발현의 개념을 사용함으로써 상당히 명료해질 수 있다.

이것은 그러한 문제가 쉽게 해결된다는 이야기가 아니다. 싸우는 것이 '인간의 본성'이기 때문에 때때로 사람들이 싸운다는 상식적인 믿음을 생각해 보자. 이 믿음에 대한 급진주의자들의 조건반사적인 반응은 일반적으로 인간의 본성이 사회적으로 결정된다고 주장하는 것이다. 그렇지만 물리적인 것을 사회적인 것의 부수현상이라거나 그림자라고 제시하는 것은 분명히 거짓이기 때문에 그러한 반응 역시 부적절하다. 참으로 인간은 독특한 물리적 구성 또는 본성을 가지고 있으며, 그 때문에 인간은 사회적 영향에 의해 일관성 있게 조건지어질 수 있는 것이다. 또한 인간의 성행위와 같이, 생물학적인 것이 모든 단계와 측면에서 사회적으로 매개될 수 있는 경우도 있다. 그렇지만 이 때문에 매개되는 것이 생물학적인 것일 수 없다는 이야

---

3) Ibid., ch.2; R. Williams, *The Long Revolution*(Harmondsworth, 1961), ch.3.

기가 되는 것은 아니다.[4] 사람이 '본성적으로' 공격적인가, 또는 남성들이 본성적으로 가부장적인가 등의 문제들은 오직, 층화와 발현을 주의깊게 다루는 그리고 '자연적인 것'과 '사회적인 것'을 규정하는 문제를 민감하게 다루는 연구들에 의해서만 결정될 수 있다. 그렇지만 사람들이 그들의 (사회적 조건화보다도) 물리적 본성 때문에 공격적이라는 것이 사실로 밝혀진다 하더라도, 그것이 우리의 사회적 힘을 사용하여 그러한 경향을 제어하려는 시도를 포기하게 하는 인허증은 결코 아닐 것이다.[5]

폐쇄체계 및 개방체계와 규칙성

기제들이 그것을 둘러싼 조건들과는 구별되는 것이라면 인과성이 사건들의 유형 및 연쇄에서의 규칙성을 함축할 필요는 없다. 그렇지만 일부의 지식영역들에서는 정밀한 경험적 규칙성의 인상적인 사례가 풍부하다. 그리고 흔히 그러한 규칙성 발견의 정도가 과학의 성숙도의 척도인 것처럼 상정되고 사회과학은 미성숙한 과학으로 시사된다. 이 현상에 대하여 실재론은 상이한 접근을 제공한다. 실재론 철학은 규칙성들이 마치 발견되기를 기다리는 것처럼 보편적으로 존재하며, 그것의 발견 여부가 오직 탐구자의 능력에 달려 있는 것처럼 상정하지는 않는다. 오히려 현실적으로 규칙성이 발생했다면 어떤 조건이 그 규칙성을 지속시켰을 것인가를 살펴보아야 한다는 것이다. 즉, 실재론 철학은 규칙성이 산출되기 위해서는 체계가, 그리

---

4) 이 문제에 대한 명확한 논의로는 K. Soper, "Marxism, materialism and biology," in Mepham & D. H. Ruben(eds.), *Issues in Marxist Philosophy*, vol.2(Hassocks, 1979) 참조.
5) '사회생물학'의 대부분의 지지자들은 이 두 가지 함정 모두에 빠졌다. 즉, 그들은 그들의 분석에서는 층화를 무시하였으며, 실천을 위한 그들의 처방에서는 그릇된 결론을 이용했다.

고 그 체계를 구성하는 객체들이 어떠해야 할 것인가를 묻는다.

다수의 과정들 속에서 일어나는 변동들의 우연한 상호 보완으로부터 생기는 우발적인, 그리고 흔히 일시적인 규칙성의 사례들을 논외로 하면, 다음과 같은 조건이 유지되어야 한다.[6]

① 기제들이 일관성 있게 작동해야 한다면 인과적 힘을 가진 객체에 변동이나 질적 변이(불순물)가 있어서는 안 된다. 이것을 바스카는 '폐쇄의 내적 조건'이라고 부른다. 다른 것들이 동일하다면, 용수철이 약해지는 약점을 가지고 있는 시계 태엽 장치는 규칙적인 운동을 만들어 내지 못할 것이다. 비슷하게, 정치적 운동을 수행하는 압력집단은 집단의 내적 조직이 붕괴된다면 규칙적인 결과를 만들어 내지 못할 것이다.

② 결과가 규칙적이려면 인과 기제와 그 기제의 작동과 결과에 차이를 만들어 내는 외적 조건들 사이의 관계가 일정해야 한다(폐쇄의 외적 조건). 공중의 정치적 공감대가 압력집단의 운동과 무관한 이유로 변동한다면 압력집단의 운동의 결과가 규칙적으로 나타날 것으로 기대할 수는 없다.

①과 ②는 모두 체계 속에서 새로운 발현적 힘이 발전되지 않는다는 것을 함축한다.

내적 조건과 외적 조건 두 가지가 모두 충족된다면, 폐쇄체계가 존재하는 것이며 그 속에서 규칙성이 만들어진다.[7] 우리가 접하는 대부분의 체계

---

6) Bhaskar, *A Realist Theory of Science*, ch. 2.
7) '폐쇄체계'라는 개념을 전혀 다른 의미로, 흔히 완전히 고립된 체계라는 의미로 사용하는 철학자들도 있다. 그러한 체계는 바스카의 기준을 충족시키지 않을 것이다(K. R.

들은 이러한 조건을 이러저러한 식으로 충족시키지 못하며 그것들이 만들어 내는 규칙성들은 기껏해야 근사적이고 단기적인 것이다. 그것들은 개방체계이다. 그렇지만 개방체계의 작은 부분 안에 폐쇄 또는 준폐쇄체계가 생길 수도 있으며, 아마도 이 경우에는 한 기제가 다른 기제들의 효과를 완전히 지배하거나 압도한다.

자연과학의 연구 대상들에서는 폐쇄체계가 자연적으로 존재할 수도 있고, (예컨대, 태양계) 실험이나 기계 속에서 인공적으로 만들어질 수도 있다. 과학에서의 실험의 요체는 적절한 내적 및 외적 조건을 만듦으로써 (흔히 단순한) 폐쇄체계를, 그리고 사건의 규칙적인 연쇄를 창출하고, 그것에 의해 기제의 작동을 좀 더 명확히 드러내는 것이다.[8] 이례적인 실험 결과가 나타날 때의 통상적인 최초의 반응은 이러한 폐쇄의 조건들이 충족되었는가를 매우 합리적으로 검토하는 것이다.

그런데 한 수준에서의 폐쇄 및 개방체계의 중요성은 아주 분명히 보이겠지만, 폐쇄체계의 희귀함과 그것의 이중적인 존재조건을 파악한 철학자는 거의 없었다. 아마도, 과학을 활동이나 노동과정(관념의 집합에 반대되는)으로 얕잡아 보면서도 철학자들은 또한 폐쇄체계의 인위적 생산의 역할에는 거의 관심을 기울이지 않았다. 일부 자연과학의 정확성과 예측적 성공은 순전히 적절한 분석적 방법의 적용에 의해서만 이루어진 것이 아니라, 자연에 대한 **물리적 통제**의 성취에 의해 이루어진 것이다. 이 통제는 단순히 분석적 방법의 부산물이 아니라 그것의 성공의 원인들 가운데 하나이다.

Popper, *The Poverty of Hoistoricism*(London, 1957), p.139; H. Blalock, *Methods of Social Research*(New York, 1972)]. 또한 '체계'라는 단어를 사용하면서 나는 '체계접근'을 옹호할 의도를 가진 것은 아니다. 참으로 이런 접근은 이 책에서 옹호하고 있는 것의 대부분과 일반적으로 정반대되는 것이다.

8) 다음에서 볼 것처럼 어떤 경우 규칙성이 기제를 은폐하는 효과를 가질 수도 있다 (Bhaskar, *A Realist Theory of Science*).

폐쇄체계와 규칙성을 보편적인 것으로 받아들이면서, 과학철학자들은 놀랍지도 않게 물리학의 경험을 굉장히 그리고 화학을 그것보다 좀 덜하게 '과학'의 범례로 부각시켰다. 반면, 기상학 등과 같이 폐쇄체계가 희소한 다른 자연과학들에 관해서는 거의 이야기하지 않았다. 예컨대 따뜻한 기단이 차가운 기단 위로 올라 갈 때의 결과에 대해서는, 부분적으로 '폐쇄체계 과학'으로부터 이끌어낸 지식을 기초로, 설명할 수도 있고 개략적으로 예측할 수도 있다. 그렇지만 기상학에서 정밀하고 지속적인 규칙성을 발견하지 못하는 것은 그것의 '미숙성'을 드러내는 것이 아니라 그것이 관심을 가지고 있는 체계가 개방적인 것이라는 사실을 반영하는 것이다. 놀랄 것도 없이, 과학과 그 방법은 객체들의 성질에 따라 다양하다.

사회과학은 개방체계를 다루지만, 관련된 폐쇄체계 과학에 의지할 수 있는 자연과학과 달리 그런 이점을 갖고 있지 않다. 사회체계가 개방적인 주요한 이유 중 하나는 우리가 동일한 물질적 조건과 진술들을 상이하게 해석할 수 있고 그러므로 새로운 추론방법을 익힐 수 있고, 그러므로 실질적으로 우리가 상이한 종류의 사람들이 될 수 있다는 사실에 있다. 인간의 조건은 특징적으로 체계의 형상에 의해 수정되는데, 그것에 의해 폐쇄의 외적 조건이 침해되는 것이다. 반면 인간의 학습 및 자기변화 능력은 내적 조건을 침해한다. 역설적으로, 우리가 세계에 개입하고 (인간이 없는) 폐쇄체계를 창출할 수 있는 것도 대부분의 체계가 개방적이고 많은 관계들이 우연적이기 때문이다. 기껏해야 사회체계는 준(準, quasi) 폐쇄적인 것이 될 수 있을 뿐이며, 단지 대략적이고 공간적 시간적으로 제한된 규칙성만을 만들어낼 수 있다. 인간의 노동과 의사소통의 상당부분은, 우리에게 가치 있는 기제들(식용 식물의 광합성이나 공장에서의 노동의 동시화 등과 같은)의 이점을 이용하고 그것들을 통제하려는 목적에서, 폐쇄 또는 준폐쇄체계를 창출하는 데 사용되고 있다. 많은 형태의 사회조직이 노동자들에게 규칙을 부과하거나 노동자들을 기계에 예속시킴으로써 사건들의 유형에 (대략적인) 규칙성을 만들어 내려고 한다. 그런데 규칙이나 기계는 특정 종류의 행위의 공간적 배치와 시간적 간격을 정례화하고 통제한다. 그러므로 폐쇄의 조건은 학문적으로는 물론 실천적으로도 중요한 것이다.9)

그렇지만 결과되는 '규칙성들'은 경우에 따라 다양하며 물리학자와 천문학자가 얻을 수 있는 보편성과 엄밀성에 접근하지 않는다. 어떤 경우든, 유형이나 사건들은 (그것이 규칙적인 것이건 불규칙적인 것이건 간에) 스스로 설명되는 것이 아니라 그것들을 만들어 내는 것을 준거로 설명되어야 한다. 예컨대 도시에 들어오고 나가는 차량들의 규칙적인 유동은 가정과 작업장의 분리 그리고 근무시간을 지배하는 규칙으로부터 결과된 것이다.

일정한 한계 안에서 사회조직들과 '자동 조종장치' 같은 일부 진보된 종류의 기계들은 그것들이 가변적인 그리고 참으로 예측불가능한 조건과 부딪히는 곳에서도 규칙적인 움직임의 산출을 보증할 수 있다. 투입과 조건의 유형화 및 연쇄화는 예측불가능하더라도, 있음직한 투입이나 조건의 일반적 성질을 알아냄으로써 그것에 부딪혔을 때 그것에 대처할 수 있다. 그러한 방법에 의하여 제도들은 가변적인 재료들로부터 비교적 일정한 생산물들을 만들어 낼 수 있다.

폐쇄의 이중적 조건이 정식으로 널리 알려져 있지는 않지만, 사회과학에서는 그것을 부분적으로 고려하는 약간의 공통적인 절차들이 존재한다. 예컨대, 대부분의 사회적 사건들에 대하여 우리는 일반적으로, 밀(Mill)이 '다양한 원인들'이라고 부른 것의 산물이라고 인식하고 있으며,10) 불규칙성들

---

9) 자연적 체계와 사회적 체계의 '질서'를 비교하면서 일부 연구자들은 규칙성의 증거에 사로잡힌 나머지, 대부분의 사회적 '규칙성들'의 의도적으로 생산된 성격을 지적조차 하지 못하고 있다(R. J. Chorley & P. Haggett(eds.), *Models in Geography*(London, 1967) 참조]. 그리고 실질적으로 지리학에서의 모델에 관한 문헌들 대부분이 그렇다.

10) J. S. Mill, *A System of Logic*(London, 1961).

이란 어느 것이든지 분리가능한 규칙적 과정들이 결합된 결과일 뿐임을 입
증할 수 있으리라고 생각하고 있다. 그러므로 어떤 한 가지 '원인'을 분석하
면서 우리는 다른 원인들의 영향을 '통제'하고자 한다. 그렇지만 이 통제가
폐쇄의 조건 두 가지를 모두 충족시키는 데 가까워지는 일은 드물다.

개방체계의 보편성에 대한 또 다른 공통적인 반응은 단순히 그것이 폐
쇄되었다고 가정하는 것이다. 경제학에서의 균형의 가정과 지리학에서의
등방 평면의 가정은 이상화된, 즉 가설적인 모델의 발전에서 이러한 기능
을 수행한다. 실재하는 (가설적인 것에 반대되는) 체계의 내·외적 폐쇄의 조
건이 충족될 수 있는가 하는 것은 고려되는 시간 간격에 달려 있다. 느리게
발전하는 체계를 매우 짧은 간격의 시간 동안 살펴본다면 틀림없이 폐쇄의
조건에 접근하는 것으로 보일 것이다.[11] 이러한 특징을 오해하여 어떤 단
일 시점에서 측정된 개방체계의 차원들을 마치 그것들이 오랜 기간에 걸쳐
불변적이고 '규칙성들'인 것처럼 취급함으로써 폐쇄체계라는 환상을 갖는
일들이 생기기도 한다. 이것에 대해서는 사소한 사례를 활용하는 것이라고
지적할 수 있다. 사실상 일부 사회과학자들은 '규칙성'이라는 단어를 사용
하여 단일의 시점에서만 유지되는 '관계' 또는 형식적 결합을 가리키는 버
릇을 가지고 있는 것으로 보인다. 그렇지만 어떤 체계가 폐쇄적이라고 가
정하는 것은 체계를 그렇게 만드는 것이 아니다. 또한 가설적인 폐쇄체계
의 모델이 실재하는 개방체계에 '근접하는가' 하는 것도 분명한 것이 아니
다. 새로움, 되어감 그리고 질적 변동―비록 매우 다양한 속도로 일어나더라도
―은 인간 행위의 특징을 보여준다.

---

11) Bhaskar, *A Realist Theory of Science*, ch. 2.

과학에서의 법칙: 인과적 법칙과 도구주의적 법칙[12]

인과성과 폐쇄 및 개방체계에 대한 이러한 실재론의 견해는 과학적 법칙에 대한 이해에 대해서도 주요한 함의를 갖는다. 통상적으로 법칙은 보편적인 경험적 규칙성에 관한, '만약 C라면 E이다'라는 형태의 잘 확인되거나 확증된 진술로 정의된다. 그리고 인과성은 사건들의 연쇄에서의 규칙성으로 이해된다. 그렇지만 실재론적 견해에 따르면, 인과성에는 C나 E 안에서의 변동이 포함되며, 인과적 지식은 객체의 힘이나 성향과 관련되고, 그 힘이나 성향이 어떻게 작동할 것인가 또는 그 작동의 결과가 무엇일까 하는 것과는 단지 파생적으로만 관련된다. 따라서 실재론의 인과 법칙 개념은 통상적인 것과 다르다. '법칙에 대한 언급은 어떤 기제의 작동에 관한 주장을 전제하지만 그 기제가 작동하게 되는 조건에 관한 그리고 그 작동의 결과(즉 어떤 특정한 경우의 현실적인 결과)에 관한 주장은 전제하지 않는다.'[13] 앞서 지적했듯이, 어떤 물체가 특정의 속도로 낙하하는 통상적인 규칙성들

---

12) 대체로 실재론과 도구주의는 반대되는 것으로 취급되어 왔기 때문에, 이미 과학철학에 친숙한 사람들은 내가 사용하는 '도구주의적'이라는 용어가 낯설게 느껴질 것이다. 보편적 적용가능성을 참칭하는 과학철학으로서 도구주의는 확실히 실재론과 정반대의 것이다. 이론들에 대해 단지 계산도구로 취급할 뿐 객체의 성질과 기제를 파악한 것으로 주장할 수 없다고 생각한다. 실재론은 객체에 대한 파악의 가능성을 단언하고 (물론 그 파악이 오류일 가능성은 인정한다) 앞의 이야기를 기각한다. 그렇지만 나는 계산도구가 우리가 원하는 것의 전부인 경우도 있다는 것을 인정해야 한다고 생각한다. 그리고 다음 절에서 논의할 것처럼, 이러한 목표가 성취될 수 있는 조건(비록 제한적인 조건이지만)도 있다. 이러한 성취와 인과적 설명을 제공하는 성취를 혼동하지 않는 한, 실재론자들은 기꺼이 도구주의의 제한적인 영역을 승인할 수 있다. 참으로 실재론이 상이한 유형의 객체들에 대한 인지 가능성을 확립하고자 하는 과학철학으로 특징지어진다면, 실재론은 그러한 승인을 해야만 한다. 일반적인 믿음으로서 의심스러운 것이더라도 종종 제한된 정도의 실천적 적합성을 가지며, 이러한 적합성에는 늘 물질적 기초가 존재한다.

13) Bhaskar, *A Realist Theory of Science*, p.95.

이 일어나지 않을 때(새가 날아다니는 것과 같은)에도 중력의 법칙은 계속 존재하는 것이다. 존재하면서, 그 법칙의 효과가 다른 기제들의 간섭에 의해 수정되는 것이다. 그리고 다른 기제들도 법칙 진술에 의해 똑같이 언급될 수 있을 것이다. 인과성이 보편성이나 규칙성, 일반성이 아닌 필연성과 관련된 것과 똑같이 인과 법칙도 그러하다. 인과 법칙은 인과 기제를 보유하고 있는 객체의 성질 때문에 필연적으로 존재하는 인과 기제를 언급하며, 그 기제가 규칙성을 만들어 낼 수 있는 조건 속에 존재하는가 하는 여부의 우연적 사항에 관해서는 언급하지 않는다.

사회과학, 특히 역사학에서는 '법칙 없는 설명'[14]의 가능성과 정당성에 관한 오래된, 그렇지만 초점이 희미한 논쟁이 있어 왔다. 이 논쟁에 참여한 사람들은 모두 일반적으로 다음의 잘못된 가정을 받아들여 왔다.

① 규칙성은 인과성을 나타낸다. 참으로 규칙성은 인과성의 필요조건이다.
② 법칙은 보편적인 경험적 규칙성을 가리킨다. 그리고 많은 경우 이것에 더하여
③ 이유는 원인일 수 없다.

그리고 또한

④ 해석학은 소거될 수 있기 때문에 사회과학의 방법은 자연과학의 그것과 동일한 것이 될 수 있거나

아니면

---

14) G. G. von Wright, *Explanation and Understanging*(London, 1971).

⑤ 역사학 등과 같은 사회연구의 과제는 그 객체의 의미를 이해하는 것
이지 그것을 인과적으로 설명하는 것은 아니다.

정반대되는 주장인 ④와 ⑤가 모두 분명히 ③을 근거로 삼을 수 있다. ②
를 받아들이는 사람들은 일부의 과학(물리학 같은)에서는 그러한 법칙이 발견
되었지만 다른 과학(역사학 같은)에서는 그러한 법칙이 계속 포착되지 않는
사실이 앞의 과학은 폐쇄체계에 접근할 수 있으나 뒤의 것은 개방체계에 한
정된다는 사실을 반영하는 것이라는 점을 거의 인식하지 못하고 있다(①, ②,
③과 ④의 옹호자들을 약올리고자 한다면, 그들이 잘 확인되고, 정밀하며, 지속적
인 보편적 규칙성의 또는 사회현상을 지배하는 '법칙'의 단일한 비동어반복적 사례
를 제공한다는 것을 강조하고자 시도할 것). 인과성과 인과 법칙이 보편성과 규
칙성이 아니라 필연성과 관련된다는, 그리고 이유는 원인일 수 있다는 우리
의 실재론적 주장은 우리가 '법칙 없이' 설명할 수 있는가 여부에 관한 논쟁
을, 그리고 또한 ④와 ⑤ 사이의 논쟁을 간단히 해소해 버린다. 지리학에서의
전통적인 ('지역론적') '개체기술적' 접근과 '법칙정립적' 또는 '과학적' ('공간분
석') 접근 사이의 설명에 관한 논쟁, 국제관계 연구에서의 '고전적' 접근과 '행
태주의적' 접근 사이의 논쟁, '정치철학'과 '정치과학' 사이의 논쟁, 그리고 심
리학과 사회학에서의 해석적 접근과 실증주의적 접근 사이의 논쟁도 '법칙
없는 설명' 논쟁에 속하는 것이다.

역사학이나 다른 사회과학들에서와 마찬가지로 일상의 삶에서도 흔히
우리는 결코 반복되지 않을, 그러므로 '규칙성'의 일부를 형성하지 않는 원
인을 언급하는 것과[15] 이유를 언급하는 것 이 두 가지에 의해 설명한다.
때로는 이 두 가지가 동일한 한 가지일 수도 있다. ①과 ②를 그리고 아마

---

15) A. R. Louch, *The Explanation of Human Action*(Oxford, 1966).

도 ④를 고집하고자 하는 철학자들과 역사학자들은 제1차 세계대전의 원인 등과 같이 독특한 사건들에 대하여 그것을 보편적인 규칙성의 사례로 예시함으로써 그 사건을 설명하는 재치 있는 방식을 만들어 내는 데 막대한 정력을 허비했다.16) 그러한 시도는 기묘하게 어처구니없는 것으로 보인다. (일부에서는 심지어 사회현상을 다루지 않는다.)17) 이와 대조적으로 ⑤에 매료된 사람들은 비사회적 과정에 대해서는 인과적 설명을 허용하지만, 사회변동이 어떻게 생겨났는가를 파악하는 일은 불가능하게 만든다.18)

법칙이란 사건들의 유형에서 보이는 보편적 규칙성을 가리킨다는 믿음은 유명한 $E = mc^2$나 PV=RT와 같은 공식에 표현된 것들과 같은 자연과학의 사례들로부터 증거를 얻는다. 이것들은 매우 명확하게 사건들 사이의 규칙성을 가리키며, 그것을 만들어 내는 인과 기제는 언급하지 않는다. 나는 이것들이 체계의 차원들을 계산하는 방법을 제공해 주므로 '도구주의적' 법칙이라고 부르고자 한다.

도구주의적 법칙은 인과적 법칙과는 상이한 기능을 수행하며, 상이한 제한을 가지고 있다.

① 규칙성을 서술하는 것으로 그것은 위에서 제시한 이유 때문에 폐쇄체계에만 적용될 수 있도록 제한된다.

② 하레가 지적하듯, 그러한 법칙이 성공적으로 적용될 수 있으려면, 체계를 서술하는 변수들(예를 들면, 압력 P, 부피 V, 온도 T)이 언급하고 있는 속성들이 '동일성을 유지하면서 독립적으로 변화될 수 있도록'

---

16) Bhaskar, *The Possibility of Naturalism*, W. Outhwaite, *New Philosophies of Social Science*(London,1987), pp.8-10(이기홍 역, 『새로운 사회과학철학』, 한울, 1995, 21-24쪽).

17) 사례로, 사람의 죽음에 대해 물리적 원인을 말하는 포퍼(Popper)의 예를 볼 것(ibid., p.206).

18) 예를 들면, 윈치(Winch)와 그밖의 해석학 옹호자들을 볼 것.

그렇게 외적으로 연관되어야 한다.[19] 등식으로 연결되어 있는 이들 변수들의 값이 변화할 때에도, 그 변수들은 계속 동일한 객체들을 가리킨다. 요소들이 인과적으로 상호작용하면서도 그것들의 동일성을 유지하는 과정을 하레는 '매개변수적(parametric)'이라고 부른다. 그렇지만 사회현상들의 질적 성질은 대부분 맥락에 따라 변화하기 때문에 매개변수적인 것으로 취급될 수 없으며, 또한 도구주의적 법칙의 가능한 대상으로 취급될 수 없다.[20] 행위를 그것의 의미의 구성요소인 맥락으로부터 독립시켜 이해할 수는 없다. 맥락이 변화될 때 행위들이 그 동일성을 유지하는 일은 거의 없다.

③ 도구주의적 법칙은 기제를 언급하지 않고 따라서 변동을 발생시키는 것을 판별해 내지 않기 때문에, 인과적 의미에서는 설명적인 것이 못 된다. 어떤 정보가 주어졌을 때, 그 법칙은 알려지지 않은 어떤 변수의 값이 무엇일 것인가를 우리에게 말해 준다. 그렇지만, 그 등식과 관련된 이론의 다른 어디에선가 기제에 대한 언급이 이루어질 수도 있다.[21] 그리고 그러한 보조물이 없다면 도구주의적 법칙과 이론은 단지 계산 도구일 뿐이다.

④ 폐쇄체계가 존재하는 곳에서는 도구주의적 법칙이나 모델들이 비록 그것들이 관련된 인과 기제와 조건들을 판별해 내고 적절히 개념화하지 못하더라도, 그러한 계산을 수행하는 데 성공적으로 사용될 수 있다. 산출물이 투입물과 규칙적으로 관련되어 있다면, 이 규칙성을 적용한

---

19) Harré, *Social Being*, p.129.

20) 또한 분별 있게 그것들을 예측적 일반화의 대상으로 만들 수도 없다. 앞에서 논의한 도시화와 공업화 사이의 관계의 사례도 과정을 매개변수적인 것으로 취급하는 오류에 의해 손상 받은 것이다.

21) Harré, *The Philosophy of Science*(Oxford, 1972), p.57에는 화학적 결합의 법칙과 화학반응의 기제에 대한 이론의 사례가 인용되고 있다.

공식은 어떤 것이거나 작동할 것이다. 원활하게 움직이고 있는 기계 (그것이 망가져 부속이 드러나기 전까지의)의 특정 부속품들의 존재를 인식하지 못하고 있었던 경우를 독자들이 생각해 낸다면 이 점을 파악하는 데 도움이 될 것이다. 예컨대 전축의 회전반이 돌아가는 속도를 조절장치의 표식과 연결짓는 공식은 쉽게 만들어낼 수 있을 것이다. 그런데 그러한 공식에 회전반 밑의 기제를 가리키는 변수들을 포함시킬 필요는 없을 것이다. 참으로 그 기제에 대해서는 완전히 모를 수도 있다. 그리고 '이론적' 용어들은 실제의 객체들을 가리키지 않고 단지 논리적인 정리도구로 기능할 수도 있다. 기계가 원활하게 돌아가고 있는 한 (즉 폐쇄체계 속에 있는 한) 인과적 지식은 중요하지 않을 수 있으며, 또한 우리는 그 기계가 작동하기만 하면 되지 어떻게 작동하는가에 대해서는 마음 쓸 것이 없다는 도구주의적인 태도를 취할 수도 있다. (일부 가장 탁월한 과학들에 대해 이설을 제기하는 위험을 무릅쓰고 말한다면, 그들은 폐쇄체계에 접근할 수 있기 때문에 비슷한 태도를 취할 수 있다고 생각할 수도 있다.)[22] 그리고 폐쇄체계를 이용할 수 있는 한, 우리는 인과 기제를 판별해 내는 수단으로서의 개념화에 관해서 그다지 염려할 필요가 없다. 그러한 상황에서는 이론을 질서 짓는 틀로 보는 견해가 득의양양하게 활개를 치며, 개념적 문제는 실천적 연관성을 갖지 않는 것처럼 보인다. 그렇다고 하더라도, 기계가 망가지고 그것의 산출물이 투입물과 무관하게 변화하게 되면, 즉 체계가 더 이상 폐쇄적이지 않게 되면, 우리는 간섭 기제들의 존재를 의식하게 되고, 따

---

22) 일부 과학철학들은 목표로서의 설명을 사실상 의도적으로 회피한다[K. Pear- son, *The Grammar of Science*(London, 1982), ch.4, note 37을 참조]. 일부의 과학들에서 폐쇄체계를 이용할 수 있다는 사실은 한편으로 기제와 그것의 효과가 안정적인 관계에 있을 때에는 분석을 촉진한다. 반면 규칙성들이 일부의 기제들을 은폐할 수도 있다.

라서 기계를 분해하여 그 기제들을 판별해 내려고 한다. 비슷하게, 사
회적 위기에 처하면 지금까지 인식되지 않았던 기제들이 드러나게 된
다(비록 구성요소인 과정들의 아주 일부만이 매개변수적일 것—그것이 기계
에서 그렇듯이—같기는 하지만). 회전반의 작동에 대한 완전한 인과적
설명은 그러한 기제들이 규칙적인 회전을 만들어 내는가 여부와 무관
하게, 그 기제들에 대한 언급을 필요로 할 것이다. 그리고 그 기제들
의 효과를 양적으로 계산할 수 있는 능력에 의존하지 않더라도 그런
기제들을 판별해 낼 수 있을 것이다. 비슷하게, 사회체계(예외 없이 개
방적인)에서도, 예컨대 정치적 동의를 유지하는 기제에 대한 지식이
그것의 효과를 양적으로 계산할 수 있는 능력에 의존할 필요는 없을
것이다.

그러므로 폐쇄체계를 갖는 것의 결과가 이중적이라는 것을 알 수 있다.
한편으로 그것은 기제들과 그것의 효과가 안정적인 관계에 있을 때에는 분
석을 촉진하지만, 다른 한편으로는 규칙성들이 특정의 기제들을 은폐할 수
도 있는 것이다. 그러나 폐쇄체계가 실제로 존재하고 물리적으로 조작가능
한 것이 아니라, 가설적인 것일 때에는 문제가 훨씬 심각하다. 전축의 회전
반 등과 같이 실재하는 폐쇄체계의 경우에는, 상이한 요소들이나 '매개변
수들'을 조작한 결과를 점검함으로써 인과적 연쇄에서의 어떤 불균형을 찾
아낼 수 있을 것이다. 예컨대, 회전반은 적절한 제어장치가 작동한다면 분
당 45회전의 속도로 움직이도록 제작되었지만, 손으로 회전반을 돌림으로
써 조절장치의 순서가 뒤바뀌고 변화되어 회전반이 제대로 작동하지 않게
되었다는 것을 알아낼 수 있다. 천문학자가 연구하는 폐쇄체계는 실재하는
것이지만 조작은 불가능하며 따라서 인과적 추론은 관찰에 의하거나 다른
관련 과학들을 준거로 삼는 간접적인 방식으로 이루어져야 한다. 이와는

대조적으로 기호로 표시되는 가설적인 폐쇄체계에 대한 논리적이거나 수학적인 조작은 인과 구조에 대한 빈약한 안내자이다. 왜냐하면 이런 종류의 조작을 지배하는 규칙은 실재하는 객체들의 가능한 작동방식을 지배하는 법칙과 상응하지 않기 때문이다. 모델들이 뒤떨어질 수도 있고, 원인을 계산하는 데('결정하는 데') 결과가 사용될 수도 있다. 또한 인과 의존의 기본적인 비대칭조차도 그릇되게 특정화한 것에 의존하여 계산하고 '예측하려는' 노력이 일어날 수도 있다. 나는 뒤에서 사회과학에서의 양적 모델 구성에서는 이런 문제들이 고유하게 나타난다고 주장할 것이다.

도구주의적 법칙이 특정의 조건 아래서 알려지지 않은 변수들을 계산하는 데 유용성을 갖는다면, 그 법칙은 또한 예측에도 유용성을 가질 것으로 상정된다. 이제 나는 이 예측의 문제, 그리고 예측과 설명의 관계를 다루고자 한다.

예측

과학에서 예측의 성질과 역할에 관해 많은 사람들이 받아들이고 있는 다음의 가정들을 검토해 보자.

① 자연과학이건 사회과학이건 예측적 성공은 과학의 1차적인 목표이다.
② 예측과 설명은 대칭적이다. 설명은 예측으로 구실할 수 있고, 또한 예측은 설명으로 구실할 수 있다. 시제(時制)의 차이를 제외한 유일한 차이는 어려움이다. 즉, 이미 일어난 것으로 알려진 것을 설명하는 것보다는 아직 일어나지 않은 일을 예측하기가 당연히 훨씬 더 어렵다.
③ ㉠ 예측 능력은 이론에 대한 가장 강력한 시험이며, 과학의 성숙성에

대한 척도이다.

ⓒ '연성' 과학들은 예측에서 취약한데, 그것들이 본래 예측불가능한 객체들을 다루기 때문이 아니라 이론과 과학적 방법을 아직 발전시키지 못했기 때문에 그런 것이다.

이런 가정들은 모두 잘못된 것임을 입증할 수 있다.

①은 사회과학 및 많은 자연과학들과 관련해서 확실히 허위이다. 만들어진 설명의 수와 비교할 때 예측은 상대적으로 그 수가 적으며, 정확한 예측은 특히 그러하다. ③에 나타난 과학주의적 견해를 받아들이면서 자신들의 작업에 '과학적'이라는 존경스런 이름을 붙이고자 하는 사람들은 자신들의 예측의 수와 중요성을 과장하고 자신들의 정확성과 신뢰성의 부족을 얼버무리는 경향을 가지고 있다. 표본으로부터 모집단의 특성을 '평가하는' 일 등과 같이, '예측'의 의미를 확대하여 미래의 자료에 관한 주장이 제시되지 않은 경우들까지를 포괄시키는 방식으로 폐쇄체계 과학과의 유사성을 가장하는 일이 종종 일어난다. 반면 ②와 ③은 받아들이면서 사회연구의 과학으로서의 지위를 부인하고자 하는 비판자들은 성공적인 사회적 예측이 없다는 점을 감추는 것이 아니라 강조하는 경향을 보인다. 예컨대, 반(反)마르크스주의자들은 마르크스와 엥겔스가 제시한 예측이 몇 개 되지 않는다는 점을 크게 부각시키기를 좋아한다. 그렇지만 마르크스와 엥겔스는 설명에 기울인 노력에 비하면 예측에는 거의 관심을 갖지 않았다.

사회'과학'에서는 왜 예측이 설명보다 훨씬 적으며 ③이 왜 잘못된 것인가를 입증하기 위해서는, 명제 ②를 먼저 검토할 필요가 있다. 명제 ②는 '어떤 것이 어떻게 작동하는가를 설명할 수 있다면 우리는 그것의 움직임을 예측할 수 있으며, 그 역도 성립한다'는 것으로 바꿀 수 있다. 이러한 주장은 우리가 비설명적 예측과 비예측적 설명의 사례들을 살펴보기 전까지는 그럴 듯 해 보인다. 비설명적 예측의 사례들은 아주 널리 알려져 있지만, (예를 들어, 통계적 추정에 의한 예측) 비예측적 설명은 그다지 인식되어 있지 않거나 단지 불완전한 설명으로 취급된다. 인과성에 대한 실재론의 설명에 입각하면 비예측적 설명은 쉽게 해석할 수 있다. 우리는 어떤 객체에 대하여 그것의 구조와 구성을 준거로 그것의 운동방식을 설명할 수 있으며, 어떤 조건 아래서 기제들이 활성화될 것인가를 알 수 있다. 그렇지만 언제 그리고 어디서 그런 조건이 충족되고 기제가 존재할 것인가에 대해서는 알지 못할 수도 있다. 그러므로 어떤 현상이 발생할 때 무엇이 그 현상을 발생시켰는가에 대해서는 알 수 있지만, 미래에 그 현상이 발생할 것인가에 대해서는 필요·충분조건이 존재하는 것을 알 때에만, 또는 존재하게 될 것을 알 때에만 믿을 만한 예측을 할 수 있다.

폐쇄체계에서는 객체들과 그것의 관계들이 안정되어 있다. 그리고 체계의 상태에 관한 정보도 좀 더 용이하게 기제들에 대한 추상적인 설명적 지식에 보충될 수 있으며, 따라서 성공적인 설명적 예측을 좀 더 용이하게 이끌어 낼 수 있다(물론 그것의 예측적 성공이 설명의 적합성에 좌우되는 것은 아니다). 그렇지만 개방체계에 대해서는 정확하고 믿을 만한 설명적 예측의 가능성이 희박하다. 기제들의 수와 성질에 관한 정보뿐 아니라 그것들의 배열에 관한 정보를 얻을 전망이 거의 없으며 따라서 그것들의 상호작용의 결과를 예측하기는 더욱더 힘들다. 달리 말하면, 체계의 폐쇄를 위한 내적 조건과 외적 조건이 어느 정도나 충족될 것인가를 알아낼 실질적인 가능성은 거의 없다.

비예측적 설명의 가장 유명한 사례는 진화론일 것이다. 진화론에서 언급된 기제들은 그것만으로 진화의 과정을 예측하기에는 불충분하다. 그러나 이것이 비예측적 설명은 단지 불완전한 설명일 뿐이라는 것을 뜻하는가? 이 질문에 답하기 위해서는, 미래에 생길 모든 우연적 관계들에 대한

(예컨대, 진화론의 경우에는 유기체들과 그것의 환경 사이의 관계들에 대한) 지식을 갖도록 기대하는 것이 합리적인가의 여부를 생각해 보아야 한다.

또 다른 개방체계 자연과학에서 이끌어낸 예를 생각해 보자. 석유가 매장되어 있는 사실에 대하여 지질학은 오직 비예측적 설명만을 제공할 수 있을 뿐이다.[23] 석유가 매장되어 있기 위한 필요조건은 알려져 있지만, 이것만으로 석유가 매장되어 있는가를 결정하는 데 충분한 것은 아니다. 예컨대, 어떤 암석 및 지질구조(예를 들면, 화강암 암맥)에는 석유의 매장이 불가능하고 어떤 암석 및 지질구조(예를 들면, 특정 유형의 사암층)에는 석유의 매장이 가능하다는 것은 알려져 있다. 또한 실제로 석유를 만들어 내는 기제는 알려져 있다. 그렇지만 이러한 기제와 적절한 암석의 관계는 우연적인 것이기 때문에 그리고 그런 관계가 일어나는 체계가 개방되어 있기 때문에, 확실한 믿음을 가지고 석유의 매장 여부를 예측할 수 있을 것으로 기대할 수는 없는 것이다. 필요조건에 대한 지식에 의해 어디를 탐사할 것인가를 알 수는 있지만, 석유가 존재하는가를 알기 위해서는 여전히 구멍을 뚫어보아야 한다. 지질학자들로 하여금 정확하고 믿을 만한 예측을 할 수 없게 가로막는 설명의 '불완전성'은 기제에 대한 추상적 지식의 결핍에서 생기는 것이 아니라 우연적 관계에 대한 경험적 지식의 결여로부터 생기는 것이다. 불완전한 것은 인과적 설명이 아니라, 체계에 대한 서술이며, 개방체계에서는 우연적 관계가 늘 변화될 수 있는 형태로 일어난다는 점을 고려하면 이 서술은 단지 기대에 그칠 수밖에 없는 것이다. 그리고 그 서술이 완성되었다고 하면 (예를 들어, 석유를 생성하는 유기체가 실제로 존재한 적절한 장소를 우리가 안다면) 이제 우리가 예측할 것이 더 이상 없게 될 것이다. 수많은 과학철학자들이 폐쇄체계 과학들에서나 가능한 일들을 모든 형태

---

23) Harré, *Principles of Scientific Thinking*(London, 1970), p.19.

의 지식들을 위한 일이라고 제국주의적으로 규정했기 때문에 비예측적 설명의 중요성은 과소평가되는 경향이 있어 왔다. 그렇지만 설명적 예측 (또는 예측적 설명)을 특수한 경우로 보는 것이 훨씬 더 합리적이다.

　비설명적 예측은 좀 더 널리 인정되고 있지만, 그 예측의 성공의 조건도 그것이 적용되는 체계가 개방적인 것인가, 폐쇄적인 것인가에 따라 크게 달라진다. 앞서 지적했듯이 수량화된 폐쇄체계의 경우라면 예측은 정확하게 하지만 인과성은 정확하게 판별해 내지 못한 모델에 맞추는 것이 가능하다. 기압계의 수치는 기후의 변화를 예측하는 데 사용될 수 있으며, 그 역도 마찬가지이지만 그 어느 경우에도 예측이 설명으로 구실할 수는 없다. 비설명적 예측은 복합적인 개방체계에 대해서는 불가피하게 신뢰도가 낮아질 수밖에 없다. 예측하기를 원하는 사회과학자들은 종종 자신이 상반되는 양쪽 방향으로 이끌리고 있는 것을 발견하게 된다. 한편으로 그는 예측된 현상에 책임이 있다고 생각되는 주요 과정들을 모두 모델화함으로써 예측의 성공을 높이고 싶은 유혹을 느낀다. 이러한 선택은 알려지지 않은, 그리고 안정적이지 않은 우연적 관계들을 어떻게 재현할 것인가의 문제에 빠지게 된다. 그러한 모델은 또한 극히 복합적이고 자료결핍적이며 다루기 힘들 것이며, 상당히 잘못된 확장을 낳을 수도 있다. 그리고 그 결과가 노력을 정당화하지 않을 수도 있다. 다른 한편으로는 단순한 통계적 추정 등과 같은 비설명적·예측적 방법은 사용하기에 편하며, 인과성에 관한 불명료함에도 불구하고, 때로는 더 좋은 결과를 낳는다.

　더 나아가서는 가짜의 상관관계를 기초로 최상의 예측적 결과를 얻는 일도 가능하다. 인플레이션율이 화폐공급보다도 홍콩독감 발병과 더 강한 상관관계를 가졌다면, 전자보다 후자가 인플레이션에 대한 더 나은 예보자로 입증될 것이다. 그렇지만 경제학자들은 가짜의 상관관계를, 그것이 터무니없기 때문뿐만 아니라, 그런 우연한 사태가 미래에도 지속될 것으로는 생각되지 않기 때문에 사용하지 않을 것이다.

그러므로 실질적으로, 개방체계의 예측적 방법은 완전히 비설명적인 것이나, 완전히 설명적인 것이 아니라, 주요 과정들의 일부가 '변수들'에 의해 요약적으로 재현되는 모델의 형태를 취하는 절충물이다. 이러한 '경험적 모델'은 기존 자료들에 맞춰지고 장래에 대해 외삽(外揷)된다. 모델은 통계적 조정을 포함하지만,[24] 통계수치는 인과적인 것으로 해석될 수도 있는 관계에 맞춰 조정된다. 그 모델은 실제의 과정을 면밀히 묘사하고자 시도하지 않는다. 우리는 인플레이션율에 영향을 미치는 모든 경제적 행위주체들과 모든 인과 기제들과 조건이 예측적 모델 속에 나타나 있으리라고 기대하지 않을 것이다. 다른 한편으로, 관련 있는 기제들에 대한 추상적 설명이 그 기제들의 존속과 활성화에 적절한 조건이 언제 그리고 어디에 존재할 것인가를 우리에게 이야기해 주리라고 기대하지도 않을 것이다. 추상적 설명은 실제의 사건에 관심을 갖는 것이 아니라 그 사건을 만들어 내는 것에 관심을 갖는다. 구체적 설명은 이 기제들이 어떻게 그리고 어떤 조건 속에서 존속하며 이 특정의 체계 속에서 그 기제들이 어떻게 상호작용하는가에 대한 서술을 제공하는 부가적인 경험적 지식을 필요로 한다. 역으로 예측은 실제의 사건들에 관심을 갖지만 무엇이 그 사건을 만들어 내는가에 대해서는 고려할 필요가 없다.

그런데 사회과학자들은 흔히 설명과 예측이라는 목표를 뒤섞고, 설명을 '사후 예측(postdiction)'으로 즉 이미 일어난 과정에 대한 해명—아직 발생하지 않았지만 설명되어야 사건을 예측하는 데 사용되는—으로 취급하는 '대칭론'에 기대어 이를 정당화한다. 특히 통계적 방법을 사용하는 조사연구에서는 일반적으로 사건을 예측하는 통계조작을 그것에 대한 인과적 설명으로 취

---

24) 엄밀히 말하면, 그것은 때로 통계적 조정조차 되지 못한다. 왜냐하면 그 등식은 일련의 시계열이 아니라 어떤 단일 시점의 자료에 맞춰 조정되기 때문이다.

급하고 있다. 그렇지만 비설명적 사후 예측만큼이나 비설명적 예측도 가능한 것이다.

그러므로 설명과 예측은 시제와 어려움에서만 차이가 있는 것이 아니라, 상이한 목적을 위해 수행하는 작업의 종류에도 차이가 있다. 예측은 우리에게 무슨 일이 일어날 것을 기대할 근거(질병에 감염된 최초의 징후)를 제공한다.[25] 반면 (인과적) 설명은 무엇이 그 일을 일어나게 만드는가를 우리에게 이야기한다. 설명은 특정의 조건—일반적으로 사회과학에서 찾아볼 수 없는—아래에서만 믿을 만한 예측의 근거로 구실할 수 있다. 우리는 우리가 원하는 것이 무엇인가, 즉 설명인가 예측인가를 마음속에 정해야 한다. 이중의 목적을 갖는 연구는 이 두 마리의 토끼를 쫓다가 자칫 모두 놓치게 된다.

지금까지 나는 단순한 것에서 복잡한 것으로 옮겨가기 위하여 다시 한 번 물리적인 사례들에 주로 의존하였고, 사회과학이 개방체계 자연과학과 동일한 위치에 있는 것처럼 다루었다. 그렇지만 사회과학에는 예컨대 생태학 등과 같은 자연과학 분과들에서보다도 예측을 더 어렵게 만드는 또 다른 그리고 친숙한 요인들이 있다. 포퍼는 사회변동이 (여러 가지 가운데) 인간의 지식의 성장에 의존하고 있으며 지식의 성장은 차례로 현재의 지식의 내용을 알지 못하고서는 예측할 수 없다는 것을 근거로 아주 단기적인 사회 발전을 제외한 모든 것에 대한 예측이 원칙적으로 불가능하다고 주장했다.[26] 자기암시적 예측 현상이나 자기부정적 예측 현상이 예측적 성공이나 실패에 대한 해석을 불분명하게 만든다는 것도 널리 지적되고 있다. (예측된 결과가 우리가 그것을 만들었기/방지했기 때문에 발생한 것은/발생하지 않은 것은 아닌가?) 그렇지만 이것은 단지 훨씬 더 근본적인 그렇지만 흔히 간과되어

---

25) 키트와 어리(R. Keat & J. Urry)의, *Social Theory as Science*는 홍역의 발병에 앞서 나타나는 코플릭(Koplick) 반점의 예를 보여주고 있다.

26) Popper, *The Poverty of Historicism*.

온 것(즉 발생하는 일은 예측에 대한 반응으로 발생하는 것이 아니라, 일반적으로
사람들이 하고 있는 일에 좌우된다는 것)의 표현일 뿐이다.[27] 사회변동은 우리
에 대해 일어나는 것이 아니라, 비록 우리 자신이 선택한 조건 속에서 우리
자신이 선택한 자원을 가지고 만드는 것은 아니지만 우리에 의해 만들어지
는 것이다. 그러한 조건 중의 일부는 우리의 통제 영역 밖의 자연적인 것이
지만 또 일부는 이전의 인간활동의 (흔히 의도하지 않은) 결과들이다.

　그러므로 (최소한으로 이야기하더라도) 사회변동에 대한 예측을 자연변동
에 대한 예측과 같은 것으로 취급하는 것은 이상한 일이다. 나는 나의 과거
의 행위들을 검토함으로써 내가 책의 다음 부분을 쓸 것인가에 대해 예측하
려 하지는 않는다. 나는 쓰겠다고 결정한다. 나는 예측을 하고 기다려서 그
것이 실현되는가를 보는 것이 아니다. 나는 그것을 실현시킨다. 비슷하게 선
거에서의 공약은 예측이 아니라 의도에 대한 진술이다. 이것은 사람들이 그
들의 미래를 만든다는 사실이 사회과학에서의 예측을 완전히 쓸모없는 것으
로 만든다는 이야기가 아니다(비록 그 사실이 예측을 분명히 제한적으로 만들기
는 하지만). 사람들이 단일한 '역사의 주체'로 일제히 함께 행위하는 사회는
존재하지 않는다. 집합적 행위와 경쟁적 행위의 상대적인 중요성은 사회의
형태에 따라 다양하지만, '우리'가 무엇을 행할 때 우리는 서로 협력하는 것
만큼이나 서로 대립하면서 그것을 행한다. 개인들이나 제도들의 행위는 그것
이 행해지기 전에 '미리 조정되어' 있는 것이 아니라 다른 사람들이 무엇을
할 것인가에 관한 가정―또는 '예측'―에 기초하여 만들어져야 한다.[28] 미래

27) 이러한 간과는 사회―여기서는 일들의 대부분이 우리의 통제 영역 밖에서 일어난다
　　―의 발전에 사회과학이 어떻게 기여하는가를 인식하지 못하고 있는, 사회과학의 특
　　징인 것이다[M. Horkheimer, "Traditional and critical theory," in P. Connerton,
　　Critical Sociology(Harmondsworth, 1976), p.214].
28) 시간으로부터 추상한 일부 시장교환경제이론들은 수요와 공급의 그러한 '사전조정'을
　　가정해야 한다[G. L. S. Shackle, *Time in Economics*(Amsterdam, 1967].

에 관한 불확실성은 현재에 관한 불확실성과는 다른 것이다. 하나는 우리가 행하는 것에 달려 있고, 다른 하나는 실제로 존재하고 있는 것과 관련된다. 그리고 통합된 집합적 주체가 존재한다고 하더라도 일종의 예측이 만들어져야 한다.

모든 예측―자연적인 것 또는 사회적인 것―은 본질적으로 동일한 것이라는 생각은, 그것이 사회적 행위를 물상화하고 행위주체 또는 '역사 주체'로서의 우리의 힘을 부인하며 매우 패배주의적이고 보수주의적인 믿음(존재하는 것은 마땅한 것이라는)을 조장하기 때문에 또한 위험한 것이다. ① 질서의 질적 성질에 개의치 않고 질서를 탐색하는 데 사로잡혀 있는 접근들, ② 단일 시점에서 측정된 관계를 '규칙성들'로 잘못 취급하는 접근들, 그리고 ③ 이런 규칙성을 마치 그것이 자연의 규칙성의 유형이거나 도구주의적인 법칙인 것처럼 미래 속에 외삽하는 접근들에서 이런 위험은 특히 크다. 그러한 순진성의 최상의 원천은 사회계급과 인종적 편견의 정도 사이의 관계 등과 같은 관계 속에서 (그것을 예측하기를 기대하면서) 질서를 찾아내려고 탐색하는 사례들을 보여주는 통계방법 교과서들일 것이다. 우리가 '(사회과학의) 핵심은 그러한 실천들을 변화시키는 것'이라는 불평으로 반응을 보인다면 우리는 증대된 예측능력이 우리에게 사전 경고를 줄 것이며 그러면 그 경고가 자기부정적인 예측이 될 수 있다는 이야기를 듣게 될 것이다. 그렇지만 법칙과 인과성에 대하여 도구주의적 규칙성 이론을 표방하는 접근은 그러한 상황을 변화시키는 데 사용될 수 있는 (즉 기제들에 관한) 정보를 제공하지 못하고 단지 사건들이나 '징후들'의 유형에서 질서만을 찾을 뿐이다. 이와 대조적으로 실재론적 접근은 직접 예측으로 이어지는 것이 아니라 우리가 변화시키고자 원하는 사건들을 만들어 낸 발생기제들과 조건들을 찾아내고자 한다. 그리고 그 기제의 존속과 활성화에 필요한 조건에 관한 정보를 제공함으로써, 그리고 어떤 경우에는 조건들이 그 기제의 효과를 매개하는 방식에 관한 정보를 제공함으로써 우리가 그 기제를 제거하거나 변화시키거나 또는 그것의 활성화를 저지하거나 그것의 작동의 위험한 결과를 억제하는 기회를 증대시키는 것이다.

이러한 지식은 또한 부산물로서 다음과 같은 매우 조건적인 종류의 설명적 예측을 제공할 수도 있다. '만약 기제 M이 존재한다면 그리고 조건들 C_1과 C_2가 존재한다면, 사건 E_1이 발생할 것이다. 반면 조건 C_3가 존재한다면 사건 E_2가 발생할 것이다.' 관련된 구조들과 기제들은 흔히 그것들 자체도 변화를 겪을 것이며, 또한 새롭고 예상치 않은 그리고 인과적으로 영향을 미치는 조건들이 생길 것이다. 그러므로 예측은 부정확한 것으로 판명될 것이다. 그렇지만 이러한 '반증'에도 불구하고 기초가 되는 이론은 '시험'에 어떤 중요성을 부여할 수 있는 폐쇄체계가 없기 때문에 존속될 것이다.

그밖에 미래의 사건들과 그것의 발생 시기와 크기를 특정화하지 않고 단지 특정 현상이 존재한다고 하면 아마도 또 다른 현상도 그것과 독특하게 결합되어 틀림없이 존재할 것이라고만 주장하는 그런 종류의 예측이 이루어질 수도 있다. 'X와 Y가 내적으로 관련되어 있다면, Y 없이는X가 나타나지 않을 것이며, 그 역도 성립한다'는 식의 예측이 그것이다. 그렇지만 그렇게 되면 이것은 사회에서의 필연성에 관한 주장 즉 특정의 객체나 구조가 할 수 있는 것 또는 할 수 없는 것에 관한 주장처럼 예측이라고 하기 어렵다. 예컨대 어떤 정치조직이론은 민주적 통제의 범위를 관련된 제도의 크기 및 그 제도가 결정하는 사안의 수와 연결지을 수도 있을 것이다. 수익 감소에 대한 어떤 경제이론은 예측적인 것으로 간주될 수도 있는데, 오직 그것이 특정 종류의 생산에 대해 물질적으로 가능한 것은 무엇이고 불가능한 것은 무엇인가에 관한 약간의 주장을 한다는 의미에서만 그러하다. 이런 이론들은 그 이론의 객체들이 무엇을 할 수 있는가에 대해서는 이야기하지만, 그 객체들이 특정의 우연적인 조건 아래서 무엇을 할 것인가에 대해서는 이야기하지 않는다.

달리 말하면, 사회과학에서의 예측에 대해 그 범위에 입각해서 약속할 수 있는 것은, 정통적인 규칙성 이론들이 주장하는 것보다 훨씬 작은 것이다. 그렇지만 규칙성 이론이 정확한 예측의 성취에서 보여 주고 있는 비참한 실패는 그 이론이 따르는 강령의 실행불가능성을 입증한다. 실행불가능한 까닭은 그것이 자연과학에서 이끌어낸 부적절한 모델에 기초하고 있기 때문이다. 그 자체로 자연과 사회를 새로운 방식으로 조직하는 것에 대한 학습이며 즉 새로운 가능성들과 불가능성들의 창출인 그런 객체를 연구하는 자연과학자는 없다. 그렇지만 예측될 수 없는 것임에도 불구하고 때때로 통제될 수 있는 한, 그것의 예측 불가능성을 문제 삼을 필요는 없다.[29] 더구나 역설적으로, 가장 규칙적이고, 가장 쉽게 예측할 수 있는 사회과정들(예를 들면, 노동일의 순환과 관련된)은 일반적으로 흥미로운 예측 대상이 되지 못한다. 가장 중요한 사회적 예측 대상은 일반적으로 중요한 결과(좋은 것이거나 나쁜 것이거나)를 낳지만 현재의 지배적인 사회조직 양식 아래에서는 사회적으로 통제할 수 없는 행위들이다. (물론 통제하기를 원하는 사람이 아무도 없는 많은 개인적 행위들도 여기에 포함된다.) 그러므로 우리가 예측하기를 가장 원하고, 예측할 필요가 가장 큰 것은 사회의 종류에 따라 달라진다. 물론 설명에 대해서도 같은 이야기를 할 수 있을 것이다. 그렇지만 예측의 어려움과 성공 정도는 객체의 성질에 달려 있다는 사실은 그다지 인식되지 않고 있다.

실제의 사례를 생각해 보자. 현재의 세계 경제의 불경기 상황에서 자본주의 발전이 50~60년 주기의 '장기 파동'으로 일어난다는 견해에 대한 관심이 되살아나고 있다. 이 견해에 따르면 경기호전은 성장과 고용을 창출하는 새로운 기술들의 군집의 등장을 특징으로 하며, 이 새로운 기술들은 그

---

29) 그리고 시기를 예측할 수 없는 사건에 대한 우리의 반응능력과 자동조종장치에 대한 앞부분의 논의를 상기할 것.

다음의 장기적인 호경기의 기초를 제공한다.30) 이 기술들이 일자리를 만들어 내기를 그치고 일자리를 대신하는 기술변화들이 우세해지면 체계는 불경기를 향하여 움직이게 된다. 물론 이것은 그 이론의 아주 일부만을 매우 조악하게 요약한 것이지만, 예측의 문제를 예시하는 데는 이 정도로 충분하다. 비록 과거에 실제로 장기파동이 일어났다는 것에 이 분야의 모든 연구자들이 동의하는 것은 아니지만, 동의하는 사람들은 자연히 장기파동이 자본주의 발전의 필연적인 특징(자본주의가 지속되는 한 그러한 연쇄가 계속된다는 것)인가 여부에 관심을 갖는다. 이 이론에서 발명은 중요한 역할을 한다. 발명이 미래의 지식의 성장에 의존하는 한 우리는 발명에 대하여 예측을 기대할 수 없다. 필요는 발명의 어머니이지만, 그것이 충분조건일 수는 없다. 또한 일단 발명이 이루어졌다고 하더라도 그것이 반드시 이윤이 있게 생산될 수 있는 생산물이 되는 것은 아니다. 경제성장 모델에서, 기술변동은 당혹스러운 문제이다. 그것은 성장의 '원동력'이기 때문에 일부의 모델에서 하듯 쉽게 무시할 수도 없다. 그렇다고 그것을 예측적으로 모델화하는 것도 사실상 불가능하다. 더욱이 쓰라린 경험으로 깨달았듯이 새 기술들이 없애는 것보다 더 많은 일자리를 만들어 낼 것인가의 여부도 우연적인 것이다. 중요한 군집을 이루는 기술들의 대부분은 서로서로 우연적으로 관련되어 있으며, 그것들의 '도약'은 많은 우연적인 사회적·정치적 조건들에 의해 좌우되어 왔다. 결과적으로 고려해 볼 만한 가치가 있는 예측이라면 어느 것이든, 기제의 작동을 둘러싼 주변환경의 일부를 포괄하는 조건뿐 아니라 일부의 기제들이 실제로 존재하는가 여부에 관한 복잡한 단서를 포함하게 된다. 그러므로 '예측'이라는 이름에 값한다고 생각할 수 없을 만큼 많은 제한이 붙게 되지만, 그것은 우리가 특정의 목표를 성취하려

---

30) C. Freeman, J. Clark & L. Soete, *Unemployment and Technical Innovation: a Study of Waves and Economic Development*(London, 1982).

면 수행해야 할 또는 방지해야 할 것이 무엇인가에 대해 주의하게 만드는 유용성을 가질 것이다.

그러므로 예측에 관한 가정 ③에 대한 반응으로, '과학들' 사이에서 보이는 예측의 성공의 불균등은 그 과학들의 객체의 성질과 크게 관련이 있는 것인 반면 과학주의의 수사학에서 말하는 것과 달리 그 과학들의 '성숙성'과는 거의 관련이 없다고 할 수 있다. 과학주의적 견해를 진지하게 받아들이게 되면, 현대 지질과학과 지구물리과학은 그것의 세련된 이론과 기법들에도 불구하고 그 객체의 배열에 대한 예측에서 고대 천문학보다 덜 성공적이기 때문에 (이미 존재하고 있는 것들과 관련된 곳에서조차) 고대 천문학보다 미성숙한 과학이라는 상당히 놀라운 판단에 이르게 될 것이다.

이러한 차이는 지식에 대하여 특정의 주체-객체 관계의 맥락 속에서 고려해야만, 즉 그 지식이 무엇에 관한 것인가와 그 지식의 의도는 무엇인가에 관해 함께 고려해야만 우리는 합리적으로 판단할 수 있다는 것을 다시 한 번 보여준다. 그것이 인간 행위와 관련된 곳에서는 거의 틀림없이 예측은 매우 부정확하다. 그렇지만 그것이 인간의 행위를 자극하는 한, 예측은 없는 것보다는 훨씬 나을 것이다. 참으로, 밀의 이야기를 조금 바꾸어 말한다면, 우리의 지식이 아무리 많더라도 예측에는 불충분할 것이지만, 그럼에도 불구하고 그것은 길잡이로는 가장 가치 있을 것이다.[31]

합리적 추상과 '혼란스런 개념화'

추상은 여러 방식으로 이루어질 수 있지만, 우리는 이제 마르크스가 사

---

31) Mill, *A System of Logic*, ch.9, section 2, p.585.

용한 용어들로 '합리적' 추상과 나쁜 추상 또는 '혼란스런 개념화'에 대한 구별을[32] 제안할 만한 위치에 도달했다. 합리적 추상은, 구조 등과 같이 어떤 통일성과 자율적인 힘을 갖는 세계의 중요한 요소를 분리시켜 내는 추상이다. 나쁜 추상은 분리불가능한 것을 자의적으로 분리하거나 무관하고 비핵심적인 것들을 한 덩어리로 다루며, 그것에 의해 연구의 객체를 그것의 구조와 형태를 전혀 또는 거의 고려하지 않은 채 '분할한다.' 〈그림 4-1〉은 이 차이를 예시하려는 것이다.

나쁜 추상 또는 혼란스런 개념화의 거의 논란 없는 사례로는 '서비스 고용(service employment)' 등에 보이는 '서비스'의 개념을 들 수 있다. 이 개념은 구조를 형성하지도 않고 중요한 정도로 인과적으로 상호작용하지도 않는 아주 다양한 활동들과 중요한 것들을 공유하고 있지 않은 많은 것들을 포괄한다. 그런데 일련의 믿음 속에 부적합한 개념이 포함됨으로써 빚어지는 결과는 그 개념에 얼마만큼의 '설명적 무게'가 부여되는가, 또는 그것이 우리의 행위를 어느 정도 안내하는가에 달려 있다는 것을 기억할 것이다. 그러므로 일상생활과 과학적 작업에는 그러한 혼란스런 개념화가 서술적 목적을 위한 단순한 범주들로서 아무런 문제없이 사용될 수 있는 상황이 아주 많이 존재한다. 그렇지만 '서비스' 같은 개념들은 누군가가 그러한 부류에 속하는 객체들에 단일의 인과적 힘이나 성향을 부여하게 되면 곧 문제를 야기하며, 따라서 예컨대 출장 연회업이나, 컴퓨터서비스, 지방정부와 수도관 보수 등과 같이 다양한 영역에서의 고용이 유사한 성격의 행위로 상정된다.

이제 우리는 '합리적 추상', '주의 깊은 개념화' 등과 같은 것에 대한 요청이 너무나도 언급할 가치가 있다고 생각하는 것은 말할 것도 없고 아무도

---

32) Marx, *Grundrisse*, p.100.

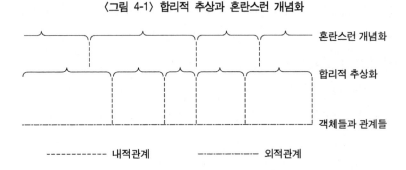

〈그림 4-1〉 합리적 추상과 혼란스런 개념화

거부할 수 없는 미덕에 대한 호소처럼 보일 수도 있다는 것을 깨닫게 된다. 그렇지만 사회과학에서는 많이 찾아보지 않더라도 혼란스런 개념화에 기초한 문헌들을 상당히 많이 발견할 수 있다. 특히 내적으로 이질적인 그리고 일관되게 움직일 것 같지 않은 객체들 사이의 양적 관계(예컨대 '서비스 고용'과 '경제발전 수준' 사이의 관계 등과 같은)에서의 경험적 규칙성에 대한 탐구에서는 이런 일이 흔하다. 이러한 종류의 작업의 대부분은 객체들의 공통적인 속성들이나 또는 특징적인 특성들이 또한 필연적·인과적으로도 중요한 속성들일 것이라는 잘못된 가정에, 그리고 좀 더 일반적으로는 인과 연관은 규칙성과 어떤 관계를 갖는다는 부정확한 가정에 근거를 두고 있다.[33]

끝으로 추상은 좋은 추상이건 나쁜 추상이건 간에 사회과학에서의 연구 대상의 일부를 형성할 수 있으며, 실질적인 효과를 갖는다. 예컨대 화폐의 사용은 노동과 상품의 구체적인 형태들의 다양한 특징들로부터의 '실질적인 추상'을 전제한다.[34] 추상의 효과는 그것들의 적절성에 좌우될 것이기

---

33) A. Sayer, "Explanation in economic geography," *Progress in Human Geography* 6, no.1(1982), pp.68-88.

34) A. Sohn-Rethel, *Intellectual and Manual Labour*(London, 1978); L. Colleti, 'Introduction' to Marx's *Early Writings*(Harmondsworth, 1975); D. Elson, *Value: the*

때문에, 우리는 그것들을 무시할 수도 없으며, 그것들에 대한 평가를 회피할 수도 없다.

추상으로부터 구체로: 마르크스주의적 연구의 사례

추상으로부터 구체로의 움직임 속에서 이론적 연구와 경험적 연구가 결합되는 방식을 보여주는 사례로 마르크스주의 이론의 응용을 선택했다. 이 사례는 추상과 구체를 구조짓는 데 있어 예외적으로 정식화된 장점을 갖는 것이다.[35]

〈그림 4-2〉는 구체적 사건 또는 국면에 대한 개념화의 이면에 자리할 수 있는 개념들의 유형들의 위계를 요약하고 있다. 이것들은 역사적 유물론의 가장 기본적인 원리(그것들의 일부는 초역사적인 필연성들, 예컨대 예술이나 과학 등의 생산을 위한 필요조건으로써 사람들은 그들 자신을 재생산할 수 있어야 하며 따라서 음식과 주거를 마련할 수 있어야 한다는 것 등과 같은 필연성을 나타낸다)로부터, '봉건제'나 '잉여가치' 같은 역사적으로 특수한 개념들과 사회 현상이 가지고 있는 '경향들'이나 기제들(화폐자본이 이윤이 가장 많은 유형의 투자로 흐르는 경향)을 거쳐, 이러한 것들이 경험되거나 '살아 있는' 훨씬 '구체적인' 수준에까지 걸쳐 있다. 이러한 수준들 어디에서도—가장 기본적인 수준에서조차도—지식은 무오류의 것이거나 또는 순전히 선험적인 것으로 취급되지 않는다.[36]

Representation of Labour in Capitalism(London, 1979). 특히 Elson & Kay의 글을 참조.
35) 추상과 마르크스주의 이론에 대한 더 자세한 논의로는 A. Sayer, "Abstraction: a realist interpretation," *Radical Philosophy*, n.28(1981); B. Jessop, *The Capitalist State*(Oxford, 1982), pp.213ff.; J. Allen, "Property relations and landlordism: a realist approach," *Society and Space* 1, no.2(1983) 참조.

〈그림 4-2〉 추상과 구체의 관계

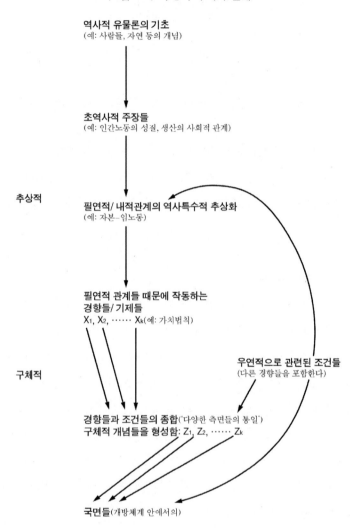

역사적 유물론의 기초
(예: 사람들, 자연 등의 개념)

초역사적 주장들
(예: 인간노동의 성질, 생산의 사회적 관계)

추상적

필연적/ 내적관계의 역사특수적 추상화
(예: 자본―임노동)

필연적 관계들 때문에 작동하는
경향들/ 기제들
X_1, X_2, ⋯⋯ X_k(예: 가치법칙)

우연적으로 관련된 조건들
(다른 경향들을 포함한다)

구체적

경향들과 조건들의 종합('다양한 측면들의 통일')
구체적 개념들을 형성함: Z_1, Z_2, ⋯⋯ Z_k

국면들(개방체계 안에서의)

이것들에 대한 이론화와 추상화에 의한 이것들에 대한 설명에서 마르크스주의는 흔히 마르크스주의 외부에서 생산된 지식의 도움을 받는다.

---

36) 이론의 선험적 요소들에 관해서는 제5장을 참조.

이러한 객체들, 구조들 그리고 기제들에 대한 추상적 개념으로부터 점차적으로 구체적인 것을 향하여 움직이면서, '이론적' 주장(예컨대, 자본과 잉여가치 사이의 관계에 관한)은 우연적으로 관련된 현상들에 대한 지식(경험적으로 발견된)과 결합되어야 한다. 예를 들어, 자본이 그것의 구조 (각각 이윤을 위해 생산하며 잉여가치의 생산에 의존하는, 경쟁적인 그리고 독립적으로 관리되는 자본들로 구성되는) 때문에 필연적으로 갖게 되는 가치법칙이 낳는 결과는 이용가능한 특정 종류의 기술 등과 같은 것들에 의해 매개된다. 달리 말하면, 우연적으로 관계된 조건들도 비활동적인 것이 아니라, 그 자체가 인과적 과정의 산물이며 따라서 그것 자체의 인과적 힘과 성향을 가지고 있는 것이다. 두 개나 그 이상의 실체들의 결합은 우연적일 수도 있지만, 그것들이 그렇게 결합될 때 일어나는 일은 필연적으로 그것들의 성질을 따르게 된다.

그런데 사회이론이라면 어느 것이나, 순전히 이론적인 주장만을 근거로 이러한 우연적 관계의 성질과 형태를 미리 알 것으로 기대할 수는 없다. 추상으로부터 구체로의 운동은 그러므로 이론적 주장을 경험적 연구와 결합해야만 한다. 이때 경험적 연구는 ① 어떤 종류의 객체들이 존재하는가(예컨대, 경제가 자본주의적인 것인가 아니면 다른 것인가), ② 그것들이 취하는 우연적 형태는 무엇인가(예컨대, 광업자본인가, 상업자본인가 등), 그리고 ③ 이런 경우 그것들은 어떤 조건(예컨대, 정치적 환경) 아래서 존재하는가 등을 발견하려는 목표를 갖는다. 각 단계에서의 우연성들에 대한 경험적 지식을 통합해야 하기 때문에, 추상으로부터 구체로의 운동은 연역적인 것이 될 수 없다. 왜냐하면 결론이 전제들로부터 완전히 도출가능하지 않거나 전제의 의미 속에 '포함되어' 있는 것이 아니기 때문이다. 예를 들어 초역사적인 주장('모든 생산은 사회관계 아래에서 수행된다')으로부터 역사적으로 특수한 주장('자본주의적 생산은 무산 노동자계급을 전제한다.')으로 움직이기 위해서는 앞의 것에

내포되어 있지 않은 역사적 정보가 첨가되어야 한다.[37]

또한 마르크스주의 이론은 구체적 분석을 발전시키면서 다른 사회이론들과 마찬가지로 그 영역 밖에서 생산된 지식을 통합해야 한다는 것도 지적해 두고자 한다. 예를 들어, 노동과정에 대한 연구는 공학으로부터 이끌어낸 지식의 도움을 받아야 할 것이다. 우연적으로 관계된 이런 현상들의 일부는 마르크스주의의 영역 밖에서 만족스럽게 이론화될 수도 있을 것이며, 일부는 재이론화를 필요로 할 수도 있을 것이다. 또 어떤 것들에 대한 이론화는 마르크스주의적 개념과 이론적 주장들 자체가 수정되어야 할 필요가 있다는 것을 보여줄 수도 있을 것이다. 마르크스주의 이론은 확실히 다른 사회이론들보다는 광범한 영역을 갖는 것으로 생각되며, 어떤 의미에서는 '총체화'하고 있다고 이야기할 수도 있다. 그렇지만 마르크스주의 이론을 적용할 때 외부의 지식을 받아들여 통합할 필요가 전혀 없을 만큼 그것이 완전하거나 자기충족적이라고 상정하는 것은 터무니없는 일이다. 마르크스주의자들은 기술의 사회적 맥락에 대해서는 상이한 해석을 할 수 있겠지만, 공학자들의 기술적 지식에 도전하지는 않을 것이다. 역으로 비마르크스주의자들도, 그들이 가진 '의미의 경계 영역'은 그들 자신의 담론의 다른 요소들에 따라 다양할 것이지만, 역사적 유물론의 가장 기본적인 몇 가지 주장들이나 또는 좀 더 구체적인 진술의 일부 제한적인 측면들은 받아들일 수도 있을 것이다.

끝으로, 의미에 대한 해석에서는 추상으로부터 구체로의 이러한 움직임이 훨씬 덜 분명하다는 것을 지적해 두어야 한다. 어떤 핵심적 개념들이 선택되는 것은 (흔히 그러한 추상화가 행하는 폭력에 대하여 거의 관심을 갖지 않은 채) 일반적인 일이지만, 우리는 행위나 담론의 의미를 해석하면서 위에서 제시

---

37) D. Sayer, *Marx's Method*(Hassocks, 1979).

한 방식으로 추상으로부터 구체로 움직이지는 않는다. 오히려 우리의 이해
는 부분을 전체에 연결시키는, 그리고 요소들을 그것에 선행하는 것들과 그
것에 뒤이을 것으로 예상되는 것들에 연결시키는 해석학적 순환이나 해석학
적 나선형을 따른다. 그럼에도 불구하고 사회적 관계와 실천들이 개념의존
적인 한 (위의 사례들에서 언급된 것들이 모두 그러하듯) 추상에서 구체로의 움
직임은 해석적 이해와 결합되어야 한다. 어색하게 들릴 수도 있지만, 사회과
학자들은 어느 정도는 직관적으로 그렇게 한다. 앞서 말했듯이 위의 재구성
또는 정식화의 요점은 연구의 비법을 제공하는 데 있는 것이 아니라, 이러한
추론 과정을 좀 더 투명하고 자의식적인 것으로 만드는 과정에 도움을 주는
데 있다.

이론적인 것과 경험적인 것에 대한 재검토

이러한 실재론적 생각들을 도입함으로써, 이제 이론에 대한 우리의 지금
까지의 매우 광범한 견해를 좀 더 정밀하게 만들고, 그것이 경험적 연구에
대해 갖는 관계를 특정화하는 것이 가능해졌다. 제2장에서 옹호한 의미로,
이론들이란 일련의 검토된 개념들로, 경험적 관찰을 수행하고 객체들을 설
명하는 데 뿐 아니라 객체들을 판별해 내는 데에도 사용된다. 이제 한 객체
에 대한 판별이나 규정은 보통 그것이 보유하고 있는 중요한 인과적 힘이
나 성향을 가리킬 것이다(예를 들면 '노동력' 자체, '보모', '병약자'). 이제 우리
는 현상을 개념화하는 것에 더하여, 이론들이 필연적이거나 내적인 관계에
관하여 그리고 인과적 힘에 관하여 또는 다른 말로 세계의 필연성에 관하여, 추
상적 수준에서 가장 강력한 주장을 한다는 것을 덧붙일 수 있다. 사물들 사이의
관계가 우연적인 곳에서는 그 관계의 형태가 언제나 경험적 문제일 수밖에 없

다. 즉, 실제의 사례들을 관찰함으로써 답변되어야 한다. 이론들은 객체들을 개념화하는 길을 제공하는 반면, 우연적인 관계들에 관해서는 불가지론적으로 남아 있어야 한다. 그러므로 예를 들어, 물리학 이론은 구리의 전도력에 관해서는 강력한 주장을 하지만, 어떤 특정의 구리 조각이 전도력이 높을 것인가에 대해서는 주장하지 않는다. 그리고 사회이론에서도 비슷하다. 임노동이 없이 자본만 존재할 수는 없다고 한다면, 이 (자본과 임노동 사이의) 관계에 관하여 이론적 주장을 만들 수 있을 것이다. 만약 제너럴 모터스 자동차 회사가 노예노동을 가지고 현재 형태로 기능한다면 이론은 참으로 곤란에 빠질 것이다. 그렇지만 그 이론은 아주 적절하게도 그 노동자가 미국인인가 영국인인가 아니면 터키 인인가 하는 우연적인 문제에 관해서는 고심하지 않는다.

제너럴 모터스 자동차 회사의 노동자의 수 등과 같은 우연적인 문제에 관한 경험적 주장에서 우리가 실수를 한다 하더라도 그것이 기본 이론에 대한 도전의 근거가 되지는 않을 것이다. 우리는 이론적 주장에는 매우 합리적으로 상당한 비중을 부여하며, 그것에 대한 논박은 진지하게 다루게 된다. 반면 우리는 우연한 사항에 관한 주장들에는 큰 믿음을 부여하지 않고, 그 주장들이 논박된다고 하더라도 그다지 근심하지 않는다. 뒤에서 논의하겠지만, 이러한 구별을 명심하지 않으면, 사회과학에서의 시험의 성질과 의미에 관하여 비합리적인 기대를 낳게 된다.

우연적 관계에 관하여, 즉 필연적인 것도 아니고 불가능한 것도 아닌 관계들에 관하여 합리적으로 우리가 강한 이론적 주장을 할 수 없다는 이야기가 곧 이러한 관계들과 관련된 현상들을 이론의 영역 밖에 놓아둔다는 이야기는 아니다.[38] 내 고향에 있는 보험회사 사무실과 공원 사이의 관계는

38) D. Harvy, "Three myths in search of reality in urban studies," *Environment and Planning D: Society and Space* 5(1987), pp.367-376; A. Warde, "Recipes for a

우연적인 것이다. 각각은 다른 것이 없더라도 잘 존속될 수 있다는 간단한 이유 때문에 강한 이론적 주장이 그것들의 공존을 설득력 있게 예상할 수는 없다. 그러나 이것이 보험회사와 공원을 이론의 독자적인 적용 범위 밖에 위치짓는 것은 아니다. 그것들을 설명하면서 금융자본에 대한 이론이나 공공재에 대한 이론이 전개될 수도 있으며, 그것들에 대한 서술은 이론중립적인 것이 아니다. 어떤 경우, 우연적으로 관계된 객체들 양쪽 모두에 동일한 이론이 적용될 수도 있다(그것들의 공존에 관해서는 강한 주장을 할 수 없다고 예상되더라도). 다시 우리는, 이론과 경험이 어떤 대비되는 측면을 가졌더라도 또한 서로를 전제하기 때문에, 이 둘의 단순한 대립이나 이원론은 정당화될 수 없다는 것을 알게 된다.

지금까지 우리는 이러한 상호의존의 한 측면, 즉 경험적 연구가 이론적으로 안내되는 방식을 강조했다. 그렇지만 경험적 연구 역시 이론에 대해 안내적일 수 있다. 즉, 경험적 연구는 기존의 이론에 의해 안내되지만 또한 새로운 이론적 주장과 개념들을 산출할 수도 있는 것이다. 그러므로 동구권 경제에 대한 연구는 복합적이고 포괄적인 계획경제 속에서 빈약한 협동과 지속적인 결핍을 야기하는 경향이 있는 어떤 필연적 속성을 판별해 낼 수 있게 했다.[39] 이 점은 계획경제—경쟁과 실업과 도산 그리고 고객에 대한 책임이 결여되어 있는—의 상황에서 이기적인 경제행위자들이 어떤 일을 할 것인가를 가설화한 사회주의 비판자들이 부분적으로 예측한 것이다. 일부는 행위자들 자신이 그들의 실천을 통하여 먼저 발견하였으며, 일부는 그 뒤에 학문적인 경험적 연구에 의해 발견되었다. 새로운 이론들을 발전시키는 이러한 상이한 그리고 상호작용하는 통로들의 존재는 사회과학에서 아

---

pudding: a comment on locality," *Antipode* 21(1989), pp.274-281 참조.

39) J. Kornai, *Contradictions and Dilemmas: Studies on the Socialist Economy and Society*(Cambridge, Mass., 1986).

주 전형적인 일이다.

이론과 경험 사이의 관계는 일반적으로 자연과학에서보다 사회과학에서 더 밀접하다. 구조가 크게 맥락 독립적인 경우(자연체계에서는 이런 경우가 많다)에 그 구조의 속성이 일단 이해되고 나면, 그에 대한 이론이 다른 사례들에 적용되더라도 지속적으로 수정될 필요는 없다. 구조가 상이한 장소에서 상이한 속도로 변화되고 있는 경우(사회들에서 이런 경우가 일반적이다), 구체적인 연구와 추상적인 연구는 자연과학의 순수연구와 응용연구에서 필요한 것보다 훨씬 더 긴밀한 대화를 가질 필요가 있다. 공학자가 물리학의 법칙을 적용하려 할 때 그 법칙이 변화한다는 사실을 발견해 낼 것이라고는 아무도 생각하지 않으며, 그러므로 공학자가 이론물리학자가 될 필요는 없다. 그러나 사회에 대한 연구자는 사회구조 자체에서의 변동에 부딪힐 가능성이 아주 높으며, 따라서 사회구조의 변화하는 성질과 힘에 관하여 어느 정도의 이론화를 해야만 한다. 그러므로 주택조합, 복지국가, 대기업, 청소년 등과 같은 제도들이 그러하듯, '서비스 계급'의 성질과 힘은 변동해왔으며 공간에 따라 변화한다. 원자와 달리 이러한 객체들은 역사와 지형학을 가지며 이런 것들은 무대나 배경을 제공할 뿐 아니라, 사회구조 자체에 대해서도 차이를 만들어 낼 수 있다. 상당히 지속적인 거의 모든 사회구조들에 대한 연구의 결과는 분명히 몰시간적인 기제들에 대한 형식적 분석이 아니라 이론적으로 안내된 그리고 이론 안내적인 서사일 가능성이 크다. 폐쇄체계의 자연과학들로부터 이끌어낸 과학 개념을 고집하는 사람들에게는 이런 서사가 유쾌하지 않을 것이지만, 그것은 사회체계가 개방되어 있을 뿐 아니라 지속적인 혁신과 질적 변동을 낳는 학습과정을 담고 있다는 사실을 반영한다.[40]

---

40) 폐쇄체계에 적합한 이론 개념에 집착하는 경제학 같은 학문분과들이 과소 사회화된 개인 개념을 가지고 있고, 역사적 변동과 지리적 분화로부터 추상하는 경향이 있다는 것

'이론적', '경험적', '추상적', '구체적'이라는 용어에 대한 이러한 '규범적 해설'의 마지막 사항으로 나는 이런 용어들에 일반적으로 결합되어 있는 친숙성(familiarity)이라는 관념으로부터 이 용어들을 해방시키고자 한다. 이 관념에 따르면 이론적 사항과 추상화는 친숙하지 않고 난해하며 비밀스러운 것인 반면, 경험적 사항은 그와 반대의 것으로 상정된다. 사실상, 모든 지식은 엄밀한 의미에서 추상인 개념들을 포함하며, 평범한 대부분의 것들은 우리가 이론적 주장이라고 규정한 것(예컨대, '우리는 모두 죽는다')을 담고 있다. 비슷하게 내가 앞에서 정의한 것으로서의 '구체성'만이 친숙한 일상적 지식과 독점적으로 결합될 수는 분명히 없다. 어느 쪽인가 하면, 그 반대이다. 왜냐하면 일상에서 우리는 흔히 객체를, '다양한 규정들의 통일'이 아니라 피상적으로만 그리고 부분적으로만 이해할 필요를 갖기 때문이다. 이 경우 일상적 지식은 추상적이다.

이론적인 것에 대해 친숙하지 않은 것이라고 연상하는 것은 오직 좀 더 중요한 철학적 구분들을 혼란시키고 일상적 지식과 과학적 지식 사이의 차이를 과장하고 오도하는 데 기여할 뿐이다. 사실상 놀라운 일이 아니라고 생각되지만, '친숙성'은 철학적으로 중요한 변수가 아니다. 또한 이론을 어려움이나 친숙하지 않음에 이렇게 연결짓는 일을 중단한다면, 그리고 개념들에 대해 기술적 이름들(사용되어 온)을 부여해야 하는 것은 아니라는 점을 기억한다면, 이론과 경험적 연구를 연결지을 수 있는 가능성을 인식하는 데 도움이 된다. 이론과 경험적 연구의 통합에 관하여 불평하는 사람들은 흔히 이론이 분리되어 나오고 이론의 개념들의 이름이 지면에서 시위할

은 우연한 일이 아니다. 경제학에서의 좀 더 진화론적이고 서사적인 접근에 대한 옹호로는 R. R. Nelson, "The tension between process stories and equilibrium models," in R. Langlois(ed.), *Economics as a Process*(Cambridge, 1986), pp.135-150; M. Storper & A. Walker, *The Capitalist Imperative*(Oxford, 1989); P. Auerbach, *Competition: the Economics of Industrial Change*(Cambridge, 1989)을 참조.

때에만 이론을 인식할 수 있다.

공간적 형태와 추상적 및 구체적 연구[41]

사회현상이 역사적으로 특수한 것이며 따라서 방법은 이것을 고려해야 한다는 주장은 일반적이지만, 그것의 지형학적 가변성에 대해서는 지리학 외부에서는 거의 관심을 보이지 않았다. 참으로 대부분의 사회과학자들은 공간을 무시한다. 그렇지만 공간은 세계에서 일어나는 일에 차이를 빚어내는 요인으로 생각된다. 빈 일자리와 일자리를 찾는 사람들 사이의 공간적 관계는 일자리 시장의 작동에 차이를 가져온다. 빈 일자리는 그것이 접근 불가능한 곳에 위치하고 있다면 실업자들에게 아무런 쓸모가 없는 것이다.

시·공간 속에서 길을 찾아내는 것으로 표현되는 사회적 과정을 상상해 보자. 객체들(사람 또는 사물)에게 일어나는 일은 시·공간 속에서 이루어지는 접촉과 연관에 의존한다. 다른 사람들과의 관계 속에서 우리는 어디에 있는가? 우리는 어떤 사람들과 접촉하게 될 것 같은가? 일어나는 일은 시·공간을 구성하는 사회적이고 물리적인 환경의 내용과 형태에 따라 달라진다. 실질적으로 우리가 살아가면서 행하는 일들은 모두 우리가 적절한 시간에 적절한 장소에 있는가 여부에 달려 있다. 보통 우리는 객체들을 이러

---

41) 공간과 사회이론에 대한 좀 더 풍부한 논의로는 D. Gregory & J. Urry(eds.), *Social Relations and Spatial Structures*(London, 1985); A. Sayer, "Space and social theory," in B. Wittrock & P. Wagner(eds.), *Social Theory and Human Agency*(Stockholm, 1991); N. Thrift, "On the determination of social action in space and time," *Environment and Planning D: Society and Space* 1(1983); A. Giddens, *The Constitution of Society*; J. Urry, "Society, space and locality," *Environment and Planning D: Society and Space* 5(1987), pp.435-444 참조.

한 구체적 무대로부터 2차적 사유 없이 추상해 내며, 역할, 제도, 직업 등의
범주들—공간 및 시간으로부터 독립적인 것으로 취급되는—을 제안한다.[42] 먼
저 우리는 사물들을 그것의 맥락으로부터 찢어낸 뒤, 그 맥락을 망각한 채
객체들을 무공간적·무시간적 자료인 것처럼 취급하고, 그 다음 그것들을
어떻게 설명할 수 있을 것인가를 고심하는 데로 나아간다. 이런 작업에는
그 사물들의 공간적·시간적 형태에 관한 정보가 결여된 채 특정 종류의 적
절한 인과적 맥락을 재구성하려는 시도가 포함되어 있다. 비록 완전히 비
합리적인 것은 아니지만, 사회적 삶에 대한 이런 설명 방식의 이례적인 성
질에 대해서는 살펴볼 가치가 있다. 그렇다면 사회과학자들이 공간을 무시
하는 것은 잘못된 것인가? 그 답은 그들이 추상적인 사회이론을 발전시키
는 데 관심이 있는가 아니면 특정의 구체적 객체들을 설명하는 데 관심이
있는가에 따라 달라진다. 이것을 증명하기 위하여 잠깐 벗어나서 공간의
성질에 관하여 간략히 논의해야 할 것이다.

대부분의 형이상학적 개념들과 마찬가지로, '공간'도 신비로우면서 동시
에 아주 친숙한 것이다. 상식적인 견해는 공간이 객체와 무관하게 존재하
며 따라서 그 속에 객체가 자리하고 있거나 아무 것도 없는 빈 것일 수 있
다는 것이다. 이것은 공간에 대한 절대적 개념을 포함한다. '빈 것은 아무
것도 아니며, 아무 것도 아닌 것은 존재할 수 없기' 때문에 이것은 모순된
것이다.[43] 그러한 개념에 따르면, 무(無)로서의 공간은 결과(우리가 '거리의
마찰' 또는 '공간의 효과' 등에 대해 이야기할 때 추론될 수 있는 것과 같은)를 낳
지 않는다고 이야기할 수 있다. 이와 대조적으로 공간에 대한 상대적 개념

---

42) T. Hagerstrand, "Time-geography: focus on the corporeality of man, society and
    environment," *The Science and Praxis of Complexity*(London, 1985).
43) J. Blaut, "Space and process," in W. K. D. Davies(ed.), *The Conceptual Revo-
    lution in Geography*(London, 1972).

에 따르면, 공간은 물질로, 즉 공간적 외연을 갖는 객체들로 구성된다. '거리의 마찰' 같은 용어들은 공간을 구성하는 특정의 실체들 사이의 마찰에 대한 줄임말로 해석되어야 한다. 그리고 우리가 자연과학으로부터 알고 있는 것처럼, 마찰계수는 실체에 따라 다양하다.[44]

그러나 공간에 관하여 중요한 그렇지만 어려운 점은 그것이 객체들로 구성되지만 객체들로 환원될 수는 없다는 것이다. 하레에 따르면[45], 상대적 공간 개념의 난해성은 다음 문자들 사이의 공간적 관계를 살펴봄으로써 설명될 수 있다.

A B C

P Q R

A와 C에 대한 B의 그리고 P와 R에 대한 Q의 공간적 관계는 정확히 동등하다. B를 Q와 바꾸는 것은 이러한 '중간성'의 공간적 관계를 변화시키지 않을 것이다. 물론 A, B, C, P, Q, R이 어떤 종류의 사물인가에 따라 그것은 특정의 인과적 힘을 활성화시키기도 하고 탈활성화시키기도 할 것이지만 말이다. 달리 말하면, 공간은 객체들 속에서 그리고 그것을 통해서만 존재할 수 있지만, 존재하는 특정 유형의 객체들과는 독립적이다. 그 문자가 어떤 종류의 사물들을 나타낸다고 하는 것은 그것이 인과 과정의 활성화와 결과에는 차이를 낳지만 공간적 관계에는 아무런 차이를 만들지 않는다. 공간적 관계가 공간을 구성하는 객체들에 대해 갖는 바로 이러한 독립성이 절대적 공간개념에 일정한 타당성을 제공한다. 그렇지만 '공간 자체'가 문

---

44) R. D. Sack, "A concept of physical space," *Geographical Analysis* 5(1973), pp.16-34.

45) Harré, *The Principles of Scientific Thinking*.

자 그대로 내용 없는 추상화라고 한다면, 일부의 지리학자들이 흔히 믿는 것처럼 '공간의 과학'이란 있을 수 없다. '공간의 물신화'는 '순수한 공간'에 그 공간을 구성하는 특정 객체들의 인과적 힘으로부터 비롯된 것을 귀속시키는 것으로 이루어진다. 이것에 대한 반발로, 일부의 상대적 공간개념 옹호자들은 공간에 대해 그 구성 객체들로 완전히 환원가능한 것으로 상정하는 정반대의 실수를 범하였으며, 그 때문에 공간이 어떻게 차이(어떤 의미에서거나)를 만들어 내는가를 알 수 없게 되었다.[46] 어떤 객체의 인과 기제가 활성화되는가, 그리고 활성화되면 어떤 결과를 낳는가 하는 것은 우연적으로 관계된 특정의 조건들에 의해 좌우된다. 그리고 이 우연적 조건들은 차례로 공간의 형태에 의해 좌우된다. 예를 들어, 사물들에 둘러싸여 있다고 우리가 이야기할 때, 우리는 공간적 관계에 관해 이야기하고 있는 것이다. 그렇지만 '둘러싸여 있다'는 것은 관련된 객체들이 그러한 접촉에 의해 인과 기제를 활성화시킬 (유독기체에 둘러싸여 있을 때 일어날 것과 같은) 그러한 것이 아니라면 아무런 물질적 함의도 갖지 않는다. 실체로부터 공간을 추상하는 것이 전혀 해롭지 않게 보일 수도 있고, 또한 참으로 서구 언어들의 구조 속에 그렇게 내장되어 있지만, 근래의 지리학자가 보여주듯이 경솔한 사람들에게는 그것이 함정 투성이다. 가장 일반적인 사례는 몰공간적인 분석에 의해 산출된 잘못된 인상을 정정하고자 하는 이론가들이 스스로 공간 자체(그것을 구성하는 특정의 객체들로부터 추상하여)에 힘을 부여하고 있다는 것을 깨달을 때 생겨난다. 철학적 논의에서는 상대적 공간개념을 옹호하는 사람들조차도 구체적 연구에서는 종종 이러한 함정에 빠

---

46) 자칭 상대적 공간 개념의 옹호자들은 대부분 이렇게 추론하는 잘못을 저질렀다. 예컨대, M. Castells, *The Urban Question*(London, 1977)을 볼 것. 역설적이게도 이런 사람들은 '공간에 대한 이론'(공간을 구성하는 사물에 대한 이론이 아니라)의 발전에 대하여 흔히 함부로 이야기하며 동시에 다른 사람들에 대해 공간물신주의라고 혹평한다.

진다.47)

그러나 우리가 내용으로부터 형식을 추상할 수 없다면 그리고 세계에 관하여 무엇인가를 이야기하고자 한다면, 우리는 형식으로부터 내용을 추상할 수 있으며 따라서 몰공간적인 과학을 가질 수 있는가? 손더스(Saunders)가 지적하듯이 대체로 뒤르켐이나 마르크스나 베버 같은 주요 사회이론가들은 공간으로부터 추상했다.48) 추상적 이론의 발전과 관련된 곳에서는 이것이 어느 정도 정당화된다는 것이 우리의 주장이다.

사회적 과정은 바늘 끝에서 일어나지 않는다. 모든 물질적인 사회적 객체들은 필연적으로 공간적 외연을 가지며, 때로는 그 객체들의 요소들의 독특한 공간적 외양과 독특한 운동력을 갖는다. 그것들이 필연적 속성인 한, 이론은 그것들을 설명하거나, 아니면 최소한 그것들을 부인하지는 않아야 한다. 왜냐하면 그것들은 발생하는 일에 차이를 낳기 때문이다.49) 더구나 사회과학이 다루는 체계들의 공간적 형태는, 신도시나 통신체계의 공간적 형태가 그러하듯, 그 체계를 구성하는 인과 기제를 조작하고 이용하기 위하여 의도적으로 배열될 수 있다. 자연에 대한 모든 조작들처럼, 이것은 우연성에 대한 이용을 포함하며, 그렇게 하여 어떤 결과가 실현된다. 추

---

47) R. D. Sack, *Conception of Space in Social Thought*(London, 1980) 참조. 이 책은 실재론적 접근을 옹호하고 있지만, 실재론 철학에서 강조하는 개방체계와 폐쇄체계 및 필연성 개념을 적절히 파악하지 못함으로써 심각한 결함을 가지고 있다. 그럼에도 불구하고 이런 제한을 염두에 둔다면, 3-19쪽과 제3장에는 공간에 대한 탁월한 논의를 담고 있다. 또한 A. Sayer, "The difference that space makes," in D. Gregory & J. Urry(eds.), *Social Relations and Spatial Structures*(London, 1985)도 참조.

48) P. Saunders, *Social Theory and Urban Question*(London, 1981).

49) 그러므로 실재론적 공간개념에 대해 '본래 우연적인 것'이라고 서술하는 것은 매우 잘못된 것이다. N. Smith, "Uneven development and location theory," in R. Peet and N. Thrift(eds.), *New Models in Geography*, vol.1(London, 1990), pp.142-163; A. Warde, "Recipes for a pudding: a comment on locality," *Antipode* 21(1989), pp.274-281 참조.

상적 사회과학은 사회적 형태의 재생산의 가능성과 문제점이 시·공간 속에서의 사회적 형태의 요소들의 통합에 의존한다는 사실을 무시할 수 없으며, 몇몇 이론가들은 그들의 추상적 작업에서 이것에 주의를 기울였다.

그렇게 하여 토지자본 운동은 필연적으로 공간의 사용에 대한 접근과 독점을 포함한다거나, 이미지들이나 화폐자본의 (사람들과 비교했을 때의) 초유동성(hyper-mobility)은 근대성의 중요한 특징이다라는 것 등이 지적되었다. 이러한 공간적 특징의 일부는 아마 매우 큰 사회적 의미를 가질 것이다. 그렇지만 그것들에 관하여 우리가 미리 이야기할 수 있는 것은, 이론적 주장의 수준에서는 잘해야 불가피하게 모호하다는 것이다. 이것은 몰공간적인 물질적 과정은 없는 반면, 대부분의 사회적 과정들은 상당한 정도로 '공간 유연성'(동일하거나 매우 유사한 사회구조가, 일정한 한계 안에서, 여러 가지 상이한 모습으로 재생산될 수 있게 하는)을 갖기 때문에 그렇다. 예컨대 자본축적이 일어나기 위해서는 자본이 노동력에 접근할 수 있어야 하며, 노동시장은 분산된 노동자들과 일자리를 연결짓는 시간과 비용에 의해 창출된 공간적 제약을 갖는다. 그럼에도 불구하고, 이것이 공간에 관하여 많은 것을 이야기하는 것은 아니며, 더 많은 것을 이야기하도록 기대할 수도 없다. 왜냐하면 이러한 제약을 충족시키는 공간적 양상이 아주 다양하기 때문이다. 어떤 공간 형태가 생겨나는가 하는 것은 아주 많은 우연적으로 관계된 과정에 의해 좌우될 것이다. 비슷하게 자본의 끊임없는 이윤 추구는 또한 '시·공간' 압축을 가져오며, 거리 극복의 비용이 낮아지면서 분업은 확대되고 세계는 '작아진다.' 다시 말하면, 이것은 사회적으로 매우 중요한 것이지만, 그러한 경향과 양립가능한 실질적인 양상들이 아주 다양하고, 다른 과정 및 상황들과의 우연적 관계에 좌우되기 때문에 주장의 내용은 필연적으로 모호할 수밖에 없다.[50] 그러므로 추상적 이론은 사회구조들의 필연적인 공간적 속성들을 기록하기 위해서, 어느 정도는 공간적 내용을 가져야 한다. 그렇지만 보통 그것들이 취할 수 있는 가능한 형태는 일정한 한계내에서 상당히 다양하며, 그것들이 자리할 수 있는 맥락의 공간적 형태는 그보다도 훨씬 더 다양하다. 이러한 무수한 우연성들 때문에 사회이론의 공간적 내용은 불가피하게 제한적이다.

사회이론들이 구조와 기제에 대한 분석을 넘어 그것의 가능한 결과에 대한 가정에까지 나아가는 경우(아마도 가설적인 폐쇄체계를 상정함으로써), 공간으로부터 추상은 심각한 오류를 낳을 것이다. 아마도 공간이 만들어낸 차이의 가장 유명한 예는 (몰공간적인) 완전경쟁 모델의 경우인데, 이것은 공간으로부터의 추상이 없어지면 곧 공간적 독점의 모델이 된다.51)

구체적인 객체들과 과정들에 대한 경험적 연구에서는 공간과 관련된 상황이 상이하다. 그 연구는 우연한 상황 속에서의 기제들의 실질적인 작동과 결과에 대한 탐구를 포함하고 있기 때문에 필수적으로 그것의 공간적 형태를 고려해야 할 것이다. 왜냐하면 그 공간적 형태가 차이를 만들기 때문이다.

폐쇄체계의 자연과학에서는, 공간적 형태의 우연성들이 일정한 것으로 상정되거나, 또는 (그것이 인과적으로 상호작용하는 것이 아닌 객체들 사이의 공간적 관계에 관련된 곳에서는) 중요하지 않은 사항으로 취급된다. 예를 들어, 지렛대의 역학이나 진자의 주기에 관한 실험에서 우리는 관련된 객체들의 공간적 외연을 주의 깊게 기록해야 하지만, 그것이 런던에서 행해지거나, 도쿄에서 행해지거나 아무런 차이가 없다.52)

---

50) 사회이론에서 공간의 역할을 좀 더 강하게 주장하는 하비나 소자 같은 사람들도 그들 자신의 이론화에서는 그러한 모호한 공간적 주장을 넘어서지 못하고 있다는 점은 의미심장하다[D. Harvey, *The Postmodern Condition*(Oxford, 1989); E. W. Soja, *Postmodern Geographies*(London, 1989)].

51) A. Lösch, *The Economics of Location*(New Haven, Conn, 1954).

52) 하레(Harré)는 이것을 '공간적 무차별의 원리'라고 부른다(*The Principles of Scientific*

사회체계들에서 우리는 훨씬 더 맥락의존적이고 또한 지속적으로 변동하는 공간적 관계를 갖게 되며, 그 체계들에 포함되어 있는 객체들이 인과적으로 관계되어 있는 경우도 있다. 놀랍지 않게, 규칙성은 기껏해야 일시적이고 공간적으로 제한된 것이다. 구체적 연구가 공간적 형태 자체에 관심을 갖지 않는다고 하더라도, 구체적인 것의 우연성들을 그리고 산출물들에 대해 그 우연성들이 만들어 내는 차이들을 이해하려면 공간적 형태를 고려해야 한다. 그렇지만 사회체계의 복잡성과 개방성을 생각하면, 환원주의적 후퇴를 시작하지 않은 채 이러한 목표에 접근하는 것 이상의 것을 하기는 실질적으로 거의 불가능하다. 예를 들어 우리의 노동시장을 보면, 적어도 전국적인 자료를 비교적 분리된 노동시장 영역들로 쪼개는 것은 가능하겠지만, 빈 일자리와 일자리 찾는 사람들의 쌍들 각각과 연결된 것으로서의 공간적 형태를 고려하는 것은 실행할 수 없을 것이다. 그럼에도 불구하고 이것은 여전히 노동시장의 공간적 형태의 효과에 대한 단지 근사치일 것이다. 왜냐하면 그것은 각 영역내의 관계들의 구체적 형태를 '뒤섞을 것'이기 때문이다. 이렇게 대체로 인지하지 못한 채 인과적 형태를 뒤섞는 것에 의해 상당한 양의 사회연구가 취약해 진다. 객체들이 관련을 맺는 실제의 형태로부터의 추상의 정도는, 최악의 경우 기제들이 그것들의 결과를 만들어 내는 과정을 간단히 감춰버리는 정도가 될 수 있다. 그 기제들은 집합적인, 즉 '탈공간화된 통계적 잡탕' 속에서 행방불명된다. 그러므로 사회과학에서 일련의 자료에 적합한 모델의 매개변수들이 다른 모델에는 거의 적용되지 않는 것은 전혀 놀랍지 않다. 어떤 경우 이러한 뒤섞음의 결과는 공간적 유연성 또는 여러 과정의 강건성(그 과정들로 하여금 맥락의 상이함에도 불구하고 비슷한 양식으로 작동할 수 있게 하는)에 의해 완화될 수도 있다. 그렇지만

Thinking).

실제의 사건에 대한 설명이 공간적 형태의 우연성을 적게 고려하면 할수록, 그것들은 구체적이라는 주장을 적게 할 수밖에 없다.[53)

결론

제3장과 4장에서 나는 의도적으로 연구 대상의 성질(관계의 유형, 구조, 인과적 힘, 개방체계와 폐쇄체계, 공간적 형태 등), 방법(추상, 구조적 분석, 일반화, 인과적 분석 등), 목표(설명, 계산, 예측, 이해)에 대한 논의와, 명제적 지식의 유형(관련 법칙, 이론적 주장, 경험적 문제) 사이를 넘나들었다. 여기서 나는 양립가능성과 양립불가능성의 형태들 속에, 즉 어느 한 형태의 지식이나 진술이 맥락과 무관하게 성공적일 수 없는 그러한 영역들 사이의 관계 속에 상호의존이 존재한다는 것을 입증하고자 했다. 예컨대, 어떤 체계의 차원들을 계산하거나 예측할 수 있는 가능성, 그리고 그것의 실천적 적합성은 그 체계가 개방적인가 폐쇄적인가에 달려 있다. 그러한 상호의존의 형태들을 옹호하면서 나는 또한 널리 유포되어 있는 특정의 과학개념―이 책에 제시된 것과는 다른―이 제한된 목표들에 적용될 때 그리고 제한된 유형의 객체들에 적용될 때 (예측이라는 목표와 폐쇄체계라는 객체에 적용될 때) 어느 정도의 신빙성과 실행성을 끌어낼 수 있음을 제시하고자 했다. 그럼에도 불구하고 그 과학개념은 이러한 제한적인 조건을 사실상 보편적인 것으로 간주하는 암묵적인 가정을 악용하고 있다. 마찬가지로, 상식적인

---

53) 내가 다른 곳에서 주장했다시피, 일부 지리학자들에게서 보이는 것처럼 공간으로부터의 추상의 위험을 과장하지 않는 것이 중요하다. 사회과학자들이 그렇게 오랫동안 별 탈없이 이런 추상을 해왔다는 사실을 근거로 그들이 전적으로 옳다고 상정해서는 안 되지만, 지리학자들의 분과학문적 제국주의의 파도 속에서 사회과학자들을 기각해서도 안된다(Sayer, "The difference that space makes"; "Space and social theory").

개념(예컨대, 절대적 공간이라는 개념)에 대해서도, 그것을 비판할 뿐만 아니라 그것을 이해하는 것—그 개념의 객체, 목표 그리고 방법이 어느 정도의 실천적 적합성을 갖는 측면이 있지는 않은가를 살펴봄으로써—이 중요하다. 검토된 지식은 그것이 '과학'이건 인문학이건 간에 부분적인 실천적 적합성에 즉 '그런대로 때우는 것'에 만족하지 않고 모든 영역에서의 그것의 적합성을 극대화하고자 추구한다. 이것을 성취하고 주체와 객체 사이의 관계의 분화된 특성을 이해하기 위해서는 우리는 통상적인 방법론자들에게서 볼수 있는, 모든 목적에 적합한 단일의 과학 모델에 대한 성배(聖杯)의 추구를 포기해야 한다. 물론 이것은 사람들에게 아무런 목적에 대해서나 아무런 옛날 방법들을 되는대로 사용하라고 권장하는 것이거나 관대한 절충주의로 타락하는 것이 아니다.

이 장에서 소개한 방법은 1차적으로 질적인 것이었다. 논란이 심한 철학적 쟁점에 대해 더 많은 토론을 필요로 하는 사람들은 먼저 제5장을 살펴보고자 할 터이지만, 양적인 방법에 대해서는 제6장에서 좀 더 자세히 검토할 것이다.

제 5 장

과학철학에 영향을 미치는 몇 가지 불행

제3장의 첫머리에서 논의한 것처럼 지식과 과학에 대한 실재론적 해석은 정통적인 과학철학들과 상당한 차이가 있는 것이다. 정통 과학철학들은 사회과학의 실제에 광범한 영향을 미쳐 왔으며, 그 영향은 대체로 해로운 것이었다고 나는 믿고 있다. 이런 이유 때문에, 나는 이제 사회과학에 대한 실재론적 접근을 상술하는 일을 잠시 멈추고 정통 과학철학들의 핵심적인 요소들을 약간 다루고자 한다. 나는 이 장의 논의가 실재론을 비판하는 사람들이 기댈 수 있는 철학적 입장들을 침식시킴으로써, 지금까지 내가 이 책에서 제시한 주장들에 대해 가능한 몇 가지 반대들에 반박하는 것이 되기를 기대한다. 이 논의는 일반화의 불만족스런 성질에 대한 비판에, 그리고 다음 절들에서 논의될 다른 몇 가지 접근들과 방법들에 대한 비판에 내용을 채우는 데에도 도움이 될 것이다.

서론에서 밝혔듯이 이 장은 1차적으로 사회과학 철학에서의 몇 가지 주요 논쟁들에 이미 친숙한 사람들을, 즉 반대를 제기할 만한 사람들을 겨냥

하고 있다. 이런 논의에 끼어들기를 꺼리는 독자들은 곧장 제6장으로 넘어
가도 괜찮을 것이다.

원자론과 귀납 및 인과 추정의 문제

귀납의 문제는 아마도 과학철학자들이 다루기 좋아하는 수수께끼일 것
이다. 이 문제는 지금까지 늘 사건들의 특정한 연쇄가 관찰되었다고 하여
우리가 논리적으로 앞으로도 늘 그 연쇄가 관찰되리라고 상정할 수는 없다
는 사실과 관계된다. 아침이면 늘 해가 떠올랐다는 우리의 지식으로부터
논리적으로 그런 일이 앞으로도 계속되리라는 것이 도출되지는 않는다. 관
찰된 사건들의 유한한 집합을 근거로 사건들의 무한한 집합에 관해 타당한
추론을 할 수는 없는 것이다. 이 문제는 그것의 난폭하게 보이는 함의 때문
에 '철학의 수치'라는 이름을 얻었다. 만약 그 문제가 사실이라면, 우리는
행위에서 과거의 경험을 믿을 확고한 근거가 없게 된다. 미래의 기제들은
존재하거나 작동하기를 멈출 것이며, 따라서 그것들의 활동방식에 관해서
는 아무런 필연성도 없게 된다. 우리는 경험으로부터 배울 수 없으며, 심지
어 과거에 실수였던 것이 미래에도 반드시 실수일 수는 없기 때문에 실수
로부터도 배울 수 없다.[1]

인과 관계의 문제는 귀납의 문제와 밀접한 관련을 갖는데, 이때에는 인과
관계가, 발생되는 것으로 관찰되어 온 사건들의 규칙적인 연쇄나 불변적인
결합으로 개념화된다. 인과 관계의 문제란 사건 C에 사건 E가 이어지는 그
러한 연쇄가 주어질 때, 우리가 C와 E는 인과적으로 연결되어 있다고 정당

---

[1] R. Bhaskar, *A Realist Theory of Science*(Leeds, 1975), pp.215ff.

하게 이야기할 수 없다는 문제이다. 우리가 관찰한 것과 그 상황에 관하여 우리가 알 수 있는 것은 사건 E가 사건 C에 이어졌다는 것이 전부이다. 약간의 불변적 결합이 참으로 보편적인 것이란 점이 확인되었다고 하더라도 C와 E의 관계는 여전히 우연적일 것이다. 이러한 설명에 따르면 '원인', '효력', '산출' 등의 관념은 모두 그것의 기원에서 순전히 '심리적인' 것이다. 일부의 해석들은 그 개념들을 과학에서 모두 배제한다. 이것이 참이라면, 이러한 견해에 따르면 인과 관계는 규칙적인 연속에 지나지 않으므로, 인과 과정으로 추정된 것(시계의 작동 등과 같은)과 우발적인 연쇄 또는 결합 사이에는 아무런 실질적인 차이도 없다는 이야기가 된다.

이 두 문제의 전제들, 특히 인과 관계 문제에서 서술하는 인과 관계 개념은 우리가 앞 장에서 제시한 것에 비추어볼 때 이상하게 보일 것이며, 그 결론은 우리의 경험과 조화되지 않는다. 그렇지만 그것의 논리는 견고하다. 이것에 대응하여, 많은 사람들은 과학과 실생활에서의 귀납의 성공에 호소하고자 한다. 그렇지만 철학자들이 환희에 싸여 지적하듯, 그러한 주장은 귀납에 의해 귀납을 정당화하는 시도이기 때문에 순환적인 것이다. 그러나 다른 대응도 있다. 나는 귀납의 문제 및 인과 관계의 문제에서 그 논증은 타당하지만 그것의 결론을 꼭 받아들여야 하는 것은 아님을 입증하고자 한다. 그 결론은 비합리적인, 참으로 불합리한 전제들로부터 도출된 것이기 때문이다. 또한 나는 귀납의 문제에 관한 많은 논의들이 사실상 두 가지 분리된 문제들을 혼동해왔으며, 과학에서 귀납의 사용은 생각보다 많지 않으며 그것이 사용되는 한 그것의 서술은 언제나 수정된다는 점을 입증하고자 한다.

귀납의 문제가 제기되는 방식으로부터 우리는 이미 관찰한 사건들로부터 아직 관찰되지 않은 사건들을 추론하고자 하는 관찰자의 모습을 떠올리게 된다. 관찰이 개념적으로 매개된 것이라는 점, 대상들은 오직 특정의 서

술 아래에서만 알려질 수 있다는 점, 또는 이미 이루어진 관찰의 오류가능
성 등에 관해서는 아무런 언급도 이루어지지 않는다.[2] 더욱이 통상적으로
정의된 귀납의 문제는 납득하기 아주 어려운 원자론의 교의를 전제하고 있
다. 다른 형이상학적[3] 믿음들과 마찬가지로 원자론이 참인가, 거짓인가를
결론적으로 입증할 수는 없으며, 다만 그것이 우리의 가장 믿을 만한 지식
과 양립가능한가 여부에 비추어 좀 더 타당한가 아니면, 타당하지 못한가
를 검토할 수 있을 뿐이다. 원자론에는 두 개의 분파가 있다. 존재하는 것
에 대한 이론과 관련되는 존재론적 분파에서는, 세계가 분리되고 구별되는
시점이나 지점에 존재하는 분리되고 구별되는 원자적 요소들로 구성된다
고 주장한다. 원자적이기 때문에 이 기본적인 요소들은 내적 구조나 분화
를 갖지 않으며, 인과적 힘도 갖지 않는다. 우리가 알고 있는 여러 가지 객
체들은 이러한 원자들의 상이한 조합들에 지나지 않는다. 객체들 사이의
모든 관계들은 외적이고 우연적인 것이며, 모든 연쇄들은 우발적인 것이
다. 이러한 가정은 지식이론과 관련되는 인식론적 분파와 짝을 이룬다. 이
분파에서는 관찰을 단순하고 문제가 없으며 분리할 수 없는 '읽기
(readings)'로 파편화되는 것으로 묘사한다. 이 두 분파들은 서로를 강화한
다. 객체들이나 사건들이 '점모양(punctiform)'이라면 그것들에 대한 이러한
관찰은 매우 타당한 것이며, 또한 그 역도 성립한다.[4]

그런데 이론중립적 관찰이라는 개념이 이제는 거의 유지되지 못하고 있
음에도 불구하고, 무의식적으로 유지되고 있는 원자론은 관찰이 이론의존

2) R. Harré, *The Philosophies of Science*(Oxford, 1972), p.39.
3) 형이상학은 시간, 공간, 물질 또는 관계 등과 같은 우리가 그 속에서 사유하는 가장 기
   본적인 범주들의 의미를 대상으로 하고 있다. 일부에서 함축하는 경멸적인 함의에도
   불구하고 이런 또는 저런 형이상학적 관여로부터 벗어날 수 있는 사유체계는 있을 수
   없다.
4) Harré and E. H. Madden, *Causal Powers*(Oxford, 1975).

적이라는 것의 의미를 충분히 통찰하기 어렵게 만들고 있다. 객체들과 사건들이 복합적으로 분화되고 구조화된 것이 아니라 원자적인 것이라고 한다면 개념들과 도식들(shemata)―이것에 의해 그 객체들과 사건들을 관찰할 수 있는―을 발전시키는 데 왜 그렇게 많은 지적 노력이 필요한가 하는 것이 불분명해지기 때문이다. 그 대신 질서 짓는 틀을 창안하는 활동에 주의를 집중하면 될 터인데 말이다.

흔히 관찰 및 그 대상들에 대한 이러한 환원론적 견해는 상징에 의한 관념의 재현에 대한 숭배에 의해 '감춰진다.' 일단 모든 논의가 우리가 사건 e_1, e_2, …… e_k에 관한 관찰 o_1, o_2, …… o_k로부터 이끌어낸 지식의 지위에 입각해서 틀지어진다면, 과학자(또는 '지식인')로서의 우리의 작업의 대부분이 흔히, 우리가 환원적으로 '사건들'이라고 부르는 변동들이나 객체들 사이에서의 그리고 그것들 내에서의 복합적이고 미묘한 분화를 파악할 수 있게 해 주는 개념들을 발견하는 일과 관련되어 있다는 것을 잊기 쉽다. (철학자들도, 상징이라는 관념이 그 자체로 분석의 엄격성을 증가시키기에 충분하다는 편견에서 자유롭지 못하다: '정신위생'은 그것의 벌점을 가지고 있다.)

관찰이 연속적인 것이 아니라 '점모양'이라고 보는 가정은 원자론의 인식론적 분파의, 그리고 일반적으로 이론중립성에서 탈선하지 않는 입장의 아주 터무니없는 측면이다.[5] 뒤에서 보겠지만, 이것은 변동에 대한 우리의 지각에 관하여 우스꽝스런 함의를 발생시킨다. 철학자들이 그러한 이상한 견해를 스스로 납득시키는 방법은 아마도 이제는 대체로 포기된 지식의 절대적 기초에 대한 요구라는 맥락 속에서 좀 더 쉽게 이해될 수 있을 것이다. 이 요구가 취하는 한 가지 형태는 지식을 특정의 교정불가능한 관찰진술에 근거짓고자 시도하는 것이며, 이것은 조사연구를 논란의 여지가 없(다고 기대

---

5) A. R. Louch, *The Explanation of Human Action*(Oxford, 1966) 참조.

되)는 가장 단순하고 원시적인 관찰로 자연스럽게 이끈다. 점모양의 관찰은 너저분한 그리고 끊임없이 변화하는 관찰보다 요건을 더 잘 충족시켰다. 마찬가지로, 단순한 관찰 대상들은 내적으로 분화된 다면적인 대상들보다 더 적절한 정박점으로 보였다. 그렇지만 원자론의 가정은 모든 관계가 외부적이고 우연적인 것이라는 가정을 수반하고, 이것은 차례로 연쇄나 유형에 관하여 (그것을 구성하는 원자들에 관해서는 확실성이 있을 수 있다하더라도) 확실성이나 또는 심지어 확신조차도 있을 수 없다는 것을 의미하기 때문에, 확실성에 대한 이러한 독특한 요구는 바로 귀납의 문제라는 형태로 심각하게 실패했다.

원자론은 변화에 대한 이해에 대해서도 문제를 야기한다. 제노(Zeno)의 유명한 역설들 가운데 하나는, 시간이 불연속적으로 구별되는 점들로 이루어진다고 보는 원자론적 견해에 입각해서는 운동을 이해할 수 없다는 것을 보여준다. 화살이 시간 속의 각각 구별되는 점에 그리고 공간 속의 다른 점이 아니라 어떤 단일의 구별되는 점에만 있을 수 있다면 그 화살은 움직일 수가 없는 것이다. 게오르게추-로이겐(Georgescu-Roegen)이 주장하듯, '어떤 한 점에 있는 것은 움직이거나 진화할 수 없다. 움직이거나 진화하는 것은 어떤 한 점에 있을 수 없다.'[6] 시간의 한 순간이라는 관념은 무의미한 것이다. 움직임과 휴식은 지속으로서의 시간을 점유해야 구별가능하다. 그러므로 우리가 이를테면 식물의 성장에 대한 서술을 불연속적으로 구별되는 시간들에서 발생하는 구별되는 단계들로 분리시키는 습관을 가지고 있다면, 우리는 그 성장이 어떻게 일어나는가를 알아내기를 기대하기 힘들다.

불연속적 시간이라는 가정을 제외하더라도, 그밖의 원자론적 객체라는 가정들도 여전히 변동을 이해하는 데 문제를 야기한다. 그렇게 되면 이해

---

6) *The Entropy Law and the Economic Process*(Cambridge, Mass., 1971), p.64.

가능한 형태의 유일한 변동은 위치이동에 의한 이동과 변동이다 (다른 공을 때려서 움직이게 하는 당구공의 모델은 이것의 전형적인 변동—그리고 인과 관계의—의 모델이다). 고정된 객체들이 충돌할 때에는 이런 상황이 일어날 수도 있을 것이다. 그렇지만 여기서는 모든 객체들이 환원가능하고 구조 없고, 힘 없는 또는 인과적으로 불활성인 (변동을 일으킬 수 없는) 원자로 취급되기 때문에, 객체에 내재된 질적 변혁을 통하여 발생하는 변동의 가능성은 독단적으로 배제된다.

원자론의 가정을 버리게 되면, 어떤 변동은 사물들 사이에서의 변동이 아니라 안에서의 변동이라는 것과 그 사물들의 성질에 의해 필연적으로 일어날 수 있는 변동이라는 것을 알아내는 것이 가능해진다. 외적 관계와 함께 내적 관계 (즉 인과적 힘과 성향을 갖는 내적으로 구조지어지고 분화된 객체들) 둘 모두를 인정하는 존재론에 입각할 때에만 질적 변동과 단순한 사건들의 연속을, 그러므로 필연적이고 인과적인 변동 및 관계와 우연적인 그것들을 구별할 수 있다.[7] 인과 관계 문제의 기본적인 결함은 간단하다. 우리가 원자론을 가정함으로써 사물들 사이에 그리고 내부에 실재하는 연관의 가능성을 처음부터 자의적으로 배제한다면, 놀랄 것도 없이 우리는 이러한 전제들로부터 출발하는 논증에 의해서는 인과 연관을 찾아낼 수 없다는 것이다. 실재론적 설명에서도 외적·우연적 관계를 인정하지만 그것을 보편화시키지는 않는다. 객체들과 그것들의 인과적 힘 사이의 관계 등과 같은 내적·필연적인 관계도 존재한다.

귀납의 문제에 답하기 위해서는 구분되는 두 가지 문제, 즉 무엇이 존재할 수 있는가에 관련되는 존재론적 문제와 우리의 지식의 지위에 관련되는 인식론적 문제를 융합함으로써 발생하는 통상적인 혼동을 제거할 필요가

---

7) Harré & Madden, *Causal Powers*, p.6, 110.

있다. 하레와 매든이 '귀납의 큰 문제'라고 부른 존재론적 문제는[8] 세계 자체가 변동하여 이전의 배열이 더 이상 유지되지 않는 일이 논리적으로 가능하다는 생각과 관련된다. 물이 더 이상 물이 아니고 또 땅은 더 이상 우리가 알던 땅이 아닐 수도 있는 것이다. 그런데 이 사실이, 많은 사람들이 생각하듯, 현재의 우리의 세계에 있는 모든 것들(객체들과 그것들의 속성 사이의 관계까지를 포함하여)이 단지 우연적으로 관계되어 있을 뿐이라는 이야기가 되는 것은 아니라는 것을 깨닫는 것이 중요하다. 현재의 지식을 신뢰할 근거가 우리에게는 없다는 함의를 갖는 이러한 통상적인 잘못된 결론에 미혹되지 않는다면 우리가 이 '귀납의 큰 문제'에 대해 잠 못 이루며 근심할 필요는 없다. 세계가 우리가 느낄 수 있을 만큼 점차적으로 변화되는 것이 아니라 갑자기 근본적으로 변동하는 무서운 날이 온다면 그리고 우리가 그 때까지 살아 있다면 우리는 아마도 그것을 알아채고 우리의 지식을 다시 재건하기 시작할 것이다(중요한 것인데, 새로운 자연적 필연성을 발견하려는 노력에 의하여 그렇게 할 것이다). 그 날이 올 때까지는 현재 세계의 자연적 필연성에 대한 우리의 지식을 포기하지 않아도 될 것이다. 유한한 수의 관찰된 사건들을 기초로 무한한 수의 사건들에 관하여 추론하는 것은 참으로, 사건들이 우연적으로 관계된 곳에서는 분명히 위험하고 논리적으로 부당한 일이지만, 그것들이 필연적으로 관계된 곳에서는 그렇지 않다.

실재론적 견해에 따르면, 자연의 제일성(uniformity)은 우연적으로 관계된 사물들의 연쇄의 '우발적인' 규칙성들로부터 생겨나는 것이 아니라 사물들 자체의 내적 관계와 구조와 작동방식으로부터 생겨나는 것이다.[9] 더욱이 오직 그러한 견해에 근거할 때에만 '물리적 불가능성'이라는 개념도 납득가능하게 된다. 어느 순간에나 '귀납의 큰 문제'가 위협으로 뿐 아니라 사

---

8) Ibid., p.75; Bhaskar, *A Realist Theory of Science*, pp.215ff.
9) Ibid.

고로도 출몰하는 원자론적 틀에서는 속담 속의 낙타가 바늘귀를 통과하는 일을 막을 수 있는 것이 없다. 객체들이 구조와 인과적 힘과 성향들을 가지고 있지 않다면 그리고 언제나 서로 연관되어 있지 않다면, 아무런 일이나 일어날 수 있고 지식의 구조는 모래 위에 쌓은 것이 될 것이다.

귀납의 두 번째 문제 또는 '귀납의 작은 문제'[10]—흔히 이 문제는 귀납의 큰 문제와 혼동되고 있다—는 우리의 지식이 원칙적으로는 모두 오류가능성이 있다는 것이다. 그 자체로 이것은 귀납의 특수한 문제가 아니라 우리가 아직까지 하지 않은 관찰들에 대해서 만큼이나 지금까지 해 온 관찰에 대해서도 관련 있는 일반적인 것이다. 그렇지만 우리의 지식이 잘못된 것일 수 있다는 이 가능성—이것은 우리의 지식과 세계 사이의 관계로부터 생겨난다—이 실재 세계에서의 모든 관계들이 그 자체로 외부적인 것이라는 이야기로 귀결되는 것은 아니다.

귀납의 문제를 다루면서 이제 나는 귀납적 추론이 쓸모 있는 상황들을 간략히 논의하고자 한다. 귀납이 유일한 추론 양식은 아니며, 사건들의 규칙적인 연쇄의 발견과 예측이 우리의 유일한 관심인 것도 아니다. 과학자들과 보통사람들은 모두 어떤 종류의 사물들이 존재하는가, 그 사물들은 어떻게 생겼는가, 짜임새와 힘과 성향은 어떠한가에 관심을 가지고 있으며 아마도 이것들에 더 관심을 가질 것이다. 그리고 무슨 일이 일어날 것인가를 예측하기보다는 일어나는 일을 설명하는 데 더 많은 관심을 가질 것이다. 인과적 힘에 대한 가정은 귀납이 아니라 역행추론(re-troduction)을 포함한다. 객체의 성질과 구성에 대한 후속의 탐구들에 의해 그 역행추론이 성공적인 것으로 입증된다면,[11] 우리가 과거의 연쇄들로부터의 귀납에 의

---

10) Harré & Madden, *Causal Powers*, p.75.
11) 물론 이 주장은 오류가능성을 가진 것(또는 원한다면, '귀납의 작은 문제'에 빠질 취약성'이 있는 것)이다. 그렇지만 그러한 측면에서는 이 주장도 관찰진술들이나 또는 연

존할 필요는 없는 것이다.[12] 그리고 이미 이야기했다시피, 예컨대 홍콩독
감의 발생과 인플레이션율 사이의 강한 상관관계 등과 같은 거짓된 관계의
경우, 우리는 감히 그 연관이 지속될 것이라고 귀납적으로 추론하지는 않을
것이다. 그러한 추론이 귀납의 논리적 (큰) 문제와 충돌할 것이기 때문에 그
러는 것이 아니라, 관련된 객체들에 대한 우리의 지식으로부터 그것들이 인
과적으로 관계된 것이 아니라는 믿음을 갖게 되기 때문에 그러는 것이다.

인과 관계가 확인되지 않고 의심되는 경우, 가능한 결과가 우리에게 아
주 중요하다면 우리는 귀납적 추론을 중시하는 선택을 할 수도 있다. 특정
의 화학물질을 가지고 작업하는 사람들이 어떤 질병에 감염되는 것으로 나
타났다면 우리는 아마도 앞으로도 그 물질을 가지고 작업하는 사람들도 그
질병에 감염될 것이라고 귀납적 추론을 할 것이다. 그 질병을 만들어 내는
기제를 아직 성공적으로 역행추론하고 판별해 내지는 못했더라도 우리는
화학물질의 종류와 사람들의 성질에 기대어 그 질병에 책임 있는 인과 기
제가 그러한 조건과 깊은 관련이 있을 것이라고 판단할 것이다. 그러한 추
론은 논리학으로부터 보증받는 것이 아니다. 논리적으로는 화학물질을 가
지고 작업하는 일을 거부할 타당한 이유가 없다. 그렇다면 유한한 사례들
에서 관찰되는 규칙성이 보편적일 것이라는 추정은 단순한 추론이 아니다.
오히려 우리의 추정은 가능한 인과적 힘과 그것들을 중시하거나 무시하는
것의 가능한 결과에 대한 판단에 의존한다. 위의 사례에서는 네 가지 가능
성에 대해 평가할 것이다.

① 화학물질은 위험하며 우리는 계속 그것을 사용한다

역에 의해 도달된 진술들과 차이가 없다(물론 미래의 우연성들에 관한 주장들보다는
불명확성이 훨씬 덜한 것이지만).

12) Bhaskar, *A Realist Theory of Science*, p.220.

② 화학물질은 위험하지 않으며 우리는 계속 그것을 사용한다

③ 화학물질은 위험하며 우리는 그것의 사용을 중지한다

④ 화학물질은 위험하지 않으며 우리는 그것의 사용을 중지한다

요약한다면, 우리가 사건들이 인과적으로 연관되어 있다는 충분한 지식을 가진 경우에 우리는 귀납할 필요가 없다. 그러한 지식에 기초하여 우리가 문제의 사건들이 실제로는 단지 우연적으로 관계된 것이라는 것을 알고 있는 경우(홍콩독감과 인플레이션 사이의 관계의 경우와 같은)에 우리는 귀납을 사용하지 않는다. 그리고 사건들이 필연적으로 관계된 것인지 아니면 우연적으로 관계된 것인지 명확하게 알지 못하는 경우(작업과 위험 사이의 경우와 같은), 우리는 귀납의 논리적 문제에 관한 논의를 참고해서가 아니라 대안적 가설들이 타당한 것일 때 행위에 미치는 가능한 결과에 관하여 실천적인 판단을 하여 어느 것을 취할 것인가 또는 어떻게 할 것인가를 결정한다. 귀납과 인과 관계에 대한 정통적인 설명은 우리의 지식에서, 겉보기에 단순하고 점모양의 '사건들'에 대한 단순한 점모양의 관찰 속에 담겨 있는 것을 제외한 모든 것을 없애버린다. 객체들 사이의 관계에 관한 불확실성은 객체들 자체에 대한 우리의 지식에 대한 순진한 원자론적 견해의 보완물이다.

필연성

귀납과 인과 관계에 대한 이러한 정통적인 설명과 그것에 수반된 문제들은 자연 속의 필연성을 언급하지 않거나 아니면 명시적으로 그것을 배제한다. 이제 나는 이러한 배제의 기초를 이루는, 필연성에 관한 몇 가지 공통

의 혼동을 밝히고, 필연성을 언급하는 설명에 동어반복적인 것이 자리하고
있다는 비난을 논박하고자 한다.

중심적인 문제는 논리적 필연성이나 가능성—진술들 사이의 관계와 관련
되는—과 자연적 또는 물질적 필연성이나 가능성—사물들 사이의 관계와 관
련되는—을 혼동하는 것이다. 그런데 개념적 변동은 일반적으로 우리의 지
식의 실천적 적합성을 높이고자 시도하기 위하여 또는 우리의 개념들이 세
계의 구조를 '지도를 그리는(map)' 능력을 높이고자 시도하기 위하여 도입
된다는 것을 앞에서 이미 지적했다.13) 우리가 세계의 필연성이나 내적 관
계를 발견했다. 확신할 때 우리는 종종 관련된 객체들에 대한 정의의 관계
부분에 대하여 언급함으로써, '개념적 필연성(conceptual necessity)'의 형태
로 그것을 우리의 담화 속에 반영할 수도 있을 것이다. 예컨대, (생물학적
의미에서) 아버지란 자식을 가지고 있거나 아니면 가졌던 남자라는 것은 정
의상 참이다.14) 그렇지만 이것은 남자와 생식 사이의 관계 속에서 경험적
으로 발견된 자연적 필연성을 나타내기 위하여 개념적 필연성을 사용하였
기 때문에, 동어반복이나 자의적인 정의에 지나지 않는 것이 아니다. 자식
은 생물학적인 아버지와 어머니가 없이는 세계에 나타날 수 없다는 것은
단순히 우리의 정의상의 말장난에서 나온 것이 아니다. 분명히 어떤 원주
민들은 생식에서 남성이 어떤 역할을 한다는 것을 깨닫지 못하고 있으며
따라서 그들의 언어에는 '아버지'라는 단어에 해당하는 말이 없다. 그러한
자연적 필연성의 발견에 이어, 지금까지 우연적으로 관계된 요소들로 이해
되어 왔던 것들이 때로는 객체에 대한 정의의 일부가 된다. 정의는 자의적
으로 발명된 것이 아니다. 정의가 실재하는 객체를 가리키고자 할 때, 그

---

13) '지도 그리기' 등과 같은 비유에 관해 제2장에서 제기한 제한을 상기할 것(A. Collier,
    "In defence of epistemology," *Radical Philosophy* 20, 1979).
14) Harré & Madden, *Causal Powers*, p.48.

정의는 자연적 필연성을 개념적 필연성의 형태로 언어 속에 '지도를 그리게' 또는 '담아내게' 만들어질 수 있는 것이다.[15]

그렇지만 발견된 필연성들이 모두 개념적 또는 논리적 필연성의 형태로 언어 속에 '담아내지는' 것은 아니다. 왜냐하면 일부의 필연성들은 우연적으로 관계된 진술들에 의해 서술될 수 있기 때문이다.[16] 인간의 생존과 먹는 일 사이의 물질적 관계는 필연적인 것으로 인식되지만, 인간들에 대한 정의는 이 관계를 단순히 논리적 참으로 보이게, 즉 정의에 의해서만 참인 것으로 보이게 '담아내지'는 않는다. 아마도 그 이유는 그런 정의라면 인간을 다른 동물들과 구별짓지 못할 것이기 때문일 것이다. 그러므로 '자본 축적을 중단한 자본가는 자본가이기를 중단한 것이다'와 같은, 처음에는 단지 정의의 문제인 것처럼 보이는 진술에 부딪혔을 때, 우리는 그러한 정의와 유사한, 실재하는 객체나 구조가 있는가 여부를 질문할 필요가 있다. 즉, 그 객체가 d라는 특징을 상실하더라도 a와 b와 c라는 특징을 유지할 수 있는가를 질문할 필요가 있다. a, b, c, d가 독립적으로 판별될 수 있다면 (이 이야기가 그것들이 독립적으로 존재할 수 있다는 뜻은 아니다) 그 주장이 단지 정의에 의해서만 참인가 아니면 실재하는 세계에 대해서 '참'인가 여부를 결정할 수 있다.

세계에 관하여 무한한 수의 정의들과 그밖에 논리적으로 필연적인 진술들을 생각해 낼 수 있고 그것들의 대부분이 불합리한 것일 수 있지만, 그

---

15) '정의상, 가난한 사람들은 정치적 이데올로기에서 보수적이다' 등과 같은 자의적인 주장들에 대한 반발을 상상한다면 이 점을 명확히 하는 데 도움이 될 것이다. 하레와 마든은 다음과 같이 논평한다. '실체의 성질과 그것의 힘 사이의 관계가 자연적으로 필연적인 것이라면, 우리는 그것이 실체에 관한 후천적인 참이라고 주장하며, 그러므로 그 세계에서 그러한 실체는 이전의 그리고 좀 더 순진한 서술—이 서술에서는 그렇게 서술된 그 실체의 성질이, 나중에 그것의 실재의 성질의 필연적인 결과인 것으로 발견되는 그것의 힘과 성향들에 단지 우연적으로 관계된다—에 대한 대안일 수 있다고 주장한다'(ibid., p.80).

16) Bhaskar, *A Realist Theory of Science*, p.201.

중 몇 개는 세계의 필연성을 성공적으로 판별해 낼 것이다. 예컨대 자본가라면 『경제신문』 읽기를 중단할 수는 없다고 내가 주장했다고 할 때, 자본가이기 위한 그밖의 다른 필연적인 특징들로 생각되는 것(예컨대, 이익을 남기고 팔기 위하여 재화의 생산에 돈을 대는 것)을 독립적으로 판별해 낼 수 있다면 우리는 나의 주장이 세계에 대하여 '참'인가 아니면 단지 실용적으로 적합한 것인가를, 즉 그것의 논리구조가 실재세계의 구조를 성공적으로 '지도를 그리는가'를 쉽게 검토할 수 있다.

그런데 많은 철학자들이 분석적 진술과 종합적 진술 사이의 구분이 상당히 중요하다고 지적해왔다. 여기서 분석적 진술은 그것들이 포함하고 있는 단어의 의미에 의해 정의상 참이거나 거짓인 진술을 가리키며, 종합적 진술은 세계가 존재하는 (또는 존재한다고 믿는) 방식에 의해 참이거나 거짓인 진술을 가리킨다. 앞의 논의에서 나는 이러한 구분이, 적어도 몇 가지의 정의들은 세계가 존재하는 방식에 대한 경험적 지식에 기초하고 있기 때문에 근거 없는 것임을 입증했다.[17] 논리적 필연성과 자연적 또는 물질적 필연성은 구별되며, 뒤의 것은 우리의 담론에서 상이한 논리적 형식—정의, 개념적으로 필연적이거나 개념적으로 우연적인 진술들—으로 표현될 수 있다. 우리는 어떤 진술이 논리적으로 다른 어떤 진술을 수반하는가를 살펴봄으로써가 아니라, 그렇게 관계된 객체들의 특정한 속성들을 구성하고 있는 물질적 연관을 찾아냄으로써 물질적 필연성을 발견하고자 한다. 논리적 형식은 정통 과학철학에서 일반적으로 생각하는 것만큼 그렇게 큰 문제가 되는 것이 아니다.[18]

---

17) W. V. O. Quine, *From a Logical Point of View*(Cambridge, Mass., 1961).
18) 나는 질량 내 함의 역설(paradoxes of material implication) 등과 같은 많은 철학적 문제들이 이러한 원천—사물들 사이의 관계와 논리적 관계에 대한 혼동, 또는 좀 더 일반적으로 말하면 지식의 대상과 지식 자체에 대한 혼동—으로부터 나온다고 생각한다. 그렇지만 이것을 논증할 지면과 정력은 가지고 있지 않다.

세계에서의 필연성에 관한 우리의 주장의 경험적 (후천적) 기원은, 과학적 변동 과정을 살펴봄으로써 좀 더 명확하게 알 수 있다. 과학적 변동은 흔히 이전까지 우연적인 것으로 믿었던 관계들이 사실은 필연적인 것이었음을 발견하는 것으로부터 비롯된다. 어떤 경우 이전까지 숨어있던 '제3의 변수'―제1 또는 제2의 변수에서 기인하는 것으로 추정되어 온 결과를 만들어낸―에 대한 발견을 통하여 그 반대의 일이, 즉 필연적이라고 믿었던 관계가 우연적인 것으로 드러나는 일이 일어날 수도 있다. 남성과 생식 사이의 관계의 예를 다시 생각해 보자. 그것이 필연적인 것으로 발견되었을 때조차도 그것에 대한 우리의 지식이 수정될 필요가 없는 것은 아니다. 어떤 속성 때문에 남성이 생식에 필연적인가를 질문하게 되면, 인공수정의 가능성 때문에 원래의 주장에 대한 수정이 필요하다는 것이 곧 분명해질 것이다(물론 이 경우 원래의 주장이 완전히 허위였다고 간단히 말하는 것은 과장되고 불합리한 것으로 보이지만). 이러한 논의는 다음과 같이 요약할 수 있겠다.

> 사유 속의 객체의 영역: 논리적 필연성과 우연성 두 가지 모두를 포괄한다. 두 가지 형태 어느 것에 대한 진술이거나 자연적 필연성을 가리키기 위해 사용될 수 있지만 언제나 원칙적으로 오류가능성이 있으며 따라서 수 정 가능한 어떤 서술(특정의 개념체계 내에서의) 아래에서 사용될 수 있다.

> 실재하는 객체의 영역: 필연적인 관계와 외적인 관계 둘 모두, 그리고 인과적 관계와 우발적 관계 둘 모두를 포함한다.

두 가지 귀납의 문제에 대한 통상적인 혼동을 상기하면, 사유 속의 객체 또는 담론의 영역과 실재하는 객체의 영역 사이의 관계가 우연적인 것이라

는 사실과 실재하는 객체의 영역 내에서의 관계가 우연적인지 필연적인지
의 여부는 아무런 연관을 갖지 않는다는 점을 덧붙일 수 있다.

'본질주의'라는 비난

정통 과학철학(예컨대, 포퍼)의 관점에서 볼 때 자연적 필연성, 기제, 힘
등과 같은 실재론적 개념들은 (무엇보다도) '본질주의(essentialism)'의 결함
을 가지고 있다. 이런 비난에 담겨 있는 반대에 대하여 나는 본질주의의 교
의들을 검토하여 비판하고 그것들이 실재론의 교의가 아님을 입증하는 것
으로 맞서고자 한다. 포퍼에 따르면 본질주의는 다음과 같은 것이다.

① 사물들의 진정한 성질이나 본질을 발견하고 정의에 의해 그것을 서술
   하는 것이 과학의 목표라는 교의.
② 지식이나 과학은 개별사건들에 대한 관찰로부터 시작한 다음, 그것들
   의 보편적인 '본질적' 속성들이 직관에 의해 파악될 때까지 단순한 귀
   납적 열거에 의해 진행한다. 그런 다음 이 속성들은 문제의 현상에 대
   한 정의의 일부가 된다.[19]

흔히 본질주의적이라고 서술되는 그밖의 교의들로는 다음의 것들이 있다.

③ 그렇게 발견된 본질은 변화하지 않는다.
④ 모든 객체들은 어떤 궁극적인 단일의 본질을 갖는다.

---

19) K. R. Popper, *Conjectures and Refutations*(London, 1963), p.20.

⑤ 우리는 한 객체의 본질에 대한 절대적인 고칠 수 없는 지식에 도달할
　 수 있다.

　본질주의의 '죄악'은 이러한 교의들 특히 ③, ④ 그리고 ⑤의 자의성에, ②와 ⑤의 관찰이 이론적이라는 함의에, 그렇지만 무엇보다도 ⑤의 위험한 독단성에 있다. 본질주의가 이런 것이라면 그것은 분명히 잘못된 것이지만, 실재론—적어도 현대의 실재론—은 이런 것이 아니라는 점도 마찬가지로 분명하다.

　①과 ⑤에 맞서서 우리는 그러한 단순한 진리개념은 의심받고 있으며 우리가 '절대적' 진리에 도달했는가를 우리는 결코 알 수 없다고 주장했다. 또한 ①에 맞서서 나는, 우리가 세계 속의 필연성에 대한 우리의 (오류가능성이 있는) 지식을 정의와 논리적으로 우연적인 진술의 두 가지 중의 어느 것에나 입각해서 표현할 수 있다는 것 그리고 정의나 진술 어느 것을 선택하는가는 중요하지 않다는 것을 주장했다. ②에 대해서는 제2장과 3장 그리고 귀납의 문제에 대한 논의에서 단호하게 거부했다. 나는 ③이나 ④를 주장하지도 않았다. 객체들의 속성들을 이런 식으로 제한할 이유는 없다고 생각된다. 어떤 속성들은 다른 속성들에 영향을 미치지 않고 변화될 수도 있을 것이다(이 경우 우리는 그 속성들을 덜 본질적인 것이라고 서술하고자 할 수도 있을 것이다). 그렇지만 어떤 속성들은 상호의존적이며 따라서 한 속성의 변화가 다른 속성들을 변화시키고 (이렇게 부르고자 원한다면) 객체의 '본질적' 성질을 변화시킬 수도 있다. 그러한 속성들의 수가 유한하다고 하더라도, 우리가 그것들 모두에 대해 완전히 알게 될 것이라고 가정할 근거는 없다. 그리고 화학의 역사를 보면 우리는 원소들의 속성들의 계열이 어디서 끝날 것인가를 전혀 예상할 수 없게, 그리고 속성들이 모두 단일의 근본적인 '본질'로 환원될 것으로 예상할 수 없게 발견되어 왔음(예컨대, 색, 무

게, 융해점, 전성, 원자가, 비중, 원자량)을 알 수 있다.

실재론이 본질주의의 죄악을 범하고 있다고 믿는 사람들은 '자연적 필연성'이라는 개념을 남아 있는 유죄의 증거로 움켜잡을 것이다. 자연적 필연성의 개념이 논리적 필연성의 개념과 상이한 것임을, 그리고 우리 지식의 우연적 지위가 모든 사건들이나 객체들이 우연적으로 관계되어 있다는 것을 수반하지 않는 것임을 그들이 인식하더라도 (이것을 인식하지 못하는 비판자들도 많다) 그들은 여전히 어떤 관계가 필연적인 것이라고 믿을 적극적인 근거는 없다고 주장할 것이다. 노골적으로 말하면, 자연적 필연성이라는 가정만을 고립시켜 본다면 그렇게 보이기도 할 것이다. 그렇지만 그것은 단지 가정일 뿐이다. 보편적 우연성 또는 원자론의 가정도 마찬가지로 가정이다. 앞서 지적했듯이 다른 형이상학적 믿음들과 마찬가지로 이들 두 가지 가정들에 대해서는 오직, 양쪽 입장의 옹호자들 모두가 동의하는 지식과 그 가정의 양립가능성이 믿을 만한 것인가에 비추어 평가할 수 있다. 간단히 말하면, 우리는 실재론을 고발하는 증거 자체가 자연적 필연성을 전제하고 있다는 것을 주장함으로써 자연적 필연성을 강력하게 변호할 것이다.

철학의 신참자들로서는 지금의 논의가 과학이나 일상지식에 대하여 명확한 실천적 중요성을 갖지 못하는 강단적 표적을 공격하고 있는 것으로 보일지도 모르겠다. 그렇지만 이 논의는 오해를 초래하는 담론구조에 맞서는 경고로 구실하는 점에서 훨씬 더 광범한 함의를 갖는 것이다.

어떤 이론이 많은 개념적 필연성들을 포함하고 있을 경우 그것은 마르크스가 '선험적 구성물(a priori construction)'이라고 부른 것처럼 보일 수 있다.[20] 또는 순전히 분석적 진리의 집합으로 보일 수도 있다. 이것이 문제

---

20) '물론 서술의 방법은 형식상 탐구의 방법과 다를 수밖에 없다. 탐구는 소재를 자세히 전유하고 그 상이한 발전형태를 분석하고 그것의 내적 연관을 추적해야 한다. 이 작업이

가 되는가 여부는 선험적 요소들이 실재하는 필연적 연관에 근거하고 있는 가 여부에 달려 있다. 실제로는 우연적으로 관계된 것[예컨대, 드러난 선호 (revealed preference) 개념에서의 소비자 선호와 소비자 수요 사이의 관 계21)]들이 정의에 포함된다면, 불평할 근거가 있는 것이다. 반면 둘 또는 그 이상의 객체들에 대한 일상적인 정의들이 서로 독립되어 있더라도 늘 그것의 객체들이 그러하다는 이야기가 되는 것은 아니다. 그러한 정의들은 흔히 객체를 다른 것들과 구별되는 것으로 판별하기 위해 사용될 수 있는 특징들만을 가리키며 그것들을 연결짓는 특징들은 생략한다. 경제적 범주 로서의 '생산'과 '분배'는 흔히 서로에 대해 독립적으로 정의되며 따라서 논 리적으로 그 의미에 의해 서로를 수반하지는 않는다. 그렇지만 우리가 그 것의 개념들을 '풀어내고' 그것의 객체들을 물질적 맥락 속에서 검토한다면 그 객체들이 내적으로 관계되어 있다는 것이 명확해진다. 생산이 일어나기 위해서는 그 이전에 이미 생산수단의 분배가 있어야 하며22) 분배는 물질 적으로 분배될 수 있는 사물의 생산에 의존하고 있는 것이다.

이루어진 뒤에라야 비로소 그에 상응하여 현실적 운동이 서술될 수 있다. 이것이 성공 하여 이제 주제의 삶이 관념 속에 반영되면, 마치 선험적 구성물이 우리 앞에 있는 것처 럼 보일 수도 있다[K. Marx, *Capital,* vol. 1(London, 1963)].

21) 이것이 추상적인 이론적 논의에서 가정을 단순화하는 것만큼 그렇게 크게 문제가 되 지는 않을 터이지만 그것이 구체적인 체계(즉 어떤 선호가 드러나지 않고 있음을 우 리가 아는 체계)에 적용될 경우에는 담론의 구조가 오도적이라고 합리적으로 이야기 할 수 있다.

22) 마르크스(Marx)의 *Grundrisse*(Harmondsworth, 1973). 담론의 논리적 구조에 의해 오도된, 따라서 그 구조를 그것의 객체들의 구조와 혼동하는 이론가들에 대한 공격이 예컨대 프루동을 비판하는 글 같은 저작들에는 곳곳에 산재해 있다. 현대 철학은 객 체에 대한 지식과 지식의 객체를 혼동하기 때문에 [바스카는 이것을 '인식적 오류 (epistemic fallacy)'라고 부른다] 마르크스의 비판을 이해하지 못하는 사람들이 많다.

논리학의 한계

위의 논의는 지식의 구성 및 재구성에서의 논리학의 한계에 관한 좀 더 일반적인 논의를 제안하는 것으로 생각할 수 있다. 논리학은 적절한 추론의 원칙을 다루는데, 이것에 따르면 결론은 전제들로부터 필연적으로 도출된다.[23] 놀랍지도 않게, 자체로 논리학은 과학에 대한 대부분의 해명에서 특별한 자리를 차지하고 있다. 논리학은 논의 속의 진술들이나 용어들 사이의 형식적 관계를 (그 용어들의 준거가 아니라) 주제로 삼고 있다는 점을 인식하는 것이 중요하다. 그것은 진술들과 실재 세계 사이의 관계나 물질적 객체들 자체들 사이의 관계는 다루지 않는다. 대수학과 마찬가지로, 논리체계는 순전히 형식적·중립적·무시간적이며 무내용의 것이다. 논리적 관계 속의 용어들은 어떤 것을 가리킬 수도 있고 아무 것도 가리키지 않을 수도 있다. 타당한 논증이란 전제는 받아들이면서 결론은 기각하는 것이 모순되는 논증을 가리킨다. 어떤 논증이 타당한가 여부는 그것의 진위 여부(또는 실천적 적합성)―그 논증과 실재 세계 사이의 관계에 관련된―와는 구별되는 문제이다.

엘스터(Elster)는 『논리와 사회(Logic and Society)』라는 흥미로운 책에서 논리적 모델들이 세 가지 등급―전무, 일부, 전부 또는 불가능성, 가능성, 필연성―만을 인정하면서 추상화를 그것의 궁극적 한계까지 끌고 간다고 제시하고 있다.[24] 그 모델들은 실수(實數)들을 사용하여 객체들을, 그리고 뜨거움, 차가움, 우스꽝스러움, 심각함, 지금, 여기, 거기 등과 같은 질적이고 시·공간적인 서술들을 수량화한다. 이러한 추상화의 급진성은 특정의 인과

---

23) 여기서는 정의를 형식적인 연역논리에 한정하고, 규범이나 강제의 논리 등과 같은 다른 유형의 논리는 제외하며, ‘군비경쟁의 논리’ 등과 같은 비형식논리도 제외한다.

24) J. Elster, *Logic and Society*(London, 1978), p.2.

과정에 대한 자세한 해명을 '만약 C라면, E이다' 또는 'C ⊃ E' 등의 통상적인 형식적 재현과 비교해 보면 알 수 있다. 논리학의 원칙들을 연구하면서 우리가 이러한 추상화에 관해서 근심할 필요는 없지만, 그 원칙들이 실체적이고 구체적인 객체들에 관한 논의에 적용되는 경우에는 언제나 추상화에 의해 배제되는 것이 다루고 있는 문제에 중요한 것은 아닌가를 점검하는 일이 필수적이다. 이렇게 하지 않는다면 세계를 해석하면서 우리는 담론의 논리적 구조에 의해 오도될 수 있다. 예컨대, 특정의 용어들이 논리적으로 독립적이라는 사실로부터, 흔히 생각하듯이 그 용어들이 가리키는 객체들이 물질적으로 독립적이라는 사실이 도출되지는 않는다는 것을 이미 지적했다. 또한 원자론을 비판하면서 나는 몰시간적 논리와 물질적 과정 사이의 명백한 비조응을 보여주는 제노의 역설 중 하나를 언급했다.

그러므로 이제 세계에 대한 해석에 논리적 원칙을 적용하면 무엇으로부터 추상하는가를 열거하고자 한다. 첫째, 모든 추상화에서와 마찬가지로, 객체들의 특정의 속성들과 그것들의 맥락이 배제되며 그러므로 그것의 개념들을 구성하는 의미관계(sense-relations)의 일부가 무시된다. 이 과정은 다른 방법에 의해 획득된 지식의 논리적 모델들이나 형식화가 사용될 때 극단적으로 나타난다. 예상할 수 있다시피, 세계에 대한 논리적 모델들의 초추상적 성격은 객체에 대한 원자론적 개념화와 제3장에서 서술된 유형의 내용 없는 추상화와 매우 잘 어울리게 된다. 우리가 객체들을 어떻게 가리키는가 하는 개념적 문제―우리는 오로지 특정의 서술 아래에서만 그리고 사용가능한 의미틀 안에서만 객체를 가리킬 수 있다는 사실―와 지식주체로서의 우리의 명제들에 대한 태도의 문제도 고려에서 배제된다.

이 점은 제3장에서 제시한 설명의 재구성에 대해서도, 그 추상화의 유형은 논리적 모델들의 그것보다 훨씬 덜 극단적이며 제한적임에도 불구하고, 또한 일상의 지식에서 발견되는 다수의 '1차적' 개념화는 보증됨에도 불구하고, 적용될 수 있을 것이다. 실재론적 개념의 사용이나 논리적 모델의 사용, 어느 것도 위의 문제들에 대한 무시를 수반하는 것은 아니며, 참으로 그것들 각각의 한계가 인식된다면 그것들은 결합될 수도 있다. 그렇지만 특정 종류의 추상화가 과잉 확대되어 특정의 영역에서는 그것보다 더 적합한 다른 종류의 추상화를 밀어낼 위험은 늘 존재한다. 그리고 논리학의 경우, 많은 철학자들과 과학자들이 그것의 엄격성과 확실성에 매혹되어 지식의 다른 형태들과 측면들을 주변화해왔다.[25]

이러한 경향—아마도 조건이라고 불러야 할 것이다—은 영미의 정통 과학철학 특유의 것이다. 하레는 이것은 '논리주의(logicism)'라고 이름하면서 '원인', '설명', '확증' 등과 같은 메타과학적 개념들을 모두 논리학으로부터 이끌어낸 개념에 입각하여 남김 없이 해명할 수 있다고 하는 교의'로,[26] 또는 좀 더 일반적으로는 연역논리만이 고려할 가치가 있는 유일한 '사유 수단'이라고 보는 견해로 정의하고 있다.[27] 이 교의가 과학이나 지식일반에 대한 철학적 재구성을 안내하게 되면 비참한 결과를 낳는다. 그러나 다음 장에서 입증되듯, 사회연구에서의 양적 접근들에서도 논리주의와 유사한 것을 찾아볼 수 있다.

관찰이 이론중립적인 그리고 지식의 절대적이거나 오류 없는 기초를 제공할 수 있다는, 이제는 포기된 가정에 관해서는 이미 언급했다. 이런 류의 '확실성의 추구'는 더 이상 유행하지 않지만, '과학의 논리'를 추구하는 사람

---

25) 이것이 엘스터(Elster)의 *Logic and Society*(London, 1978)의 주요한 한계이다. 그는 좀 더 쉽게 조작가능한 몰시간적 추상화를 선호하면서 맥락의존성의 역사적이고 특수적인 형태들과 의미변화를 무시하는 경향을 보인다. 엘스터도 이것을 한 번은 인식한 듯 보이지만 이것을 정정하려는 시도는 전혀 하지 않고 있다.

26) R. Harré, *Social Being*(Oxford, 1979), p.160.

27) 연역주의에 대한 하레의 정의를 참고[Harré, *Principles of Scientific Thinking*(London, 1970)].

들은 논리학과 수학의 분석적 진리에 입각하여 다른 종류의 확실성을 추구하고 있다. 그리고 거듭 말하자면, 특징적으로 그들은 세계는 어떠하며 사태를 발생시킨 것은 무엇인가의 문제와 진술들 사이의 논리적 관계에 관련된 문제를 혼동하고 있다.

이러한 견해에 따르면, 과학을 다른 종류의 지식들로부터 구별짓는 것은 그것의 논증의 논리구조와 그것의 반증가능성이다. 내용의 문제와 지식의 객체의 다양한 성질의 문제는, 우리의 실재론적 견해와는 반대로, 다소간 부적절한 것으로 간주한다. 그리고 포퍼 같은 근대 논리학자들은 인과성 개념 등과 같은 형이상학적 쟁점들을 (배제하고자 하지는 않지만) 2차적인 것으로 취급한다. 또한 그들은 이론적 가설들과 주장들이 창안되는 과정에 대하여 비상하게 경멸적인 태도를 취한다. 그런 문제들은 단지 과학의 '심리학'에 포함되는 것으로 취급하며, 과학사회학과 과학사—과학철학과 근본적으로 구별되는 영역으로 취급되는—의 관심사일 뿐이라고 간주한다. 그러므로 과학 활동이 일어나는 주체-객체, 주체-주체 관계들에 대해서는 단지 '심리학적' 또는 '사회학적' 차원(왜 그 과학자가 처음으로 그런 독특한 착상을 했는가, 그는 누구의 영향을 받았는가 등)에 입각해서만 이해할 뿐, 그 관계들의 필연적인 해석학적이고 개념적인 조건들에 입각해서는 이해하지 않는다. 이 점은 이런 문제들을 포괄하기 위하여 '심리학'이라는 용어를 선택하는 바로 그 사실—개념의 발전에서 개념체계가 환원불가능하게 사회적이고, 상호주관적이며, 언어적인 성격의 함수가 아니라 단지 과학자 개인의 사사로운 심리학의 함수인 것처럼—로부터 명백해진다. 과학적 가설의 원천을 '천재'의 어떤 불가해한 '창작적인' 특질에 입각하여 미화하는 포퍼에게서도 이런 오판은 뚜렷하다. 그 결과 개념화의 문제는 무시되며[28](관찰은 언제나 이론에 의

---

28) 일부의 포퍼 비판자들도 동일한 문제를 공유하고 있다. 그리고 이러한 탈루에 의해 창출된 간격은 오로지 '가치'로 메워지는 것으로 간주한다. 가치는 몰합리적이며 아마도

해 안내된다는 포퍼의 정확한 강조에도 불구하고), 언급할 가치가 있다고 생각
되는 유일한 문제는 단순한 '사건들'이나 '사례들'에 관한 예측의 타당성과
진위를 확인하는 문제이다.

또한 이런 견해에 따르면 비논리적인 종류의 추론 형태들도 경시된다.
개념들은 논리적 수반관계 이외의 방법, 예컨대 공통의 객체들에 대한 공
유된 준거에 의해서나 비유에 의해서도 연결될 수 있으며, 그러한 관계들
은 비논리적이지만 반드시 반논리적인 것은 아니다. 우리는 세계를 어떻게
관찰하고 개념화할 것인가의 문제에 직면하게 되지만, 우리가 어떤 특정의
논리적 구조를 선택함으로써 그 문제에 답하는 것은 아니다. 논리에는 내
용이 없기 때문이다.

과학의 비논리적인 개념적 내용을 단지 논리적 사유 능력이 빈약한 사람
들이 의지하는 정신적 버팀대로 취급한다면 우리는, 과학이 무엇을 가리켜
야 하는가, 왜 과학은 필연성이나 질서를 찾지 않는가 또는 왜 과학적 노동
은 아무렇게나 자료를 수집하고 그 속의 질서에 관한 가설들을 측정하고자
하지 않고 지금의 형태—세계에 대한 추상화, 실험 그리고 물리적 개입—를 취
하는가 등에 대한 생각을 잊어버리게 된다.

논리학을 떠받들면서 개념적 쟁점들에 대해서는 관심을 갖지 않기 때문
에, 논리주의적 과학철학은 이론을 질서 짓는 틀로 보는 견해를 선호한다.
결과적으로 그것은 대부분의 이론적 논쟁들이 다루고 있는 것을 투시하지
못하며, 왜 우리가 아무런 자료나 그러한 연역체계 속에 짜넣으려 하지는
않는가에 대하여 이야기할 수 없다.

실재 세계에서 일어나는 일은 (개념의존적 현상을 제외하면) 진술들 사이

비합리적이라는 공통의 가정들을 고려하면(나는 이 가정을 받아들이지 않는다), '과학
의 논리' 견해는 과학의 합리성에 이의를 제기하는 주장들에 의해 도전받게 되는 것으로
보인다.

의 논리적 관계와 구별된다. 우리가 사용하는 비논리적 형태의 추론에 대해서도 동일한 이야기가 적용되지만, 이 추론들은 논리학이 그것의 엄격한 추상화 속에 포괄할 수 없는 것들을 개념화할 수 있다. '인과 기제 A가 변화 B를 만들어 낸다'라는 진술이 단순한 규칙성(보편적인 것이거나 아니거나)에 관한 논리적 수반관계의 지위로 환원되면, '강제함'이나 '만들어냄' 등과 같은 인과적 개념들은 곧 효력을 상실한다. 자연적 필연성 개념과 변동을 발생시키는 기제 개념이 없다면 인과 관계는 단순한 (우발적인) 보편적 연쇄와 구별 불가능하게 되며, '물리적 불가능성'이나 '피상적 상관관계' 같은 개념들은 납득이 불가능해진다.[29]

비논리적인 이론적 추론은 적절한 기제와 구조의 성질을 파악하기 위해 필요하다(그러한 지식을 연역적인 논리적 구조로 형식화하는 것이 발견적으로 유용한 것으로 드러나는 경우도 있을 수 있지만). 그러므로 비논리적 추론은 전(前)과학적인 것 또는 '과학의 심리학'의 일부일 뿐이라는 논리주의적 편견에 맞서서 나는 인과적인, 객체를 그려내는, 그리고 그밖의 (비논리적) 개념들이 단지 논리적 구성물을 이해하기 위한 발견적 보조물에 불과한 것이 아니라, 그 역이라고 강조하고자 한다.[30]

---

29) Bhaskar, *A Realist Theory of Science*, pp. 215ff 참조.

30) 하레는 논리학이 단지 과학의 수사학의 일부일 뿐이며, 실천적이고 개념적인 작업에 대해 2차적인 것이라고 주장한다[Harré, *Varieties of Realism*(Oxford, 1986); *Principles of Scientific Thinking*]. 사회과학에서의 논리학에 대한 실재론적 견해는 J. Allen, "In search of a method: Hegel, Marx and Realism," *Radical Philosophy* 35(1983), pp. 26-33 참조.

포퍼와 연역주의

사회과학에서 가장 영향력 있는 논리주의 철학은 포퍼의 그것이다.[31] 그의 저작을 다루는 대부분의 논의들은 과학적 추론과 반증의 논리적 구조에 관한 그의 주장—과학은 가설을 검증함으로써(이것은 불가능하는 것이 포퍼의 지적이다)가 아니라 반증함으로써 진보한다는 교의—을 높이 평가한다. 그러나 이론, 인과성, 그리고 1차적으로 경험적 규칙성으로서의 과학적 법칙에 대한 그의 논의, 또한 물질적 또는 자연적 필연성에 대한 그의 부인, 귀납에 대한 표준적 설명의 원자론적 전제가정의 수용 등은 그다지 언급되지 않는다(대부분의 토론자들도 이것들을 받아들이고 있기 때문에). 포퍼는 관찰이 이론부과적인 것임을 알고 있지만, 이론을 논리적인 질서 짓는 틀로 취급함으로써 핵심을 약화시킨다.[32] 그리고 위에서 보았듯이, 추상화 및 개념화의 문제는 '과학의 심리학'이라는 쓰레기통에 맡겨지거나 '천재'의 신비에 넘겨진다.

그의 철학의 중심에는 과학이 귀납적인 것이 아니라 연역적인 것이라는 믿음이 자리하고 있다. 그리고 그는 자신이 귀납의 문제를 해결했다고 장담했다. 그렇지만 귀납이 사용된다는 것을 부인하는 것이 귀납의 문제를 해결하는 답은 아니며, 사실상 그는 그 문제에 대한 표준적인 해명을 자신의 입장을 옹호하는 비판적 도구로 사용한다.

귀납과 달리 연역은 타당한 추론형식이다. 연역논증에서는 전제들을 받아들이면서 결론을 기각하는 것은 모순이다. 이것에 기초하여 포퍼는 과학

---

31) 포퍼의 과학철학 그리고 마르크스 및 프로이트에 대한 포퍼의 비판에 관해서는 *The Logic of Scientific Discovery; The Poverty of Historicism; The Open Society and its Enemies; Conjectures and Refutations*를 참조.

32) 제2장 참조.

자들이 시험가능한 명제들을 연역해 낼 수 있는 대담한 가설이나 추측들을 제시하는 '가설-연역적' 절차를 옹호한다. 이 절차는 중요한 비대칭의 이점, 즉 타당한 연역논증(또는 귀납추론)의 결론에 대한 확증이 전제들의 정확함을 증명하지는 않지만[33] 결론에 대한 부정 또는 반증은 필연적으로 전제들도 어떤 점에서거나 잘못된 것임을 수반한다는 이점을 이용할 수 있게 해준다. 귀납 논증에는 이런 특성이 존재하지 않는다. 우리의 관찰을 기초로 우리가 모든 A가 그런 것은 아니지만 대부분의 A가 B라고 추측한다면 B가 아닌 A의 예외적인 사례들을 찾아내더라도 그 추측은 반증되지 않는다. 하레에게서 빌려 온 다음의 가설적 사례들을 생각해 보자.[34] 포퍼는 자연과학과 사회과학이 동일한 설명방법을 공유하고 있다고 믿고 있으므로, 예를 자연과학으로부터 가져왔다고 하여 포퍼에게 불리하지는 않을 것이다.

① 전제: 모든 금속은 전도성을 갖는다.
　　　구리는 금속이다.
　　─────────────────
　결론 : 구리는 전도성을 갖는다.

② 전제: 모든 금속은 전도성을 갖는다.
　　　알루미늄은 금속이다.
　　─────────────────
　결론 : 알루미늄은 전도성을 갖는다.

①과 ② 모두 타당한 연역논증이다. 그런데 ②가 반증되었다면, 알루미

---

33) 그것을 증명이라고 생각하는 믿음은 '후건 긍정의 오류'로 불린다.
34) Harré, *The Principles of Scientific Thinking.*

뉴이 전도성을 갖지 않는다면 그리고 그것이 금속이라면, '모든 금속은 전
도성을 갖는다'는 진술에 나타나 있는 추측된 보편적 규칙성은 틀림없이
거짓이다. ①의 결론은 그 전제들을 기각하지 않지만, 하나의 금속이 전도
성을 가졌다고 해서 모든 금속이 전도성을 가졌다는 이야기가 되는 것은
아니기 때문에 그 전제들을 확증하는 것도 아니다. 그러한 결론은 한정된
수의 전제들—터무니없는 전제들을 포함한—로부터도 연역할 수 있다. 예컨
대, '모든 목재는 전도성을 갖는다, 구리는 목재이다, 그러므로 구리는 전도
성을 갖는다'는 것도 타당한 논증이다. 그러한 논증의 전제에서 제시된 보
편적 주장을 검증하기 위해서는 아무리 많은 확증 사례가 있더라도 충분하
지 않다. 그렇지만 그것들을 반증하는 데에는 단 하나의 예외 사례로 충분
하다.

그렇지만 이 단순한 전략이, 포퍼가 기대하는 것처럼, 귀납의 문제를 극
복한 것은 아니다. 왜냐하면 사건들의 모든 연쇄가 우연적이고 따라서 매
경우마다 귀납의 큰 문제를 범할 위험이 있다면(즉 세계가 갑자기 달라질 수
있다면), (우리가 어떤 추론양식을 선택하는가와 관계없이) 오늘 반증되는 것이
내일에는 확증될 수도 있는 것이다. 반증하는 사례를 관찰했다는 사실로부
터 (귀납적으로) 시험을 반복할 때 또다시 반증이 일어날 것이라는 결론을
끌어낼 수는 없다. 모든 사건들이 우연적으로 관계되어 있다면, 반증은 그
다지 중요하지 않으며, 보편적 규칙성들에 관한 추측은 대담한 것이 아니
라 어리석은 것이다. 우리가 어떤 관계들은 필연적인 것이라고 전제할 때
에만 우리는 반증에 대해 지속적인 이론적 중요성을 갖는 것으로 취급할
수 있으며, 그러므로 포퍼의 반증주의는 그 자신이 부인하고자 한 것을 전
제하는 것이다.[35] '과학의 논리'는 필연성과 관련하여 형이상학적 수준에

---

35) Bhaskar, *A Realist Theory of Science*, p.207.

서 발생된 문제를 벗어날 수 없다.

포퍼의 과학 개념의 핵심에 자리하고 있는 연역적 논리구조는, '법칙-연역(deductive-nomological)' 또는 '포괄법칙(covering-law)' 모델로 알려진 이상적 설명형식으로 널리 옹호되어 왔다.[36] 이 모델에서는 설명되어야 할 사건이, 또는 상정되는 설명과 예측의 대칭을 기초로 예측된 사건이 보편적 (규칙성) 법칙과 초기 조건들로부터 연역된다. 이러한 설명형식은 질문에 대한 답에도 사용될 수 있다.

구리는 왜 전도성을 갖는가?

설명항: 모든 금속은 전도성을 갖는다(보편법칙)
        구리는 금속이다(초기 조건)

피설명항: 구리는 전도성을 갖는다.

(사회과학에서는 도구주의적 유형의 규칙성의 법칙으로 설정할 수 있는 의미 있고 합리적인 보편적 규칙성을 찾기 힘들기 때문에 여기서도 하레의 자연과학 사례를 사용했다.) 그렇지만 이 모델 형식의 설명은 정말 설명하고 있는가? 법칙 진술이 참이라고 하더라도, 아마도 탐구자는 이미 모든 금속이 전도성을 가지고 있다는 것을 알고 있을 것이다. 또한 그는 왜 그것이 그러한가(무엇이 구리나 그밖의 금속들로 하여금 이런 식으로 작용하게 만드는가 하는 점이 설명되고 있다는 의미에서)를 이야기해 주지 않는 것에 대해 불평할 것이다. 무엇이 결과를 결정하는가 또는 만들어 내는가를 이야기해 주는 대신

---

36) 이런 견해는 헴펠(Hempel)도 주장하였는데, 그는 이 주제에 관하여 수많은 논문들을 발표했다. *Aspects of Scientific Explanation*(New York, 1965). '법칙적'이라는 말은 '법칙을 포함함'을 뜻한다.

그 모델은 단지 피설명항의 사건들이 일어날 것으로 기대할 수 있는 어떤 근거를 제공할 뿐이다.[37] 달리 말하면, 그 모델은 단지 어떤 다른 진술로부터 논리적으로 피설명항을 도출하는 방식만을 제공해 준다. 우리가 그러한 기대나 도출의 근거만을 원하는 경우도 있을 수 있겠지만, 이것을 인과적 설명과 혼동하지 않는 것이 중요하다. 인과적 설명은 늘 사건들을 발생시키거나 만들어 내는 것에 대한 언급을 포함한다. 더구나 터무니없는 기준으로부터 피설명항 사건이 연역될 수도 있다. 위의 사례에서는 '금속'이라는 단어를, '유제품'이나 '공산주의자'나 또는 원하는 어느 것으로 바꾸더라도, 그것이 법칙-연역 모델의 순전히 형식적인 기준을 충족시키는 한에서는 여전히 설명은 효력 있는 것이 된다.

분명히 우리는 설명의 내용의 문제를 무시할 수 없으며, 사건에 대해 책임 있는 기제를 언급하는 인과적 설명의 필요를 무시할 수 없다. 실재론이라는 우리의 견해에 비추어 볼 때, '구리는 그것이 그 구조 속에 자유 이온을 가지고 있기 때문에 전도성을 가질 수 있다'는 것은 받아들일 수 있는 인과적 설명이다. (물론 우리는 우리의 관심에 따라 기제를 더 '드러내는' 서술을 요청할 수도 있다.) 그리고 설명되는 사건이 단 한 번 발생한 것인가 아니면 규칙성의 형태로 되풀이되어 관찰된 것의 한 사례인가 하는 것은 그것을 만들어 내는 것과는 구별되는 문제이다.

그런데 적절한 '포괄법칙'을 생각해내는 데에는 큰 독창력이 소용되지 않기 때문에, 이제 다음과 같은 종류의 설명을 법칙-연역 형식에 짜 넣는 것도 가능할 것이다.

---

37) R. Keat and J. Urry, *Social Theory as Science*(London, 1975) 참조. 법칙-연역 모델에 대한 그 이상의 비판을 위해서는 T. Benton, *Philosophical Foundations of the Three Sociologies*(London, 1977), ch. 2, 3 참조.

자유 이온을 가진 모든 금속은 전도성을 갖는다.

구리는 자유 이온을 가진 금속이다.

그러므로 구리는 전도성을 갖는다.

그러나 연역적 형식과 포괄법칙은 그것들이 무엇이 피설명항 사건이 일어나게 만드는가에 관한 정보를 첨가하지 않기 때문에 군더더기일 뿐이다. [로우치(Louch)가 지적하듯, 사회적 사건들에 대해 포괄법칙을 적용하려는 시도는 예외없이 이른바 규칙성들에 관한 낯설고 수상쩍은 주장들을 근거로 비교적 친숙하고 분명한 것들을 설명하는 일로 끝난다.]38) '자유 이온'을 끌어들이는 것은 기제를 언급하려는 시도이다. 이 시도의 성공 여부는 그것이 연역논증의 틀에 들어가는가 여부에 의해 결정되지 않는다. 따라서 법칙-연역 설명의 사례가 제시될 때면 우리는 언제나 인과적 설명으로서 그것이 갖는 설득력이 그 설명 속에 기제의 대한 언급을 포함하고 있기 때문에 생겨난 것은 아닌가를 점검해 보아야 한다.

그러므로 우리의 사회과학적 설명을 법칙-연역 모델의 틀 속에 짜맞추려고 고심하는 대신, '토지 귀족들은 중과세에 의해 소멸되었다'거나 '지대 소득자들의 압력을 진정시키기 위해 곡물 수출권을 부여했다. 등과 같은 단순한 설명 형식들도 받아들일 수 있는 것이다.39) 이런 설명을 비판하려 할때, 검토할 것은 그것의 내용, 즉 그 설명이 관련된 기제들을 정확히 판별하고 있는가 여부이다. 그리고 이것은 차례로, 논리주의나 '연역주의'에서는 거의 언급되지 않는 것(관찰의 이론부과성에 대한 포퍼의 강조에도 불구하고)을 고려할 것을 우리에게 요청한다. 설명항과 피설명항에서 언급되는

------

38) A. R. Louch, *The Explanation of Human Action*(Oxford, 1966).
39) 이 두 사례들, 특히 뒷 사례는 이유도 원인일 수 있다는 것을 시사한다.

객체들을 우리는 어떻게 개념화하는가 하는 것이 그것이다.

설명에 관한 법칙-연역 모델은 설명에 실패하면서 논리주의의 빈곤을 그리고 어떤 일이 발생하리라고 기대하는 근거—특히 진술들 사이의 논리적 관계와 관련된—와 그것의 발생에 책임이 있는 실재의 기제와 구조에 대한 혼동을 입증하고 있다. 특히 포퍼와 라카토스(Lakatos)가 발전시킨 이 모델의 대중성에도 불구하고, 그것은 거의 실행되지 않고 있다. 많은 사회과학방법론자들이 이 모델의 규칙을 학생들에게 지시하지만, 실제로 이 모델을 사용하는 연구자와 학생들은 거의 없다. '대담한 추측' 속의 포괄법칙으로 제안된다고 상정되는 보편적 규칙성에 대한 결정론적 진술의 의미를 포착해 낸다면, 그런 까닭을 알아내기는 어렵지 않다. 폐쇄체계를 이용할 수 없다면 그러한 가설들은 몇 가지의 보호적인 조건적 가정들을 허용하더라도, 경주에서 출발 못하는 말(馬)일 것이다. 지나치게 많은 조건적 가정들을 포함시킨다면, 포퍼가 경고하듯 연구자가 기각의 위험을 극대화시키지 않고 극소화시키려 하고 있다는 비판을 받게 될 것이다. 유명한 사례가 하나 있다. 경제학자 립세이(R. G. Lypsey)는 반증을 허용하는 가설-연역적 접근을 채택한다고 선언하는 교과서를 저술했다.[40] 그렇지만 그 책에서 가설화된 관계들을 결정론적인 보편적 규칙성으로 받아들이면서 예외적인 사례들에 의해 반증될 수 있는 것이라고 상정한다면, 남는 이론은 하나도 없다고 할 수 있다. 그 이후의 개정판들에서 저자는 방법론적 서론을 바꾸고, 포퍼가 틀림없이 승인하기를 거부했을 접근—확률적 또는 통계적 법칙을 제안하고, 귀납적인 지지물이 어느 정도나 발견되는가를 알아보기 위하여 그 법칙들을 '시험하는'—을 선택했다. 최근에는 포퍼의 견해를 더욱 발전시킨 라카토스를 따라서, 좀 더 복잡한 형태의 반증이 추구되고 있다. 그렇지만 이런 작업은

---

40) R. G. Lypsey, *An Introduction to Positive Economics*(London, 1963).

인과 관계 및 법칙에 대한 규칙성 (도구주의적) 이론, 원자론과 논리주의의 교의 그리고 폐쇄체계와 개방체계의 차이에 대한 무지에 도전하는 것이 아니라 그 무지를 영구화하는 것이다.[41]

---

41) I. Lakatos, "Falsification and the methodology of scientific research program-mes," in I. Lakatos and A. Musgrove(eds.), *Criticism and the Growth of Knowledge* (Cambridge, 1970)(『현대과학철학 논쟁』으로 번역되어 있음) 참조. 포퍼의 반증주의에 대해서는 이 책의 제8장에서 좀 더 자세히 다룰 것이며, 제7장에서는 검증에 관하여 몇 가지 건설적인 제안을 할 것이다.

제 6 장

사회과학에서의 양적 방법

그것을 측정할 수 없을 때, 그것을 수로 표현할 수 없을 때, 그 지식은 빈약하고
불만스런 것이다.

로드 켈빈(Lord Kelvin)

그것을 측정할 수 있을 때, 그것을 수로 표현할 수 있을 때, 그 지식은 아직도
빈약하고 불만스런 것이다.

자콥 비너(Jacob Viner)[1]

이 장의 목적은 사회과학에서 양적 방법의 사용과 관련된 몇 가지 문제
들을 검토하는 것이다. 제5장을 읽은 사람들에게는 이 장이 상당히 학구적
인 비판이라고 생각했던 것들—적어도 이런 주제들을 처음 접하는 사람들로서
는—에 좀 더 실질적인 내용을 제공하는 구실을 할 것이다. 내가 공격했던
철학적 및 방법론적 입장들에서 수학적 접근들이 필수적인 부분은 아니지
만 사회과학에서 일반적으로 이런 방법들을 사용하는 방식은 그 입장들과
공명하는 경향이 있다.

---

1) B. R. Berelson and G. A. Steiner, *Human Behavior: an Inventory of Scientific Find-ings*(New York, 1964), p.14에서 재인용.

양적 방법의 옹호자들은 흔히 엄밀하고 명확한 언어로서의 수학의 특징을 강조하며 그것이 우리의 연역적 추론의 힘을 순전히 언어적인 방법의 그것보다 훨씬 넓게 확대시킬 수 있고 또한 논리학과 마찬가지로 수학적 추론의 타당성은 '흑백'의 문제로 경험적으로 검토되기보다 내적으로 검토될 수 있는 것이라고 생각한다. 이러한 특징은 사회과학의 이른바 끝없는 논쟁적인 특징에 좌절한 사람들에게 큰 호소력을 발휘했다. 그렇지만 수학의 힘과 정밀함을 인정하더라도 그것이 수학 응용의 한계에 대한 탐구를 가로막을 수는 없을 것이다.

논리학과 마찬가지로 수학도 순전히 형식적인 언어이며, 어떤 것을 가리키는 데 또는 아무 것도 가리키지 않는 데 사용될 수 있다. 제5장에서 우리는 타당한 논증이 반드시 '참'이거나 실천적으로 적합한 것은 아니며, 전혀 터무니없는 것일 수도 있음을 지적했다. 수학에 대해서도 마찬가지 이야기를 할 수 있다. 어떤 모델이 수학적 오류로부터 벗어난 것임을 알아냈다고 하더라도 그것이 곧 그 모델을 세계에 적용할 수 있다는 이야기는 아니다. 수학적 추론이 순전히 형식적인 특성을 가졌다고 해서, 그 추론이 적용되었을 때 실천적 적합성을 갖는가 여부를 탐구할 필요가 면제되는 것은 아니다. 그와는 반대로, 바로 그것의 중립성 때문에 세계에 수학을 적용하는 데 사용되는 추상의 형태를 자세히 검사해야 한다. 비트겐슈타인이 말하듯, '삶에서 우리는 오로지 수학에 속하지 않는 명제들로부터 또한 마찬가지로 수학에 속하지 않는 명제들로 추론해 나아가기 위하여 수학을 사용한다.'[2] 그렇지만 수학 사용의 문제들이 얼마나 무시되고 있는가를 알아보기 위하여 사회과학에서의 양적 방법의 사례들을 많이 살펴보아야 하는 것은 아니다. 이러한 무시 또는 자기만족의 한 가지 이유는 아마도 자연과학에

---

2) M. Dobb, *Theories of Value and Distribution since Adam Smith*(Cambridge, 1973)에서 재인용.

서 세계를 수학적으로 재현하는 데 성공한 일이 많기 때문일 것이다. 가장 유명한 사례는 아마도 뉴턴의 작업일 것이다. 버날(Bernal)이 지적하듯, '뉴턴의 공헌은 결정적이었다. 뉴턴은 물리적 원칙을 양적으로 계산가능한 결과(관찰에 의해 확증된)로 번역하는 그리고 역으로 그러한 관찰로부터 물리적 원칙에 도달하는 수학적 방법을 발견하는 공헌을 했다.'[3]

그러한 성공으로부터 감명받지 않을 사람은 거의 없으며, 다수의 사회과학자들은 적절한 방법을 채용한다면 자신들도 그들 자신의 뉴턴을 발견할 수 있을 것으로 기대했다.[4] 그렇지만 왜 그들이 성공하지 못하였는가를 이해하려면 우리는, 실재하는 객체들과 과정들에 대한 수학적 재현이 실천적으로 적합하기 위해서는 그것들이 어떠해야 하는가를 질문해야 한다. 나는 이 문제를 사회과학에서의 양적 접근의 두 가지 유형, 즉 결정론적 모델화의 방법과 통계적 방법과 관련하여 살펴볼 것이다. 이 문제에 대한 나의 개별적인 답변이 성공적인가와 관계없이, 나는 이 문제의 중요성을 강조하고자 한다.

수량화

문제는 수량화 작업과 관련하여 가장 기본적이며 초보적인 수준에서 제기될 수 있다. 즉, 어떤 객체들에 대한 수량화가 가능하려면 그것들이 어떠해야 하는가 하는 질문이다. 이 간단한 질문에 대한 답은 어렵고 복잡하다. 여유가 많지 않으므로 나는 단지 게오르게추로이겐의 저서 『엔트로피 법

---

3) J. D. Bernal, *Science in History*(Harmondsworth, 1969), p.483; R. Harré, *The Principles of Scientific Thinking*(London, 1970), p.7.
4) R. J. Bernstein, *The Restructuring of Social and Political Theory*(Oxford, 1976).

칙과 경제적 과정(The Entropy Law and the Economic Process)』에서 제시한 몇 가지 요점들을 요약하는 데 그치고자 한다.[5]

등간척도를 사용하는 수량화의 실천적으로 적합한 형식은 오직, 질적으로 일정한—적어도 그것의 기본에서는—객체들과 과정들에 대해서만 개발될 수 있다. 그 자체로 그런 것들은 성질이 변화되지 않은 채 분리되거나 결합될 수 있다. 우리는 그런 것들을 상이한 시간이나 상이한 조건의 장소에서 측정할 수 있으며, 그러면서도 상이한 것들을 측정하는 것이 아니라는 것을 알 수 있다. 그렇지만 사회과학에서는 자연과학에서보다 이러한 안정성을 확신할 수 있는 경우가 훨씬 적다. 태도 등과 같은 맥락의존적인 행위나 속성은 그러므로 수량화에 부적합한 것으로 간주될 수 있다. 그런 것들에 대한 수량화를 고집한다면, 우리는 적어도 그 결과가 어떻게 해석되는가에 대하여 대단히 주의를 기울여야 한다. 객체들이 질적으로 일정하지 않다면 우리가 그것들을 측정하거나 변화시키는 절차는 부적절하다. 석탄의 연소나 어린이의 사회화는 질적 변동을 포함하는 불가역적 과정으로 기본적으로 의미 있는 방식으로 측정될 수 없다. 그러한 객체들은 그것들이 '매개변수적인 것'처럼 모델화될 수 없다.[6] 어떤 등식의 변수들이 나타내는 객체들이 질적 변동을 초래하는 방식으로 상호작용한다면 (학습 과정을 통하여) 그 변수들은 안정된 준거가 될 수 없을 것이다. 따라서 직선성·가산성의 가정과 비례적 변화라는 실천적으로 적합한 도구적 법칙 발견 가능성의 가정은 모두, 그것들의 성공을 위하여 그것들이 가리키는 객체들의 독특한 물질적 속성에 의존한다.[7]

---

5) Ibid.
6) 이 책 191쪽 참조.
7) '그러므로 기본적인 측정가능성은 다른 것들과 똑같은 수치가 아니라 사물의 범주의 특정한 물리적 속성을 반영하는 것이다'[Georgescu-Roegen, *Analytical Economics*(Cambridge, Mass., 1966), p. 49)].

　어떤 과정이 수학적으로 적절히 재현될 수 있는가 여부는 관련된 변동의 유형에 달려 있다. 즉, 그것이 순전히 양적인가 또는 질적으로 변동하지 않는 실체들의 운동으로 환원가능한가 또는 환원불가능하게 질적인가 하는 것에 달려 있다. 마지막 가능성은 개별체들이 여전히 그것들의 동일성을 유지하는 경우들 (예를 들면 나이먹는 과정) 그리고 그것들이 동일한 것이라고 할 수 없는 경우로 나눌 수 있다. 앞의 두 가지 유형의 변동들은 단지 객체들 사이의 외적 관계에만 영향을 미치고, 더하거나 빼기 같은 수학적 작업들은 문제 없이 물리적 결합과 분리를 모델로 할 수 있다. 그렇지만 두 번째의 질적 변동에서는 그러한 결합과 분리를 통하여 발현적 힘이 생겨나거나 해소될 수 있으며, 따라서 기본적인 측정이 실천적으로 적합하지 못할 것이다. 사회 탐구에서 그다지 흥미롭지 못한 방식의 하나는 인구학적 분석에 의한 것이다. 이러한 개념화는 개인들을 외적으로 관계된 것으로 개념화하며, 따라서 사회구조와 그것의 발현적 힘에 대해서는 '맹목'이다. 그럼에도 불구하고 그 분석이 대중적인 한 가지 이유는 그것의 추상화 양식이 수량화를 허용한다는 데 있다. '몰사회적'인 접근일수록 그렇게 직접적인 수량화를 찾아내기 쉽게 보이지만, 그럼에도 불구하고 연구자들은 그러한 문제를 인식하지 못한 채 그것을 사용한다. 예컨대, 우리는 상이한 종류의 노동들을 원칙적으로 시간이나 화폐의 단위로 측정가능한 것으로 취급하는 일에 대하여 이상한 일이라고 생각하는 일이 거의 없다. 모든 종류의 추상화가 그러하듯, 그러한 특징들이 실질적인 문제를 야기하는가 여부는 그것들이 사용되는 맥락과 그것들로부터 이끌어낸 추론에 우리가 부여하는 '무게'에 달려있다. 물론 그러한 측정 수치들이 언제나 아무런 문제도 없다고 생각하는 것은 어리석은 일이다. 양적 방법의 적용에 관한 대부분의 교과서들이 측정의 문제를 언급하는 것은 사실이지만, 그러한 사용에 함축되어 있는 개념적이고 형이상학적인 문제들을 탐구하지 못하기 때문에 그것들은 그러한 관심을 그다지 진전시키지 않는다.

사회과학의 경우, 수량화가 분석의 도구일 뿐 아니라 연구 대상의 일부라는 사실로부터 생겨나는 또 다른 그렇지만 거의 논의되지 않는 문제가 있다. 경제학이 가장 수량적인 사회과학이라는 사실은 그것의 대상들의 대부분이 이미 수량화되었다는 점을 고려하면, 그다지 놀라운 일이 아니다. 이것을 경제학의 '과학'으로서의 출중함의 증거라고 해석하기 좋아하는 사람들은 대체로 이런 간단한 사실을 간과한다. 이들은 수량적 자료가 제시된다는 사실을 논의되는 문제의 중요성을 증대시키는 것으로 받아들인다. 그렇지만 실천이 허위의 관념이나 모순된 관념에 의해 안내되고 조정될 가능성이 있다는, 제1장에서 지적한 사항은 사회학 등의 '연성의' 질적 자료들에만 해당되는 것이 아니라 경제학의 '경성의' 수량적 자료들에도 해당된다. 그리고 이른바 '가치중립성'을 자랑삼고 있음에도 불구하고 '실증적인' 경제학자들조차도 종종 사회에서의 수량화나 경제적 계산 양식들(예컨대, 공공부분에 대한 가격산정 정책)에 대한 비판을 자신들에게 적용한다. 이러한 문제틀 양식은 비시장적 거래에 한정되지 않고 경제학에서의 모든 수량화 형태들에 관련된다. 수량적 측정치들이 무엇에 대한 측정치인가—한계생산성인가, 노동시간인가 또는 그밖의 무엇인가—하는 문제를 피할 수 있는 경제이론은 없다.

수학: 몰인과적 언어

이러한 문제들을 염두에 두면서, 이제 우리가 적절히 수량화된 연구대상을 앞에 두고 체계에 대한 수학적 모델을 구성하고자 한다고 상정해 보자. 이 단계에서 우리는 수학적 접근의 사용이 갖는 또 다른 일련의 속성과 한계들을 깨달아야 한다.

그러한 모델들에서 수행된 수학적 작업은 가정들과 자료들로부터 어떤 결과를 계산, 연역 또는 도출하는 방식을 제공해 주지만, 현상을 인과적으로 설명하는 방식은 제공해 주지 않는다. 앞에서 우리는 폐쇄체계에 대하여 논의하면서(191쪽 참조) 그러한 체계의 움직임에 대해서는 그것의 인과구조와 무관하게 계산할 수 있음을 보았다. 그리고 제5장에서는 논리적 (연역적) 질서와 인과적 질서 사이의 비상응의 사례를 제시했다. 무엇에 대하여 계산하는 방식을 발견하는 것이 반드시 그것을 만들어낸 것에 대하여 인과적 설명을 제공하는 것과 같다고 생각하는 믿음은 불행하게도, 수학적 모델화를 널리 사용하는 경제학 같은 학문 분과에서 특징적으로 나타나고 있다. 놀랍지도 않게, 이것을 받아들이는 사람들은 포퍼—오류로부터 원칙을 만들어 내는—같은 연역주의 철학자들에 호소하는 경향을 보인다.[8]

수학적 모델을 인과적 설명의 보조물로 사용하는 것도 불가피하게 문제를 야기한다. 왜냐하면, 수학은 언어의 하나로서 몰인과적이고 몰구조적인 언어이기 때문이다. 그것은 우리가 인과성을 나타내기 위하여 사용하는 '생성', '발생' 또는 '강제' 등의 범주를 갖지 않는다. $y=f(x)$ 등과 같은 수학적 함수들은 무엇이 y나 x를 만드는가에 관하여 아무 것도 이야기하지 않는다. 단지 y에서의 양적 변화가 형식적으로 (실질적으로가 아니라) 어떤 방식으로인가 x에서의 양적 변화와 연결된다는 것만을 이야기할 뿐이다. 물론 등식에서 = 라는 기호는, 이른바 '독립변수'가 '종속변수'에서의 변화의 원인임을 의미하는 것이 아니라, 단지 양쪽의 수량이 같다는 것만을 의미할 뿐이다. 어떤 변수를 독립변수로, 어떤 변수를 종속변수로 규정할 것인가를 결정하는 데 관련된 인과성의 추정은 비수학적·인과적 기준에 기초해야

---

8) 이런 오류는 신고전파 이론에서뿐만 아니라 신리카도주의 가치이론과 일부의 마르크스주의 가치이론들에서도 공통적으로 보인다. 다음의 '가정의 역할' 절을 참조.

한다. (그렇지만 때로는 특정의 변수들에 대한 자료의 획득가능성이 결정의 근거가 되는 일도 있으며, 그렇기 때문에 그 변수들은 독립변수로 취급되고 다른 변수들은 종속변수로 취급된다.) 제3장에서 제시된 실재론적 인과 이론에 따르면 기제를 드러내기 위해서는 객체들에 대한 질적 분석이 필요하다. 관례적인 인과 관계 이론은 그러한 관심으로부터 추상하고 대신 사건들의 규칙적인 연쇄에 초점을 맞춘다. 그 자체로 이것은 수학적 접근과 좀 더 쉽게 결합된다. 물론 그렇다고 이러한 결합이 그것의 결점들, 특히 피상적인 상관관계의 문제에서 볼 수 있는 것과 같은 인과적 관계와 우연적 관계를 구별하지 못하는 결점을 개선하는 것은 아니다.

마찬가지로 양적 분석에서 사용되는 '변수'라는 개념은 인과적 설명에 대해서는 중요하지 않다. 변수는 원인이 아니라 단지 (수량화가 가능한) 변화를 기록할 뿐이다. 수학의 언어는 인과적 힘의 행사와 관련된 결과를 기록하는 데에는 유용할 수도 있지만, 어떤 객체가 왜 그러한 힘을 소유하고 있는가를 보여주기 위해서는 다른 '언어'가 필요하다. 경제학에서 널리 보이는 노동력(또는 일할 수 있는 능력)과 노동력의 행사, 즉 노동에 대한 구별의 실패도 이러한 한계에 대한 부주의 때문에 지속된다. 이러한 혼동은 사소한 의미론적 문제가 아니라, 자본주의 경제들이 어떻게 움직이는가에 대한 여러 가지 심각한 오해들의, 특히 임금을 수행된 작업에 대한 보수라고 보는 믿음의 바탕을 이룬다. 실제로 실천에서는 일과 일의 결과를 구분하기가 불가능하며, 노동을 그것의 결과로부터 추상하는 이론가의 추상은 실제의 등가물을 갖지 않는다. 노동자들이 그들의 노동력을 팔아야 한다면 그들은 또한 그 노동의 결실도 팔아야 한다. 그렇지만 기업들은 노동자들에게서, 그들의 자발적인 노동을 상품으로 사들이는 일을 제외하고는 상품을 사들이지 않는다. 포드 자동차 회사는 포드 자동차의 노동자들로부터 자동차를 사들이지 않는다. 그렇게 하는 것은 자동차에 의해 이윤을 획득할 가능성을 노동자들에게 넘겨주는 것이다. 변수들과 계산만을 가지고 이 것을 다룬다면, L이 수행된 실제의 일을 나타내는가 아니면 노동력, 즉 일 할 수 있는 능력을 나타내는가 하는 것은 거의 문제가 되지 않을 것이다. 그렇지만 이윤의 기원에 대한 인과적 설명의 관점에서 이것은 매우 중요한 문제이다.

그러므로 수학적 모델 구성자들은 특정의 변동을 만들어 내는 사회적 객 체들이 어떠한 것들인가를 설명하는 데 관심이 있는 것이 아니라, 그것들 의 움직임의 결과를 재현하고 계산하는 데 관심이 있다. 이렇게 하는 더 큰 이유는 수학이 내적 관계와 그러므로 구조를 재현하는 데 무능력하기 때문 이다. 더구나, 사실상 실질적인(즉 객체들 사이의 물질적 연관을 내포한), 내적 인 또는 인과적인 관계들이 수량화되었을 때에는 순전히 형식적이고 우연 적인 관계와 구별이 불가능해 진다. 이러한 한계들은 사회관계와 구조('변 수들'로 재현된 객체들은 이것들에 의존한다)에 대해 무지한 경향—사회과학에 서의 수학적 모델 구성자들에게 보이는—을 강화하는 데 기여한다.

계산 모델과 준인과적 모델

수학의 언어가 몰인과적이라면, 모델들이 그것의 객체들에 관하여 무엇 인가를 '설명한다'라고 이야기할 수 있는 다른 어떤 의미가 조금이라도 있 는가? '설명한다'라는 말로 우리가 단지 '명확하게 한다'는 것만을 의미할 뿐이라면 물론 모델은 구성하고 있는 양들이 어떻게 변화하는가를 설명할 수도 있을 것이다. 그리고 가장 단순한 종류의 모델은 어떤 총계(종속변수 로 취급된)를 그것의 구성요소들로 풀어 분해함으로써 그 총계에서의 변화 를 '설명한다.' 예컨대, 우리는 어떤 사람의 은행 잔고를 그의 계좌의 대차표에 항목분류되어 있는 입금과 인출 그리고 이자 지불을 근거로 설명할 것이다. 참으로, 이러한 모델화 접근방법은 종종 '계산적 틀'로 불린다. 이 모델은 변화의 구성요소들을 계산하기는 하지만, 무엇이 그것들을 변화하도록 원인짓는가에 대해서는 언급하지 않는다.

흔히 이러한 종류의 양적 분해는 '인과적 분해'를 구성할 듯한 것과 상응하지 않는다. 예컨대 고용의 변화에 대한 연구에서 한 가지 명백한 분석방법은 공장의 '탄생'과 '사멸'과 이동 등과 같은 변화의 구성요소들을 판별하고 양화하는 방법이나 부문 분석법일 것이다. 그렇지만 고용 변화의 여러 가지 원인들은 이 두 가지 분해의 어느 쪽과도 깔끔하게 상응할 것으로 보이지 않는다.[9] 구성요소들이 질적으로 불변적이지 않거나, 그것들이 서로 인과적으로 상호작용하는 또는 그것들의 결합과 분리를 통하여 발현적 힘이 발생하거나 해소되는 경우에도 문제가 생긴다. 발현적 힘을 갖는 객체의 효과를 그것의 구성요소들의 상대적 기여에 입각하여 설명하고자 하는 시도는 물의 작용에 대하여 몇 %는 수소의 효과이며 나머지는 산소의 효과라고 추정하는 것처럼 부적절하다.[10] 적절히 적용될 경우, 계산적 모델의 수학적 운용은 가능한 물질적 운용이나 변동에 입각해서 해석 가능해야 한다. 이것은 계산에 의한 설명을 없앨 수 있다는 이야기가 아니다. 구체적인 연구에서는 어떤 인과 기제들이 나타나며 그것들이 어떻게 작동하는가를 아는 것만이 중요한 것이 아니라 그 기제들의 숫자와 그것들의 효과들(그 것들을 분리할 수 있다면)에 대한 양적인 추정치를 갖는 것도 중요하기 때문이다.

계산적 모델 이외에도, 그것의 독립변수들이 구성요소들뿐 아니라 종속 변수에서의 변동의 원인과 조건들을 나타낸다고 생각되는 모델들도 있다.

---

9) D. B. Massey and R. A. Meegan, *The Anatomy of Job Loss*(London, 1982) 참조.
10) 이 예는 도린 마세이(Doreen Massey)에게서 빌린 것이다.

종속변수에서의 변화는 구성요소들에서의 변동의 물질적 총합으로 해석될 수 있는 것이 아니라, 원인과 조건으로 간주될 수도 있는 변수들이 구성요소들과 어떻게 공변(co-vary)하는가를 반영하는 것이다. ('~수도 있는'이라고 말하는 까닭은 인과 추정이 수학 밖에서 이루어져야 한다는 것을 독자에게 상기시키려는 데 있다.) 이러한 '준인과적' 모델과 계산적 모델 두 가지 모두 동일한 등식 형태—전형적으로 y=f(x1, x2, x3, ……, xk)—를 사용할 수도 있다. 그렇지만 단순히 수학적 언어의 명백한 유연성을 지적하는 대신 우리는 두 가지 용법의 의미의 차이에 주목해야 한다. 특히 준인과적 모델의 경우, 등식의 논리적 순서가 어떤 의미에서 과정—예컨대 경제성장 등과 같은—의 물질적·인과적 순서를 '재현'하는 데 기여할 수 있는가를 질문하는 것이 유용하다. 이러한 문제에 대한 답이 추구되지 않는다면, 모델 구성자는 그것들이 조건인가 아니면 기제인가 또 그렇다면 어떤 종류의 그런 것들인가를 밝혀내지 않은 채, '요인'(또 하나의 '무차별적 용어'인)일 수도 있는 현상들을 포괄하도록 단순히 변수들을 모델 속에 집어넣는 일에 빠질 수도 있다. 그리고 아마도 그러한 불가지론적인 태도는 단일의 등식 속에서의 계산적 인 요소들과 준인과적 요소들의 검토되지 않은 조합을 허용할 수도 있을 것이다.

'이론적 모델'과 '경험적 모델' 또 폐쇄체계와 개방체계

예상할 수 있듯이, 관심을 둔 체계가 폐쇄적인가 아니면 개방적인가 하는 것도 또한 수학적 모델들의 사용에 강한 연관을 갖는다. 이른바 '이론적 모델들'은 예외없이 단순한 가설적 폐쇄체계의 존재를 상정한다. 예컨대 경제학에서의 두 부문 모델이나 마샬적인 수요·공급 모델이 그것이다. 그 자체로 그런 모델들은 가능성들을 밝히는 데 발견적으로 유용할 수 있다.[11] 이른바 '경험적 모델들'은 실제의 자료들에 맞춰 조정되는데, 사회과학에서는 연구자가 그것을 깨닫고 있건 아니건 간에 개방체계에 맞춰진다. 일정하지 않은 관계들이나 또는 일정하지 않은 방식으로 변화하는 관계들에 (즉 체계가 개방적이라면) 맞춰 수학적 함수들이 조정된다면 모델은 예측에서 그다지 성공적이지 못할 것이다. 그렇지만 일단 한 체계의 구성요소들이 양화되었다면 그 체계가 폐쇄적이건 개방적이건 간에 수학적 모델을 사후에 그것에 맞추는 것이 늘 가능하다(비록 폐쇄적인 경우에만 그것이 사전에 작동할 것이지만). 비록 그렇다고 하더라도 모델 구성자들은 흔히, 불규칙적인 관계처럼 보이는 것을 불변적인 구성요소적 규칙성들의 결과인 것으로 입증할 수 있는 그러한 방식으로 체계가 해독될 수 있기를 희망한다. 폐쇄의 외적 조건이 인식되고 또한 개방체계인 것처럼 보이는 것이 실제로는 폐쇄적인 하위체계들의 조합에 지나지 않는다고 상정하더라도 특징적으로 폐쇄의 본래적인 조건은 무시된다. 그럼에도 불구하고, 연구자가 현실적인 (개방)체계를 모델화하고자 한다면 그리고 참으로 어떤 특징적인 '징후들'과 반응들이 판별될 수 있다면, 이러한 오판의 결과는 벗어날 수 없다.

이런 것들의 일부를 예시하기 위하여 인구변화에 대한 수학적 모델이라는 매우 단순한 사례를 살펴보자.[12] 각 연령집단의 여성 1천 명당 출산율과 연령별 여성의 수 등과 같은 변수들에 관한 정보가 주어져 있다면 우리는 장차 태어날 신생아의 수를 예측할 수 있다. 사후적 계산이라는 목적을 위하여 일단 모델이 조정되면 단순히 등식을 재조정함으로써 모든 변수들이 종속변수로 취급될 수 있을 것이고, 인과적 순서와 계산의 순서가 상응

---

11) 적절한 사례로는 경제적 착취가 계급의 존재에 의존하는가 여부의 문제를 밝히기 위하여 두 사람으로 구성되는 경제의 모델들을 사용하는 경제학자 존 뢰머(John Roemer)를 들 수 있다[Free to Lose(Cambridge, 1988)].
12) 투입-산출 모델과 그밖의 다른 모델들도 동일한 형태를 갖는다.

할 필요는 없으며 원한다면 결과로부터 원인이 계산될 수도 있다. 그렇지만 모델이 예측을 위해 사용되고 그 다음 실제의 자료와 비교된다면, 그 모델이 폐쇄의 조건을 충족시키지 않는다는 사실은 부정확성으로 이어질 것이다. 연령별로 정밀하게 분해하더라도 각 등급은 상이한 출산율을 갖는 상이한 유형의 개인들을 포함할 것이며, 이런 사람들의 비율이 변화하고 출산력에 대한 사회적 영향이 변화하기 때문에 연령별 출산율은 다양할 것이다. 이러한 '징후'에 대한 한 가지 반응은 상이한 집단들을 구별해 낼 수 있으리라는 기대를 가지고 모델을 더욱 분해하고 그것에 의해 질적인 변동을 순전히 양적인 변동─질적으로 불변적인 집단의─으로 환원시키는 것이다. 이것에 대해 우리는 바스카를 좇아서 '환원주의적 퇴행(reductionist regress)'이라고 부를 수 있다.13) 어떤 경우이거나 이 환원주의적 반응 전략은 흔히 반(反)생산적인데, 그것이 모델의 복잡성(즉 추정되어야 하는 '알려지지 않은 것'의 수)과 잘못된 과장의 가능성 둘 모두를 급격히 증대시키기 때문이다. 더구나 그것은 흔히 '다수의 효과의 법칙'─수가 많기 때문에 변이들이 결국에는 평균으로 모여드는─으로부터 도출되었을 어느 정도의 규칙성도 상실한다. 모델의 유일한 목표가 설명이 아니라 간단한 예측이나 계산이라면 최대의 순서나 규칙성을 제공하는 수준의 분해를 선택하는 것이 아마도 좀 더 실용적일 것이다.

그렇지 않다면 또는 게다가, 반대방향으로의 퇴행이 시도될 수도 있다. '상호작용주의적 퇴행(interactionist regresses)' 등과 같은 경우,14) 특정의 매개변수들이 변동한다는 것이 인식되지만, 그러한 변이는 모델 속에서 내적으로 계산될 것으로 기대된다. 예컨대 경제가 출산율에 미치는 영향에 대한 연구로부터, 이것을 모델화하는 경제적 하위체계에 의존하기로 결정할

---

13) *A Realist Theory of Science*, p.77.
14) Ibid.

수도 있다. 이러한 전략들(때로는 환원주의적 퇴행과 결합된)은 1960년대 후반과 1970년대 초반의 엄청나게 기괴한 컴퓨터모델―MIT 세계 모델을 포함하는―에서 전형적으로 나타났다.[15) 그 전략들은 복잡성, 자료 요청 그리고 오류 확대에 대해서도 비슷한 효과를 낳는다. 결국, 우리는 제4장에서 지적했듯이 부정확한 것일지라도 일정한 예측이 없이는 아무 것도 할 수 없지만, 사회체계에 대하여 예측적으로 어느 정도 정확성을 갖는 모델을 만들 수 있기를 기대하는 일이 쓸모없음을 알게 된다. 일반화에 관해서 이야기할 때도 그러했던 것처럼, 나는 이런 어려움을 예측적 모델 구성을 금지시키기 위하여 지적하는 것이 아니라 불가피한 어려움들과 그것에 대한 대응들을 설명하기 위하여 지적하는 것이다.

가설적인 폐쇄체계를 모델화할 때 과정들이 서로에 대하여 갖는 자율성과 그 과정들 사이의 상호의존의 비대칭이 자명한 것(이 점은 그것들에 대한 수학적 재현을 크게 돕는 특징이다)은 아니다.[16) 개방체계(그리고 폐쇄되었지만 조작가능한 실재하는 체계)에서는 이러한 자율성과 비대칭이 좀 더 분명하며(예컨대, 소비와 수요로부터의 생산과 공급의 부분적 자율성), 그것들을 분석적으로 풀 수 있는 등식에 의해 모델화하는 것은 불가능하지 않다면 힘들다. 대신 분석적 모델의 우아함을 희생시키는 컴퓨터 모의실험을 사용하는 회귀방정식이 필요할 수도 있다.[17)

어떤 체계가 특히 잘 이해되지 않는다면, 그 체계에 대한 수학적 모델의 매개변수들의 값들을 선험적으로 특정화하기는 거의 불가능하며, 그러므로 그것들은 '가늠되어야' 한다. 흔히 우리는 어떤 관계의 '부호'[(변수들이

15) D. H. Meadows et al., *The Limit of Growth*(London, 1972).
16) 이 책의 제4장의 폐쇄체계와 예측에 관한 부분을 참조.
17) A. Sayer, "A critique of urban modelling," *Progress in Planning* 6, part 3(1976), pp.187-254 참조.

정(正)의 관계인가 아니면 역(逆)의 관계인가]에 대해서는 훌륭한 생각을 가지
고 있지만, 정확한 형태를 사전에 특정화할 수는 없다. 체계가 폐쇄적이라
면 이것은 단지 성공적으로 예측하는 확고한 모델을 만들어 내기에 충분하
도록 수행되기만 하면 된다. 그렇지만 체계가 개방적이라면 모델은 매번의
적용을 위하여 새롭게 조정되어야 할 것이며, 그러므로 매개변수들과 계수
와 회귀선이 경우에 따라 다를 것이다.18) 추상화가 아니라 일반화가 추구
되며, 차례로 그것은 일반화되기 어려운 것으로 드러난다. 때때로 이런 작
업은 예측적 모델에 대한 '검증'이라고 옹호되지만, 모델을 일련의 자료들
에 맞추는 것은 예측하는 것이 아니며 또한 그것을 의미 있게 검증하는 것
도 아니다. 특정의 조정되지 않은 변수들의 '조정의 우수성(goodness-of-fit)'
을 시험하는 경우조차도, 그것이 조정된 모델의 일부라는 것을 통하여 이
미 간접적으로 최적화된 것이라는 점을 기억해야 한다.19)

많은 모델들에 해석되지 않은 상수, 매개변수 또는 계수들이 존재한다는
점은 수학적 질서와 인과적 질서 사이의 상응을 만들어 내려는 그것들의
시도가 부적절하다는 점을 입증한다. 그것들이 개별의 과정이나 특징들을
'가리키는 것'으로 해석될 수 없다면, 모델을 자료 덩어리에 맞추어 조정하
는 수단을 제공함으로써 모델의 부적절함을 감추는 것이 그것들의 유일한
기능이라는 점에서(매개변수들이 많이 있다면 어떤 모델이라도 주어진 자료에

---

18) 이러한 실패는 '회귀방정식이 과학의 법칙이다'는 블래럭(Blalock)의 터무니없는 주장
[*Causal Inferences in Non-experimental Research*(Chapel Hill, NC, 1961), p.384]을
비웃는 것이다.

19) '나는 우리의 양적 작업에서 위험한 모호함을 검출한다. 우리는 가설들에 대한 검증과
구조적 [원문 그대로] 관계에 대한 평가를 충분히 주의깊게 구별하지 않는다. 이 모호함
은 경제학에서 유행한다'[케넨(P. Kenen)이 블라우그(M. Blaug)의, *The Methodology
of Economics*(Cambridge, 1980), p.257에서 재인용. (우리가 사용하는 용어로는 인용
문의 '구조적'이라는 말은 틀린 명칭이다)]. 또한 이 책의 제4장에서 논의한 공간으로부
터의 추상의 '뒤섞음' 효과도 상기할 것.

맞추어 조정될 수 있다), 그것들을 '헛된 요인들(fudge factors)'이라고 서술하더라도 괜찮을 것이다. 반면, 그것들에 대해 일관성 있는 실질적 해석을 제공할 수 있다면, 이상적으로 그것들을 조정되도록 내버려두지 않고 그것들의 값을 선험적으로 또는 모델 속에서 결정하는 일이 가능하다(물론 그렇게 하는 것이 환원주의적이고 상호작용주의적인 회귀를 촉발할 터이지만). 20) 모델 구성자들은 이 점을 의식하지 못하고 있을 수도 있지만, 경우에 따라 그 값이 변화하는 매개변수들을 포함시키는 것은 폐쇄의 내적·외적 조건을 충족시키지 않는 일을 허용하고 인과 구조에 대한 잘못된 특정화를 허용하는 소급적이지만 해석불가능한 방법을 제공한다.

그러므로 각각의 자료 덩어리에 맞춰 조정되어야 하는 '경험적 모델들'을 사용하는 것은, 도구주의적 법칙의 주제가 될 수 있는 지속적인 규칙성을 얻을 수 없다는 점에 대한 무의식적인 반응으로 간주할 수 있다. 그것은 또한 연역논리의 포기를 특징지으며, 그와 함께 과학이 가설-연역적 절차(경험적 규칙성에 관한 가설로부터 예측을 연역한 다음 그것을 독립된 자료에 비추어 검증하는)를 따라야 한다는 믿음에 대한 포기를 특징짓는다. 21) 이러한 종류의 성공적인 예측을 강조하는 대신, 사회과학자들은 상당히 희석된 방법론적 원칙들을 준수해왔다. 예컨대, 경제학자 사무엘슨(Samuelson)은 그러한 예측이 실행불가능하다는 것을 인정하고, 그 대신 종속변수들에서의 예측된 변화에 대한 수학적 부호가 정확해야 한다는 것을 최소한의 요건으로 제기한다. 22) 레온티에프(Leontief)라는 또 다른 경제학자는 이론가로서 경제학자

---

20) J. Forrester, *Principles of Systems*(Cambridge, Mass., 1968).

21) 흥미롭게도, '경험적 모델들'을 사용하는 대부분의 사회과학자들은 그들 자신이 포퍼(Poppor)의 방법론적 규정을 실천에 옮기고 있다고 믿는다(M. Blaug, *The Methodology of Economics*, p.100). 다시 말해서 경제학자들이 선호하는 철학적 조언자들의 견해로부터 놀랍게 벗어나 있다.

22) Blaug, *The Methodology of Economics*, p.100.

들이 상상적인 폐쇄체계—그 속에서 그들이 과학적 '설명'이나 예측이 연역적 형
태를 취하고 보편적인 경험적 규칙성과 연결되어야 한다는 가정을 유지시킬 수 있
는—를 가설화하지만 모델이 개방체계에 맞게 '조작화될' 때에는 이 두 가지
교의를 포기해야 한다는 것을 깨닫게 됨을 보여주고 있다.

　　이론가로서 우리는 가격, 생산량, 저축률과 투자율 등을 생산함수, 소비함
수 그리고 그밖의 구조적 관계—그것의 매개변수들을, 적어도 논증의 목적
을 위해 알고 있는—에 입각하여 설명하는 체계를 구축한다. 그렇지만 경험
적 연구라고 통용되는 것에 종사하는 경제측정가로서 우리는 새로운 사실적
정보를 발굴함으로써 이러한 함수의 실제의 모습을 밝히고자 하는 것이 아
니다. 우리는 뒤로 돌아서 간접적인 통계적 추정에 의지하여 가격, 생산량 그
리고 그밖의 변수들—이론가로서의 우리의 역할 속에서 우리가 알려지지 않
은 것으로 취급하는—의 관찰된 크기로부터 알려지지 않은 구조적 관계를
도출한다.[23]

　　달리 말하면, '뒤로 돌아서는 것'은 인과적 질서와 논리적 질서의 비상응
에 대한 무의식적인 반응이라고 생각할 수 있다. 체계가 폐쇄되어 있다면,
인과 관계가 전도되어 담겨 있더라도 예측적 목표에 대해 문제가 되지는
않을 것이다. 그렇지만 개방체계에 대해서는 그것은 분명히 이론의 설명적
지위를 터무니없는 것으로 만든다. 폐쇄체계에 대한 서술과 예측에서 잘못
된 특정화와 심지어는 인과 관계의 전도로 귀결될 가능성은, 과정들에 의
해 결정된 또는 과정들 사이의 상호작용의 산물인 관계를 그 과정의 결정
요인으로 취급하는 '판별 오류(identification errors)'에서 증명된다. 그러므

---

23)　W. Leontief, "Theoretical assumptions and non-observed facts," *American Economic Review* 61(1971), pp.1-7.

로 경제학에서의 균형(폐쇄체계)의 가정은 수요와 공급이라는 변수들을 생산과 분배와 소비행위의 산물이 아니라 결정요인이라고 사후적으로 처리할 수 있게 한다.[24] 이러한 전도가 '이론적 모델들'을 사용하게 될 때 가장 큰 동요를 야기한다는 것은 그리 놀라운 일도 아니다.

모델 구성자들이 연역적 형식을 포기하고 또한 비예측적인 인과적 설명이라는 대안을 무시한다면, 그들은 '요인들'에 대한 경험적 모델을 블라우그(Blaug)가 서술하는 방식으로 '조정하는' 것으로 되돌아가게 된다.

> 학술지들은 상상가능한 모든 문제들에 회귀분석을 적용하는 논문들로 가득 차 있다. 그렇지만 그러한 작업의 성공여부가 흔히 '요리책 경제측정학'ㅡ가설을 등식에 입각하여 표현하고 가장 적합한 것을 선택하고 나머지는 버린 뒤, 검증되고 있고 가설을 합리화시키기 위하여 이론적 논의를 조정하는 ㅡ에 의지하고 있다는 점은 비밀이 아니다.[25]

그렇지만 블라우그 역시 이런 징후를 인지하고 탄식하지만 그 원인은 파악하지 못하고 있다. 이것은 그가 여전히 '연역주의'와 경험적 규칙성이라는 한 쌍의 방법론적 원칙을 받아들이면서 개방체계의 함의를 인식하지 못하는 데 그 까닭이 있다.

---

24) Maurice Dobb, "The trend in modern economics," in E. K. Hunt and J. G. Schwartz(eds.), *A Critique of Economic Theory*(Harmondsworth, 1972), pp.39-82; Sayer, "A critique of urban modelling" 참조.

25) Ibid., pp.256-257.

모델에서 가정의 역할

'이론적' 모델과 '경험적' 또는 '조작적' 모델 사이의 관계를 살펴보는 또 다른 방식은 추상으로부터 구체로의 전환에 입각하는 것이다. 모든 종류의 연구들 가운데, 이러한 움직임은 연속적으로 더 복잡한 형태의 가설적 체계들의 속성들을 탐구하기 위하여 수학적 모델을 사용하는 (가정을 느슨하게 하고 하위 모델들에 의지함으로써) 작업 속에서 가장 잘 형식화된다. 그렇지만 특징적으로 구체로 향하는 움직임을 관철하려는 시도는 특정의 문제(특히 가정의 역할과 관련된)에 부딪히게 된다. 그런데 가정은 모든 종류의 추상적 분석 또는 '사유 속의 실험'—양적인 것이건 질적인 것이건 간에—에서 이루어지지만, 그것의 역할은 수학적 모델에서 특히 명확하며, 그러므로 나는 여기서 그것들을 논의하고자 한다.

'이론적 모델'은 일반적으로 쟁점이 되고 있는 문제를 단순화할 뿐 아니라, 그것을 폐쇄체계인 것처럼 다루는 것을 허용하는 가정에 기초한다. 예컨대 경제학에서의 균형의 가정이나 지리학에서의 등방평면의 가정이 그것이다. 이런 가정은 그것들의 기초적인 변수들에서의 질적 변이로부터 추상함으로써 그리고 지속적인 관심의 대상이 아닌 다른 관계들을 유보함으로써 수행된다. 이러한 관계들은 필연적인 것일 수도 있고 우연적인 것일 수도 있다. 후자의 경우, 추상은 '우연성을 막는' 과정으로 간주될 수 있다.

이러한 방법들은 발견적으로 유용할 수도 있다. 그렇지만 그 방법들은 우리가 구체적인 객체들을 이해하는 데 도움을 줄 것인가, 준다면 얼마나 줄 것인가? 그리고 가정들이 '비실재적'이라면 문제가 아닌가?[26] 그 답은

---

26) 아마도 이 문제에 대한 고전이 아니지만 가장 유명한, 논의는 프리드먼(Friedman)의 *Essays in Positive Economics*(Chicago, 1953)에서 볼 수 있다. 그렇지만 이 주제에 관해서는 도브(Dobb)의 "The trend in modern economics"을 더 권하고자 한다.

추상의 성질과 모델을 사용하는 용법 그리고 우리가 '비실재적'이라는 말로 무엇을 뜻하는가에 달려 있다. 설명보다도 예측과 계산이 필요하다면 어떤 의미에서도 가정이 실재적일 필요는 없다. 정확한 결과를 산출한다는 의미에서 모델이 '작동한다'라는 것만이 문제가 된다. 설명이 1차적인 목표라면 두 가지 가능성이 존재한다.

① 모델이 합리적 추상에 기초하고 가정들이 단지 특정의 잘 정의된 불변적인 필연적 관계를 유지하고 과정에 대한 우연적 훼방을 '막는' 데 기여한다면, 그 모델은 구체적인 개방체계에서의 구성요소적 과정들의 일부를 효과적으로 설명(그것이 질적, 즉 인과적 분석에 의해 뒷받침된다면)할 수도 있을 것이다. 이 경우 가정은 그것이 현실적인 사건의 수준에서 유지되지 않는다는 제한된 의미에서 '비실재적'일 수 있다. 그럼에도 불구하고 그 가정은 세계에서의 필연성에 관한 이론적 주장과 모순되는 것이 아니라, 오히려 그것의 객체들을 좀 더 명확하게 드러내는 데 도움이 될 것이다.

② 그렇지 않고, 가정이 관심의 대상인 체계의 필연적 (그리고 적절한) 특징으로 알려진 것들을 부인한다는, 즉 그것이 관심의 대상인 중심적 과정에 대한 재현의 일부로서 없을 것 같거나 드물 뿐 아니라 물질적으로 불가능한 상태를 상정한다는 좀 더 심각한 의미에서 '비실재적'일 수도 있다.

두 번째 종류의 가정의 유명한 사례는 시장 과정이 무시간적인 세계에서 완전한 지식을 기초로 일어난다고 제시하는 경제학에서 찾아볼 수 있다. 그러한 가정은 계산이나 예측을 목적으로 정당화될 수도 있다(그 가정이 없을 경우, 모델들이 좀 더 '실재적인' 가정들을 사용하는 복합적이고 귀찮은 모델들에 의해 도출될 수 있는 근사한 결과를 근거로 계산과 예측을 한다는 것을 양적인 관점에서 입증할 수 있다면).

설명의 관점에서 볼 때, 이 두 형태의 가정들을 느슨하게 만드는 것은 매우 상이한 결과를 낳는다. ①에서는 그것이 모델에 재현된 기본적인 구조와 기제들에 대한 묘사를 온전히 놓아 둘 것이다(비록 좀 더 구체적인 수준에서의 그것들의 효과는 수정될 수도 있지만). ②에서는 그것이 묘사를 파괴시킬 수 있으며 따라서 가정의 '비실재적' 성질이 (실재하는 객체들을 예시하기 위해 그것들을 사용하는 것과 관련하여) 심각한 문제가 된다. 이것은 단지 그러한 모델들이 구체적인 유형들과 조화되지 않는다는 이야기가 아니다. 그 모델들은 추상적인 수준에서도 실재하는 것을 포착하지 못한다는 것이다(우리의 용어법에서는 추상적인 것이 '비실재적'인 것을 뜻하지 않고 실재하는 것의 일면적 측면을 뜻한다는 것을 기억할 것). 기껏해야 그것들은 흥미로운 허구—실천에서 참이 될 수 없는—일 것이다. 불행하게도 그것들은 개방체계에 맞추어 조정된 모델들에서 빈번히 사용되고 있으며, 그리고 그 조정이 달성되었다는 의심스러운 근거에 기초하여 설명적으로 적절한 것으로 취급되고 있다. 그러므로 '우리가 완전경쟁에 있다고 가정하라'거나 등과 같은 진술을 접할 때에는 언제나, 그 저자가 불가능한 가설적 상태에 관해 이야기하고 있는 것인지 아니면 물질적으로 가능하고 현실적인 체계에 근사한 가설적 상태에 관해 이야기하고 있는 것인지를 확인하는 것이 중요하다. 이 두 가지 선택지는 동일한 것이 아니다.[27]

'실용가치론적(praxiological)' 모델들, 즉 실제의 상태가 아니라 어떤 **최적상태(optimum)**를 산정하기 위하여 사용되는 모델들에 대해서는 가정의 실재성에 관련된 상이한 기준들이 적절할 것으로 보인다. 예컨대, 선형 프로

---

27) J. Robinson, *Economic Philosophy*(Harmondsworth, 1962) 참조.

그래밍 모델들은 어떤 제약 아래 있는 어떤 양(量)을 최대화하거나 최소화할 수 있게 해준다. 경제학자는 기술적이고 자원적인 제약 아래에 있는 일련의 공장들의 최대 생산량을 계산하기 위하여 또는 주어진 지점들로 재화를 운송하기 위해 가능한 시간이나 에너지의 최소 지출을 계산하기 위하여 그런 모델을 사용할 것이다. 실용가치론 모델들에 대해서는 당신과 내가 실제로 어떻게 행위하는가 하는 것이 아니라 이상화된 합리적 인간이 어떻게 행위하는가를 입증하는 것이라고 이야기할 수 있다. 그렇다면 그 모델들의 가정은 '실재적'일 필요가 있는가? 이것에 답하기 위하여 우리는 이런 형태의 모델을 좀 더 자세히 살펴보아야 한다. 그러한 모델의 중심이 되는 관심은 '합리성'이지만, 이것은 내용 없는 추상이다. 합리적 행위에 대한 모델조차도, 행위주체들이 특정의 힘과 성향(예컨대 완전하거나 불완전한 지식)을 가졌다고 가정함으로써, 그리고 암묵적으로는 그 행위주체들이 특정한 종류의 사회—어떤 행위들은 가능하고 바람직하게 만들고 다른 행위들은 그렇지 않게 만드는—속에 존재한다고 가정함으로써, 일정한 내용을 부여받아야 한다. 전형적으로 후자와 같은 형태의 가정들은 검토되지 않은 채 남아 있으며, 그것이 결여됨으로써, 역사특수적인 현대의 사회관계와 이데올로기들(특히 개인주의)이 보편적인 것으로 취급된다. 달리 말하면, 무엇이 합리적 행위인가 하는 질문은 내용 없는 추상의 수준에서 분석될 수 없기 때문에 우리의 이상화된 행위가 우리 사회에서 가능한가 여부를 판단해야 한다면, 가정이 비실재적인가 여부 그리고 이 점이 중요한 차이를 낳는가 여부를 판정하는 일이 또다시 필요해진다.[28]

---

28) 시간과 관련하여 실용가치론적 모델들에서 공통적으로 발견되는 몇 가지 가정은 심각하게—재앙스럽게—비실재적이다. 모든 행위자들이 완전한 선견지명을 가질 만큼 미래가 알려져 있다면, 선택의 여지는 없을 것이다. 'A와 B가 진정한 선택을 한다면, 그 행동들이 이들과 관련되어 있는 C와 D는 이들이 무엇을 선택할 것인가를 사전에 알 수 없으며, 그러므로 차례로 이들도 무엇을 선택할 것인가를 사전에 알 수 없다'[A.

그러므로 가정의 실재성의 문제는 그 가정들을 사용하는 모델들의 종류와 그 가정들이 적용되는 객체들의 종류를 ('비실재적'이라는 용어의 의미는 이야기할 것도 없이) 고려해야만 만족스러운 답변이 될 수 있다.

추상적 모델로부터 구체적인 것으로 움직이는 과정에서는 좀 더 높은 추상수준에서 '유보'된 여러 가지 우연성들이 매우 상이한 이론들에 의해 다루어지는 과정들에 의해 지배된다는 것이, 그리고 상호작용주의적 퇴행을 발생시키지 않고서는 모델화될 수 없다는 것이 흔히 드러난다.

구체로 향한 전환은 종종 최초의 장애에 부딪혀 간단히 정지된다. 분명히 '임시적인' 가정들을 완화시키는 것을 공통적으로 뒤로 늦추는 것과 경제학과 지리과학에서 실재하는 체계를 분석하기보다는 '논리적 수수께끼'를 가지고 지속적으로 실험하는 것은 수학적 모델화가 폐쇄체계에 의존하고 있음을 보여 준다. 그리고 '경험적 모델들'의 사용은 통상적으로 '연속적인 접근'에 의한 구체로 향한 단계적 전진을 포함하는 것이 아니라 오히려 추상과 구체 사이의 여러 가지 매개들을 건너 뛰는 비약을 포함하며, 그 결과로 다른 것들에 대한 생략을 보상하기 위하여 실제로 모델화된 과정들에 대한 재현을 왜곡해야 하는 일이 빚어진다.

마르크스가 주로 『자본(Capital)』 제2권에서 사용하는 매우 단순한 수학적 재현은 이러한 점에서 살펴볼 만한 일이다.[29] '변수들'을 정의하기에 앞서 그것들이 재현하는 객체들의 개념들(가치, 불변자본, 가변자본 등)이 질적으로 철저히 탐구되는 데, 이제는 예외적인 일로 보인다. '모델'의 양적인 '연속적 접근'(단순 재생산으로부터 확대재생산으로의, 획일적인 이직률로부터 가변적인 이직률로의)에 앞서 철저한 질적인 연속적 접근이 이루어지는 것

Nove, *The Economics of Feasible Socialism*(London, 1983), p.39는 Loasby의 주장을 요약하고 있다].

29) Marx, *Capital*.

이다. 이 질적 접근 과정은 마르크스가 수학적 분석을 더 이상 수행할 수 없게 되는 제3권의 전형의 문제에 이를 때까지 지속된다. 전형 문제를 해결한 사람도 단지 조금 더 나아갈 수 있을 뿐이며, 여전히 매우 높은 추상 수준에서의 가설적인 폐쇄체계를 다루고 있을 뿐이다. 그러한 등식체계를 잘 다룰 수 있는가 하는 점은 체계를 폐쇄로 유지할 수 있는가 하는 결정적인 가정(특히, 사용가치의 양들과 교환가치의 양들 사이에 고정된 관계가 있다는 가정)에 의존한다.30) 마르크스가 깨달았듯이, 아마도 그러한 조건이 한 단계의 자본 축적 전체에 걸쳐 유지될 수는 없을 것이며,31) 마르크스는 후자, 즉 구체로 향한 움직임에서 결국에는 탈락되도록 허용된 가정과 수학적 분석형식들을 설명하고자 했다. 고전경제학에서는 폐쇄체계를 유지하기 위하여, 그러므로 계산가능성을 유지하기 위하여 설명적 타당성을 희생시키는 것이 지배적인 전략이었다. 비록 예측적 기준에 대한 집착 그리고 비실재적인 가정들에 대한 프리드먼의 부적절하게 조건지어진 보증에 대한 집착 속에서 요점은 인정되고 있는 것이나 마찬가지지만, 자연히 이것은 거의 인식되지 않는다. 마르크스의 전략은 설명을 위하여 계산가능성을 포기하는 것이었다.32) 제4장에서 지적한 것처럼, 두 가지 경우 모두에서 우연적 관계들—추상화된 요소들이 그 속에 자리하고 있는—을 발견하기 위한 경험

---

30) '우리의 방적공이 1시간 노동하여 1⅔파운드의 면화로 1⅔의 실을 잣는다면 그는 6시간 동안 10파운드의 면화를 10파운드의 실로 바꿀 것이다'[Marx, *Capital,* vol.1 (Harmondworth, 1776), p.297].

31) 이 때문에, '총자본가치와 잉여가치 사이에는 필연적인 내적 관계가 존재하지 않는다'(Marx, *Capital,* vol.3, p.59).

32) 도출이나 계산을 설명과 혼동함으로써 마르크스의 많은 독자들은 그의 가치이론을 뒤의 것이 아니라 앞의 것에 대한 시도로 잘못 해석해왔다[B. Fine, *Economic Theory and Ideology*(London, 1980); S. Meikle, "Dialectic contradiction and necessity," in J. Mepham and D.-H. Ruben(eds.), *Issues in Marxist Philosophy,* vol.1: *Dialectic and Method*(Hassocks, 1979); D. Elson, *Value: the Representation of Labour in Capitalism*(London, 1979) 참조].

적 연구를 수행하지 않고서는(물론 관찰은 이론부과적일 것이지만), 그러한 이론들이 실제의 구체적 사례들을 재현하는 쪽으로 움직여 나아갈 것으로 기대할 수 없다. 흔히, 사회체계의 특징인 개방성·우연성·질적 변동성 그리고 새로움을 포착하기 위해서는 형식적 모델에 의한 분석으로부터 서사(narrative)로의 전환이 필요할 것이다.

통계적 방법

통계에는 두 가지 주요 유형이 있다. 기술(예로 분산의 측정)과 추리(예로 카이스퀘어 검증)가 그것이다. 앞의 것에 관해서 이야기해야 한다면, 그것이 질적 서술을 유용하게 보완할 수도 있는 제한된 형태의 서술을 제공한다는 정도가 전부이다. 그렇지만 통계적 추리라는 좀 더 야심적이고 요구가 큰 기획에 대해서는 더 많은 논의가 필요하다. 통계적 방법의 한계들의 대부분은 '결정론적' 모델에 대한 논의에서 이미 검토한 것들과 동일하지만, 개방체계에 대한 연구에서 설명이라는 명시적 목적을 위해 그것을 사용하는 것에는 그것과 다른 몇 가지 문제들이 포함된다.

엄밀히 말하면 추리 통계는, 비록 실제에서는 그 방법이 예측과 설명과 가설 검증이라는 더 야심찬 목적에 사용되지만, 표본자료로부터 모집단의 특징이 추정되는 귀납적 추론의 한 형태이다. 그러한 방법을 채택하는 한 가지 분명한 이유는, 좀 더 '결정론적인' 과정—자연(폐쇄체계)과학이 접근할 수 있는—과 비교해 볼 때, 사회적 과정이 표면상 '통계적' 특성을 갖는다는 것이다.

그렇지만 논의를 더 진전시키기 전에, '통계적'이란 말의 의미를 명확히 할 필요가 있다. '결정론적' 과정과 비교할 때, 통계적 과정은 흔히 '개연적인 것'으로 언급되며, '우연'이나 '임의'의 요소를 포함한다. 이러한 차이는 과정 자체의 성질과 그 과정에 관한 우리의 지식의 성질을 쉽사리 혼동시킬 수 있다. 가장 중요한 것으로, 사회과학에서 '우연의', '임의의' 또는 '통계적' 과정을 '원인 없는' 과정—결정론적 과정과 상반되는—으로 취급할 근거는 없다고 생각된다.[33] 우리는 한 공동체의 성원들이 혁신을 수용하는 경과를 확률론적 과정으로 서술하고자 할 수도 있지만,[34] 이것이 개별적 수용을 원인 없는 것으로 취급한다는 의미는 아닐 것이다. 경과나 유형은 단지 특정의 서술 아래서에서만 임의의 것이다. 이 면의 문자들의 순서는 그 문자들의 배열이 형성하는 의미로부터 추상한다면 임의적인 것으로 보일 것이다. 그러므로 어떤 사건의 발생에 대하여 기껏해야 확률만을 부여할 수 있다는 사실로부터 그 사건이 결정되지 않은 것이라는 이야기가 도출되는 것은 아니다.

이러한 주장은 확률이나 임의성이 객관적 속성(즉 객체들 자체의 속성)이라는 통상적인 가정에 도전한다. 이러한 견해의 가장 유명한 형태는, 한 사건의 확률은 그것의 발생의 상대적 빈도에 지나지 않는다는, 그리고 예를 들어 유아가 여자일 확률은 단지 **상대적 빈도** 또는 여성 출생의 비율일 뿐이라는 견해이다. 이러한 해석이 갖는 난점은 그것이 확률의 의미를 확률을 부여하는 근거(의 일부)와 혼동한다는 점이다. 이와 대조적으로, 확률을 우리의 무지나 확신의 척도로 보는 주관적 해석도 있다. 이것은 확률이 (미

---

33) 물리학에서는 임의적이지 않은 질서는 발견되지 않는 경우들(예를 들면, 양자역학 같은)도 있다. 이에 따라 많은 과학자들이 모든 사건이 원인을 가지고 있다는 통상적인 형이상학적 가정을 유보하고, 일부의 과정들은 본래 임의적인 것이라고 주장하고자 했다. 이런 일이 사실이라고 하더라도 그것에 의해 사회적 과정—그것들의 대부분은 (집합적으로 볼 때에는 임의적이더라도) 잘 알려진 원인을 가지고 있다—에 대하여 비슷한 가정을 하는 것이 정당화되지는 않을 것이다[Georgescu-Roegen, *The Entropy Law and the Economic Process*(Cambridge, Mass., 1971) 참조].
34) 즉 임의적인 요소를 포함하고 있다.

래의) 사건의 발생에 관한 우리의 기대와 관련된다는 사실에 주목하는 데 도움이 된다(비록 그것의 원인에 관해서는 아무 것도 이야기하지 않지만). 35) 그럼에도 불구하고, 우리의 (주관적인) 무지나 확신의 정도는 분명히 (객관적인)36) 원인에 대한 우리의 지식의 정도에 의해 영향 받을 것이다. 배심원들을 선정할 때 적용되는 원칙에 관하여 아무 것도 모른다면, 누구나 똑같이 지명될 확률을 갖는다고 기대하는 것이 가장 합리적이다. 그 뒤에 우리가 선정 원칙을 알아내고 필요한 배심원의 수와 주민의 수 및 특징에 관한 정보를 얻는다면 우리는, 배제된 집단의 사람들에게는 0의 값을 부여하고 적격자에 대해서는 가중치를 부여하면서 확률을 재규정할 수 있다.

이것은 인과 기제에 대한 우리의 지식이 좀 더 완전해 지면서 통계의 가치가 낮아진다는 것을 알려준다. 37) 그렇지만 우리가 상당한 정도의 인과적 지식을 가졌을 때조차도 일단의 과정들의 상대적인 양적 차원들을 모델화하기 위하여 통계적 방법이 사용될 수 있다. 달리 말하면, 우리는 인과적 기제에 관련된 '무지'뿐 아니라 우연적 관계에 관련된 '무지'때문에도 통계적 방법에 의지할 수 있는 것이다. 그러므로 우리가 현재의 주된 과정의 준 임의적인 변화들의 원인을 알고 있을 때조차도, 그것들을 모델화하려는 목적에서 그것들을 차별화되지 않은 임의의 '소란'이라고 집합적으로 취급하는 쪽을 택할 수도 있다. '교란'이나 변이가 비임의적이고 중심적이라면 그것에 대해서는 명백하게 제시할 필요가 있을 것이다. 다시 한 번 말하면 다른 종류의 지식들

---

35) 확률에 대한 실재론의 견해를 좀 더 자세히 다룬 것으로는 하레(Harré)의 *The Principles of Scientific Thinking* 참조.

36) 여기서 '객관적'은 '어떤 절대적인 의미에서의 참'을 뜻하는 것이 아니라 '객체에 속함'을 뜻한다. 객체에 대한 지식이 오류가능성이 있는 것이라는 의미에서 '주관적'이라는 반대가, 그러한 객체가 반드시 허구라는 것을 그리고 우리는 객체의 존재와 그 객체에 대한 우리의 이해를 합리적으로 구별할 수 없다는 것을 뜻하는 것은 아니라는 점을 상기할 것.

37) Harré, *The Principles of Scientific Thinking*, p.162.

과 마찬가지로, 통계도 그것의 실천적 목적과 분리시켜서는 적절히 이해되고 평가될 수 없다.

일반화, 예측 그리고 설명에서의 통계적 추론의 이용을 고찰하면서 우리는 이들 용어들의 의미의 모호함을 지적해야 한다. 앞서 보았듯이, '일반화'는 단순히, 아마도 표본 속의 정보를 바탕으로 모집단의 특징들을 요약하는 서술일 수도 있고, 좀 더 야심적으로는 특정 표본의 특징들을 그것의 모집단 뿐 아니라 상이한 시간과 장소의 다른 모집단들에까지 적용하는 외삽일 수도 있다. '예측'에 대해서도 비슷한 용법이 일반적인데, 그 결과 가장 온건한 도표 작성 작업과 모집단의 매개변수들에 대한 추정이 종종 강한 의미에서의 '예측'에 대한 과감한 시도로 분장된다.

어느 한도 안에서는, '통계적 설명'의 한계가 잘 알려져 있으며, 통계적 방법의 대가들은 흔히 그들이 좋아하는, 예를 들면 스웨덴의 상이한 지역들 사이에서의 출산율과 황새의 숫자 사이에서 발견되는 것과 같은 '거짓 상관관계'의 사례들을 제시한다(서양에는 황새가 갓난아이를 가져다 준다는 미신이 있다). 이 문제는 일반적으로 '통계적 설명'과 '인과적 설명'이라는 용어에 따옴표를 표시하는 판에 박은 방식으로 인정되지만, 통계적 분석을 사용할 때에는 그렇게 발견된 양적 관계가 인과적인 것이라는 점을 제시하려는 의도를 갖는다. 예컨대 회귀방정식은 그 자체로는 인과적 관계 또는 조건적 관계에 관하여 아무 것도 이야기하지 않지만, 많은 사람들이 '인과 분석'과 '회귀 분석'을 사실상 동의어라고 가정하고 있다. 뷔른바움(Birnbaum)의 『사회학에서의 인과 분석(An Introduction to Causal Analysis in Sociology)』은 회귀분석을 대부분의 내용으로 하고 있으며, 인과성이 무엇인가에 관해서는 아무 것도 말하지 않는다.[38]

---

[38] Birnbaum, *An Introduction to Causal Analysis in Sociology*(London, 1980). 블래럭(Blalock)은 통계학에는 '인과성의 문제를 다루는 것은 묵살하자는 음모가 존재한다고

거짓 설명의 가능성에 대한 인식은 원인의 판별에서 규칙성의 발견이 충분조건이 되지 못한다는 것에 대한 인식과 같은 것이다. 그렇지만 그것이 필요조건조차도 되지 않는다는 것은 거의 인정되지 않는다. 대부분의 통계분석 옹호자들이 의지하고 있는 실증주의적 및 포퍼류의 정통 과학철학은 자연적 필연성 및 인과적 힘의 개념을 거부하기 때문에, 인과적 관계와 우발적 관계를 구별하는 적극적인 기준을 제공할 수 없다. 통계분석의 창시자의 한 사람인 피어슨(Pearson)이 1892년에 제시한 다음과 같은 견해는 이제는 예외적인 것이라고 생각될 터이지만, 적어도 곤경에서 벗어나는 한 가지 길을 보여준다. '과거에 대한 과학은 서술이며, 미래에 대한 과학은 믿음이다. 그것은 설명—이 말이 과학이 일련의 지각의 필연성을 보여준다는 것을 의미한다면—이 아니며, 설명인 적도 없었다.'[39] 나는 분명히 '과학'—어떻게 정의되는 것이건간에—에 대한 견해로서는 이것을 기각할 것이지만, 나로서는 그것이 통계의 역할에 관해서는 합리적인 판결이라는 생각을 갖고 있다. 최근에 통계학자들은 통계에 대하여 더욱 강한 주장을 시도해왔다. 예컨대 블래럭(Blalock)은 부분적 상관계수들의 비교에 기초한 '인과 분석'의 방법을 제안했다. 그렇지만 이것은 동일한 문제를 포함하고 있으며, 원인을 조건이나 우발적·형식적인 관계와 구별할 수 없다.[40] 그러한 방법이 조금이라도 타당성을 얻으려면, 그것은 질적인 인과적 및 구조적 분석에 기초한 실재론적 평가에 의해 보완되어야 한다.

여러 통계학자들과 마찬가지로 블래럭 역시 기법 이상의 무엇인가가 즉 '이론'—이것에 무엇이 포함되어야 할 것인가에 대하여 이야기하지는 못하지만—

할 수 있다'고 논평하고 있다[H. M. Blalock, *Causal Inferences in Non experimental Research*(Chapel Hill, NC, 1961), p.38].

39) K. Pearson, *The Grammar of Science*(London, 1892).

40) Blalock, *Causal Inferences in Non-experimental Research*. 동시에 그는 수학이 몰인과적이라는 점도 인식하고 있다(이 책 29쪽을 참조).

이 필요하다는 것은 기꺼이 인정한다. 그렇지만 통계학자들은 이론을 질서 짓기의 틀(이것의 기본 벽돌은 경험적 규칙성이다)이라고 생각한다는 것이 나의 느낌이다. 그런 이론을 제시하면 규칙성이 반드시 인과적인 것은 아니라는 문제를 다시 한 번 제기할 뿐이다. 기제와 사건이 다르다는 점을 생각하면, 강한 상관관계(또는 다른 어떤 질적 연관)가 반드시 인과성을 함축하는 것은 아니며, 또한 약한 상관관계가 인과적 또는 구조적 관계의 결여를 함축하는 것도 아니다. 이론이 이러한 유형의 문제를 해결하는 데 도움을 주려면 인과 기제를 상정해야 하며, 단지 종속변수의 전체적인 변량이 독립변수들의 변량에 어떻게 양적으로 연관될 것인가를 상술하는 것으로는 안 된다.[41]

어떤 체계에 대한 양적 분해가 반드시 인과적인 분해와 상응하는 것은 아니며 이 점이 통계적 설명에 대해서도 마찬가지라는 점은 이미 제시했다. 예컨대 변량분석(ANOVA)과 같은 기법은 종속변수에서의 특정한 양의 전체 변량을 어떤 다른 과정에서의 변량에 귀속시키는 데 사용될 수도 있다. 범죄율에 대한 연구는 자료를 지역적 항목들(예로 도심, 교외, 농촌 지역 등)로 나눌 것이다. 이들 지역들에서 평균에 차이가 있다면, 이것은 설명된 변량으로 불린다. 이러한 작업은 아주 쉽게 그리고 기계적으로 수행될 수 있지만, 우리는 늘 결과가 실질적인 견지에서 의미하는 것이 무엇인가를 이야기하라고 주장해야 한다. 범죄율에서의 변량의 일정 부분이 지역적 형태에 의해 '설명'된다는 이야기가, 또는 지능의 일정 부분이 유전적 요인에서 기인된다는 이야기가 의미하는 것은 무엇인가? x%의 변량이 지역적 형

---

41) 제5장에서 나는 인과적 힘에 대한 질적 지식을 논리적 사유 능력이 빈약한 사람들이 의지하는 정신적 버팀목으로 보는 정통적 견해를 지적하고 전도시켰다. 여기서 나는 비슷한 방식으로 양적 분석의 너무나 일반적인 사용이 인과적 사유 능력이 빈약한 사람들의 정신적 버팀목이 아닌가 하는 의문을 제기하고자 한다.

태나 유전적 요인에 의해 원인지어진다고 단순하게 답하는 사람들은, '원인'과 '설명'이라는 용어의 의미, 설명된 것으로 취급되는 객체들이 어떤 적절한 인과적 힘을 가질 것인가 그리고 좀 더 일반적으로는 왜 양적이고 논리적인 순서는 인과적인 순서에 조응해야 하는가 등의 문제를 충분히 심층적으로 고려하지 않고 있다.[42)

통계적 방법을 단지 그것의 수학적 속성에 입각해서만 또는 '요리책'적 방식으로만 고려한다면, 그것은 양화될 수 있는 모든 주제들에 적용될 수 있는 것처럼 생각된다. 그렇지만 세계를 이해하는 데 그것이 우리에게 도움이 되는 실천적 적합성은 부분적으로, 그것을 적용하는 객체의 형태에 좌우된다. 자연과학으로부터 사회과학으로 통계적 방법을 이전시키고자 시도하면서 이 문제에 대해서는 충분히 주의를 기울이지 않았다. 적용의 일반성을 추구하면서, 자연과학에서의 통계적 분석의 성공과 실패에 영향을 미쳤던 특정의 추상 양식에 대해서는 간과했으며, 따라서 그것의 사용에 대한 물질적인 제한은 잊은 채 단지 형식적이고 기술적인 제한만이 남게 된 것이다. 다시 이것은 또 다른 모호함(이 경우에는 '실험', '변수', 그리고 '통제' 등과 같은 용어의 의미에서의 모호함)을 낳는다.[43) 자연과학에서는 실험이 일반적으로 관심의 대상인 체계에 대한 실질적인 물리적 통제나 조작을 포함하지만, 사회과학에서 통계학자들은 흔히 체계-그 자체가 통제되지 않는-에 대한 관찰을 통제하고 조작하는 것을 가리키는 데 그 용어를 사용한다. 이와 유사하게, 하레와 세코드가 지적했듯이, '변수'에도 두 가지 의미가 있다. 하나는 실질적으로 물리적으로 조작되는 실체들에 관련된 것이고, 다른 하나는 그 각각의 개체들이 상이한 수준이나 양이나 강도에서 관

---

42) Harré, *The Principles of Scientific Thinking* 참조.
43) '주부에 대한 면접이나 특정 질문에 대한 "예", "아니오" 답을 기록하는 실험도 있을 수 있다'(Blalock and Blalock, *Methodology in Social Research*, p.107n).

찰되는 어떤 속성을 가지고 있는 한 부류의 실체들과 관련된 것이다. 앞의 것은 자연과학에서 좀 더 일반적이고, 뒤의 것은 사회과학에서 좀 더 일반적이다.[44] '통제'의 경우, 우리는 ① 실험적 통제(온도의 통제와 같이, 그렇지 않다면 가변적인 어떤 것을 물리적으로 일정하게 유지하는), ② 관찰적 통제(연구를 위해 인종적으로 동질적인 주민들을 선택하는 것과 같이, 특정의 변수나 요인이 우연히 불변적인 사례들을 관찰하는 것으로 제한하는) 그리고 ③ 수학적 통제(통제하지 않은 또는 실제로는 일정하지 않은 변수의 영향을 '통제하기' 위하여 일부의 자료를 수학적으로 조작하는)를 구별할 수 있다.

통제된 변수가 실제로 차이를 만들어 내는가 여부를 결정하는 점에서 보면, ①은 우리에게 가장 직접적인 증거 또는 '인지적 통로'를 제공하며, ③은 가장 덜 직접적이다. 제4장에서 이야기했던 것처럼 조작될 수 있는 객체를 연구하는 연구자들은 관찰만이 가능한 객체들을 연구하는 사람들보다 상당한 이점을 갖는다. 사회적 객체들(그것들에 관해 우리가 갖는 자료뿐 아니라)도 조작될 수 있지만, 개인들이 조작에 대해 상이한 해석들을 가지고 있고 또한 조작에 대해 사전의 이해들을 가지고 있기 때문에 개인들을 비교할 수는 거의 없으며, 그러므로 그들이 동일한 방식으로 어떻게든 '통제된' 것으로 취급할 수는 없다. 두 사례를 비교해 보자. 첫째, 자연과학자들은 비료의 사용에 대한 어떤 식물의 감응성을 시험하려는 생각에서 식물 표본을 선택한다. 그 표본은 무작위적이지만, 분포적 비신뢰도의 문제를 피하기 위하여 단일 유형의 식물로 한정할 수 있을 것이다. 그러므로 표본은 둘로 나뉘는데, 하나는 '통제집단'이고 다른 하나는 비료를 주는 '실험집단'이 된다. 그리고 두 집단 사이의 차이가 표본 선정의 편향에서 기인되는 것은 아닌가를 점검하기 위하여 결과가 기록되고 통계적 실험이 진행된다.

---

44) Ibid., p. 56.

영가설(null hypothesis), 즉 표본의 평균들 사이에 아무런 차이가 없다는 가설이 기각되면, 통제된 조건에 단 한 가지의 조치가 적용되었으므로, 연구자는 비료가 차이를 낳았다는 것에 대하여 확신을 느낄 수 있을 것이다.

둘째, 산업관계에 대한 접근에서 이민노동자들과 토착노동자들의 차이를 연구하는 연구자는 각각의 표본을 선정하고 몇 가지 변수들에 관하여 그 두 집단들 사이에서 기록된 차이가 표본 선정에서의 편향에 의하여 우연히 생긴 것은 아닌가를 알아보려는 시험을 행한다.

이 사례들에는 상이한 세계가 있다. 우리는 두 번째 사례에서 개인들이 무작위로 두 집단 중의 어느 하나에 할당된 것이 아님을 잘 알고 있다. 또한 두 사례에서 사용된 '통제'의 성질도 또한 매우 다르다. 인간 행위의 '맥락의존성'에 더하여, 사회과학의 '표본들'의 비통제적 (그리고 아마도 통제불가능한) 성질 때문에 차이는 변수들에 귀속되었다. 이민/토착은 일련의 다른 특징들이나 '상관적인 편향들'에 의해 영향받기 쉽다. 이민/토착 같은 구별은 맹목적으로 광범한 특징들(계급과 소득)을 포괄한다. 더구나 두 집단들 사이의 실질적인 상호작용과 내적 관계(지위의)가 간과될 수도 있다. 윌러(Willer) 부부가 주장하듯이 통계적으로 의미가 있는 집단들 사이의 차이를 시험하는 것은 쓸모없는 것이다.[45] 자연과학에서는 그 객체들이 자신을 둘러싼 것들에 관하여 능동적으로 해석하고 학습하는 것이 아니기 때문에, 객체의 행위의 맥락의존성이 훨씬 제한적이며, 안정적이다. 놀랄 것도 없이, 개별체들을 통제집단과 실험집단에 할당하고 분포적 비신뢰도를 피하는 것은 문제가 훨씬 덜하다. 그리고 그 결과, 통계분석의 모호함도

---

45) Ibid. 윌러 부부(Willer & Willer)의 책은 사회과학에서의 '통계학적 경험주의'에 대한 탁월한 비판을 담고 있지만, 그들의 주장은 혼란된 인식론에 의해 불필요하게 약화되고 있다. 그들의 인식론에 따르면, 이론들은 실재하는 객체들을 가리키는 것이 아니라 단지 경험적 관찰을 해석하는 방식을 제시할 뿐이다.

덜하다. 이것은 사회연구 설계에서의 '통제'가 사리에 맞지 않는다는 이야기가 아니라, 단지 그것들이 진짜로 실험적인 과학들에서와 똑같은 일을 하리라고 기대할 수는 없다는 것뿐이다.

그러므로 나는 통계적 방법의 유용성이 결정적으로, 그것을 적용하는 객체의 유형과 그것을 채용하는 연구설계의 형태에 달려 있다고 주장하고자 한다.[46] 통계분석의 가능성에 대한 평가에는 관심의 대상이 되는 객체에 대한 비통계적 검토가 필요하다. 수학적 질서와 인과적 질서 사이에 반드시 상응관계가 있는 것은 아니기 때문에 통계적 기법들 자체는 통계분석의 가능성에 대한 평가에 의지할 수가 없는 것이다. 예컨대, 어떤 표본이 분포적으로 신뢰성이 있는 것인가 여부를 결정하는 데 우리는 단지 도표에 나타난 곡선의 불규칙성이나 굴곡만을 살펴보는 것만 가지고 답을 찾아낼 수 있으리라고 기대할 수는 없다. 왜냐하면 분포적 비신뢰도가 이것을 만들어 내지 않을 수도 있기 때문이다. 오히려 질적 분석과 개념적 준비가 필요하다.

원칙적으로는 통계적 분석에 앞서 그러한 준비가 가능한 것처럼 생각될 수도 있지만, 실제로는 통계기법의 기술적 요건들이 흔히 그것을 방해한다. 질적 분석은 변수들의 확산과 상호의존의 발현과 분포적 비신뢰도의 판별을 촉진하는 경향이 있으며, 그것에 의해 기법의 적용을 더욱 어렵게 만든다.[47] 통계를 사용하여 많은 것을 쌓아 둔 사람들은 그러한 정보를 무시하고 싶은 유혹을 느낀다(때로 수량화의 결여는 이론적 미성숙의 지표라는

---

46) 나는 이 문제들을 어떻게 함께 고려해야 하는가를 보여주는 점에서는 자연과학자들을 위해 저술된 통계학 교과서가 사회과학자들을 겨냥한 것들보다 훨씬 낫지 않은가 하는 생각을 가지고 있다. 예를 들어 생물학에서의 실험 형태들의 맥락 속에서 기법을 논의하고 있는 클라크(Clarke)의 *Statistics and Experimental Design*(London, 1969)을 볼 것. 이러한 물질적 차원은 심지어 기본적 정의가 되기도 한다. 예컨대 분포는 수학적으로만 정의되는 것이 아니라 분포적으로 신뢰할 수 있는 것으로 (즉 질적으로 동질적인 개별체들로 구성되는 것으로) 정의된다.

47) Harré, *Social Being*(Oxford, 1979), p.133 참조.

의심스러운 근거 위에서). 예컨대 더 큰 표본의 '이점'을 얻기 위하여 분포적 비신뢰도를 간과하는 일이 흔히 있다. 이것은 객체의 인과적 힘과 구성에 대한 서술을 제거함으로써, 그리고 동시에 설명되어야 할 상이한 객체들이나 사건들의 수를 증가시킴으로써 차례로 인과적 설명을 찾아낼 가능성을 더 희박하게 만든다.

인과적 설명에 대해 통계가 갖는 약점은 여러 방법들의 기술적 요건을 충족시키고자 할 때 인과적 연관과 내적 관계가 성가신 것으로 판명됨으로써, 그것의 존재가 당혹스러운 것이 될 수 있는 데에서도 분명히 나타난다.[48] 관찰은 서로 독립적인 것으로 상정되며, 따라서 동일한 개체나 연관된 개체들에 대한 관찰들 사이에서의 통계적 관련을 찾는 것으로 이어지지 않는다. 다중회귀방정식의 종속변수에서의 변량을 '설명하는 데' 사용되는 독립변수들은 서로 독립적인 것으로 상정되며 그것들의 결합적 영향은 순전히 부가적인 것으로 간주된다. 이러한 요건을 충족시키지 못하는 것을 다루기 위한 기법들이 있지만, 놀랍게도 우리가 설명적 관점에서 관심을 갖는 바로 그것들(상호의존성, 연관 그리고 발현)은 여러 기법들에 대하여 방해가 되는 것으로 취급된다. 예컨대 회귀분석에서는 독립변수들 사이의 상호작용의 '문제'를 다루는 기법이 있지만, 이것은 상호작용을 계산하는 방식은 제공하지만 그것을 설명하지는 않는다. 예를 들어, 학교의 가르치기에 대한 연구에서 우리는 가르치는 방법과 성취도에 영향을 미치는 학생들의 사회계급 배경 사이의 상호작용을 발견할 수도 있다. 독립변수들 사이의 상호작용의 기술적 문제를 극복하는 것은 여전히 설명되어야 할 현상으로 남겨 둔다.

---

48) 지리학에서의 이 문제에 대한 생생한 논의로는 고울드(P. Gould)의 "Is *Statistix Inferens* the geographical name for a wild goose?" *Economic Geography* 46(1970), pp.439-448 참조.

변수들 사이의 관계에 대한 통계적 분석에 대한 가장 일반적인 비판의 하나는, 그것이 핵심적인 객체들에서의 질적 변동으로부터 그리고 맥락에서의 변동으로부터 추상하는 경향이 있다는 것이다. 흔히 이 둘은 연결되고 내적으로 관계된다. 예컨대 산업변동 연구자들은 여러 해 동안 마치 변수들이 단지 외적으로만 관계되어 있고, 경제적 환경은 행위에 대하여 그저 수동적인 배경일 뿐인 것처럼 취급하면서 특정 산업들의 질적 성격과 그것들의 작동을 둘러싸고 있는 경쟁적 환경 사이의 지속적으로 변동하는 상호의존으로부터 추상하면서 그러한 분석을 수행해왔다. 투자와 고용 같은 '변수들'뿐만이 아니라, 기업의 질적 성질과 경제적 환경 사이의 내적 관계도 이론화되고 측정될 필요가 있다. 역사적 변동의 급속함을 생각하면, 이런 분석의 결과는 맥락 독립적이고 시간을 초월하는 어떤 규칙성을 드러낸 것이 아니라, 특정의 국면에 독특한 것으로 간주될 필요가 있다. 사회학과 심리학에서는 비슷한 문제가 일반적이다. 개별체들(그것이 사람들이거나 제도들이거나)의 성격과 그것들의 사회적 환경이 단지 외적으로만 관계되고 단순히 변수들로 취급될 수 있는 경우는 드물다.[49] 통계분석이 유일하게 받아들일 수 있는 종류의 방법이라고 생각하는 사람들은 이것을 받아들이지 않을 것(그러한 방법을 사용하여 이러한 측면을 다루기는 어렵다는 바로 그 이유 때문에)으로 생각된다.

통계적 방법에 관한 주된 평결은 그것의 논리적 엄격성에도 불구하고 설명에 관한 한 그것은 원시적인 도구라는 것이어야 한다. 어떤 의미에서 통계학의 이론은 각각의 기법을 정당하게 사용할 수 있는 조건을 규정하는 문제

---

49) 사회학에서의 '변수 분석'에 대한 더 자세한 비판으로는 Pawson, *A Measure for Measure* 참조. 이 책은 맥락을 이론화할 필요에 대해서도 논의하고 있다. 공업 연구에서 볼 수 있는 맥락의 이론화의 사례로는 D. B. Massey & R. A. Meegan, *Anatomy of Job Loss*; K. Morgan & A. Sayer, *Microcircuits of Capital*(Cambridge, 1988) 참조.

(예컨대, 어떤 종류의 척도가 비정규분포에 적절한가 여부의 문제 등)에 대하여 놀랄 만큼 세심하다. 이러한 제한은 인과적 질서를 재현하면서 수학의 비인과적 언어를 일관성 없이 사용하는 것을 방지하는 방식으로 해석될 수 있다. 참으로 결정론적 방법 대신 통계적 추리를 선택하는 것은 그 자체가 관심의 대상이 되는 특정 체계의 속성에 대한 반응을 나타낸다. 통계학자들은 종종 기법의 배후에 있는 개념들에 대한 이해의 중요성을 그리고 '요리책' 같은 접근을 피하는 것의 중요성을 정확히 강조한다. 그렇지만 기법들이 의존하고 있는 가정들이 합리적이며 실제의 연구 대상들에 적합한 것임을 입증하려면, '인과적 질서', 사회이론, 설명의 성질 그리고 좀 더 일반적으로는 우리의 연구대상들의 성질에 대한 우리의 견해를 당연한 것으로 받아들일 것이 아니라 검토해야 한다. 그리고 이러한 의미에서, 이런 문제들에 관하여, 사회과학에서의 통계적 분석의 관행은 심각한 결함을 가지고 있다.

내가 알고 있는 대부분의 경우, 암묵적인 견해는 폐쇄체계의 보편성, 인과의 규칙성이론, 원자론적 존재론 (무엇이 존재하는가에 대한 이론) 그리고 설명과 예측의 등가성을 상정하는 경향이 있다. 이러한 쟁점들에 대한 명시적인 고려 없이, 우리는 이러한 암묵적인 가정의 문제에 대해 단지 그것의 영향의 수준에서 비직선성과 자동상호성 등과 같은 '기술적' 어려움에 입각해서 의식하는 경향이 있다. 그리고 우리가 통계의 한계에 대해 의식하지 못한다면, 우리는 추상 및 설명의 양식들이 그 객체들에 적합한가에 대하여 냉정하게 평가하기보다 그것들을 기법들이 제공하는 거푸집 속에 짜넣는 경향이 있다.

결론

이제 사회과학에서의 양적 접근과 관련된 문제들을 좀 더 일반적인 수준에서 논의하는 것으로 이 장을 결론 맺기로 하겠다. 이 장에서는 포함되어 있는 비판의 유형들의 성격을 이해하는 것이 중요하다. 나는 그러한 접근 사용의 한계와 그것의 사용에 일반적으로 동반되는 몇 가지 가정들 및 실천들을 다루었다. 그런데 독자들은 앞에서, 구조적 접근이 마르크스주의적 (그밖의 다른) 사회개념들과는 '공명'하지만, 사회를 외적으로 관련된 개인들 및 인과적 '요인들'의 구조 없는 결집체로 보는 개인주의적 이론들과는 공명하지 않는 경향이 있다고 파악하는 것을 감지하였을 것이다. 이 개인주의적 견해는 양적 방법의 사용과 좀 더 쉽게 공명한다. 이것을 이야기하면서 나는 구조적 분석이 마르크스주의를 수반한다거나, 또는 개인주의적 이론들이 양적 접근을 수반하거나 양적 접근이 개인주의적 이론들을 수반한다고 제시하는 것이 아니라, 단지 특정의 철학적 입장들과 사회이론들과 기법들의 군생(群生)을 촉진하는 '공명'이 존재한다는 것을 제시하는 것뿐이다.[50] 사회과학에 대한 적절한 비판이라면 어느 것이나, 이러한 공명에 대한 이해를 단편적으로 비판하는 것을 넘어서야 한다. 그러므로 적절한 표본 크기라는 기술적 요건, 보편적 규칙성의 가정, 분포적 비신뢰도에 대한 과소평가 그리고 인간행위의 맥락의존적 성질에 대한 과소평가가 어떻게 서로 공명하며, 강화하는가 하는 점을 인식하는 것이 중요하다. 내적 관계와 발현을 보지 못하는 수학의 맹목성은 복합적 행위를 단순한 행위들의

---

50) 단지 이러한 공생을 지적하는 것이 그 자체로 비판이 되는 것은 물론 아니다. 또한 나는 각각의 이론들(예컨대 기능주의)에 대하여 상응하는 방법(예컨대 조사)이 존재하며 또한 그 역도 성립한다는 일반적인 주장을 하는 것도 아니다. 그러한 주장에 대한 비판으로는 J. Platt, "Functionalism and the survey: the rela- tionship of theory and method," *Sociological Review* 34(1986), pp. 501-536 참조.

몇 가지 단순한 조합으로 환원시킬 수 있는 것으로, 그리고 행위들을 다시 일련의 자극들에 대한 규칙적인 반응으로 환원시킬 수 있는 것(각각의 자극과 행위들이 마치 맥락과 무관하게 동일한 의미를 갖는 것처럼)으로 취급할 수 있다는 믿음을 (수반하지는 않는다 하더라도) 조장한다.[51] 이러한 종류의 공명의 또 다른 사례는 사회현상에 대하여 수학적 모델을 사용하는 연구자들이 보여 주는, 그 사회 현상을 우연적이고 변형될 수 있는 것이 아니라 기계적이고 규칙적인 것으로 해석함으로써 인간의 실천을 물상화하는 경향에서 명백하다.

이 책에서 제시하고 있는 양적 방법에 대한 견해는 많은 사회과학자들의 믿음과는 분명히 상치된다. 아마도 그들은 양적 방법을 초기적인 것으로 사용하지 않는 접근을 존중할 것이다. 사회과학 교육에서 '방법' 강의들이 대부분 다른 것들은 거의 다루지 않고 통계적 방법에만 한정되어 있다는 사실은 이러한 정통적 견해의 영향을 증언한다. 과학적 편견은 여기에도 만연되어 있다. 마치 측정만이 유일한 종류의 관찰과 유일한 종류의 경험적 기법인 것처럼(측정은 반복될 수 있어야만 비준될 수 있다),[52] 그리고 관계는 그것이 필요한 크기의 표본 속에서 관찰되지 않았다면 어느 정도는 '실재하지 않는' 것처럼, 다른 방법에 의해 이끌어낸 지식은 흔히 '단지 직관적인 것'으로 또는 기묘하게도, 선험적인 것으로 오만하게 서술된다.

양적 방법의 힘에 대한 과장은 흔히, 제5장에서 지적한 '연역주의'라는

---

51) Harré & Secord, *The Explanation of Social Behavio*(Oxford, 1972).
52) 실험은 반복가능해야 한다는 원칙과 관련된 이 요건은, 단일한 또는 제한된 수의 오류 가능성을 가진 관찰에 의지하는 위험을 감소시키는 방법으로 이해할 수 있다. 그렇지만 분포적으로 신뢰할 수 없는 자료들이 동일한 현상들에 대한 관찰의 반복으로서 검증될 때에는 터무니없는 것이 된다. 그리고 좀 더 일반적으로는 이러한 과학적 판단은 질적 방법의 사용자들이 양적 방법의 사용자들이 하는 것(추정과 일반화)과 동일한 일을 하고자 한다고 상정하는 것처럼 생각된다(이 책 제9장 참조).

방법론적 경향과 결합되어 있는데 이 경향은 개념을 발전시키는 것에 관련
되어 있는 것 등과 같은 비논리적 형태의 추론들을 연역적 논리에 예속시
키며 이론을 규칙성을 질서 짓는 도구로 해석한다. 연역주의에서는 서술과
개념적 준비를 과학의 '실질적인' 작업(시험가능한 질서짓기 구조나 모델들의
구성)에 대한 중요하지 않은 예비물들로 간주한다. 그러므로 서술과 설명
을 명확히 구별하며 이러한 측면에서 연역주의는 이제는 사라진 이론중립
적 관찰과 '이론적 용어'(자료를 가리키는 것이 아니라 단지 질서 짓는)에 대한
구별을 되풀이한다. 결과적으로, 기제와 구조의 발견을 위해 필수적인 주
의 깊은 서술과 개념화는 간과된다.

　이것은 질적·양적 형태의 분석이 결합될 수 없다는 이야기가 아니라, 단
지 그런 일이 드물다(위에서 제시한 이유 때문에)는 이야기이다. 흔히 질적
지식과 인과적 지식은 사실상 폐기된다. 그리고 객체에 대한 서술을 양화
가능한 차원들에 한정하기 위하여 단지 일시적으로 추상하는 데 그치지 않
는다. 극단적으로는 초기의 개념화가 수학적 기호를 정하는 문제로 환원되
기도 한다('K는 수도이며, 수도는 K이고, 모델에서는 그렇게 사용하기로 하자'
).[53] 사실상, 양적 방법과 모델의 사용법을 배우는 그리고 그것의 서술적
의미를 질문하는 (즉 수학적 질서와 인과적 질서 사이의 관계를 묻는) 학생들에
게 그들의 선생들이, 그러한 질문이 방법을 이해하지 못하는 무능력을 드
러내는 것이라고, 야단치는 것을 보는 일은 드문 것이 아니다.[54] 수학적 질

---

[53] 어떤 경우, 모델화되는 객체들에 관하여 가능한 한 이야기를 적게 하려는, 그것에 의해 문
　헌에서 등식의 비율을 높이려는 유행이 실제로 있었다. 일부의 연구자들은 이러한 관행에
　대해 어떤 봉인을 갖는 것으로 생각하기도 하지만, 그것은 일반적 목적 (또는 '일반체계')
　모델의 가능성에 대한 믿음으로부터 발생할 수도 있는 것이다. 마니카스(Manicas)의 *A
　History and Philosophy of Social Sciences*, pp. 282ff에 보이는 심리학에서의 회귀분석
　에 대한 비판적 논의를 볼 것.
[54] 주 41 참조.

서와 엄격성을 성취하는 대가(代價)는 흔히 모델로 만들어지는 객체의 성질
을 무시함으로써 산출되는 개념적 엉성함이다.55) 모델화가 질적 분석을
수반하지 않는다면, 복합적인 그렇지만 파악가능한 사회적 형태들이 논리
적 범주들의 지위로 환원되거나 조작하기는 쉽지만 해석하기는 어려운 '내
용 없는 추상'으로 환원될 수도 있다. 연구자들이 이런 식으로 지식을 폐기
하고 단지 '변수들'과 그것들의 양적 관계에 입각해서 사유하기 시작한다
면, 주변에 '이론'이 별로 없다는 인상을 얻기는 어렵지 않다. 그러므로 시
작하면서 이용가능한 이론을 무시하는 통계분석 이용자들이 간단히 그들
의 작업의 끝에서 이론의 결여를 불평하는 것을 보는 일은 드문 일이 아니
다. 확실히 통계학자들은 연구자들에게 쓰레기를 집어넣으면 쓰레기가 나
오는 것(GIGO: 'Gar- bage In-Garbage Out')을 피하기 위해서는 연구하고 있
는 체계에 대한 이론이 중요하다는 것을 상기시킨다. 그렇지만 이 건강한
충고는 '이론'의 성질이 오해되고 있기 때문에 대체로 받아들여지지 않는다.

모델 구성자들을 과학의 수호자로 보는 유력한 견해와 대조적으로 과학에
대한 보통사람들의 인상은, 법석스런 '회귀 잔치'를 사유의 대체물로 사용하는
연구계획들과 점점 더 결합되고 있다. 이러한 보통 인상은 부분적으로는 제한
된 범위의 기법들로부터, 그리고 부분적으로 그 기법들이 빈번히 사용되는 방
식으로부터 생겨난다. 예컨대 두 표본의 평균이 별다른 차이가 없다는 영가설
을 기각하거나 채택하는 식의 연구설계를 구성하는 연구 관행의 초보적 성격
에 관해서 생각해 보라(인과 관계가 반드시 양적 질서 속에 반영되는 것은 아니
라는 가능성을 잊지 말 것). 통계적 유의도, 표본 크기 그리고 응답률에 몰두하
는 것은, 빈번히 볼 수 있는 '혼란스런' 개념화들(통계적 분석가들은 그것들의 상
호 관계 또는 좀 더 널리 쓰이는 말로 '상관관계'를 발견해 내는 것으로 상정된다)

---

55) 지리과학의 사례는 세이어(Sayer)의, "A critique of urban modelling"에서 논의.

과 기묘하게 대조적이다. 우리는 전형적으로, 일련의 '혼란스런 개념화'(다양한 유형의 생산과 경쟁적 상황과 재정상태 등과 관련된 기업들의 표본)가 또 다른 일련의 혼란스런 개념화(예컨대 상이한 계획 및 경제정책들의 영향을 받는 특정의 지리적 영역)와 서로 관련지어지는 방식에 대한 꼼꼼한 통계분석을 볼 수 있다. 기본적인 범주들을 덜 '혼란스럽게' 만드는 것은 그것이 표본을 덜 '대표적인 것'으로 만들게 될 터이므로 확실히 받아들여지지 않을 것이다. 표본의 크기나 또는 모집단의 범위가 커지면, '다수의 법칙'의 효과를 통하여 어떤 규칙성이 만들어질 것이지만, 그것이 '혼란스런 개념화'를 덜 혼란스럽게 만들거나, 다른 식으로 이야기하여, 분포적 비신뢰도를 감소시키지는 않을 것이다. '갑의 연구에서는 관계 A의 값이 x였고, 을의 연구에서는 y였지만, 그 뒤 병은 매우 유사한 관계 B의 값이 z라는 것을 발견했다.' 이렇게 되면 결론은 변함없이 비결론적이다. 연구들은 상이한 시기와 상이한 장소의 상이한 모집단에 대해 행해졌으며, 따라서 그것들에 대한 비교가능성은 불확실하다. 이론이 결여되어 있으며, 명백한 유형이 나타나지 않기 때문에 더 많은 연구—아마도 동일한 종류의—가 필요하다. 우리가 계속 시도하기만 한다면 어느날 우리의 보편적인 일반화가 나타날 것이다. 이러한 목표를 포기하고 결과가 시·공간적으로 특수한 것이라고 받아들이더라도, 그 방법은 그 자체로 설명에 부적절하며 없애도 될 것이다.

끝으로, 양적 방법들의 이러한 공명은 연구의 기초가 되는 초기의 설명들을 약화시킬 수 있다. 교육의 성과와 사회적 배경 등과 같은 주제를 생각해 보라. 어떤 연구자는 이 주제에 대하여 처음부터 일반화와 양화가능한 형식적 관계에 관한 문제—'교육의 성과는 사회적 배경과 함께 어떻게 변화되는가?'—와 관련된 것으로 해석하고자 할 것이다. 이런 식으로 문제를 제기하면 우리는 그 이상 고심하지 않고 곧 양적 분석을 선택하게 된다. 이것으로부터 그 다음의 주요한 결정은 '변수들', '요인들' 또는 '지표들'—이것들에 대한 자료가 존재하는-을 선택하는 것이다. 그리고 결과는 이것들이 어떻게 공변하는가에 관한 약간의 (아마도 일반화할 수 없는) 진술이 된다. 그렇지만 이 쟁점을 인과적으로 즉 과정과 매개-특정 사회계급, 특정 유형의 교육제도 그리고 특정의 경제적 상황에 속하는 것이 교육에 대한 태도에 영향을 미치는-등에 입각하여 생각하는 것도, 좀 더 어렵긴 하지만, 가능하다. 이것은 그 관계의 구체적 사례들에 대한 경험적 연구와 통합될 수 있을 것이다.56) 이것은 '변수 분석'을 좀 더 복잡한 형태로 만드는 것이 아니다. 왜냐하면 이것은 '문화적인 것'은 '경제적인 것'과 어떻게 연관되는가, 응답은 해석에 의해 어떻게 매개되는가, 해석과 개인적 의견은 '주관적 의미'와 어떻게 연관되는가 등과 같이, 나타나는 요소들의 범주들과 구조들과 계층들을 구별짓고 연관짓는 상당한 개념적이고 경험적인 작업들을 포함하기 때문이다. 그러한 사항들에 관하여 불가지론적으로 남아 있거나 그것들을 무차별적으로 가능한 '변수들'이나 '요인들'로 취급하는 것-통계의 세례 속에서 무엇인가가 설명으로서 생겨날 것으로 기대하면서-으로는 아무 것도 얻지 못한다. '함께 변화되는' 것과 '인과적으로 결정되는' 것 사이의 구별, 또는 형식적 관계와 실질적 관계 사이의 구별은 처음에 보이는 것처럼 정교하거나 학구적인 것이 아니다. 그것은 근본적으로 상이한 종류의 연구들-명백한 답을 제공할 가능성에서 매우 차이가 큰-사이의 경계를 구분 짓는 것이다.57)

---

56) 내포적 연구설계에 관해서는 이 책의 제9장을 볼 것.
57) 예컨대 윌리스(Paul Willis)의 *Learning to Labour*(Farnbourough, 1977)과 성취 연구들이 만들어 낸 교육성과에 대한 표준적 '설명들'을 비교해 볼 것.

제7장

검증과 반증

    사회에 관한 특정의 견해나 이론들을 받아들일 것인가 아니면, 기각할 것인가를 우리는 어떻게 결정하는가? 이 질문에 대해서는 몇 가지 단순하며 유명한 답들이 있는데 그것들은 자연과학의 최선의 실행이라고 상정되는 것에 근거하고 있다. 이것들 가운데 가장 대중적인 포퍼의 '반증주의'에 대해서는 다음 장에서 논의할 것이다. 이러한 해명들은 분명한, 즉 결정적인 시험의 가능성에 관한 낙관주의를 조장하는 경향이 있지만, 사회과학에서의 그러한 시험의 사례들을 생각해 내기는 힘들다. 실제로, 대부분의 사회과학자들은 사회이론들의 타당성에 관하여 사람들이 어떤 동의에 도달할 가능성에 대하여 매우 비관적이다. 이론적 논쟁들은 끝이 없고 진보는 드물거나 불확실하다는 것이 그들의 생각이다. 나는 확증과 반증에 관한 정통의 견해가 오류를 가지고 있으며 특히 사회과학에 대하여 부적절하다고 주장하고자 한다. 그 결과, 근거 없는 낙관주의와 과잉 비관주의라는 양극이 서로를 강화하고 있다. 왜냐하면 사회과학자들이 그들의 연구를 규정된 확증양식이나 반증양식에 맞추고자 하면 할수록 이론에 대한 적절한 평가에 기초한 진보의 가능성은 더 희박해지는 반면, 시험에서의 진보가 불명확하면 불명확할수록 부적절한 기준들이 더 강하게 옹호되기 때문이다.

이 주제에 관한 우리의 견해는 흔히 자연과학에 대한 '대중적' 인상에 영향을 받는데, 이것에 따르면 먼저 비행기의 원형처럼 이론들이 개발되고 그 다음에 그것에서 이끌어낸 예측들을 암반같은 관찰적 사실들과 비교하는 결정적인 '중요한' 시험에서 검사된다.[1] 그러나 이것이 자연과학에서의 시험에 대한 부적절한 그림이라면, 가설형성과 시험을 구별하기 힘든 사회과학에 대해서는 그것이 더 부적절할 것이며 '시험(test)'이라는 단어보다 '평가(evaluation)'라는 단어가 더 알맞을 것이다. 나는 이러한 차이가 두 과학의 객체들의 차이에 대한 합리적인 반응이라고 주장하고자 한다.

우리는 또한 사회이론이 무엇에 대해 적합한 것이 되기를 원하는가를 질문해야 한다. 예측? 실천? 인과적 설명? 해석적 이해? 사회적 자아인식? 해방? 이 문제와 관련해서 말한다면, 사회와 사유와 자아해석적 존재에 대한 지식에 무엇을 기대하는 것이 합리적인가를 질문하고자 고심하는 사람조차 거의 없다. 통상적인 절차는 보편적으로 적용가능하고 사회과학이 추구해야 하는 '고급 기준'을 자연과학이 제공한다고 단언하는 과학적 편견을 따르는 것이다. 아주 많은 사람들이 이것에 매료된다면 이의를 제기하는 사람들은 기준을 저급화한다고 비난받게 될 것이다.

또한 확증과 반증에 대한 논의들은 어느 것이나 제2장에서 논의한 인식론 및 객관성의 문제에 관하여 특정한 입장을 전제하고 있다. 이 문제들에 관한 혼동은 확증과 반증에 대한 논의들에서의 혼동의 씨앗이 된다. 그러

---

1) '모델의 구성과 시험은 항공학에서 그런 것 만큼 지리학에서도 중요하다. 가설의 시험비행은 "혜성" 원형의 시험비행 못지않게 흥미롭고 위험한 일이다'[P. Haggett, *Location Analysis in Human Geography*(London, 1965)].

므로 다음의 사항을 상기하는 것이 유용할 것이다.

① 관념의 영역과 실재적, 즉 물질적 객체들의 영역에 대한 구분. 실천은 이 두 영역 사이에서의 활동적인 관계이다(물론 사유는 관념의 영역에 갇혀 있지만).

② 급진적 회의주의 또는 보편적 의심은 현재의 논의에 기여하는 것이 없다. 왜냐하면 시험이나 평가는 특정의 관념, 예컨대 'B이기 때문에 A가 아니다'는 논증에서의 B와 같은 특정의 견해에 대한 잠정적인 승인에 의존하기 때문이다. 논란되는 견해들 가운데 어느 것이, 논란 당사자들 모두에 의해 가장 믿을만하고 일관성 있는 견해이고 실천인 것으로 동의되는 (또는 더 좋은 것으로는, 전제되는) 것들과 양립한가를 살펴봄으로써 견해들은 평가되고 논쟁은 해결된다.

③ 절대적 진리라는 개념은 일관성이 없는 것이다. 모든 지식은 비록 동등하게는 아니지만 가능성을 가지고 있다. 문제는 그것의 (상대적인) 실천적 적합성—그것의 납득가능성을 포함하는—을 평가하는 것이다. 확증과 반증 또한 원칙적으로 정정될 수 있다.[2]

④ 관찰은 이론부과적인 것이지만 반드시 이론결정적인 것은 아니다. 이론들은 한 덩어리로 되어 있는(monolithic) 것이 아니라 구분되면서 중복되어 있고 내적으로 분화되어 있다. 흔히 그것들의 내적 구조는 상당한 정도의 군더더기를 갖는다. 흔히 이론들의 적어도 일부 요소에 대한 기각은 전체 구조를 넘어뜨리는 것이 아니라 단지 제한된 수의

---

[2] '실수', '반증', '기각' 등과 같은 용어의 사용에 반영되어 있는 시험에 대한 '필연론적' 견해에 대한 쿤(Kuhn)의 비판을 참고할 것[*The Structure of Scientific Revolutions* (Chicago, 1970), p.13]. 라카토스(Lakatos)도 비슷하다["Falsification and the methodology of scientific research programmes," in I. Lakatos & A. Musgrave(eds.), *Criticism and the Growth of Knowledge*(Cambridge, 1970), p.122].

개념들에 대한 소소한 조정만을 요청하기도 한다. 일반적으로 이론들 내부에서, 그리고 때로는 이론들 사이에서 양립가능하고 (즉 서로 납득 가능하고) 비모순적이면서 또한 동어반복적이지 않은 개념들—교차검토를 할 수 있을 만큼 충분히 독립적인—을 찾아낼 수 있다.

⑤ 의미와 그 준거가 상호의존적이기 때문에, 시험은 단순히 고립된 지식 조각들 (실재의 개별적 파편을 가진) 사이에서의 비교에 그치지 않는다. 시험되는 진술은 무매개적인 사실들과 대결하는 것이 아니라 사실들에 관한 다른 진술들과 대결한다. 그리고 어느 한 용어가 세계에 대해 준거하는 것은 그 용어와 다른 용어들의 의미관계에 의존하기 때문에, 모든 시험—그것이 아무리 특수한 것이더라도—에는 여러 개의 개념들이 연루된다. 더구나 이론의 일관성과 관련된 '내적' 문제는 세계에 대한 그 이론의 '외적' 준거의 적합성과 관련된 '경험적' 문제와 무관하지 않다(물론 양적 실수(失手) 등과 같은 후자에서의 어떤 오류 때문에 개념적 수정이 일어나지 않을 수도 있지만).

⑥ 사회과학에서는 구조들을 고립시키기 위한 실험을 수행할 수 없다. 우리가 제3장에서 보았던 것처럼, 상이한 사회구조들은 예외없이 결합되어 있고 흔히 서로의 재생산에 연루되어 있기 때문에 이 점은 평가를 어렵게 만든다.

무엇보다도 이러한 사항들에 비추어 볼 때, 확증과 반증이 절대적으로 확실하고 결론적인 것이라고 기대하는 것은 매우 불합리하다는 것을 기억해야 한다 (그것들이 논리적 또는 수학적 참 또는 오류에 관계된 것이 아니라면). 확증과 반증에 대해서는 우열의 판단을 포함한다고 말하는 것이 훨씬 더 정확할 것이다.

철학적 비판

사회이론에 대한 평가에서 철학적 비판은 어떤 오인을 걸러낼 수 있는 '거친 체'와 같은 역할을 한다. 이것에 대해 여우를 피하기 위해 호랑이한테로 가는 것이라고 생각하는 사람도 있을 것이다. 왜냐하면 무한히 논란되는 지식이 있다면, 바로 철학이 그것일 텐데 철학의 질문들은 특징적으로 영구한 특성을 가지고 있다. 그렇지만 지금 존재하고 있는 적어도 약간의 잘못된 관행들(사회현상들이 의미를 내포하고 개념의존적이라는 특징을 행태주의가 부인하는 것과 같은)이 지속되는 것은 그것들이 성공적으로 옹호되었기 때문이 아니라 그것에 반대하는 주장에 대한 무지에서 비롯된 것이라고 나는 생각한다. 이러한 무지는 부분적으로는 철학과 사회과학에서의 지식사회학의 몇 가지 두드러진 특징과 관련된다. 특히 해석학 및 관련 학파들을 발전시켜 온 대륙철학의 전통에 접하는 것조차 거부하는 많은 영미철학자들의 독단 그리고 사회과학자들 특히 근래 자연과학으로부터 옮겨온 사회과학자들 사이에서의 과학주의의 비슷한 우세와 관련된다. 사회과학에서의 이론들 사이의 많은 논쟁들은 결국 철학과 방법론의 문제가 되며, 이 문제들의 대부분은 여전히 격렬하게 논쟁 중이지만, 일부의 요소들—관찰의 이론의존성에 대한 인식—에 대해서는 동의도 존재한다. (②와 관련하여, 다른 영역들에서의 비판을 위한 잠정적인 정박점을 제공해 줄 수 있는 어떤 동의의 영역—영원하지는 않지만 일정정도 지속되는—이 있다는 것이 우리가 기대할 수 있는 것의 전부라는 점을 기억할 것.)

존재적 가설들

이러한 철학적 비판의 수준을 넘어서면, 우리가 지식 주장들을 어떻게 평가할 것인가의 문제는 그 주장의 유형에 의해 좌우된다. 가장 중요한 것 중의 하나는 '국제 분업이 있다', '계급사회들이 있다', 또는 '높은 사람들의 사교에서는 수용되는 행위에 대한 특수한 예법이 있다' 등과 같은 '존재적 가설'이다. 과학에 대한 다수의 설명들은 이러한 진술들을 무시하지만, 이 진술들은 이론—공식적인 것이건 비공식적인 것이건 간에—의 중요한 구성요소이다. 어떤 개념체계 속에서 그 진술들을 확증하기 위해서는[3] 문제의 객체의 존재를 인정하기 위한 받아들일 만한 기준을 먼저 확립해야 한다. 특정 종류의 객체들에 대한 단 한 번의 관찰 사례만 있으면 그러한 가설들은 확인될 수 있을 것이다.[4] (그 진술들이 그런 객체들의 숫자에 관한 주장을 포함하는 것은 아니며, 또한 제3장에서 정의한 의미에서의 규칙성들에 관한 일반화가 아니라는 점을 적어두고자 한다.[5])

그렇지만 중력장이나 생산양식 등과 같이 관찰불가능한 객체들에 관한 존재적 가설은 어떻게 되는가. 계급사회의 사례처럼, 때로는 그것들이 관찰불가능하다는 것이 불분명할 수도 있다. '관찰가능성'을 때로는 '친숙성'으로 해석하는 것이 좀 더 정확할 것이며, 처음에는 관찰되지 않은 객체들이 나중에 관찰되는 일도 있다. 어떻든, 관찰불가능한 것들에 관한 주장이

---

3) 이러한 요건은 모든 지식 주장에 대해 부과할 수 있을 것이다. 제2장에서 주장했던 것처럼 이러한 개념적 맥락의 회피불가능성에 대한 인식이 반드시 우리를 철저한 상대주의로 유도하는 것은 아니다.

4) R. Harré, *The Principles of Scientific Thinking*(London, 1970), p.66.

5) '과학자들이 추구하는 지식은 오로지 관찰가능한 현상들에서의 규칙성에 대한 지식이라고 상정하는 것은 단지 논리학에 대한 편견과 과학의 실제에 대한 무지로부터 생겨난 잘못이다'(Ibid., p.102).

고립적으로 자의적으로 제기되지는 않는다. 그런 주장은 좀 더 관찰가능하거나 친숙한 사건들과 객체들에 대한 우리의 지식으로부터 역행추론된다. 예컨대, '이윤과 지대와 이자(모두 관찰가능한 것들이다)가 존재할 수 있으려면, 반드시 "잉여가치"(관찰불가능한 것)가 존재해야 한다.' 또는 '어린이들이 지금까지 들은 적이 없는 문법적 문장들을 발성할 수 있으려면, 그들은 반드시 말하기를 발생시키는 구조를 이미 가지고 있어야 한다.' 분명히 가설적인 실체에 대한 정의가 모호하면 할수록 그것을 확인해 내거나 부인할 수 있는 가능성은 작아진다. 최소의 수준에서는 형이상학적 근거로부터 일정 정도의 지원을 받을 수도 있을 것이다. 원인 없는 사건이란 있을 수 없다는 형이상학적 가정에 기초하여 우리는 관찰된 변동이 관찰가능한 원인을 갖지 않고 있다면 관찰불가능한 원인을 가지고 있다는 견해를 받아들일 수 있다. 우리가 이것보다 더 나아가지 못한다면, 단지 다루기 힘든 관찰을 얼버무리기 위하여 편리한 가설적 객체들을 끌어들이고 있다는 타당한 비난을 받을 수 있을 것이다. 그렇지만 존재적 주장은 이보다는 좀 더 구체적이며, 다른 형태의 지원에 의지할 수 있다. 힘과 성향(말하기를 할 수 있는 힘)에 관한 존재적 진술이 제시되면, 우리는 그 진술이 '근거지어지기'를 기대한다. 즉, 어떤 종류의 객체가 그러한 힘과 성향을 가질 수 있는가에 대한 이야기를 듣기를 기대한다. 연관된 객체의 종류는 그 원인들과 조건들이 좀 더 잘 알려져 있는 그리고 동일한 유형의 것으로 여겨지는 사례들이나 사건들을 근거로 특정화될 것이다.[6] 흔히 관찰된 결과가 가능하려면 특정 종류의 실체가 반드시 존재해야 한다는 취지의 논증이 제시된다. 만약 다른 독립적인 사건들이 또한 동일한 실체의 존재를 암시한다면 우리의 확신은 증가할 것이다. 게다가 일단 그러한 주장이 좀 더 충분하게 특정화되

---

6) Ibid., p.89.

면 그 객체들이 관찰가능하게 되는 일도 종종 있다.

존재적 주장은 아무런 종류의 실체나 끌어들이지는 않을 것이다. 그것의 속성들은 세계에 대한 우리의 기존 지식에 비추어 설득력이 있는 실체, 그것의 존재와 특성이 우리가 아는 한에서 물질적으로 가능한 객체를 끌어들일 것이다. 관찰은 불가능하지만 우리가 현재 알고 있거나 생각할 수 있는 것과 크게 다르지 않은 실체와 기제들이 존재할 가능성을 배제할 수는 없지만, 그것들을 설명에 끌어들이는 것이 그대로 정당할 수는 없다. 설득력 있는 것과 무익하게 사변적인 것을 구별짓는 구분선이 어디엔가 그어져야 한다. 또는 '보수적인 원칙'이 확립되어야 한다.[7] 단지 반증되지 않았다는 이유만으로 사변적인 것들에 신빙성을 부여한다면, 우리는 모순을 범하고 믿을 만한 지식을 성급하게 포기하는 모험을 하게 된다(현대의학에 의한 처치보다 정신적인 치료법을 선호하는 것—이것은 현대의학에 오류가능성이 없다는 이야기가 아니다). 관찰불가능한 것들에 대한 언급을 모두 배제할 만큼 구분선을 높이고 보수적 원칙을 확대하는 것 역시 비합리적이다. 이것은 관찰가능한 사건들은 관찰가능한 원인들만을 가질 수 있으며 세계는 우리의 감각능력과 동일한 외연을 갖는다는 독단을 낳는다.

관찰가능한 것들에 관한 존재적 주장은, 그 실체들이 차지할 것으로 특정화된 시·공간 위상을 다른 어떤 객체가 차지하고 있다면 반증될 수 있

---

7) 포퍼주의자라면, 우리가 아무리 사변적인 주장을 하더라도 그것으로부터 시험가능한 예측을 연역할 수 있는 것이라면 문제가 되지 않는다고 주장할 것이다. 이런 주장은 우리가 단지 예측적인 매개변수체계를 위한 도구주의적 이론들만을 추구할 때에만 정당화될 수 있다. 우리가 실재론적 이론들, 즉 세계의 구조와 그 객체의 성질을 파악하는 길을 제공해 주는 이론을 원한다면 새로운 존재적 가설들이 친숙한 그것들과 모순되는가 아니면 부합하는가 하는 것은 중요하다. 이것은 오래된 존재적 주장들이 언제나 정확하다는 이야기가 아니다. 때로 그것들은 근본적으로 그리고 심지어는 형이상학적 수준에서 변경되어야 한다. 그렇지만 이론들이 단순한 계산도구 이상의 것이라면 가설들은 이런 방식으로 평가되어야 한다.

다.[8) 가설들이 관찰불가능한 것들을 끌어들일 때, 우리는 관찰된 사건들을 만들어낼 수 있는 좀 더 설득력 있는 실체들을 역행추론함으로써, 또는 그 사건이 사실상 다른 관찰가능한 객체들에 의해 인과적으로 설명될 수 있다 -단지 그것들로부터 도출되거나 연역되는 것이 아니라-는 것을 보임으로써 그 가설들에 도전할 수 있다. 관찰가능하건 불가능하건 간에, 또한 우리는 가설적 객체에 대한 개념화에도 도전할 수 있을 것이다(국가의 성질-또는 국가에 대한 개념화-에 관한 논쟁과 생산양식에 관한 논쟁 또는 정신질환에 관한 논쟁).

내적 또는 필연적 관계와 조건에 관한 이론적 주장에 대한 평가는, 관련된 객체들의 정확히 어떤 측면들이 필연적으로 관계되는가를 정의하는 당연한 주의가 주어진다면, 이보다 간단하다.[9) X는 필연적으로 Y를 전제한다는 주장은, Y 없이 X가 발견되거나 산출될 수 있다면 명확히 반증될 수 있다(이 관계가 대칭적인 것이라면 그 역도 성립한다). 검증은 덜 결정적이지만, 이러한 주장들은 객체의 성질이나 속성들-이것 때문에 그것들이 필연적으로 관계된다고 믿게 되는-에 관한 논증에 의지하여 뒷받침된다. 그 주장들은 폐쇄체계나 개방체계 속에서의 관찰에 의해서나 또는 실천을 통하여 그것들을 논박하려는 시도(문제의 관계의 내부나 외부에서 불가능하다고 가설화된 행위를 수행하고자 하는 시도에 의한)에 의해서 시험될 수 있다. 이러한 종류의 반증이 전적으로 부정적인 가치만을 갖는 것은 아니다. 왜냐하면 그 반증은 동시에 사회적 행위의 실천적 가능성에 관한 새로운 정보를 찾아내기 때문이다.[10) 결혼관계 등과 같이 개념 의존적인 내적 관계가 관련되어 있는 경우, 정확한 정의는 특히 중요하다. 그런 관계들은 그 존재를

---

8) Harré, *The Principles of Scientific Thinking*.
9) R. Bhaskar, *The Possibility of Naturalism*(Hassocks, 1979), p.96, note 53.
10) 사회를 건설하는 행위의 가능한 종류에 대한 시험의 사례를 상기할 것(170쪽 참조).

규칙에 의존하고 있다고 이야기할 수 있지만, 내적 관계의 정의와 그것의 정확한 형태는 변동할 것이다. 그런 관계들에 관한 주장에 대한 평가는 그러므로, 그것이 적용할 수 있는 것이려면, 그 관계의 역사적 특수성을 고려해야 한다.

우연적으로 관계된 현상들(예컨대 특정의 지리학적 유형)의 움직임이나 양상에 관한 경험적 주장에 관해서는 폐쇄체계를 다루고 있다면, 강력한 예측을 하고 그것에 대한 반증을 진지하게 취급해도 괜찮을 것이다. 체계가 폐쇄적이라고 확신할 수 있고(폐쇄의 두 가지 조건을 점검했다.), 우리의 예측이 실패했다., 우리는 이것의 예측을 위해 사용되는 도구주의적 법칙에 대한 반증으로 취급하거나 또는 자료에서의 오류에 대한 징표로 취급해야 한다. 개방체계—그것의 초기 상태가 불완전하게 알려져 있는—에서의 우연성들에 대한 예측이 반증되는 것에 대해서는 이론적으로 중요하게 취급하지 않아도 될 것이다.

그럼에도 불구하고, 사회체계(그것의 많은 우연성들을 포함한)의 상태에 대한 서술과 예측은 우리에게 상당한 실천적 중요성을 갖는다. 우리의 행위의 성공과 실패는 우리가 자연적이고 사회적인 기제들을 얼마나 잘 이해하고 있는가에 의해 좌우될 뿐만 아니라, 우리의 목적을 성취하기 위하여 우리가 이러한 기제들을 활성화시키는 맥락에 대한 우리의 서술과 예측이 얼마나 정확한가에 의해서도 좌우된다. 이 때 우연성과 관련된 오류는 심각한 실천적 결과를 낳을 수도 있지만 그것이 반드시 우리의 이론적 주장들을 위협하는 것은 아니다. 예컨대, 어떤 경제정책은 경제의 구조와 기제에 관한 그것의 가정(이론적 주장)을 잘못 특정화하였기 때문이 아니라 이미 순환되고 있는 상품의 구체적인 양 등과 같은 우연적 사실들에 관한 정보에 결함이 있기 때문에 실패할 수도 있는 것이다. 마찬가지로 자동차의 연료통이 비었다는 것을 감지하거나 예측하지 못하더라도, 비록 그것이 실천적인 관점에서는 비극이겠지만, 그것은 자동차가 어떻게 움직이는가에 대한 우리의 이해와 관련해서는 (그것이 비어 있지 않아야 한다는 것을 우리가 알고 있다면) 그다지 중요하지 않다. 대다수의 사회연구들이 세계에서의 필연성에 관한 추상적 이론에서의 혁신을 겨냥하는 것이 아니라 기존의 이론들을 사용하여 사회체계의 구체적인 국면(많은 우연적 관계들을 포괄하고 있는)을 이해하려는 관심을 가지고 있다는 점을 상기하면, 그러한 해명에 대한 경험적 반증이나 비판이 이론적 결과를 낳는 일이 거의 없다는 것은 놀라운 일이 아니다. 특정의 역사적 사건에 관한 해명에 대한 비판은 사회구조와 기제에 대한 그것의 개념화를 공격할 수도 있지만, 우연적 사실들에 관한 그것의 판단을 비판하는 데 그칠 수도 있다. 사회과학에서의 이러한 비판과 이른바 비결론적 특성과 자연과학에서의 시험과 비판의 이른바 결론적 특성을 불리하게 비교하는 사람들은 대체로 그 과학들이 전혀 다른 종류의 연구라는 것을 깨닫지 못하고 있다. 이런 형태의 사회연구는 1차적으로 개방체계에 대한 구체적 해명을 추구하는 반면, ('순수') 자연과학은 추상적 주장—일반적으로 폐쇄체계에서의—을 추구한다.

예측적 시험

원칙적으로 예측적 시험(predictive tests)은 그것이 사후적인 합리화—모르는 사이에 설명으로 바뀔 수도 있는—라는 부장품을 허용하지 않기 때문에 매력적인 제안으로 보인다.

그렇지만 사회과학에서 어떤 가설들로부터 예측을 이끌어 내고 그 예측을 시험함으로써 가설들을 확증하려는 시도는 거의 없다. 장차의 사회적 사건들에 대해 제시된 예측들은 대부분 잊혀진다. 예측을 근거로 사회이론들을 시험하고자 하는 드문 사례들에서는 몇 가지 주요한 문제들이 발생한다. 그 중 하나는 자기암시적 예측이나 부정적 예측의 가능성이고 또 다른 문제는 '후건 긍정의 오류'로 알려진 것이다. 'A이기 때문에 B이다'라는 형태의 가설이 제시될 때, B의 사례들을 발견하는 것(후건 긍정)이 그 자체로, 다른 어떤 C가 아니라, 바로 A가 원인임을 입증하는 것은 아닐 수 있기 때문이다. 이런 오류는 일상의 논증에서 흔히 볼 수 있다. 예를 들면 핵전쟁이 일어나지 않는 것은 핵무기가 전쟁 억제력이며 '평화유지물'이라는 주장을 입증하는 '증거'라는 주장이 종종 제기되고 있다. 그렇지만 동등하게 또는 좀 더 설득력 있게 평화에 책임이 있는 다른 조건들이 있을 수 있기 때문에 이런 논증은 타당한 것이 될 수 없다.

사회과학에서는 흔히 상황이 더 어렵다. 왜냐하면 가설들에 관한 예측의 성공에 의해서가 아니라 가설을 담고 있는 경험적 모델이 자료에 '들어맞았다'는 사실에 의해서 가설들이 확증된 것으로 취급하기 때문이다. 이미 지적했듯이 모델을 맞추는 것은 그것을 시험하는 것과는 전혀 다른 문제이다. 그리고 평가될 매개변수들을 충분히 가지고 있는 모델은 어느 것이든지 일련의 자료에 맞추어 조정될 수 있는 것이다. 성공적으로 들어맞는 것은 성공적인 인과적 설명을 입증하는 것이 아니라 계산도구의 성공적인 고안(개방체계의 장차의 발전을 성공적으로 예측하지는 못할 도구라고 하더라도)을 입증하는 것이다.

예측에서의 일반화와 확률적 가설의 사용에 대하여 이야기한다면, 이것들이 확증적 사례들이나 변칙적 사례들을 근거로 결론적으로 확증되거나 반증될 수 없다는 것은 익히 알려져 있다. 'X들의 80%는 Y들'이라거나 'X가 Y가 될 확률은 0.8'이라는 종류의 진술은 한정된 모집단에서 모든 개체들을 완전히 점검함으로써만 확증 또는 반증될 수 있을 뿐, 무한한 모집단에서는 전혀 그렇게 할 수 없다. 표본 자료에 기초한 확률적 예측의 실패는 언제나 표본의 탓으로 돌릴 수 있다. 그렇지만 그러한 변명의 사용은 논리

적으로는 허용될 수 있지만 실패가 되풀이된다면 비합리적인 것으로 취급
될 것이다.

대중적인 형태의 통계적 검증은 두 가지 표본의 평균 사이에 유의미한 차
이가 없다는 영가설을 기각하는 형식을 취한다. 대부분의 통계적 검증에서
연구자는 표본 평균들 사이의 차이라는 것을 설명하기 위하여 선호하는 가설
들을 제공한다. ① 의미 있는 차이 Y가 있다는 것, ② 그것은 X에 의해 원인지
어졌다는 것이 가설로 제시된다. 그렇지만 대부분의 통계적 방법 교과서들
이 정확히 지적하듯, 영가설을 기각하는 것과 ①을 확증하는 것이 결코 ②를
확증하는 것은 아니다. ②를 확증하기 위해서는 X에 관한 독자적인 설명적
시험—X가 Y에 대해 책임이 있으며 알려진 다른 가능한 기제가 없다는 것을 보여줄
수 있는—을 수행해야 할 것이다. 그러므로 이러한 통계적 검증의 약점은 그
것이 표본평균에서의 차이가 표본작업에서의 오류에서 기인하는가 여부에
대한 의심을 판정하는 것을 넘어서지 않는다는 사실로부터만 나오는 것이 아
니라, 그것이 인과적 가설을 직접 시험하는 것이 아니라는 사실로부터도 나
오는 것이다.

끝으로 대부분의 정통적인 문헌들에서 제시되는 인상과 반대로, 그러한
시험은 확증이나 반증으로 환원될 수 없다. 양적인 오류가 발견되는가 여
부와 관계없이 (개방체계에서는 그것의 의미가 모호하다) 통계나 모델에 함축
되어 있는 개념들도 평가할 필요가 있다.

인과적 설명과 설명적 시험

인과적 설명을 평가하는 문제는 널리 이해되지 못하고 있는데, 부분적으
로는 단순주의적인 인과의 규칙성 이론의 유행에서 빚어진 일이다. 〈그림

7-1〉이 보여주고자 하듯이 인과적 설명은 암묵적으로나 명시적으로 몇 가지 구성요소들을 포함한다. 그것은 단순히 하나는 원인이고 다른 하나는 결과라는 두 가지 사건을 언급하는 것이 아니다. 우리는 보통 관련된 대상들의 성질(구조, 구성, 속성 등)에 대한 어느 정도의 이해를 가지고 있으며, 종종 기제의 작동을 관찰할 수 있다. 대상 X가 가진 힘이나 성향, 또는 좀 더 일반적으로 기제에 관한 주장은 우리가 적절한 조건 아래에서 그것들이 어떻게 작동하는가를 관찰하는 것에 의해 그리고 X의 구조를 살펴보는 것 —어떤 속성 때문에 이러한 힘이 존재하는가를 찾아내기 위하여— 에 의해 점검될 수 있다. 우리는 정치구조—그것 때문에 그것의 '적소(niches)'의 하나를 점유한 사람은 독특한 변동을 일으킬 수 있다—를 검토할 수 있다. 인과적 설명은 〈그림 7-1〉의 A 구역에서 평가될 수 있을 것이다. 이 부분의 객체와 속성들이 언제나 관찰불가능한 것은 아니며, 또한 접근불가능한 것도 아니다. 그리고 그것들을 찾아내는 일은 B 구역의 사건들을 찾아내는 것 못지 않게 문젯거리일 수도 있다. 참으로 사건들은 흔히 좀 더 복합적이고 구체적이며, 적절히 서술될 수 있기 전에 추상에 의해 분석되어야 할 필요가 있을 수도 있다. 더욱이, 설명적 평가는 흔히 자연과학에서보다 사회과학에서 좀 더 용이한데, 그 까닭은 우리가 실천을 통하여 많은 구조와 기제들에 대해 '내적 접근 통로'를 갖고 또한 우리 자신의 것과 유사한 이유와 믿음이 원인으로 기능할 수도 있기 때문이다. 타동사형 인과적 설명(제3장 참조)은 특히 점검에 개방되어 있다. 훨씬 더 어려운 것은 이유가 원인으로 기능한다는 주장을 담고 있는 인과적 설명이다. 그 까닭은 종종 특히 역사연구에서 우리는 행위자의 해명에 대해 의심스러운 증거조차 갖지 못하고 있기 때문이다.

그런데 X가 위치해 있는 조건 c의 범위는 막대하지만, 그것의 위치와 성질에 관한 정보가 있다면, 우리는 어떤 종류의 사건 e가 생겨날 것인가를

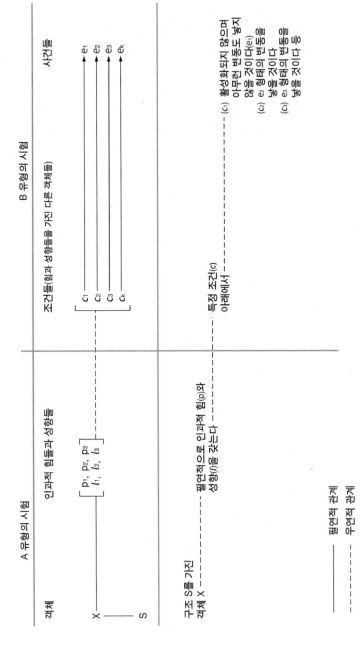

＜그림 7-1＞ 인과 가설들에 대한 평가 모드 시험

예측할 수도 있다. 그러나 복합적이고 개방적인 사회체계의 경우 특히 우리는 그러한 조건에 관해 사전에 거의 알지 못하며 확고한 예측을 할 수가 없다. 그런 예측을 하더라도 c가 알려지지 않았기 때문에, 그것의 성공이나 실패를 인과적 가설에 유리하거나 불리한 것으로 중대하게 취급하지는 않는다. 개방체계에서의 인과적 가설들에 대하여 오로지 B 구역에서의 사건들의 발생 또는 미발생에만 의지하여 순수하게 예측적인 시험을 사용하고자 하는 사람들은 자칫하면 '순진한 반증'—다른 어떤 기제들로부터의 간섭에서 기인하는 변칙을 문제의 인과적 주장에 대한 반증인 것으로 취급하는—의 과실을 범하게 된다. 예컨대, '비행기는 공기보다 무겁지만 날아다닐 수 있으며, 따라서 중력의 법칙은 반박된다'라는 식이다. 이와 대조적으로 앞서 보았듯이, 순전히 B 구역에서의 예측의 성공을 근거로 검증되었다. 즉, 예측된 사건이 발생했으므로 그 원인에 관한 우리의 가설 X는 확실히 참이다라고 주장한다면, 그것은 다시 한 번 후건 긍정의 오류에 부딪히게 된다. 왜냐하면 이것으로 다른 기제가 아닌 X가 원인이었다는 것이 입증된 것은 아니기 때문이다. 엄밀히 말하여, 인과적 가설에 대한 평가에서 예측의 성공은 기제와 힘과 성향의 성질에 관한 주장을 시험하는 것이 아니라 그것들의 영향의 일부에 관한 가설을 시험하는 것이다.

인과적 주장은, 그것의 예측적 적합성이 아니라 설명적 적합성을 대상으로, 후건 긍정의 오류에 빠지지 않은 채 A 유형의 평가를 받을 수 있다는 것이 나의 견해이다. 비록 사건이 언제 발생할 것인가(예컨대, 물고기가 언제 낚시바늘을 물 것인가, 또는 언제 파운드화의 가치가 올라갈 것인가)를 예측할 수 없는 일이 흔히 있지만, 우리는 관련된 힘과 성향과 기제를 가진 객체들—이 객체는 그것들에 의해 작동한다—의 성질을 자세히 살펴봄으로써 그 사건이 발생할 때 그것이 어떻게 발생하는가를 설명할 수 있다. 파운드화의 가치의 경우 우리는 외환투기꾼과 그밖의 사람들이 영국의 화폐를 사들인 이유를 찾아낼 수 있다. 그들이 내세우는 이유 가운데 일부는 잘못된 판단에 근거할 수도 있지만, 그것이 잘못된 것일지라도 그것은 여전히 원인일 수 있다. 우리는 또한 그러한 이유와 힘을 갖는 데 효력을 행사하는 사회적·제도적 그리고 이데올로기적 구조와 맥락을 살펴보아야 할 것이다. 달리 말하면, 어떤 설명에 대한 검증은 단지 B 구역에서의 특정 사건들의 발생(후건)에만 의지하지 않는다. 사실상 특정의 조건 아래에서는 X가 그러한 사건을 발생시키지 못할 수도 있다. 오히려, 검증은 X(전건) 및 그것의 기제(들)에 대한 판별과 '풀어헤치기'에 즉 적어도 부분적으로는 과거 사건들의 발생과 무관한 증거에 의존한다.

설명은 반드시 연역적이어야 한다는 그리고/또는 이론은 단지 계산적 또는 예측적 도구일 뿐이어야 한다는 견해에 찬성하는 과학철학들은 A 유형의 서술적 및 설명적 평가의 가능성을 과소평가한다. 그런데 그렇게 되면, 이론은 단지 그 이론의 산물들 (즉 그것의 예측) 속에 있는 세계에 관한 진술만을 할 뿐이며, 그것의 나머지 내용은 그 자체로 시험될 어떤 것이 아니라 단지 이러한 목적에 대한 수단으로 구실하는 것으로 나타난다.[11] 이러한 견해는 사회과학에서 수학적 모델들을 사용하는 방식에서 (그것이 반드시 그런 것은 아니지만) 공통적으로 볼 수 있다. A 구역의 평가가 그것의 설명적 및 서술적 내용의 형성으로부터 쉽게 분리되지 않을 것이라는 생각을 문제라고 해석할 필요는 없다. A 구역의 내용에 대한 잠정적인 승인을 기초로 B 구역에 관한 예측적 주장을 할 준비가 되었다고 느낄 때까지 평가를 미뤄야 하는 것은 아니다. 우리가 평가절차를 제2장에서 제시된 스무

---

11) 개념화의 문제를 축소하는 경향은 (존재론적 및 인식론적) 원자론의 가정, 그리고 단문은 다른 것들과 독립적으로 하나하나 시험될 수 있다는 가정과 짝을 이루어 시험에 대한 단순주의적 견해를 뒷받침하고 있으며, 또한 이 견해와 관련된, 설명적 평가라는 매우 일상적인 활동이 어떻게 가능한가를 이해하는 데에서의 어려움을 뒷받침하고 있다.

고개 질문 모델에 근거하여 이해한다면, 관찰 및 초기적 개념화의 과정조차도 내장된 (비록 오류에 빠지기 쉬운 것이더라도) 평가절차를 포함하고 있다고 타당하게 이야기할 수 있다. 예측적 작업이라는 이른바 강한 시험과 비교할 때 그러한 시험은 허약한 것이라고 치워버릴 사람들이 많을 것이다. 그렇지만 우리는 강한 시험에 대한 신념이 특히 사회과학에서는 부적합하다는 것과 그러므로 다른 선택을 치워버리는 것이 슬기롭지 못한 것임을 이미 입증했다.

사실상 대부분의 사회과학자들이 인과적 가설들을 우연적으로 관련된 사건들 사이의 규칙성에 관한 주장인 것으로 취급한다. 개방된 그렇지만 그것의 결과에 대하여 지식을 갖지 못한 체계에 직면할 때 그들은 그러므로 무수한 '다른 것들이 동일하다면(ceteris paribus)'이라는 가정들을 덧붙여 인과적 주장을 제한해야 한다. 그렇지만 인과적 주장은 규칙성에 관한 주장이 아니라, 변동의 생성과 저지에 관한 주장이다. 내가 문을 밀었음에도 문이 열리지 않았을 때, 그것은 내가 밀지 않았다는 것을 드러내는 것이 아니다. '다른 것들이 동일하다면'이라는 제한은 필요하지 않다. 내가 문을 민다면, 그것은 문이 잠겼거나 잠기지 않았거나 또는 막았거나 또는 그것이 여닫이문이건 미닫이문이건에 관계없이 미는 것이다. 문이 잠기지 않았다면 내가 문을 밀고 있는 것을 알아채기가 훨씬 쉽게 되겠지만, 점검할 수 있는 다른 방법들도 있는 것이다. '다른 것들이 동일하다면'이라는 가정은 단지 일부 기제의 활성화가 어떤 결과를 가질 것인가에 대한 예측을 위해서만 필요하다. 이미 발생한 일이나 어떤 종류의 기제들이 존재하는가를 설명하기 위해서 그것들이 필요한 것은 아니다.[12]

이론들을 개방체계에서의 예측을 통한 시험에 의해 평가하고자 할 때,

---

12) R. Bhaskar, *A Realist Theory of Science*(Leeds, 1975), pp.91ff.

이론에서 이끌어낸 예측과 다른 결과가 나타났다면, 그것이 '다른 것들이 동일하다면'이라는 가정이 충족되지 않았음을 나타내는가 아니면 이론에 대한 반증을 보여주는가 여부는 언제나 불분명하다. 이 경우는 자신이 선호하는 이론을 반증으로부터 지키기 위하여 앞쪽의 가능성에 호소하는 의심스러운 그러나 낯설지 않은 전략(그러면서 상대편이 사용하는 동일한 전략에 대해서는 반증의 회피라고 비판하는)이 구사되기도 한다. 우리가 순전히 예측적 시험에 의존한다면, 반증을 불가능하게 만들지 않으면서 순진한 반증을 회피하는 문제는 중요한 것이다. 그렇지만 이론들을 평가하는 다른 방법들이 있다.

경제학자 크리스톨러(Christaller)는 1933년에 거주지의 크기와 분포 그리고 간격을 설명하고 예측하는 멋진 이론을 제안했는데, 그의 사례를 고려해 보자.[13] 그는 우선 구매자는 구입을 위해 움직이는 거리를 최소화한다고 가정하고, 재화를 파는 장소의 위치는 판매를 극대화하려는 판매자의 시도에 의해 지배된다는 가설을 제안했다. 주민들이 상당히 균등하게 분포되어 있다고 가정하고 그는 일반적인 경쟁적 균형의 해답을 도출했다. 이것에 의하면 비슷한 재화의 판매자들은 삼각형 격자의 규칙적 간격을 두고 떨어지게 된다. 상이한 재화들의 판매를 위한 집중 구역의 다양한 규모들을 고려하면서 그는 또한 상이한 규모의 거주지들의 위계를 도출하고 위치지었다. 그리고 나서 그는 그 모델을 남부 독일에 적용하고자 하였는데, 예상할 수 있었던 것처럼, 관찰된 분포와 예측된 분포 사이에는 많은 차이가 발견되었다. 그렇지만 그는 자신의 독자들에게 그러한 변이들이 그의 이론에 대한 반증을 구성하는 것이 아니라, 단지 '다른 것들이 동일하지 않은' 정도를 보여줄 뿐이라고 훈계했다.[14] 그런데 이것이 사실일지 어떨지는 모

---

13) W. Christaller, *Central Places in Southern Germany*, trans. C. W. Baskin, Englewood Cliffs, NJ 1968.

르지만(도시가 산꼭대기나 또는 다른 이질적인 요인들이 경제적 힘을 압도하는 곳에 자리잡을 수는 없을 것이다), 그러한 주장(그것이 얼마나 괴이하건 간에)은 분명히 어떤 이론에 대하여 그럴싸한 보호대를 제공할 수 있다. 이러한 가능성에도 불구하고, 다른 곳에 적용될 때의 그 모델의 '개정판'의 빈약한 예측적 성과에도 불구하고, 그것은 여전히 공간에서의 경쟁의 압력이 위치 결정에 어떻게 영향을 미치는가에 대한 설명으로서의 그것의 타당성에 입각하여 부분적 설명으로 널리 받아들여지고 있다. 이 '타당성'을 평가하면서 연구자들은 시장 행위의 기제에 다가가는 '내적 접근 통로'의 이점(자연 과학자들은 이용할 수 없는)을 누렸다. 그렇게 하면서 그들은 결론을 확증한 것이 아니라, 설명적 가설들을 위한 독립적인 증거를 점검하였던 것이다. 다른 사람들은 그 모델을 특정의 행태적 및 맥락적 가정 아래서 합리적인 거주지 유형이 어떻게 보일 것인가에 대한 표현이라고 '실용가치론적' 방식으로 해석하고, 그러한 근거 위에서 그것이 실질적으로 합리적인 것을 알아내었다. 이론의 일부 측면들이 비판받고 아마도 반증된다면, 그것은 다시 그것의 설명적 적합성(그 이론이 그러한 시장 행위를 야기할 수 있는 사회경제적 구조의 종류를 밝히지 못한 점)에 입각하여 그런 것이다. 피상적으로 이 상황은, 일부의 과학자들이 유행시킨 단순한 검증 또는 반증 모델에 비추어 보면, 시험가능한 이론을 생산하지 못하는 사회과학, 또는 시험이 수행될 때 그 시험 결과를 받아들이지 못하고, 그 결과 명백한 진보가 이루어지지 않는 사회과학의 이른바 미숙성을 대표하는 것으로 보일 수도 있다. 그렇지만 합리적인 평가는 실재적인 폐쇄체계의 획득불가능성을 고려하여 가능한 최선의 방식으로 이루어지며, 진보는 그 기제의 현실적인 공간적인 효과에 대한 예측 속에서가 아니더라도 기제에 대한 이해 속에서 성취된다.

---

14) Ibid., p.5.

현실적인 사례들에 입각하지 않고 추상적으로 고찰한다면, 지금까지의 논의는 일부의 독자들을 혼란스럽게 할 수도 있다. 그 독자들은 있음직한 동어반복적 주장과 그럴듯한 반증이 불가능한 가설들의 모습 속에서 눈치를 챌 수도 있다. 실제로 관찰불가능한 것들에 관한 존재적 가설들을 사용하는 것이 과연 신비로운 힘에 의지하는 주장보다 더 낫다거나 시험가능하다고 정당하게 주장할 수 있는가? 예상한 결과가 일어나지 않는 것에 대하여 대항적 힘 때문에 그렇다고 설명해 버릴 수 있다면, 기제에 관한 주장은 적절하게 시험될 수 있는가? 이러한 의심을 보여주는 손더스(Saunders)의 다음과 같은 표현을 살펴보자.

> 그러한 추론은 자기확신적인 동어반복 이상의 것은 생산하지 못한다(이윤율이 하락한다면 이것은 이윤율이 하락하게 되어 있는 고유한 경향에서 기인하는 것이며, 그렇지 않다면 이것은 대항적인 경향의 효과에서 기인하는 것이라고 말할 뿐이다). 여기서 우리는 고향에서부터 기차여행을 하면서 코끼리를 쫓기 위해 창문으로 겨자씨를 뿌리는 사람의 이야기를 상기하게 된다. 서리(Surrey) 주에는 야생 코끼리가 없다는 말을 들었을 때, 그는 그 사실이 단지 코끼리 억제제로서의 겨자씨의 효능을 입증할 뿐이라고 답했다.[15]

이 주장은 겉보기에는 매력적이지만 자세히 살펴보면 몇 가지 오류에 근거하고 있음이 드러난다. 첫째는 대항적인 힘에 호소하는 것이 반드시 '자기확증적인 동어반복'과 거짓 정당화를 낳는다는 주장이다. 다시 한 번, 이러한 설명구조에 대한 우리의 평범한 사례를 생각해 보자. '문이 잠기지 않았다면 나는 그것을 어떻게든 밀어서 열었을 것이다.' 물론 내가 거짓으로

---

15) P. Saunders, "On the shoulders of which giant?: the case for Weberian urban political analysis," *Urban Studies Yearbook* 1(1983).

(의도적으로건 아니면 악의 없이) 그러한 주장을 할 수도 있다. 나는 내가 문을 밀고 있는 척하거나 밀고 있다고 착각하면서, 대항적인 힘에 호소함으로써 인과적 주장에 대한 반증을 회피하고자 할 수도 있을 것이다. 그렇지만 어떤 개념을 어리석게 사용할 가능성이 있다고 하여 그 개념의 책임 있는 사용이 실격당하는 것은 아니다. 그리고 상정된 힘(문을 미는)과 상정된 대항적 힘(잠긴 자물쇠의) 두 가지의 작동을 점검하는 독립적인 방식도 어렵지 않게 생각할 수 있다. 그러므로 그러한 설명이 '자기확증적인 동어반복'으로 환원되는 것은 아니다.

그렇지만 사회과학의 사례들에서는 어떠한가? 대항적 경향 ㉠에 의해 무력화된 경향 ㉡에 관한 다음의 진술들을 살펴보자.

① ㉠ '여성들이 수동적인 역할을 수행하도록 사회화되지 않았다면,
   ㉡ 그들은 이러한 지루한 작업을 받아들이지 않을 것이다.'
② ㉠ '노조의 방어력이 없었다면 ㉡ 임금이 하락하였을 것이다.'
③ ㉠ '군사 쿠데타가 아니었다면 ㉡ 농업개혁이 완성되었을 것이다.'

우리는 이러한 주장들을 어떻게 시험 또는 평가할 것인가? 우리가 결과를 대항적 힘의 작동의 증거로 내세운다면, 변명은 분명히 동어반복적인 것이 될 것이며 '후건 긍정'을 포함할 것이다. 즉, '여성들이 지루한 작업을 받아들이는 것은 그들이 수동적 역할을 수행하도록 사회화되었음을 "증명한다"는 것이다.' 그렇지만 또 다른 전략이 존재하는데, 이른바 대항적 힘을 '근거짓는' 독립적인 증거, 즉 여성의 사회화의 특성에 대한 증거를 찾는 것이다. 달리 말하면 그러한 주장들은 ㉡ 구역에서 평가될 것이 아니라 ㉠ 구역에서 평가되어야 한다. 이것은 흔히 어려운 일이지만 불가능한 것은 아니다. 그 어려움의 한 가지 이유는 그 변동에 인지되지 않은 다른 원인이

존재할 가능성이 있다는 것이다. 우리가 합리적으로 요청할 수 있는 것은 다시 ㉠ 구역에서의 증거들을 살펴봄으로써 가능한 대안적인 원인들을 점검하고 제거해야 한다는 것이 전부이다. (알려지지 않은 원인을 평가할 것으로 기대할 수는 없다.) 예컨대, ①의 사례에서 경영자들은 흔히 여성들은 천성적으로 남성들보다 지루한 작업을 더 잘 견뎌낼 수 있다고 주장하면서, 여성들이 지루한 작업을 하고 있다는 사실이 이것을 증명한다고 말함으로써 자신들의 믿음을 정당화하고자 한다. 물론 이 정당화는 동어반복과 후건 긍정을 포함하고 있기 때문에 효력이 없을 것이다. 그렇지만 어떤 신체적 특성 때문에 여성은 지루한 작업에 적합한가를 질문함으로써 이 주장을 동어반복적이지 않은 방식으로 평가할 수 있다. (그리고 제거할 수 있다.)

여기서 손더스가 인용한 피상적 설명과 시험의 사례에 대해 살펴보자. 앞의 것은 마르크스주의 이론의 이윤율 저하의 경향에 관한 것이다(이 경향에 대하여 잘 알지 못하는 독자들은 이 부분을 건너뛰고 싶어 할 것이다). 사실 손더스는 그 이론에 대한 풍자그림을 그리면서 그것의 설명적 구조를 부정확하게 제시하고 있다. 사실상 경향과 대항적 힘, 이 두 가지의 존재에 대한 주장은 그것들이 설명할 것으로 상정되는 이윤율의 움직임과 무관하게 (즉 후건 긍정이나 동어반복에 빠지지 않고) 판별해 낼 수 있는 변동에 근거를 두고 있다. 예컨대 이윤율을 높이는 경향이 있는 한 가지 대항적 힘은 노동력의 공급이 확대될 가능성인데, 이것은 임금을 낮추고 따라서 비용을 감소시킨다. 다시 말하면, 이런 설명은 동어반복적이지 않은 방식으로 평가될 수 있다. 이윤율을 끌어내리는 또 다른 경향이 존재한다는 주장을 실천 속에서 평가하기는 상당히 힘들다. 그 주장은 실질적으로 측정이 불가능한 비율('자본의 유기적 구성')의 움직임에 관한 논증에 기초를 두고 있다. 좀 더 일반적으로는 특정의 국면에서 여러 가지 경향들과 대항경향들의 (이것들 각각의 가능성을 인정하더라도) 상대적 '무게'를 평가하는 주요한 문제가 있다. 그렇지만 이런 어려움들을 '자기확증적인 동어반복들'의 사례들이라고 할 수는 없다. (사실상 나는 그 이론이 다른 결함들을 가지고 있다고 생각하지만, 그것들은 손더스가 주장하는 결함은 아니며, 확증의 문제와 관련이 없는 것이다.)

겨자씨를 뿌리는 두 번째 사례는 경향들이나 대항경향들에 호소하는 것이 순전히 공상적이고 입증불가능한 힘들을 불러내는 것과 같은 것이라는 생각을 갖게 한다. 그렇지만 ①~③의 사례들을 다시 살펴보자. 그것들이 불러들이는 원인들에는 공상적이거나 마술적인 것이 아무 것도 없다. 그것들은 모두 사회과학에서의 설명의 전형이다. 참으로 사회과학에서 어떤 힘들이 다른 힘들에 의해 수정되거나 무력화되거나 저지될 수 있다는 가정을 포함하지 않는, 또는 관찰불가능한 것들의 존재를 상정하지 않는 사회연구나 이론적 논쟁을 상상하기는 어렵다. 우리가 ㉠ 구역 평가의 가능성을 기억한다면, 진지한 설명과 공상적인 설명을 구별하기는 어렵지 않다. 내가 제안한 기준에 의거한다면, 즉 코끼리가 들어 있는 증거를 요구함으로, 우리는 어렵지 않게 겨자씨 뿌리는 사람의 주장을 논파할 수 있다. 일단 코끼리들이 나타난다면 우리는 실제로 코끼리에 대해 실험을 행함으로써 코끼리들이 달아나는 다른 가능한 원인들을 제거해 볼 것이다. 이것이 성공적인 것으로 입증된다면 우리는 더하여 기제에 대한 설명과 그것의 힘에 대한 부가적인 증거를 요구할 것이다. (이러한 반응의 기괴함은 그 사례가 하찮은 것임을 반영한다.) 물질적 가능성(에 대한 기존 지식)을 존중하지 않는 기괴한 설명에 거의 저항하지 않는 것은, ① 존재적 가설들을 경시하고, ② 이론의 역할을 관찰가능한 것들에 관한 진술을 이끌어 내기 위한 발견도구로 축소시키며, ③ 도대체 시험할 수 있는 유일한 것은 관찰가능한 사건들에 관한 예측뿐이라고 상정하는 바로 그러한 과학철학들이다.[16]

---

16) 이러한 설명의 사례들은 제5장 228~232쪽에서 볼 수 있다(그럼에도 불구하고 그것들은 예측적 시험을 견뎌낼 것이다).

해석: 평가할 수 없는 것인가

사회과학에서 경쟁하는 설명들을 평가할 수 있는 가능성에 관한 최고의 비관론은 해석적 이해에 관한 것이다. 정치적 운동에 대한 보수적인 역사가의 해석이 사회주의적 역사가의 그것보다 더 뛰어난가 아니면 더 나쁜가를 어떻게 결정할 수 있는가? 이데올로기의 실질적인 의미가 무엇인가를 우리는 어떻게 결정할 수 있는가? 흔히 그러한 결정은 자연과학에서 가능하다고 추정되는 '객관적' 결정과 대비되어 '주관적인 것'으로 서술된다. 우리는 해석을 받아들이거나 아니면 받아들이지 않는다. 그렇지만 앞에서 제시하였듯이 주관과 객관의 이원론은 그 자체가 매우 의심스러운 것이다. 우리는 이미 자연과학에서의 시험의 결론적 성격이 빈번히 과장되고 있음을 보았다. 이제 나는 해석적 이해가 특히 논쟁적이어야 할 충분한 이유가 있지만, 그것에 대한 평가의 '관대함'과 비결론성도 또한 과장될 수 있다고 주장하고자 한다.

사회과학들의 개념적 객체 및 개념의존적 객체들이 자연과학의 그것과 다른 한, 우리는 그것들에 대한 인지적 가능성도 상이하다는 것에 놀라지 않아야 한다. 우리는 의미를 이해하고 '사용'할 수 있지만, 그것을 뽑아내거나, 찌르거나 또는 측정할 수는 없다.17) 예컨대 '애국심'을 어떻게 해석할 것인가를 결정하는 일은 단순히 물의 비등점을 측정하는 것과 다르다. 우리는 먼저 가설이나 예측을 설정하고 그다음 그것을 시험하는 것으로 해석적 이해를 평가하지는 않는다. 오히려 해석과정 자체가, 우리가 다른 사람들과의 관계 속에서 '텍스트'의 일부분을 읽어가면서 행하는, 지속적인 채집과 정정을 체화한다. 자연과학자들은 단일의 해석적 순환―여기서 자연과

---

17) Bhaskar, *The Possibility of Naturalism*, p.59. '의미에서의 정확함은 이제 이론에 대한 후험적 심판자로서의 측정의 정확성의 자리를 대신한다.'

학자들이 해석해야 하는 유일한 의미는 그들 자신의 과학적 공동체가 가지고 있는 의미이다—안에서 움직이는 반면, 사회과학자들은 그들 자신의 의미틀과 행위자들의 의미틀 사이를 매개해야만 한다. 이것은 번역과 판단이라는 주요한 문제를 제기할 수 있으며, 의미틀이 아주 다를 수 있고 아마도 상이한 합리성 개념과 결합될 수 있는 역사학과 인류학에서는 특히 그러하다. 그럼에도 불구하고, 해석적 문제는 극복하기 힘든 것이 아니라, 일상적 삶에서 지속적으로 우리가 대처해 가고 있는 것이라는 점을 상기해야 한다.[18]

먼저 해석의 명백한 미결정성에 대한 상대주의의 반응을 살펴보기로 하자. 모든 해석들은 흥미롭고, 또한 동등하게 타당하며, 따라서 우리는 백화쟁명을 허용해야 한다. 좀 더 세련된 형태의 입장에서는 텍스트나 이데올로기들 같은 개념적 객체들은 모호하며 따라서 우리는 이러한 특질에 저항할 것이 아니라 그것을 환영해야 한다고 주장한다.

백화쟁명의 허용에 누가 반대할 수 있는가? 답은 생생한 그렇지만 편향적인 유추에 겁먹지 않는 것이 좋다는 것을 알고 있는 사람이다. 여기에 함축된 뜻을 밝혀보자. 풋내기의 해석도 학자의 그것과 마찬가지로 훌륭하다는 것이다. 인종차별에 대한 인종주의자의 해석이 자유주의적인 해석과 똑같이 훌륭하다는 것이 된다. 여러 가지 논점에서 이 입장은 의심스럽다. 첫째, 그것은 부정직한 경향이 있다. 왜냐하면 그렇게 선언된 자유주의는 비판으로부터 현상을 보호하는 데 기여한다. 둘째, 그것은 우리가 해석들에 무관심한 일이 드물고 해석들에 관해 많은 것을 주장한다는 사실을 납득하지 못한다. 일상적 삶에서의 의미의 경쟁(이것에 관해서는 제1장과 2장에서 언급했다.은 해석이 경쟁가능한 것이라는 사실뿐 아니라 아무런 해석이나 다 수용될 수 있는 것은 아니라는 점이 중요하다는 사실도 상기시킨다. 해

---

18) A. Giddens, *New Rules of Sociological Method*(London, 1976), p.59.

석들에 대한 견해 차이는 우리가 그것들에 대해 무관심하다는 것을 나타내는 것이 아니라 해석이 중요하다는 사실을 나타낸다.

해석의 결정불가능성에 대한 과장된 견해는 의미를 그것의 실천적 맥락으로부터, 즉 그것의 준거물들과 사용자들로부터 부주의하게 추상하는 것으로부터 유래한다. 행위자가 사용하고 이해하는 의미는 실천과 사회관계 속에 새겨진다. 그것은 사람들과 그들의 환경에 대한 서술과 평가를 확립할 수 있고, 우리의 정체성들과 사회 속에서 우리가 할 수 있는 것에 영향을 미칠 수 있다. 그리고 물론 그것은 은폐적이거나 오도적일 수도 있다. 이러한 이유 때문에 나는 예컨대 '납세자에게 지워진 짐'이라고 서술되는 것에 대해 무관심할 수 없다. 모든 해석들을 그저 받아들일 것은 아니다. 그러한 해석이 아무에게도 영향을 미치지 않고 내게 대한 그들의 행위에도 아무런 차이를 낳지 않는다면 나는 아마도 그것에 관해 냉담할 수도 있다. 그리고 우리는 해석들을 부분적으로는 그러한 서술과 실천적 함축과의 관계 속에서 평가한다.

이것은 의미와 사회에 대한 우리의 해석이 모호함과 다중적인 의미를 보이지 않아야 한다는 주장이 아니다. 사회 속의 개념들과 상황들이 연구자인 우리에게 모호하며 논쟁거리라면 그것들은 행위자들에게 대해서도 또한 그러할 것이다. 기념일 때 군대의 행진은 그 의미가 매우 모호한 사건으로, 한편으로는 전쟁의 공포에 대한 인식('다시는……')과 다른 한편으로는 군대 그리고 아마도 전쟁 자체에 대한 찬양과 미화를 결합시키고 있다. 그렇지만 한 사건에 대해 모호하다거나 또는 다중적인 의미를 갖는다고 해석하는 것이, 아무런 해석이나 괜찮다고 인정하는 것은 아니다. 왜냐하면 모든 해석들이 그 모호함을 인식하지는 않을 것이기 때문이다. 역설적이게도, 우리가 모호함을 정당하게 다룬다면 우리는 그것을 아무렇게나 해석할 수 없다.

해석의 다중성에 관한 좀 더 설득력 있는 시각은 기어츠(Geertz)가 제시하였는데, 그는 해석적 인류학이라는 그의 분야에서 '진보는 동의의 완성보다는 논쟁의 개선을 특징으로 하며, 좋아지는 것은 우리가 서로 티격거리는 데에서의 정밀함이다'라고 주장한다.[19] 이것은 사회과학에 대한 친숙한 비판─자신들이 좀 더 자연과학에 접근해야 한다고 상정하는 사람들이 흔히 내세우는─즉 '무한한 논쟁'이라는 비판에 대항하는 웅변적이고 고무적인 옹호라고 생각된다. 그리고 기어츠의 옹호는 견해 차이가 진보의 결여를 나타낸다는 추론을 거부하는 장점을 가지고 있다. 우리는 여전히 백화쟁명의 상대주의보다 한참 더 나아갈 수 있다고 나는 생각한다.

우리의 해석의 대상─동기, 믿음, 행위자의 해명, 구성적 의미 등─은 이중적 결정관계를 갖는다. 즉, 그것을 가지고 있는 사람의 객관적인 물질적 상황으로부터 나오는 결정 관계뿐 아니라, 그들에게 자신들의 상황을 해석하는 방식을 제공해 주는 문화 속에서 그들 자신이 획득할 수 있는 개념적 도구들로부터 나오는 결정관계도 갖는다. 사회연구자는, 흔히 매우 상이한 맥락에서 좀 더 검토되고 발전된 개념적 도구를 사용하여, 두 측면 모두를 이해하고자 해야 한다. 공간과 시간에 따라 가로질러 의미가 변화한다면 자연과학에서 실험을 하듯 탐구를 반복함으로써 간단히 우리의 해석을 점검할 수는 없다.

해석들에 대한 평가는 한 가지 개념적 의미와 다른 개념적 의미에 의한 준거, 이 두 가지에 대한 교차점검─불일치들과 잘못된 특정화 그리고 생략을 찾아내는 일종의 '삼각측량' 속에서의─을 포함한다.[20] 각 부분의 의미는 전체의 의미와의 관계 속에서 지속적으로 재점검되며, 그 역도 마찬가지이다. 해석에 관한 결정은 물질적 상황, 사회관계, 정체성과 믿음과 느낌 등─는

19) C. Geertz, *The Interpretation of Cultures*(New York, 1973), p.29
20) P. Willis, *Profane Culture*(London, 1978).

쟁하는 견해들과 관련되어 있는-에 대한 지식에 비추어 내려져야 한다. 이성과 믿음이 사회적 사건의 원인일 수 있는 한, 해석적 이해에 대한 평가는 인과적 설명에 대한 평가와, 흔히 생각하듯, 그렇게 다른 것이 아니다.

일부의 인류학자들이 변호하는 또 다른 전략은 연구자들이 그들의 독자로 하여금 가능한 한 많은 1차 자료를 접할 수 있게 하고 (대화나 인터뷰 등의 사본) 그럼으로써 독자들이 연구자의 주석에 전적으로 의존하지 않고 스스로 판단할 수 있게 하는 것이다.[21] 이것은 1차 자료를 선택·여과·조형하는 연구자들의 일반적 경향에 약간의 (오직 약간의) 제한을 가하고 그들의 해석을 평가하기 쉽게 만드는 장점을 갖는다. 행위자나 연구자나 독자, 그 누구도 해석에서 최종적인 권위를 갖는 것은 아니다. 그들 가운데 누구라도 실수를 범할 수 있다. 1차 자료를 표현하는 방식은 그 자체가 중립적인 것이 아니며, 어떤 함축을 담게 마련이다. 연구자는 여전히 '현장에 있었던' 상대적인 (절대적이 아닌) 이점을 가질 수 있으며, 독자는 여전히 연구자의 해석을 고려해야 한다. 그렇지만 이 전략은 대화를 조금 열어 놓고 연구자의 추론을 조금 더 투명하게 만든다.

연구자들의 해석을 평가하는 좀 더 직접적인 방식은 물론 행위자들 자신에게 그 해석들에 대해 어떻게 생각하는가를 묻는 것이다. 이 이야기가 행위자의 견해에 어떤 최종적인 권위를 부여한다는 것을 의미할 필요는 없다. 학자의 해명은 행위자들이 인식하지 못한 조건과 결과를 언급할 수 있으며, 필연적으로 그것에 관한 담론 형태 속에 담긴 실천적 의식을 재현하고, 심지어 잠재의식적인 의미까지 언급할 수 있다. 이러한 이유로 학자의 해명은 행위자의 해명과 다를 수 있다. 때때로 그것은 서로 모순될 수도 있다. 이것은 행위자의 이해와 학자의 이해가 서로를 객체와 경쟁자로 대면

---

21) G. E. Marcus & M. M. J. Fisher, *Anthropology as Cultural Critique*(Chicago, 1986).

한다는 사실의 불가피한 결과이다. 우리는 그러한 해명들을 평가하는 일을 회피할 수 없기 때문에(이것은 최선의 설명을 발견하기 위하여 필수적이다), 흔히 합리성과 가치에 관한 논쟁에 휩쓸리게 된다. 그리고 제1장에서 보았듯이 불합리함이 없이도 사회가 잘못되었다, 특히 그 사회의 행위자들의 이해와 실천이 잘못되었다—그것에 대한 우리의 설명이 잘못된 것이 아니라—고 말하는 것도 가능하게 된다. 자연과학의 대상은 평가해야 할 그러한 특성을 갖지 않으며 객체 자체가 아니라 단지 관찰자의 지식만 평가하면 된다. 사회과학에서는 관찰자의 지식과 피관찰자의 지식 두 가지 모두가 조사받는다. 그러한 상황에서 행위자나 학자에게 해명에 대한 권위를 부여할 수 있는 선험적 근거란 존재하지 않는다.

해석들 사이의 이러한 중요한 관계를 인식하는 것이, 학자들에게 행위자들 자신의 해명을 무시할 수 있는 특권을 부여하는 것은 아니며, 또한 두 가지 해명 사이의 차이에 대한 위의 논의를 그러한 전략에 대한 정당화로 취급하는 것도 아니다. 1968년의 의미에 대한 해석은 학자들이 그들 자신의 성찰과 해석의 대상을 혼동하는 것을 잘 보여주는 사례이다. 아마도 학자들 및 비슷한 사회적 위치의 사람들(예컨대 언론인)의 1968년에 대한 개인적 경험의 중요성은 그들의 미미한 수에 비해 훨씬 크지만, 그들의 해명은 흔히, 대부분의 사람들에게는 그 1968년이 아주 일상적인 해이며 그 해에 일어나 찬양되는 사건(누가 찬양하는가?)이 단지 어슴프레 인식되고 있다는 점을 깨닫지 못하고 있다.

그러므로 학자들은 그들이 제공하는 해석이 누구에 대한 것이며, 누구를 위한 것인가를 결정해야 한다. 그들이 행위자들 자신의 이해에 대한 해석을 의도한다면 그것은 순전히 학자들 자신의 교화를 목표로 해석을 발전시키는 것과는 상이한 함의를 갖는다. 여기서 결과되는 해명은 흔히 학자들 자신의 사회적 위치의, 그리고 학문적 경쟁의 (그들의 명시적인 대상들이 아

나라) 함수이다. 물론 보통사람의 이해는 연구자의 의미틀을 통하여 해석
되어야 한다. 그러나 우리는 여기서, 학자의 해명에 대한 보통사람의 비판
이 늘 기각될 수 있을 만큼 뒤의 것이 앞의 것으로 무너져 내릴 수 있다고
상정하지 않고서도, 상호작용이 있다는 것을 인정할 수 있다. 이것은 연구
자들이 자기자신을 교화시키기 위하여 자신의 해석을 발전시켜서는 안된
다는 이야기가 아니다(그들이 자신의 해석을 행위자에게 사물이 의미하는 것을
재현하려는 시도와 동일한 것으로 내세우고자 하지 않는다는 조건 아래서). 실재
론은 해석적 이해가 매우 개인적일 수 있다는 판단을 받아들일 수 있다. 그
렇지만 실재론은 필자의 개인적 위치의 좌표를 밝힐 필요가 있다는 것을
경고한다. 우리가 해석들을 평가해야 한다면, 우리는 그 해석을 누가, 누구
를 위해 그리고 누구에 대해 만든 것인가를 알아야 할 필요가 있다.

결론

다시 한 번 나는 지금까지의 규정이, 내가 정당한 평가방법이라고 믿고
있는 것에 대한 정식화와 재구성이라는 점을 강조해야 하겠다. 많은 사회과
학자들이 이미 그 방법을 광범하게 사용하면서도 불행히도 많은 사람들이
평가에 대한 제한적인 해명─예측에 대한 시험에 훨씬 더 큰 믿음을 부여해야
한다고 강조하는─에 영향 받고 있다는 것이 나의 생각이다. 그 결과가 단
지, 연구자들이 그들의 실질적인 연구에서 실행하는 것을 그들의 방법론적
선언에서 부인하는 것이었다면 큰 피해가 없을 것이지만, 유감스럽게도 그
들의 일부는 그 조언을 심각하게 받아들였다. 자연과학에서의 상황과 비교
할 때, 사회과학에서의 주체와 객체 사이의 관계의 특징이 갖는 함의는 결
론적인 평가를 내릴 수 있는 가능성에 관해서는 어느 정도 어둠과 낙담을

초래할 수도 있다. 역으로 상호작용이 존재하지 않는 것처럼 가장하고, 연구가 자연과학의 그것과 아무런 차이도 없는 듯 진행하는 것으로는 아무 것도 얻지 못한다. 참으로 그러한 전략은 단지 사태를 더 나쁘게 만들 것이다. 제9장에서 나는 우리가 사회과학의 목표를 재검토한다면 일부의 문제들이 해답으로 판명될 수 있다는 것을 입증하고자 할 것이다.

제 8장

포퍼의 반증주의

사회과학에서의 검증에 관한 가장 유명한 견해는 포퍼의 '반증주의'로부터 이끌어낸 것이다. 그의 이론은 매력적으로 단순하지만 역설적이며, 또한 다양한 해석을 가능하게 하는 강한 변형과 희석된 변형들을 보이고 있다.[1] 과학의 진보를 귀납에 의한 지식의 점진적인 증가로 제시하는 둔한 인상 대신, 과학의 모습을 과감한 추측에 대한 반증을 시도하는 대담한 과정으로 대체함으로써 이 견해는 또한 과학을 신비화한다. 이러한 특징은, 그것이 사실상 실행에 옮기기 불가능하다는 사실에도 불구하고 이 견해를 대중화시켰다. 포퍼의 견해의 일부를 소개한 제5장과 비슷하게, 여기서의 논의도 과학철학에서의 논쟁들에 이미 친숙한 독자들을 겨냥하고 있다. 다른 독자들은 곧장 제9장으로 나아가도 괜찮을 것이다.[2]

---

1) 이런 변형들에 대한 논의로는 Lakatos, "Falsification and the methodology of scientific research programmes," in I. Lakatos & A. Musgrve(eds.), *Criticism and the Growth of Knowledge*(Cambridge, 1970) 참조.

포퍼의 반증주의의 뿌리에는 자연적 필연성에 대한 그의 부인이 자리하고 있다. 사물들이나 사건들 사이의 모든 관계는 우연적인 것이며 결과적으로 모든 순간마다 귀납의 큰 문제(세계는 변화할 수 있다는)가 야기된다. 이것은 다시 귀납의 작은 문제와 혼합된다. 합리적인 추론양식에서 귀납을 적절하게 제외시키지만, 포퍼는 그 자리에 자연적 필연성을 전제하는 역행추론이 아니라 연역을 갖다 놓는다. 이론은 연역 형태를 가져야 하고 시험 가능한 예측을 산출하는 것이어야 한다. 연역적 이론들에 대하여 우리는 예측의 성공에 의해 확증되었다고 이야기할 수 없다. 왜냐하면 제5장에서 논의한 것처럼 타당한 연역적 논증의 전제들 속에 무수한 가설들이 사용되면서 성공적인 예측을 발생시킬 수 있기 때문이다. 이론들의 논리적 형식을 중시하여 그것들의 내용을 무시하면서 포퍼는 이론들이 그것의 객체들과 사건들에 대한 예측을 통하는 것 이외의 방식으로 연결되는 것(존재적 가설들을 통하는 것 등과 같은)을 간과한다. 그러므로 A 유형의 시험에 해당하는 것은 없다.

그런데 포퍼의 논증에서 가장 두드러진 부분은 (연역적) 이론들이 확증될 수는 없지만 예측의 실패에 의해 명백하게 반증될 수는 있다는 주장이다. 전제들로부터 예측들을 타당하게 이끌어 내었는데 그 예측이 반증되었다면 틀림없이 전제들에 오류가 있는 것이다.[3] 그러므로 제5장에서 지적한 것처럼 확증과 반증 사이에는 비대칭이 있다. 역설적으로 우리는 어떤 이론에 대해 그것이 잘못된 것으로 나타날 때에만 명백하게 확실하다고 생각할 수 있는 것이다.[4]

---

2) 반증주의에 대한 나의 비판은 실재론에 대해 가장 심각한 결과를 시사하는 해석들에 한정된다.
3) 때때로 포퍼는 이러한 반증의 절차가 논리적으로 완벽한 것이라는 사실에도 불구하고 반증이 실제로는 흔히 정도의 문제(대체로 그것을 판정하는 어려움 때문에)라는 점을 인정한다.

이러한 연역적 구조를 지키고 그것에 의하여 이론들을 반증의 모험에 내 맡기기 위해서는 과학자들은 보편적 규칙성들에 관한(즉 대부분의 X는 Y가 아니라 모든 X는 Y이다라는) 대담한 추측을 해야 한다고 포퍼는 재촉한다. 뒤쪽의 진술은 보편적이고 결정론적인 것이라고 할 수 있지만 그럼에도 불 구하고 포퍼에 따르면 우연적으로 관련된 현상들에 관한 진술이다. 이러한 형이상학적 가정은 포퍼에게 고약한 역설을 발생시킨다. 왜 우리는 우연성 들에 관하여 보편적인 결정론적 주장을 하기를 원해야 하는가? 세계에 필 연성이 존재하지 않는다면 사건들에 관한 보편적 진술(포퍼가 충고하듯 가 능한 한 많은 결과들을 허락하지 않아야 하는)을 반증하는 것이[5] 왜 관심의 대 상이 되어야 하는가?

그런데 아무리 성공적인 이론이라도 적어도 귀납의 작은 문제 (우리의 모 든 지식은 원칙적으로 오류가능성 있는 것이라는) 때문에 수정의 필요가 없이 정확한 것으로 증명될 수는 없다면, 진술들에 대한 반증도 또한 그러하다. 그리고 포퍼도 실질적으로는 이것을 깨닫고 있다. 그렇지만 이것에 더하 여, 귀납의 큰 문제 때문에 결정적인 확증이 성취될 수 없다면 우리가 제5 장에서 보았던 것처럼 반증도 또한 그러하다. 세계에 필연성이 없다면, 오 늘 반증된 것이 내일 확증될 수도 있으며, 그 역도 성립한다. 우리가 정당 하게 세계 속의 필연성에 관하여 주장할 수 있을 때에만 (비록 그 주장이 세 계에 대한 다른 지식들과 마찬가지로 여전히 귀납의 작은 문제에서 벗어날 수 없 더라도) 반증은 결정적일 수 있는 것이다. 더욱이 세계에 필연성이 존재해 야만 관계에 관한 대담한 추측도 가치 있는 일이 된다.

---

4) '증거는 유리하지만 쓸모없거나 아니면 증거는 불리하며 그러므로 반증적이지만 무효화 하는 것이다'[R. Harré, *The Principles of Scientific Thinking*(London, 1970), p.130].

5) 이론이란 '금지조항(prohibitions)'이라는 포퍼의 제안[*Conjectures and Refutations* (London, 1963), p.36]은 사실상, 자연적 필연성에 대한 그리고 그와 관련된 물리적 가 능성과 불가능성 개념들에 대한 인정과 결합된다면 좀 더 잘 납득될 것이다.

내가 제시했듯이 세계에 필연적 관계와 우연적 관계 두 가지 모두가 존재한다면 객체들의 필연적인 작동방식은 폐쇄체계 속에서만 사건들의 유형들에 규칙성을 낳을 것이다. 그러므로 실재하는 조작가능한 폐쇄체계의 존재는 이러한 작동방식에 관한 주장들에 대한 이른바 반증에 관련된 해석적 논쟁을 최소화하는 데 크게 도움이 된다.

포퍼에 따르면, 우리의 가장 성공적인 이론들에 대해서조차도 확증되거나 검증되었다고 할 수 있는 것이 아니라 단지 반증되지 않았다고 할 수 있을 뿐이다. 순전히 귀납적인 추론에서는 사건들에 대한 각각의 예측의 성공이 우리의 이론을 강화시킬 수 없다. 왜냐하면 앞으로도 그것이 계속 성공할 것이라고 추론할 논리적 근거가 없기 때문이다. 이것은 앞서 이야기했듯 우리가 순전한 귀납—즉 단지 지금까지 특정한 사건들의 연쇄가 늘 발생하는 것으로 알려졌기 때문에 앞으로도 계속 그렇게 될 것이라는 추론—에만 의존할 가능성은 없다는 점을 논외로 하면 정확한 것이다. 그렇지만 우리가 존재적 주장과 A 유형의 시험을 고려한다면, 한 번 또는 그 이상의 경우에 성공적인 것으로 입증된 존재적 가설(이 주장들도 다른 진술들과 마찬가지로 귀납의 작은 문제는 늘 가지고 있지만)이 성공적인 것으로 입증된 일이 아직 없는 존재적 가설보다 나을 것이 없다고 말하는 것은 불합리하다. 그러므로 확증의 정도는 여러 가지일 수 있다는 우리의 직관적인 생각은 매우 합리적인 것이다. 예측의 성공이 우리의 이론들에 대한 믿음의 증가를 보증할 수 없다는 이야기는 오직 우리가 사건들에 대한 관찰로부터의 귀납이나 비인과적인 전제들로부터의 연역에만 의존해야 할 때(객체들의 성질과 인과적 힘들에 대한 지식을 갖지 못했기 때문에)에만 할 수 있는 이야기이다

포퍼는, 대담한 이론들이 추측되고—가능한 반증에 더 취약할수록 더 좋은 이론이다—그것들이 거짓임을 증명하려는 시도가 진행되는 과학에서의 진보에 대한 영웅적 그림을 제공한다. 이론이 거짓으로 증명될 때 이론의 창

시자들은 임시적인 조정을 통하여 그 이론을 보호하고자 하는 반응을 보일 것이 아니라 그것을 진보의 증거로 환영해야 한다. 적어도 약간의 조절은 정당하게 이루어질 수 있다는 것을 허용하고 또한 반증된 이론이라고 하더라도 그것보다 더 좋은 이론이 발견되기 전에 포기하는 것은 비합리적이라고 인정함으로써 포퍼는 그런 주장을 완화하고 제한하지만6) 이것도 몇 가지 이유에서 불만족스러운 것이다.

첫째, 이론들은 흔히 (매우 합리적으로) 연역적 구조를 갖지 않으며, 그 이론에 대한 주장의, 적어도 일부에 대한 반증이 반드시 그 전체에 대한 전복으로 이어지는 것은 아니다. 그리고 반증에 대한 반응으로 이루어지는 조정이 반드시 이론을 '약화시킨다'고 상정하는 것도 이상하다고 생각된다. 이런 종류의 조정은, A 구역에서 이론이 약하게 발전되었다면(즉 그것이 도구주의적 이론을 지향하는 경향이 있다면), 임시적인 특성을 가질 가능성이 매우 높다. 이런 경우, 이론가는 어떤 변동이 일어날 수 있는가에 관하여 개념적 제약을 갖지 않을 것이다. 그리고 변동을 관련된 객체들의 성질에 대한 기존의 (반증되지 않은) 지식에 입각하여 납득가능한 그러한 정도에 한정하는 대신 이론가는 그것이 변이를 제거하는 것이라면 무엇이거나 변동시키고자 할 것이다. 이러한 작업이 바로 도구주의적 사회과학의 특히 수학적 모델화의 특징이다. 달리 말하면, 이론과 과학에 대한 포퍼의 견해는 그가 우리에게 경계하도록 경고하고 있는 바로 그 위험을 조장하는 것이다.

둘째, 포퍼가 이론들의 개념적 내용 그리고 의미 변동을 고려하지 못하는 것 또한 이론들을 평가하는 과정에 대한 그의 인식을 협소하게 만들고 있다. 개념적 수정은 예측에 대한 경험적 반증으로부터 촉진됨으로써 또는 그것 없이 이루어질 수 있다(잘못된 이유에서 정확한 답이 만들어졌다는 취지

---

6) '우리가 패배를 너무 쉽게 받아들인다면 우리는 우리가 정확한 것에 매우 접근해 있다는 것을 깨닫지 못하게 될 수도 있다'(Popper, ibid., p.49).

의 논증에 의해 그러한 수정이 촉진될 수도 있다). 그러한 수정은 단지 진술들 (그 의미가 고정된) 사이의 논리적 관계를 재정열하는 것으로부터 생겨나는 것이 아니라, 이론의 개념적이고 묘사적인(pic- torial) 내용에서의 변동으로 부터 생겨나며, 이러한 내용 자체도 평가되어야 한다. 제5장에서 나는 타 당하지만 터무니없는 연역 논증의 사례를 제시했다. 논리적 변화가 그러한 터무니없음을 소거시키는 것은 아니며, 예측에 대한 반증이 직접 그것들을 폭로하는 것도 아니다. 오히려, 되풀이 한다면, 이러한 전선에서 가장 직접 적으로 전진을 만들어 내는 것은, 바로 포퍼가 '과학의 논리 외부의 것'으로 제외시키고 있는 '사전-시험적인(pre-test)' 개념적 정밀조사이다.

셋째, 반증에 대한 반응으로 이루어지는 이론의 조정을 반드시 회피라고 박절하게 해석할 필요는 없다. 오히려 그것은 흔히 기각에 대한 인정이다. 마르크스의 '궁핍화 명제'라는 유명한 사례를 생각해 보자. 이 명제는 여러 가지 방식으로 해석되어 왔으며, 이 해석들 가운데 어느 것이 마르크스가 의도한 것이었는가는 불분명하다. 그렇지만 그것은 중요하지 않다. 문제는 여러 가지 해석들의 그것들의 계보와 무관한, 적합성이다. (예컨대 자본주의 가 발전할수록 노동자 계급은 점점 더 궁핍해진다는 것과 같은) 단순한 해석이 잘못된 것으로 인정된다면—아마도 틀림없이 그럴 것이다—그것 대신 이 명 제에 대한 또 다른 해석이 제안될 것이며, 이것은 첫 번째 해석에 대한 반 증의 회피로 취급될 것이 아니라 인정으로 해석되어야 한다. 그러므로 두 번째 해석은 그 자체로 고찰되어야 한다.

물론 앞서 보았듯이 때로는 대항적 힘이나 조건에 호소함으로써, 이 과정 에 관한 주장을 이른바 반증 사례들로부터 보호하기도 한다. 예컨대, 제국 주의에 의해 제3세계에서 산출된 궁핍화가 아니었더라면 발전된 나라들의 노동자 계급의 상당 부분이 '궁핍화'되었을 것이라고 주장되기도 한다(제3세 계에서의 제국주의는 발전된 나라들의 비싼 국내생산재들을 값싼 노동력을 가진 나라들로부터의 수입품들로 대체시킴으로써 발전된 나라의 실질소득을 상승시킬 수 있다는 것이다). 순전히 철학적인 논증만을 근거로 이러한 설명구조를 반증불가능하고 부당한 것이라고 배제할 수는 없다. 그것의 여부는 궁핍화 기제와 대항적인 힘 두 가지 모두에 대해 얻을 수 있는 설명적 증거의 종류에 좌우된다.7) 대부분은 궁핍화 명제가 전자본주의적 생산양식들과의 접합과 관계없이 자본주의의 본성에 고유한 어떤 것을 가리킨다고 추정되는가 아니면 그것이 우연적인 요인에 의해 결정된다고 주장되는 사태에 대한 예측인가 여부에 좌우될 것이다. 이것은 이러저러한 것이 달랐었다면 과학사에서 무슨 일이 일어났을 것인가를 판정하는 어려움을 과소평가하는 것이 아니다. 비실재론자들은 세계의 필연성에 대한 우리의 지식을 무시함으로써 흔히 그것을 과대평가한다. X가 발생했을 것이라는 것이 단순히, 반복된 사례들로부터의 귀납추론이어야 할 까닭은 없다. 그것은 어떤 기제의 성질에 대한 이론으로부터 알아낼 (늘 그렇듯이 오류가능하게) 수 있는 것일 수도 있다.

넷째, '위험을 자초하는' 이론들을 선호하는 포퍼의 주장도 또한 제한될 필요가 있다. ('훌륭한 과학적 이론들은 모두 금지조항이다. 그것은 어떤 일이 발생하는 것을 금지한다. 그것이 더 많이 금지될수록 그것은 좋은 이론이다.'8)) 개방체계에 관한 이론들이 폐쇄적이거나 폐쇄될 수 있는 체계에 관한 이론들보다 덜 금지적이며 우연성들에 관한 개연적 진술들이 필연성에 관한 진술들보다 매우 합리적으로 덜 금지한다. 포퍼에 따르면, 'X가 아니라 Y가 발생할 것이다'고 말하지 않고 'X가 아니면 Y가 발생할 수 있다'고 말하는 이론들은 알려주는 것이 없는 이론이다. 그렇지만 '투자는 고용을 증대시키거나 감소시킨다'는 주장에 대해 생각해 보자. 지금까지는 우리가 투자가

---

7) 나는 개인적으로는 설명적 증거와 논증이 앞의 것에 대해서는 매우 취약한 반면 뒤의 것에 대해서는 충분하다고 생각한다.

8) Ibid., p.36, 그리고 이 장의 주 5 참조.

고용을 증대시킬 것이라고만 생각해왔다면 그리고 이 주장이 정확하다면 이 주장은 확실히 유용할 것이다. 물론 이 주장이 어떤 조건에서 각각의 결과들이 일어날 것인가를 특정화한다면 좀 더 정보적일 것이다. 여기서 지적할 수 있는 일반적인 사항은, 방법론적 규정들이 존재론을 무시하지 않아야 한다는 것이다. 이론이 무엇을 금지시킬 것인가 하는 것은 세계의 구조에 달려 있다.

끝으로, 과학적 변동에 대한 포퍼의 설명에서 반증에 부여되는 중요성에 대해 생각해 보자. 희석된 형태로 보면 포퍼의 설명은 '우리는 우리의 실수로부터 배울 수 있다'는 단순한 생각이다.[9] 앞서 보았듯이 이론에 대한 정통적인 평가는 대체로 예측된 사건들에 대한 시험에 한정되거나 아니면 우리의 용어로 B 유형의 시험에 한정된다. 그렇다면 어떤 연역이론이 정당하게 반증되었을 때 (즉 앞서 정의된 의미로 순진하게 반증된 것이 아니라) 우리는 무엇을 배울 것인가? 단지 우리는 다른 연역이론을 시도해 보아야 한다는 것이 전부이다. 연역주의가 이론의 내용을 무시하고 그러므로 인과적 설명과 도구주의적인 '도출(derivation)'을 구별할 수 없기 때문에 정의상, A 구역의 내용은 B 구역에서의 시험을 통해서 간접적으로만 평가될 수 있으며, 따라서 반증사례가 발견될 때에만 평가될 수 있다. 오로지 그때에만 우리는 어떤 것인가가 잘못되었음을 알게 된다. 그렇지만 단지 어떤 것인가가 잘못되었다는 것을 알 뿐이지 무엇이 잘못된 것인가를 알지는 못한다. 경험으로부터 배움에 대한 이러한 제약은, B 유형의 예측적 시험이 어떻든 거의 불가능한 사회과학의 경우에는 훨씬 더 심각하다.

이것은 반증주의가 사회과학자들에게 그들의 이론을 비판에 노출시키도록 장려하는 것이 아니라, 그들이 실제에서는 정반대의 것을 실행하면서 이렇게 하

---

9) Ibid., vii.

고 있다는 이데올로기를 공급할 뿐이라는 것을 시사한다. A 유형의 비판을, 반증주의는 그것이 과학의 논리학이 아니라 '심리학'과 관련되어 있고 예측에 대한 오로지 B 유형의 반증만이 문제를 결론적으로 처리할 수 있다는 이유로, 그리고 가정들이 꼭 실재적이어야 하는 것이 아니라는 이유로 기각한다. 그렇지만 사회 체계에 관한 예측에 대해서는 모호하지 않은 반증을 만들어 내는 것이 극히 어렵기 때문에 반증주의가 이론을 평가하는 우월한 방법을 가지고 있다는 주장은 공허하며 단지 과학자들의 이론을 시험으로부터 보호하는 구실을 한다. 예를 들면 블라우그(Blaug)와[10] 기디민(Giedymin)은 A 유형의 근거 위에서 만들어진 신고전파경제학의 추상과 설명에 대한 비판을 이런 식으로 (또한 가정이 반드시 실재적일 필요는 없다는 주장에 호소함으로써) 기각한다.[11] 블라우그가 이런 전략을 택한다는 것은 그가 특정의 경제학 이론들의 반증불가능성에 대해 제기된 많은 비판들을 보증하기 때문에 매우 이상하다. 이것을 좀 더 진지하게 취급하지만 포퍼적 기준에 대한 대안을 갖지 못한 사람들은 놀랍지도 않게 이론적 갈등을 해결할 가능성에 대한 믿음을 상실하고 그러므로 절망적으로 '그것은 모두 당신의 이론과 패러다임에 달린 것'이라고 결론짓는다. 이러한 탈포퍼적(post-Popperian) 상황에 대한 바스카의 논평은 적절하다.

> 결정적인 시험의 상황이 결여되어 있다는 점은 예측적 기준에 대한 지속적인 형식적 충성과 짝을 이뤄 즉각 방법을 신비화시키는 데 기여하고 참호를 갖춘 (또는 그렇지 않다면 특권적인) 이론을 보호하며 대안들의 성장을 방해한다. 그리고/또는 이론적 갈등의 해결불가능성(에 대한 믿음)을 조장한다(물론 이것은 실질적으로는 현상을 옹호하는 해결을 의미한다).[12]

---

10) M. Blaug, *The Methodology of Economics*(Cambridge, 1980).
11) J. Giedymin, "Antipositivism in contemporary philosophy of science and humanities," *British Journal of Philosophy of Science* 26(1975), pp. 275-301.
12) R. Bhaskar, *The Possibility of Naturalism,* Hassocks, 1979, p. 167.

제 9 장

설명의 문제와 사회과학의 목표

'무엇이 좋은 설명인가?'라는 문제는 사회과학자들이 방법론자들에게 묻는 가장 공통적인 질문의 하나이다. 그것은 또한 가장 화가 나게 하는 질문의 하나이기도 한데, 그 까닭은 묻는 사람이 어떤 종류의 객체를 염두에 두고 있는가, 그리고 그 객체에 관해 무엇을 설명하고자 하는가를 알지 못하고서는 아무 것도 이야기할 수 없기 때문이다. 그렇지만 일부의 철학자들은 이 질문에 대해, 설명 형태들의 다양성은 단지 외면적인 것이고 그것들을 한두 가지의 기본적인 논리적 형태(제5장에서 논의한 연역법칙적 모델과 같은)로 환원시킬 수 있다고 주장함으로써 일반적인 답을 제공하고자 해왔다. 그들은 또한 범례로 '왜 수은주가 올라갔는가', '왜 난방기가 파열되었는가' 등과 같은 단순한 사건들에 대한 설명을 제시했다. 제5장에서 논의했던 것처럼 이러한 모델들은 단순한 사건들에 대한 설명의 재구성에서조차도 심각한 결함을 가진 것이다. 놀랄 것도 없이, 제1차 세계대전의 원인이나 여성 억압의 원인 또는 어린이의 언어 습득의 원인 등과 같은 복합적인 현상을 설명하는 데 관심을 가진 사회과학자들은 이러한 범례들이 유용하지 못하다고 느껴 왔다.

이 장에서 나는 사회과학에서의 '설명'의 몇 가지 문제들을, 그것의 연구 대상의 특성 및 복합성을 적절히 취급하고자 시도하는 방식으로, 검토할 것이다. 특히 왜 설명이란 특징적으로 상대적으로 불완전하고, 근사치이며, 논란의 여지를 갖는가를 보이고자 할 것이다. 나는 한쪽의 연구 대상의 성질과 다른 쪽의 우리의 목표와 기대와 방법, 이 두 가지 사이의 상호작용으로부터 발생하는 어려움을 다룬다. 일부의 문제들은 부적절한 방법의 사용을 통하여 사회과학자들이 스스로 부과한 것이라고 이야기할 수도 있지만 무엇이 적절하고, 부적절한가 하는 것은 오로지 설명하고자 하는 사물의 성질에 관한 판단을 준거로 결정될 수 있는 것이다. 부분적으로 이 쟁점은 추상적 및 구체적 분석과 일반화에 대한 우리의 앞서의 구별을 준거로 명확해질 수 있지만, 이것은 그 문제를 대안적인 연구설계에 입각해서 살펴보는 데에도 도움이 된다.

방법에 관한 대부분 논의들은, 사회과학의 기본적인 목표에 대하여 당연스레 사회세계가 어떠한가에 대한 일관된 서술과 설명을 제공하는 '과학적인' 객관적·명제적 지식을 발전시키는 것이라고 제시한다. 나는 이것을 과학의 목표에 대한 **정통적** 견해라고 부르고자 한다. 그렇지만 우리가 어려움의 문제를 자세히 추적한다면 우리는 이러한 목표들을 다시 평가하고 이 목표들이 비합리적이거나 모순적인 기대를 만들어 내지 않는가를 질문해야 하는 지점에 도달하게 된다. 나는 사회과학의 목표에 대한 대안적인 생각을 비판이론적 견해라고 부르고자 한다. 우리가 사회과학 및 관련된 종류의 지식들이 무엇을 위한 것인가 하는 전면적인 문제를 열어젖히게 되면, 어려움들이 좀 더 알기 쉽게 된다. 즉, 무엇이 문제이고 무엇이 폐기되어야 하는 해답인가에 관한 우리의 판단에 대해 좀 더 알기 쉽게 된다.

시작하기에 앞서 어려움의 문제에 관하여 몇 마디 이야기할 필요가 있다. 철학자들 사이에서는 이것을 적절한 관심사로 받아들이지 않으려는 경향이 널리 퍼져 있기 때문이다. 어려움의 문제는 모든 과학이 어려우며 과학은 그것의 객체가 아니라 그것의 방법에 의해 특징지어진다는 이야기에 의해 종종 기각된다. 그렇지만 자연과학과 비교하여 사회과학에서의 '성공'의 결여가 그것의 객체와 관계없는 것이라면 우리는 사회과학자들의 무능력과 적절한 과학적 방법 사용의 실패, 또는 그것의 이른바 짧은 역사에 그 탓을 돌려야 한다. 이런 가능성들은 어느 것도 그다지 신빙성이 없다. '성공'에서의 차이가 부분적으로는 적절한 방법의 불균등한 사용으로부터 기인되었을 수도 있지만, 연구 대상에서의 차이와 관련 있을 것이라는 매우 합리적인 가능성에 대해 고려해보는 것조차 거부하는 것은 단지 독단일 뿐이다. 그리고 지금까지의 나의 논의가 온당한 것이었다면, 모든 형태의 연구들에 단 하나의 '성공'의 기준이 적용될 수 있다고 생각하는 것은 비합리적이다. 참으로 크리켓 경기의 규칙에 의해 축구경기를 평가하고자 하는 것은 터무니없는 일이다. 확실히 모든 종류의 연구들이 어려움에 부딪히지만, 나는 사회과학에 독특한 어려움들의 일부를 살펴보고자 한다. 그리고 실재론이 무엇이 존재하는가의 문제와 객체에 대한 인지 가능성에 부여하는 중요성을 고려하면, 실재론은 특히 이런 과제를 다룰 준비가 되어 있다고 할 것이다.

설명과 어려움의 문제 1: 정통적 견해

퍼트남(Putnam)을 따라 우리는 기상학 등과 같이 그 객체가 구조를 결여하고 있다는 점에서 '뒤죽박죽'인 개방체계 연구와 사회과학처럼 그 객체가 '구조화된 뒤죽박죽'인 연구를 구분할 수 있다.[1) 앞의 것은 본래 좀 더 단순하며, 기상학의 경우 폐쇄체계에 접근할 수 있는 다른 자연과학들이 생산한 관련 지식의 도움을 받을 수 있다. 어려움의 좀 더 잘 알려진 원천은 실험적 방법을 이용할 수 없다는 것과 사회과학이 그 대상에 대해 내재성을 갖는다—사회과학의 대상은 사회과학에 의한 변화에 영향을 받기 쉽다—는 점이다. 일부의 자연과학자들은 양자역학에서도 탐구가 그 연구대상에 대해 피할 수 없는 영향을 미치며 따라서 동일한 어려움이 존재한다고 주장해왔다. 그렇지만 그 상호작용은 의미를 내포한 것이 아니므로 둘을 비교하기는 힘들다.

이러한 어려움은 차례로 사람들이 자기해석적인 존재여서 자신들의 해석으로부터 배울 수 있고 그 해석을 변화시킬 수 있으며 따라서 새로운 방식으로 행위하고 반응할 수 있다는 그리고 그것에 의해 그 다음의 행위에 새로운 자극을 만들어낸다는 사실로부터 생겨난다. 달리 말하면, 사람들이 갖는 인과적 힘과 성향은 인간이 아닌 객체들의 그것보다 훨씬 더 다양하고 변화가능하다(심지어는 불안정하다). 사람들은 물질적 상황에 의해 영향받지만 그들의 행위가 그 상황에 대해 고정된 관계만을 유지하는 것은 아니다. 왜냐하면 그 상황은 그들이 사용하는 '보는 방식들'에 의해 매개되며 이 '보는 방식들'은 엄청나게 다양할 수 있기 때문이다. 그러므로 사회과학에서는 지식의 발전 자체가 그것의 대상들을 변동시킬 수 있다. 다른 한편 연구의 주체이며 객체라는 이러한 문제의 관계에 있기 때문에 우리는 적어도 그 객체에 대해 내적 접근이 가능한 (물론 오류가능성이 있는 것이지만) 이점을 가지고 있다. 더욱이 자기해석적인 존재로서의 인간의 본성은 또한 인간의 행위를 독특하게 맥락의존적인 것으로 또는 '다가적(多價的)인 것'—비록 고정된 방식으로 그러한 것은 아니지만—으로 만들며, 복합적인 사회적

---

1) H. Putnam, *Meaning and the Moral Science,* London, 1978, p.62.

행위를 맥락에 관계없이 일정한 단순한 행위들의 조합으로 환원시킬 수 없게 한다. 그것이 자연현상에 대한 것이건 사회현상에 대한 것이건 간에 설명은 어느 것이나, 모든 지식은 정정가능한 것이라는 인식론적 이유 때문에, 불완전한 것이다. 그렇지만 사회현상에 대한 설명은 그것 이외에 연구의 대상이 지속적인 역사적 (그리고 단지 진화적인 것이 아닌) 변동을 겪고 있다는, 위에서 제시한 존재론적 이유에서도 불완전한 것이다.

'설명'이라는 용어는 다양한 사례들을 포괄하는 신축적인 것이며, 따라서 우리는 그 범위를 조정하고자 해야 한다.[2] 설명을 형식화하고 제한적인 것으로 재구성한다면, 그것은 우리가 무엇을 설명하고자 할 때 이미 우리가 알고 있는 것에 의지한다는 간단한 사실을 간과하게 만드는 위험을 초래한다. 또 다른 극단에서는 그 재구성이 일상적인 삶에서 설명으로 통용되는 모든 것을 비판적 논평 없이 단지 열거하는 핵심 없는 것이 되기도 한다. 이런 경우 방법론은 쓸모없는 것이다. 나아가 설명에 대한 요청과 그것에 대한 대답은 진공 속에 존재하는 것이 아니다(철학적 논의에서는 흔히 이 점이 무시된다). 설명은 특정의 기존 지식과 이해관심을 가진 사람들이 요구한다. 버스가 왜 늦게 왔는가에 대한 나의 설명 요구와 이란 혁명의 원인에 대한 나의 설명 요구에 대한 답들은 그 복잡성에서 상이할 것이다. 그 까닭은 단지 뒤의 것이 더 복잡하기 때문만이 아니라 앞의 것에 대한 나의 기존 지식이 더 많기 때문이기도 하다. 그러므로 설명에 대하여 추상적으로 논의할 때에 독자들은 그것들이 제안되었음직한 타당한 사회적 맥락을 상상해야 한다. 설명이 추상적인 경우 그것들은 (그것이 자연적 객체에 대한 것이

---

2) '설명의 성질은 탐구되고 있는 사물들의 종류에 의해 좌우되며, 우리가 우리의 탐구에, 흔히 모르는 사이에, 끌어들이는 모범 사례들에 의해 좌우된다. 비트겐슈타인의 글귀로, 설명은 어떤 것을 평이하게 또는 명백하게 만들기 위해, 단지 공통의 목표에 의해 결합된 사례들의 집단이다'[A. R. Louch, *The Explanation of Human Action*(Oxford, 1966), p.233].

건 사회적 객체에 대한 것이건 간에) 언제나 불완전하게 보인다. 그 까닭은 우리의 무지 때문만이 아니라 완전함을 불필요하게 만드는 우리의 기존 지식 때문이기도 하다. 그렇지만 사회과학에만 독특한, 훨씬 심각한 또 다른 종류의 불완전성도 있다. 이것은 뒤에서 간략하게 살펴볼 것이다. 성공적인 설명은 탐구자와 응답자가 사용하는 개념틀이 상호 납득가능한 것임을 전제로 한다. 이것은 아주 자명해 보일 수도 있지만, 설명에 대한 철학자들의 재구성은 너무도 흔히 설명의 가장 문제적인 특징—그것이 사용하는 용어의 의미—을 무시한다.

앞 장들에서는 나는 비교적 단순한 사건들과 객체들에 대한 몇 가지 설명 유형들을 논의했다. 좀 더 복잡한 객체들로 옮겨가기에 앞서 이것들을 간략하게 되살펴 보자. 사건들은 기제들의 존재를 역행추론하고 확인하는 것에 의해 인과적으로 설명된다. 그리고 차례로 기제들의 존재는 그 기제를 보유하고 있는 객체들의 구조와 구성들을 준거로 설명된다. 동일한 사건들이 몇 가지 구별되는 원인들에 의해 공동결정되는 경우, 각 기제들이 그 사건들의 발생에 상대적으로 기여한 정도에 대한 계산에 의해 설명될 수도 있다. 그렇지만 우리는 그 사건이 다른 객체들의 조합으로부터 발생한 그러나 그것들 각각의 힘으로 환원되지 않는 발현적 힘의 결과일 가능성에 대해서도 늘 주의해야 한다. 이럴 경우 인과적 분해의 방법은 효과가 없을 것이다. 종종 설명의 문제가 설명되어야 할 사건에 대한 서술에 집중되기도 한다. 그런 경우 '그것은 정치적 시위가 아니라 종교집회였다'와 같이, 재서술이 설명으로 충분할 수도 있다. 사회에서의 개념들은 그것들 '자체의 수준'에서 설명되어야 한다(또는 어떤 사람은 이것에 대해 그것들의 의미가 이해되어야 한다고 말할 것이다). 그 개념들이 관찰가능한 물리적 행위와 결합되었을 수도 있지만(이것에 대해서는 그 자체로 설명이 필요할 것이다), 그것들을 행위의 부수현상이나 행위에 대한 외부적 서술로 환원시킬 수는 없다. 동시에 무엇이 행위를 산출하는가에 대하여, 그 행위의 원인과 허용조건들—여기에는 다른 행위들과 이유들과 믿음들이 포함될 것이다—을 준거로 설명할 필요가 있을 수도 있다. 어떤 행위의 의미를 이해하는 것으로 왜, 어떻게 그리고 언제, 어디서 그 행위가 일어나는가를 설명하기에 충분한 일은 드물다. 좀 더 일반적으로 사회과학은 흔히 그 자체가 일상적인 담화에서 비교적 잘 이해되고 있는, 그렇지만 그것의 가능성의 조건들(특히 사회구조들)은 거의 인식되지 않고 있는 행위들에 대한 설명에 관심을 갖는다. 어떤 경우, 예컨대 '소작인들은 왜 지대를 내야 하는가'와 같이, 설명되어야 할 것이 전적으로 추상적인 이론을 준거로 설명될 수 있을 만큼 아주 특수할 수도 있다. 그렇지만 우리는 흔히 전쟁이나 이데올로기들 그리고 경제발전 등의 구체적 사례들처럼 복잡한 것들을 설명하려고 한다. 이런 문제들에 대한 답을 제공하기 위해서는 중심적인 연구강령들이 필요할 것이다. 그러한 상황을 제대로 다루기 위해서는 우리는 이론적 연구와 경험적 연구 사이의 관계와 추상적인 것과 구체적인 것 사이의 관계를 다시 다루어야 한다.

〈그림 9-1〉은 〈그림 3-3〉에 기초한 것인데 상이한 종류의 연구들 사이의 관계를 드러내려는 것이다. 그렇지만 실제로 특정의 연구기획은 몇 가지 연구유형들을 결합시킬 것이다. 추상적인 이론적 연구는 사회적 객체들의 구성과 가능한 행위방식을 다루며, 실제의 사건들은 단지 가능한 결과로서 다루어질 뿐이다. 경제학의 가치이론들과 계급을 내적 관계에 입각해서 정의하는 사회계급이론들이 이것의 사례에 포함된다. 구체적 연구는 실제의 사건들과 객체들을 '다양한 규정들의 통일들'로 연구한다. 이 다양한 것들 각각은 추상적 연구를 통하여 분리되고 연구된다. 이와 대조적으로 일반화의 방법은 대체로 (적어도 자의식적으로는) 추상화를 포함하지 않으며, 사건들과 객체들을 구체적인 것으로 취급하기보다는 단순한 것으로 취

급한다. 일반화의 중심 목표는 이 수준에서 규칙성들과 공통의 속성들을 찾아내는 것이다. 우리는 네 번째 형태의 연구 즉 '종합'을 덧붙일 수 있다. 이것은 추상적이고 구체적인 연구의 발견들을 광범한 구성적 구조들과 기제들과 사건들을 포괄하는 일반화와 결합시킴으로써 전체 체계의 주요부분들을 설명하고자 시도하는 연구이다. 이러한 종류의 연구는 특히 역사학과 지리학에서 많이 보인다(물론 이상적으로는 그것이 다학문적이어야 한다고 말하는 것이 아마도 좀 더 적절할 것이지만). 해석적 이해는 이들 연구유형들 모두에서 전제되는 데 그것이 어느 정도나 문제가 되는가 하는 것은 주제에 달려 있다(문화연구와 경제학을 비교).

　구체적 연구이면서 우리의 그림에서는 쉽게 제시될 수 없는 또 다른 접근은 '이념형(ideal types)'의 방법이다. 세계의 복합성을 고려하면, 어떤 연구이거나 선택적이며 결과적으로 연구자들은 자신들의 이해관심과 가치에 따라서 현상을 분리시키는 이념형에 입각하여 객체를 특정화한다고 주장할 수 있다. 예컨대 초기의 공업도시에 대한 연구자는 특정 사례―맨체스터 같은―를 살펴보거나, 이러한 현상의 이념형으로서 가설적인 '석탄시'를 설정할 수 있다. 실재론자들이 이것에 반대할 때 선택성과 가치의 영향이라는 사실을 문제 삼아 그렇게 하는 것은 아니다. 그것은 피할 수 없는 것이다. 오히려 문제는 그 방법론이 세계의 구조에 관심을 기울이지 않는다는 데, 그러므로 어떤 선택이 다른 선택보다 그 구조와의 관계에서, 좀 더 좋은 것인가를 인식할 수 없다는 데 있다.[3] 〈그림 9-1〉에 이념형을 제시할 수 없었던 것은 존재론에 대한 그 방법론의 이러한 자의적인 태도 때문이다. 이념형이 그러한 사안들과 무관하게 정의될 때 그것을 실제의 사례들과 비교함으로써 배울 수 있는 것은 (차이가 있을 것이라는 점을 제외하면) 많

---

3) R. Bhaskar, *The Possibility of Naturalism*(Hassocks, 1979), p.167.

지 않을 것이다. 그러나 또 한편으로, 우연적인 유형들을 그것을 산출하는 구조들과 무관하게 자의적으로 고정시키는 것은 불가피하게 그 차이가 가질 수도 있는 중요성들을, 즉 그것들이 우연적 관계에서의 중요하지 않은 차이인가 아니면 구조적 차이에 대한 잘못된 특정화인가를 혼란시킨다. 놀랄 것도 없이, 그러한 차이들에 중요성을 부여하기를 거부하는 것은 이념형 방법론이 그 사용자들에게 기각으로부터의 고정된 보호막을 제공한다는 비판을 불러일으켰다.[4]

그런데 이러한 상이한 연구유형들의 기능에 대해서는 흔히 사용자들과 비판자들 모두가 오해하고 있다. 특히 연구자들은 흔히 한 유형의 연구가 다른 유형들의 과제를 수행할 수 있을 것으로 기대함으로써 그것들을 과잉 확대한다(이것을 반대방향에서 본다면, 일종의 환원주의라고 할 수 있다).

추상적 연구의 경우 이러한 과잉 확대는 '가짜 구체적 연구'라고 부를 수 있을 것이다. 왜냐하면 그 과잉 확대는 구체적인 것을 구성하는 추상적 요소들의 우연적인 조합 형태들에 대한 경험적 연구의 필요를 무시한 채 추상적 이론에 대하여 직접 사건을 설명하라고 기대하는 오류를 범하기 때문이다. 그것은 구체적인 것을 추상적인 것으로 환원시킨다. 이것은 마르크스주의와 사회학에서 흔히 볼 수 있는 결함이다. 사르트르는 일찍이 이러한 경향에 반대한 사람이다.

의심할 것 없이 발레리(Valéry)는 프티부르주아 지식인이다. 그렇지만 모든 프티부르주아 지식인이 발레리는 아니다. 현대 마르크스주의의 발견적 부적합성은 이 두 구절로 요약된다. 발레리를 프티부르주아로 특징짓고 그의 작품을 관념론적인 것으로 특징지음으로써 마르크스주의자는 그 두 가지 속에서 자신이 거기에 넣어둔 것만을 찾아낸다.[5]

4) A. Giddens, *Profiles in Social Theory*(Cambridge, 1982), p.202.

이와 유사하게, 윌리엄스도 '사회화'—'사회의 성원으로 기능하는 방식을 배우고 성원이 되어가는 것'으로 정의되는 분명히 모든 사회들에서 일어나는—등과 같은 '중립적' 용어들을 크게 상이한 '방식들'과 '기능들'을 서술하는 그리고 그 사회의 '성원'됨의 크게 상이한 특징들을 서술하는 구체적 용어들을 대신하는 것으로 사용하는 사회학의 경향을 비판한다.[6] 이러한 경향은 자본주의적 국가에 대한 근래의 저작들에서 특히 두드러지게 나타났다. 많은 연구자들이, 국가(그것의 구체적 형태에서의)의 성격을 순전히 마르크스주의 이론들의 가장 기본적인 범주들에 대한 재가공으로부터 도출할 수 있는 것처럼 (마치 추상으로부터 구체로의 운동이 역전될 수 없고 연역적인 것처럼) 상정하는 듯 보인다. 여러 해 동안, '국가논쟁'은 대체로 경쟁적인 가짜 구체적 주장들 사이의 논증으로 채워져 왔다. 심지어 이러한 연구가 명백히 추상적인 경우에도 추상화의 유일한 이용가능한 원천은 기존의 (마르크스주의) 이론이며 구체적 객체들과 다른 이론들로부터 출발하여 새로운 추상화를 발전시키는 것은 불가능한 것처럼 상정해왔다.[7] 추상은 우리가 구체적인 것을 연구하는 일부의 수단을 제공하는 데 불가결한 것이지만, 구체적인 객체들을 출발점과 원료로 삼는 추상화 과정에 그 기원을 두고 있는 것이다. 추상적 연구가 구체적 연구를 대신할 수는 없으며 경험적 연구에 대한 의존도 대신할 수 없다.

---

5) J. P. Sartre, *Search for a Method*(New york, 1963), p.56.

6) 나는 또 다른 용어법의 도입을 피하기 위하여 윌리엄스를 풀어서 적었다. 또한 나는 윌리엄스가 추상적 개념들이 실재하는 객체들을 가리킬 수 있다는 점을 인정하지 않고 있다(적어도 그 글을 저술할 때에는)고 생각한다(Williams, *Communications* (Harmondsworth, 1962), p.120).

7) 비판으로는 B. Jessop, *The Capitalist State*(Oxford, 1982); J. Urry, *The Anatomy of Capitalist Societies*(London, 1981); Sayer, "Theory and empirical research in urban and regional political economy: a sympathetic critique," *University of Sussex Urban and Regional Studies Working Papers*, no.14(1979) 참조.

그렇지만 〈그림 9-1〉에서 순전히 추상적인 연구를 위로 향하여 확대시키고자 하는 것은 위험하지만, 발견된 필연적 관계가 다른 곳에도 존재한다면 그것을 수평적으로 확대하는 것은 가능할 것이다. 그 관계가 필연성과 관련되기 때문에, '일반적인' 또는 널리 분포되어 있는 관계들과 속성들을 발견할 수도 있을 것이다(물론 그것들이 정확히 얼마나 널리 분포되어 있는가 하는 것은 오직 경험적 연구를 통해서만 결정될 수 있다). 이러한 '일반성' 개념은 일반화라는 개념 속에 함축되어 있는 것과는 전혀 다른 것이라는 점을 적어 두자. 뒤쪽의 것은 1차적으로 구체적인 객체들과 사건들의 특징들 사이의 유사성과 규칙성의 발견에 관심을 갖지만, 개방체계들 속에서는 지속적으로 그런 것들을 찾아내기가 어렵다. 추상화는 필연적 관계와 조건과 속성들을 탐구하는 것이며, 구체적인 수준에서 성공적인 일반화를 찾아내기는 힘들다. 그러나 특정의 구체적 객체들을 공동결정하는 특정의 우연성들로부터 추상하면서 우리는 일반성을 특징으로 하는 개념을 만들어낼 것이다.[8] 지주-소작인 관계는 좋은 사례이다. 놀랄 것도 없이, 개방체계에 존재하지 않는 일반성의 사례들의 대부분은 우연적인 사건들의 연쇄와 유형들로부터 도출되는 것이 아니라 필연성으로부터 도출된다.

추상적 연구의 기능은 경험적 연구와 일상의 이해에서도 흔히 오해되어 왔는데, 추상적 (즉 일면적) 개념들이 구체적인 것의 특수성들을 대신할 것으로 잘못 기대하는 점에서 그러하다. 당연히 그것들이 그런 기대를 충족시키지 못하는 것으로 드러나면 그것들은 '순진한 반증'에 의해 기각된다. 아마도 이러한 오류의 가장 유명한 사례는 마르크스주의의 계급 개념일텐데, 우리는 그 개념이 주민들을 구체적 수준에서 공유하는 속성들에 따라 구분지을 수 있게 해줄 것으로, 그러므로 소득, 교육, 태도 등이 노동-자본

---

8) 이 점에 대해서는 존 알렌(John Allen)의 도움을 받았다. 다음 부분의 연구설계에 관한 논의도 볼 것.

〈그림 9-1〉 연구의 유형

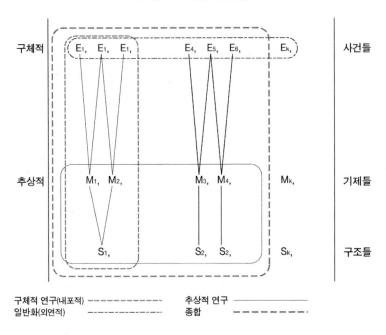

| 구체적 | (E₁, E₁, E₁, | E₄, E₅, E₆, | Eₖ,) | 사건들 |

추상적   M₁, M₂,   M₃, M₄,   Mₖ,   기제들

S₁,   S₂, S₂,   Sₖ,   구조들

구체적 연구(내포적) ----------   추상적 연구 ——————
일반화(외연적) ------------   종합 - - - - - - -

의 구분에 맞춰 깔끔하게 양극화될 것으로 기대한다. 이런 일이 일어나지 않는다는 것을 깨닫게 되면 계급은 존재하지 않는 것으로 입증되었다는 그럴싸한 결론 위에서 이 추상은 기각된다. 이러한 간단한 오해에 의해 수많은 사회과학자들이 그들의 가장 강력한 몇 가지 개념들을 사용하지 못하게 되었다.

통상적으로 구체적 연구와 결합되어 있는 과잉 확대는 어떤 체계의 특정한 (우연적) 국면에 관련된 특수한 발견을, 그것이 사실상 대표적인 것이 아닐 수 있을 때, 그 체계의 나머지 모두에 부당하게 외삽하는 (일반화하는) 것이다. 〈그림 9-1〉에서 수평적 차원에서의 확대도 여기에 포함된다. 분명히 체계가 이질적일수록 확대는 더 위험하게 된다. 이것은 충분히 피할 수 있는 아주 단순한 오류로 보이지만, 관심의 대상이 되는 체계의 모든 부분에 대한 구체적 연구를 실행할 수 없으면 그렇게 할 강력한 유혹을 받게 된다. 예컨대 산업혁명에 대한 역사적 해명에서 우리는 쉽사리 랭커셔(Lancashire)의 면방직 산업에서 나타나는 매우 독특한 조건이 당시를 '대표하는 것'이라는 인상을 받을 수 있다. 그러나 그것이 일어날 일의 양상을 '대표했다.(위와는 다른 의미에서)는 주장은 할 수 있다 하더라도 분명히 그것이 당시를 대표하지는 않았다.

일반화에 대해서도 비슷한 이야기를 할 수 있다. 특정의 개방체계에서 발견되는 유형들이 다른 체계들에도 정확하게 적용될 수 있으리라고 (적용해 보고 싶은 유혹을 느낄 수는 있더라도) 기대할 수는 없다. 그리고 또 다른 이유에서 서술을 넘어 설명에까지 그것의 역할을 확대할 수도 없다.

해석적 분석에서도 과잉 확대나 환원주의의 또 다른 가능한 사례를 찾아낼 수 있다. 우리는 이미, 사회의 물질적 과정에 대한 사회과학의 관심을 무시하거나 제거해 버리는 일부 해석주의자들의 터무니없는 제국주의적 경향을 지적했다. 그렇지만 사회에서의 개념들에 대한 이해 자체에 관하여 이야기하더라도, 사회에서의 개념들에 관하여 이해해야 할 것은 그것들이 무엇을 의미하는가 하는 것이 전부인 것처럼 (그것이 얼마나 널리 공유되고 사용되는가 하는 문제는 중요하지 않은 것처럼) 상정하는 사람들이 적지 않은 것으로 보인다. 이러한 징후는 연구자들이 사소한 사례들을 일반화하면서 그것이 얼마나 대표성을 갖는가의 문제는 놀랍게 경시하는 문화분석이나 정치분석에서 특히 두드러진다.[9] 의식의 맥락의존성을 고려하면, 제한된 개인적 경험이나 개별 사례 연구들로부터 노동자계급 문화 등과 같은 것에

---

9) 이러한 문제는, 특정한 상투적 유형에 대한 '보통사람들'의 편애와 짝을 이루어, 대중적 의식에 대한 급진적 해석들에서 특히 흔히 보인다. 좌파들이 현재의 대중의 보수주의를 이해하지 못하는 것도 이것과 큰 관련을 가진 것이다. '대표성'은 중요한 것이다. 그것을 '경험주의적 저항'이라고 몰아낼 수는 없다(주 23 참조).

관한 정확한 일반적 진술을 이끌어 낼 수 있을 것인가 하는 점은 의문이다. 언어와 문화의 본질적으로 공유적이고 상호 주관적인 성질 그리고 현대의 의사소통체계의 포괄성이 특정집단들의 의식에 공통적인 성분을 부여한다고 가정할 수도 있기는 하지만, 그렇게 되면 이러한 통찰을 사람들의 의식이 모양지어지는 구체적 맥락의 특수성과 어떻게 조화시킬 것인가 하는 문제가 제기된다. 이런 문제가 문화연구들에서는 잘 알려져 있지만 내가 아는 한 그것의 방법론에서는 이러한 자각이 충분히 인정되지 못하고 있다 (특히 연구되는 사회집단의 범위가 적어도 최근까지는 매우 제한적이었기 때문에).

연구설계: 내포적인 것과 외연적인 것

이론적으로 안내된 구체적 연구를 수행하는 문제는 대안적인 연구설계들을 살펴봄으로써 좀 더 잘 해명할 수 있을 것이다. 불행하게도 이 주제에 대해서는 철학적으로 안내된 방식의 논의는 거의 없으며, 흔히 매우 특수한 종류의 연구설계(통계적 분석)와 같은 것으로 취급해왔다.[10) 구체적인 연구를 설계하면서 우리는 우리가 관심을 가진 객체들의 성질을 염두에 두어야 한다. 이질성, 복합성 그리고 질적 변동과 '다가성(多價性)' 때문에 우리가 관심을 갖는 모든 측면들에서 일치하는 구체적인 개체들은 거의 없다 (여기서 '개체들'은 사람에 국한되지 않는다).

이러한 특징은 사회과학에서 객체들을 정의할 수 있는 방식에 영향을 미친다. 한 개체에 대한 정의에 더 많은 속성이 사용될수록 이러한 속성들을 모두 갖는 개체들의 수는 적어진다.[11) 예컨대, '보수당에 투표하는 40대 이

---

10) 여러 대학들에 개설되어 있는 '연구방법' 강좌들을 참조. 연구설계에 대한 좀 더 균형 있고 사려깊은 견해로는 하킴(Hakim)의 *Research Design*(London, 1987) 참조.

상의 남성 자영업자' 층의 성원 수는 '40대 이상의 사람들' 층의 성원보다 훨씬 적다. 다수의 개인들을 조사하여 비교하고 일반화하고자 한다면 반드시 그들을 정의하는 데 사용되는 속성들의 수를 제한해야 한다. 그렇지만 그들의 이질성과 다가성 때문에 그러한 연구들은 흔히 비본질적인 측면들뿐만 아니라 개인들의 행위에 중요한 차이를 낳는 속성들까지도 제외시키게 된다. 달리 말하면 이러한 표본들은 층으로 구분되더라도 분포적 신뢰도를 갖지 못하는 경향이 있다. 사실상, 다양한 일단의 개인들을 상당히 많은 수의 특징들을 준거로 범주 지을 때조차도 각각의 특성들이 각 개인들에게 인과적으로 어느 정도나 중요한가 하는 것은 흔히 불분명하다. 이것에 대한 대안은 소수의 개인들의 다수의 속성들을 조사하는 것이다. 이 경우 다수의 개인들이나 체계의 다른 부분들은 간단히 무시된다.

빈곤에 대한 다음의 두 가지 가능한 연구기획들을 살펴보자. 한 연구기획에서는 저소득 가구들의 대표적 사례에 관한 대규모 조사를 수행한다. 고용형태, 소득, (있다면) 피부양자의 수, 가구의 구조, 주택 보유형태, 방의 사용자수, 인종적 근원, 학력, 기술자격증 등에 관한 자료가 수집된다. 공통되는 군집들, 하위집단들 등을 판별해 내기 위하여 1차 자료와 2차 자료가 남김없이 분석된다. 막대한 양의 서술적 결과가 산출되지만, 생태학적 오류의 문제(155-156쪽 참조) 집합적인 정보의 유실 등 때문에, 설명은 불확실하다. 또 다른 연구기획에서는 아주 소수의 (아마도 10가구 이하의) 가구들만을 골라서 각 가구를 그 역사와 맥락에 입각해서 주거, 교육, 고용, 국가의 복지, 교통 등을 철저하게 조사한다.[12] 정보의 대부분은 특정의 특징들에 관한 통계가 아니라 질적인 것이며 과정들과 활동들 관계들 그리고 사건들에 대한 삽화들과 관련된 것이다. 신원확인이 가능한 행위자들이 형

---

11) R. Harré, *Social Being*(Oxford, 1979), p.132.
12) S. Wallman, *Eight London Households*(London, 1982).

성한 실제의 관계들을 살펴봄으로써 행위들 사이의 그리고 특징들 사이의 상호의존이 (예를 들면 임금노동과 가사노동 종사가 시·공간적으로 어떻게 통합되는가 등과 같은) 드러난다. 이것의 결과는 '사회경제적 집단' 등과 같은 통계적 지표로 냉혹하게 나타내는 것이 아니라 개인과 그들의 행위들을 구체적으로 서술하기 때문에 훨씬 생생하다. 그렇지만 이 결과가 만족스런 설명을 제공하는 것처럼 보일 때조차도 그것이 대표적인 것이라는 보장은 결코 있을 수 없다.

하레가 '내포적' 연구설계라고 부른 것과 '외연적' 연구설계라고 부른 것 사이에서의 선택도 이런 진퇴양난에 처하게 된다.[13] 피상적으로는 이 구분은 규모의 문제이거나 '깊이 대 넓이'의 문제에 지나지 않는 것처럼 보인다. 그렇지만 두 가지 유형의 연구설계는 상이한 종류의 질문을 제기하고, 상이한 기법과 방법을 사용하며 그 객체와 경계들을 상이하게 정의하고 있다(〈표 9-1〉 참조). 내포적 연구에서는 일부의 인과과정이 특정의 사례나 제한된 수의 사례들에서 어떻게 작동하는가 하는 것이 1차적인 질문이다. 외연적 연구는 좀 더 일반적인 것인데, 전체 모집단의 어떤 공통의 속성들과 일반적 유형을 발견하는 데 관심을 갖는다. 이 두 가지 형태의 질문들은, 특히 연구자들이 'y의 변화는 x에 의해 어느 정도나 설명될 수 있는가?' 등과 같은 모호한 질문을 제기하고 사건들에서의 유형과 규칙을 인과 관계에 대한 안내물로 의지하는 곳에서, 대체로 혼합되고 혼동된다. 외연적 연구의 전형적인 방법은 서술적이고 추론적인 통계와 수량적 분석 (예를 들어 교차표 작성) 그리고 어떤

---

13) 내포적 연구를 전형적인 개인들에 대한 연구에 한정하지 않는 점에서 나의 설명은 하레의 것과 차이가 있다(Harré, *Social Being*). 하레는 전형적이지 않은 개인들에 대한 연구를 '개체기술적인 것(idiographic)'으로 부른다. 이 용어가 처음 나타난 이래(W. Windelband, "History and natural science," *History and Theory* 19, 1980, pp.165-185) 이 용어는 여러 가지 부정적인 연상들(특히, 반이론적, 반과학적, 단지 직관적이고 서술적인 등과 같은)을 불러일으켜 왔는데, 여기서는 그것을 되살리고 싶지 않다.

〈표 9-1〉 내포적 연구와 외연적 연구: 요약

	내포적	외연적
연구 문제	특정의 사례나 소수의 사례들에서 과정이 어떻게 작동하는가? 무엇이 특정의 변동을 낳는가? 행위주체들은 실제로 무엇을 했는가?	어떤 모집단의 규칙성, 공동의 유형, 구별되는 특징은 무엇인가? 특정의 특징들이나 과정들은 얼마나 널리 분포되거나 재현되는가?
관계	인과적 집단	유사성이라는 형식적 관계
연구되는 집단의 유형	인과적 집단	분류학적 집단
생산된 해명의 유형	특정의 객체들이나 사건들—반드시 대표적인 것은 아니더라도—의 산출에 대한 인과적 설명	설명적 통찰은 결여된 서술적 '대표적' 일반화
전형적인 방법	그들의 인과적 맥락 속에서의 개념 행위주체들에 대한 연구, 상호작용적 면접, 민족지, 질적 분석	모집단이나 대표적 표본에 대한 대규모 조사, 표준화된 면접, 통계적 분석
한계	실제의 구체적인 유형들과 우연적 관계들이 '대표적', '평균적'이거나 일반화될 수 있는 것은 아닐 것이다. 발견된 필연적 관계는 그것의 관계항들이 존재하는 곳이라면 어디에나 존재할 것이다. 예컨대 객체의 인과적 힘은 그것이 그 객체의 필연적인 특징이기 때문에 다른 맥락들에서도 일반화될 수 있다.	전체 모집단에 대해 대표적인 것이더라도, 그것을 다른 시간과 장소의 다른 모집단에 일반화시킬 수는 없을 것이다. 개체들에 관한 추론에는 생태적 오류의 문제가 있다. 설명적 힘이 제한된다.
적절한 시험	보강증거 찾기	되풀이

모집단이나 그것의 '대표적 표본'에 대한 형식화된 대규모의 설문지 조사이다. 내포적 연구는 주로 구조적 분석 및 인과적 분석, 참여관찰 그리고 또는 비형식적이고 상호작용적인 면접 등과 같은 질적 방법을 사용한다.

이 두 유형의 연구설계는 또한 집단에 대해서도 상이한 개념을 가지고 있다. 외연적 연구는 분류학적(taxonomic) 집단들, 즉 그 성원들이 유사한 (형식적) 성질들을 공유하고 있지만 반드시 서로 실제로 연관되거나 상호작용하지는 않는 집단들에 초점을 맞춘다.[14] 개별 성원들은 그들이 모집단

---

14) R. Harré, "Philosophical aspects of the micro-macro problem," in K. Knorr-Cetina &

전체를 대표하는 한에서만 관심의 대상이 된다. 내포적 연구는 주로 (전적으로는 아니더라도) 그 성원들이 비슷하거나 상이한 그렇지만 그들이 서로 구조적으로나 인과적으로 서로 관계된 집단들에 초점을 맞춘다. 신원 확인이 가능한 특수한 개인들은 그들의 속성 그리고 그들의 다른 사람들과의 연관양식에 입각해서 관심의 대상이 된다. 분류학적 집단들 사이의 집합적인 형식적 관계들에 대한 모호한 증거에 의지하는 대신 실제의 연관을 검토함으로써 인과성을 분석한다.

외연적·내포적의 구별이 조사분석과 민속지라는 좀 더 친숙한 구분과 동일한 것은 아니라는 점을 적어두자. 내포적 연구가 인과적 집단들의 성질을 확인하기 위하여 늘 민속지적 방법을 사용하는 것은 아니며, 조사가 꼭 의미의 사회적 구성에 대한 이해를 회피하는 것도 아니다.

외연적 연구에서는 대표성을 확보하기 위하여 표본을 뽑아내는 기준을 사전에 결정하고 지속적으로 지켜야 한다. 내포적 연구에서는 개체들이 반드시 전형적이어야 하는 것은 아니다. 그것들은 연구가 진행되면서 그리고 인과적 집단의 구성요소들에 대한 이해가 확립되면서 차례로 선정될 수도 있다. 달리 말하면 내포적 연구는 강력한 의미에서의 설명적인 것이 될 수 있다(반드시 필수적으로 그런 것은 아니지만). 사전에 전체적인 연구설계를 구체화하는 대신 그리고 우리가 누구를 그리고 무엇을 연구할 것인가를 구체화하는 대신, 어느 정도는 연구를 진행해 가면서 이것을 확립할 수 있다. 어떤 객체에 관하여 알게 되면서 우리는 그 객체가 연결되어 있는 다른 객체들로 나아갈 수 있고 그러므로 그것들이 구성하고 있는 구조와 인과적 집단들에 대한 그림을 그리게 된다. 이것은 머리가 텅 빈 상태에서 무엇을 잡아올리려는 '낚시 원정'을 정당화하려는 이야기가 아니다. 이것은 단지

A. V. Cicourel(eds.), *Advances in Social Theory and Methodology*(Boston, 1981).

연구자들이 연구를 시작하기에 앞서 무엇을 발견해 낼 것인가를 특정화해야 한다고 하는 매우 독특한 생각에 대한 반대이며, 행함에 의한 배움을 금지하지 않는 연구절차를 발전시켜야 할 필요에 대한 인정이다.

외연적 연구에서 대규모의 형식적이고 표준화된 질문지와 면접조사를 사용하는 배후에는 통제된 (준실험적인) 조건 아래서 각 응답자에게 동일한 질문을 던짐으로써 비교가 가능하고 '관찰자가 유도하는 편견'이 최소화될 수 있다는 논리가 자리하고 있다. 다시 말하지만, 흔히 그런 조사와 함께 사용하는 통계적 방법이 그러하듯, 이런 기법들은 매우 이질적인 표본들─사회과학의 특징이다─에 적용될 때 '대표성'과 '충분히 큰 표본'이라는 이름으로 설명적 통찰을 희생시키게 된다. 응답자들의 유형들의 차이를 무시하는 그리고 그것들과 인과적으로 관련되어 있는 맥락들의 차이를 무시하는 극단적인 표준화는 사실상 비교를 의미없는 것으로 만든다. 그러한 연구라면 동일한 질문이라도 상이한 응답자들에게 매우 상이한 중요성을 가질 수 있다는 사실을 명심하지 못하기 때문이다. 중요성의 이러한 (통계적인 것이 아니라 인과적인) 수준을 평가하려는 목표를 갖는 질문들이 포함되더라도 방법의 엄격성 때문에 연구자들은 그러한 변이를 허용하고 철저히 논의하기가 힘들다. 달리 말하면, 그 기법은 개인들을 분류학적으로 비교하는 것은 허용하지만 인과성을 연구하는 데에는 취약하다.

이와 대조적으로, 덜 형식화되고 덜 표준화된 그리고 좀 더 상호작용적인 종류의 면접을 사용함으로써 연구자들은 응답자들에게 상황이 어떤 차이 있는 중요성을 갖는가를 그들로부터 배울 수 있게 된다. 응답자들은 인위적인 일방적 의사소통 양식─응답자들이 단지 연구자들이 그들에게 제공한 개념적 격자에 입각해서만 응답할 수 있는─속으로 밀려들어 가지 않는다. 또한 이러한 방법을 사용함으로써 연구자들은, 획일성이나 '통제된 조건'을 확보하기 위하여 그리고 '관찰자가 유도하는 편견'으로 취급될 수 있는 것을 피하기 위하여 무지(백지상태, tabula rasa)를 가장하는 대신, 응답자들의 특수한 특징에 관하여 사전에 얻은 지식에 유의하고 의지할 수 있다. 매우 형식화된 전통적인 면접이나 질문지가 관찰자가 유도하는 편견을 최소화한다는 믿음은 사실상 정확한 것이 아니다. 그러한 방법을 거부하는 것은 연구자들이 그들의 연구대상들에 영향을 미치는 것을 허용하려는 것이 아니라, 의사소통적이고 사회적인 기술들을 사용함으로써 그리고 면접 과정에서 응답자들에게 친숙한 것에 맞춰 미리 파악된 질문들과 생각들을 채용함으로써 그리고 답변을 '이끌어 낼' 뿐 아니라 토론하고자 준비함으로써 정보의 흐름을 극대화시키는 의미 있는 의사소통을 형성하기 위한 형태의 필수조건이다.[15] 연구자의 질문과 강조에 대해 연구대상들이 논쟁을 제기할 경우에는, 온갖 방법으로 질문지를 철저히 고집함으로써 그것을 억압하지 않아야 한다. 오히려 우리는 그러한 상황으로부터 그들이 피면접자에 관해 그리고 우리의 사전 지식에 관해 무엇을 이야기하고자 하는가를 배우려고 해야 한다.[16] 그러한 이단의 방법이 좀 더 높은 응답률을 낳을 것이라는 점은 말할 것도 없으며, 연구자와 응답자 양쪽 모두에 좀 더 흥미롭고 덜 소외적인 것이다.

내포적 연구와 외연적 연구에 적합한 검증 형태도 상이하다. 내포적 연구의 경우 우리는 특정의 발견들이 좀 더 넓은 모집단에서 얼마나 일반적인가를 알아보는 시험과 (반복), 결과가 실제로 연구되는 그러한 개인들에게 적용되는가를 알아보는 시험을 (입증) 구별해야 한다. 예컨대 어떤 제도에 대한 내포적 연구가 면접에 기초하고 있다면 우리는 공통되는 관행에 관한 정보를 입증하기 위하여 동일한 제도에 속한 다른 사람들을 면접하고

---

15) 이것에 대한 더 자세한 논의는 Harré, *Social Being*; M. Brenner, P. Marsh and M. Brenner(eds.), *The Social Context of Method*(London, 1978); A. Oakley, "Interviewing woman," in H. Roberts, *Doing Feninist Research*(London, 1981); Pawson, *A Measure for Measure* 참조.

16) 윌리스(Willis)의 *Profane Culture*(London, 1978)의 '이론적 보론'을 참조.

자 할 것이다. 외연적인 연구로 전환하게 되면 다른 제도들에서도 반복되는가를 시험할 필요가 생길 것이다.

　내포적 연구 설계와 외연적 연구 설계들의 장점과 문제점들을 평가하기 위해서는 우리는 그것들의 역할의 차이(경쟁적이기보다는 보완적인)를 염두에 두어야 한다. 외연적 연구들은 설명이라는 목적에는 상당히 취약한데, 이것은 그 연구들이 세부적인 것들에 예민하지 못한 '대강적인' 방법을 사용하기 때문이기보다는, 그 연구들에 의해 발견되는 관계들이 유사성과 차이성 그리고 상관관계 등과 관련된 형식적인 것(인과적이고 구조적이며 실체적인 것이 아니라 즉 연관의 관계가 아니라)이기 때문에 그렇다. 특정의 집합적 유형을 분리가능한 구성요소들의 결과라고 추정할 수 있다는 것을 외연적 연구가 입증—제6장에서 언급된 해명적 접근의 방식으로—하는 경우에만 그 연구는 설명을 낳을 수 있다(그 요소들 속에 포함된 인과 기제를 명확하게 판별해 내지 않더라도). 외연적 연구들은 이질적인 구체적 개인들을 이해하기 위한 보편적 범주들을 추구하면서, 그리고 추상화와 인과적 분석보다 일반화를 선호하면서 '혼란스런 개념화'와 분포적 비신뢰도라는 한 쌍의 문제에 빠지기 쉽다. 객체들 사이의 실제의 연관과 상호작용이 총합계로 기록되기 때문에 인과성을 규정하기 힘든 것이다(특정의 개인들이 맺고 있는 관계를 그 총합계 속에서 판별해 낼 수는 없다).

　또한 외연적 방법들은 개인들이나 과정들이 상호작용하고 결합하는 실제의 형식들(forms)로부터—이러한 형식들이 결과에 차이를 가져오더라도—추상한다. 그러므로 형식(상대적 공간에 입각하여 고려된 공간적 형식을 포함하는)으로부터 추상하는 구체적 현상에 대한 설명은 상당히 불완전한 것으로 간주되어야 한다. 그렇지만 대부분의 사회과학자들은 이런 문제를 알아 채지조차 못하고 있다. 형식의 변이가 인과 기제가 경험적 규칙성들을 만들어 내지 못하는 데 주요한 요인이라는 사실에도 불구하고 그러하다.

확실히, 종종 우리는 실질적인 어려움 때문에 형식을 고려하지 못한다. 사건과 국면의 산출을 아주 구체적으로 고찰하기 위해서는 매우 선택적인 내포적 연구를 설계해야 할 것이다. 때로는 정보를 공간적으로 분해함으로써 문제를 줄이는 것이 가능할 것이다. 예컨대, 우리가 제4장에서 본 것처럼, 직업시장에 대한 연구의 경우, 빈 일자리가 직업을 구하는 사람들이 합리적으로 닿을 수 있는 범위 안에 있다고 간주할 수 있는 구별되는 노동시장으로 분해하는 것이 도움이 된다. 그렇지만 그런 경우에조차도, 관심거리인 체계의 구성요소들과 관련된 공간적 형식의 재현은, 정의된 영역에 그리고 각 영역 내에서의 관계의 공간적 형식에 포함되지 않는 그러한 수요·공급관계에 관하여 단지 유사한 것일 뿐이다.[17] 사건 수준에서 결과를 정확하게 계산해 내고 예측할 수 있기를 원한다면 우리는 형식의 이러한 부가적인 영향을 고려하기 위하여 공간적 단위들을 좀 더 작게 만듦으로써 환원주의적 퇴행에 빠질 수도 있다.

그렇지만 사건을 비예측적으로 설명할 목적이라면, 우리는 즐겁게 그러한 유사함만으로 변통해 나갈 수도 있을 것이다. 확실히 (직업시장의 구조와 기제에 대한) 추상적 설명이 원하는 것의 전부라면 형식으로부터 추상하는 것이 종종 가능하다. 중요한 것은 형식의 문제가 적어도 인식은 되어서 폐쇄체계 자연과학—여기서는 형식에 의해 생기는 차이가 통제되거나 통제가능하다—에 대한 부적절한 유추에 기초하여 사회과학에서의 구체적 설명에 대한 비합리적인 기대를 낳지는 않아야 한다는 것이다. 그리고 우리가 사건에 대한 매우 구체적인 설명을 필요로 한다면 내포적 연구 설계를 사용할 필요에 대해 인식해야 한다.

내포적 연구들에서 아주 자세한 수준이 압도적일 필요는 없다. 그렇게 되

---

17) Sack, *Conceptions of Space in Social Thought*, ch.3 참조.

면 관심의 대상인 집단과 상호작용하지 않는 개인들은 그들이 포함되어야 할 (분류학적 기준에서) 곳에서조차 배제될 수 있기 때문이다. 인과적 집단들이 선택된다는 그것 때문에, 흔히 '상황의 논리'는 비교적 쉽게 발견된다. 예컨대, 내가 다른 한 공동연구자와 함께 수행한 어떤 산업분야에서의 고용변화에 대한 연구에서 우리는 그 산업에 관한 획득가능한 통계적 정보에 대한 정밀 검토를 주로 포함하는 외연적 방법을 사용하여 배경적인 서술적 정보를 구성하기 시작했다. 이 수준에서는 일정한 유형을 구별해 낼 수는 있었지만, 그것들에 대한 설명은 대체로 애매했다. 판별가능한 기업들을 각각의 경쟁적 맥락에서 살펴보는 내포적 방법으로 옮겨가자, 자료에 대한 단순한 설명은 생산기술 및 공정기술에서의 혁신, 규모의 경제의 달성 등에 입각하여 명백해졌다. 마치 '불을 밝히는 것' 같았다.[18]

그렇지만 언제나 인과적 집단들이 소규모이며 쉽게 분리되는 것은 아니다. 또한 연구하는 동안에 그것이 근본적으로 변화하는 일도 적지 않다. 참으로 이것도 주요한 관심사가 될 수 있다. 컴퓨터 산업의 발전과 관련된 연구에서 우리는 그것의 내적인 다양성에도 불구하고 본체, 반도체, 소프트웨어 등의 상호의존이 전체 산업을 급속하게 변동하고 있는 단일의 인과적 집단으로 취급할 수 있게 해준다는 것을 확인했다. (그것이 각 부분들 모두에 인과적으로 관련된 공통의 환경이나 맥락을 제공하기 때문에).[19]

어떤 객체를 맥락 속에서 연구해야 한다는 것은 언급할 필요조차 없을 만큼 상식적인 것으로 보일 수도 있고, 또한 방법론적 규정이라면 좀 더 기술적(technical)이어야 한다고 생각하는 사람들에게 감명을 주기에는 너무

---

18) A. Sayer & K. Morgan, "A modern industry in a declining region: links between method, theory and policy," in D. Massey and R. A. Meegan(eds.), *The Politics of Method*(London, 1984).

19) Morgan & Sayer, *Microcircuits of Capital*.

모호할 수 있다. 그러한 경멸적인 태도는 흔히, 맥락(즉 인과적 집단들)이란 단지 연구의 '배경'의 일부분으로, 아마도 보고서의 도입부분에 일반적인 관점에서 언급하는 그리고 실제 연구가 진행되는 동안에는 확고히 배경으로 간직해 두는 어떤 것이라는 가정과 모순된다. 이러한 관행은 분류학적 집단들에 대한 변량분석의 전통과 짝을 이루어 구조들, 인과적 집단들과 맥락들에 대한 맹목 또는 '혼동'을 조장하며, 사회를 원자적이고 무구조적 이며 몰역사적인 것으로 만든다. 맥락이나 인과적 집단들이 단지 배경으로 그치는 일은 거의 없다. 맥락이 어떻게 구조지어지는가 그리고 연구되고 있는 핵심적인 행위주체는 그 맥락 속에 어떻게 끼워지는가 (그것과 상호작 용하며 그것을 구성하는가) 하는 것에 대한 탐구는 설명에서 핵심적이다.

그렇다면 내포적 연구의 결점은 무엇인가? 생태학적 오류의 역(逆)을 피 하기 위하여 우리는 그 결과가 전체 모집단의 '대표'가 아니라는 것을 깨달 아야 한다. 참으로 사회현상들의 특징을 고려할 때, 여러 구체적 개인들에 대해 '대표적'이라고 말할 수 있다면 놀라운 일이다.

확실히 구체적 (내포적) 연구의 과잉 확대로부터 생겨나는 '대표성'의 문 제가 종종 있지만, 넓은 의미에서의 개인들에 대한 연구는 그것이 어떤 좀 더 큰 실체의 대표가 아닌 경우에는 관심의 대상이 아니라는 터무니없는 독단은 피해야 한다. 종종 외연적 방법의 옹호자들은 내포적 연구는 그 결 과가 대표적이지 않기 (즉 다른 곳에서 반복되지 않기) 때문에, '객관적' 결과 를 산출하지 못한다고 주장한다. 그렇지만 전체 모집단이 '대표된다'고 허 세를 부리지 않는다면, 특정의 주제에 관하여 내포적 연구가 외연적 연구 보다 덜 '객관적'(즉 덜 확증적)이어야 할 이유는 없다. 그리고 구체적인 사 건의 수준에서는 결과가 독특할 수 있지만, 내포적 방법이 구조들—개인들 이 그 속에 얽혀 있는—과 그것들의 기제들을 판별해 내는 한, 이것들에 대한 추상적 지식은 좀 더 일반적으로 적용가능한 것일 수 있다(물론 그것이 얼마나 일반적인가를 확인하기 위해서는 그 이상의 연구가 필요하지만). 어떤 경우, 예외적이고 비대표적인 국면이 일반적인 과정과 구조에 관하여 통상적인 것보다 더 많은 것을 드러낼 수도 있다. 실험적으로 형성된 공동체들이나 사회적 및 제도적 위기들, 심리학적 비정상들, 분리시켜 키운 쌍둥이 등과 같은 드문 국면들은 통상적으로는 숨겨져 있는 구조와 기제들을 드러낼 수 있다. 달리 말하면, 구체적 국면들의 우연적 특성 바로 그것 때문에, 때로는 특정의 우연성들이 사실상 자동적으로 '제어되는' 상황을 발견할 수도 있다. 이것으로부터 우리는 단지 사유 속의 실험에서만 우연성들이 '제어되는' 추상적인 이론적 설명들과 비교할 수 있게 된다.

사회구조는 개인들 사이의 것으로부터 국제적인 것에 이르기까지 다양한 규모에서 존재하기 때문에, 그것의 재생산과 변형과 영향에 대한 내포적 연구들이 단지 국지적인 것에만 관심을 가질 필요는 없다. 역으로 외연적 방법도 대규모의 것들뿐 아니라 소규모의 것에 사용될 수 있다. 외연적 방법은 서술적 일반화의 제공을 지향하기 때문에 흔히 그 방법은 '대표적'인 결과를 만들어낸다고 이야기한다. 그렇지만 무엇을 '대표하는가?' 특정의 개방체계에 대한 서술로서 그것들이 다른 체계를 대표할 것 같지는 않다. 일반화는 독특한 체계를 대표한다는 훨씬 더 온건한 주장의 경우에도 그것이 무엇을 대표하는가 하는 것이 늘 분명한 것은 아니다. 이것의 가장 명백한 사례는 통계적 평균이 실제의 개인들 어느 누구와도 일치하지 않는 경우에서 볼 수 있다. 이러한 난점은 인과적 등급화보다는 분류학적 등급화에 의존하고 구조나 기제보다는 사건에 초점 맞추는 것으로부터 생겨난다.[20] 그렇지만 모집단이 아주 다양하지 않다면, 개인들이 비슷한 인과적 힘과 성향들을 공유하고 있는 분류학적 등급화도 가능할 것이며, 따라서

---

20) Sayer, "Beyond the locality debate: deconstructing geography's dualisms," *Environment and Planning A* 23(1991), pp. 283-308 참조.

외연적 연구설계와 내포적 연구설계가 좀 더 보완적일 수 있다.[21] 내포적 방법이 낮게 평가되는 경향이 있지만 구체적인 연구에서는 두 방법이 모두 필요하다. '비과학적'으로 보일 것이 두려워 내포적 연구로부터 설명을 위해 더 많은 것을 얻는다는 것을 인정하기 싫어하는 연구자들도 있지만, 나는 그 두려움이 근거 없는 것이라는 점이 입증되었기를 기대한다.

역사적 운동이나 지역의 발전처럼 복합적인 객체들을 이해할 때의 어려움은 부분적으로 그것들이 명확한 인과적 집단을 형성하지 않는다는 사실로부터 생겨난다. 사실상 그것들은 여러 구조와 인과적 집단들에 '혼란스런' 방식으로 걸쳐 있다. 어떤 객체를 덜 혼란스럽게 환원시키는 것이 늘 가능하거나 바람직한 것은 아니다. 왜냐하면 혼란스러움에도 불구하고 전체로서의 객체에 관심을 가질 수 있고, 또한 아마도 혼란스럽거나 아니거나 간에 사람들이 반응하는 것도 바로 그 객체일 것이기 때문이다. 예컨대, 지역들이라는 것이 '혼란스런' 집단임에 불구하고 정부는 '지역 발전'에 반응한다.

물론, 그러한 객체들을 이해하기 위해서는 여전히 합리적 추상이 필요하다. 그리고 이 과정에서 원래 정의된 객체의 경계 너머에 자리하고 있는 사물들을 언급할 필요가 있을 것이며 그러므로 이미 복합적인 연구 영역을 확장할 필요가 있을 것이다. 그러므로 예컨대 우리는 19세기 런던의 동부 빈민가의 빈곤의 조건과 같은 주제는, 영국 제국주의 등과 같이 그 지역 밖에 자리하고 있는 그렇지만 그것과 인과적으로 연관되어 있는 현상들에 대한 반복되는 언급을 필요로 할 것이다.[22] 그러한 광범한 연구에서는 사례

---

21) 특히 폐쇄체계를 발견할 수 있거나 구성할 수 있는 자연과학에서는 개체들을 동시에 분류학적으로 그리고 인과적으로 분류할 수 있을 것―모든 개체들에 대해 인과적으로 관련된 속성들을 준거로―이다. 그러한 상황에서는 통계적 분석이 인과적 설명을 보조하는 데 가장 효과적일 것이다. 사회과학에서 분류학적 집단들과 인과적 집단들을 결합시키는 연구설계에 대해서는 J. Allen & L. McDowell, *Landlords and Property*(Cambridge, 1989) 참조.

연구들로부터 과잉 확대된 추론을 이끌어내고자 하는 유혹이 강하게 생기며,[23] 불가피하게, 외연적 조사의 몇몇 결과들과 몇 안되는 내포적 '사례연구들' 그리고 비교적 단순한 구성요소들이나 사건들에 관한 다수의 진술들 ─이것들은 모두 추상적인 이론적 지식에 의해 안내된 것이다─에 의해 뒷받침되는 서사를 만들어 내는 것이 최선이다.

우리는 이런 작업들에 대하여, 이런 종류의 주제에 대한 연구에 우리가 다른 무엇을 합리적으로 기대할 수 있는가를 생각해 보지 않은 채, 그것의 불완전성과 표면적인 비공식성을 이유로 쉽게 비판할 수 있다. 예컨대, 블라우그는 이러한 접근을 '이야기하기(storytelling)'라고 비웃는데, 이것으로 그는

> 역사연구자들이 총괄(colligation)이라고 부르는 방법, 즉 사실들, 낮은 수준의 일반화들, 높은 수준의 이론들, 일관된 서사 속의 가치판단 등을 결합시키는 (저자들이 그의 모든 독자들과 공유하고 있는 암묵적인 일련의 믿음과 태도라는 접착제에 의해 결합되는) 방법을 의미한다. 유능한 사람에게서는 그것이 매우 설득적일 수 있지만 뒤에 그것이 왜 설득적인가를 설명하기는 힘들다. 왜냐하면 이야기하기는 엄격함을 결여하고 일정한 논리적 구조를 결여하고 있어서 확증하기는 너무 쉬운 반면 반증하기는 사실상 불가능하기 때문이다.[24]

이 인용문 속의 몇 구절은 그가 이론과 경험적 연구 사이의 관계에 대하

22) G. Stedman Jones, *Outcast London*(Oxford, 1971).
23) 나는 일부의 현대 역사가들이 이 문제를 과소평가하고 있지 않은가 하는 생각을 가지고 있다. '객관성'이 이론중립적인 방식으로 추구될 수 있다고 (아마도 '경험주의자'처럼) 전제하는 비판을 거부하는 것은 대표성(또는 반복이라는 의미에서의 시험)의 문제를 무시하는 것과는 전혀 다른 일이다. 이 문제는 경험주의 및 이론중립성이라는 쟁점과는 무관한 것이다.
24) M. Blaug, *The Methodology of Economics*(Cambridge, 1980), p.127.

여 포괄적으로 오해하고 있다는 것을 알려준다. 개방체계에서의 사건이나 변형(전쟁 등과 같은)의 특성을 감안할 때, 우리는 엄격한 '논리적인' 연역적 설명이 어떠해야 할 것인가를 고심하게 된다. 블라우그는 다른 접근방법-연역적 방법이거나 또는 그 무엇이거나-을 사용하는 사람들은 그러한 가치판단을 하지 않고 있으며, '암묵적인 일련의 (공유된) 믿음과 태도라는 접착제'에 의지하지 않는다고 제시하는 것인가? 아니면 설명이 해석적 순환이나 맥락 없이도 일어날 수 있다고 상정하는 것인가? 구조분석 그리고 해석적 분석의 '격자 교차(cross-gridding)'나 '삼각측량(triangulation)' 등과 같은 질적 방법의 존재를 알지 못한다면, 사건은 오로지 그것을 보편적 규칙성들에 관한 진술로부터 연역하는 것에 의해 설명될 수 있다고 상정한다면 '이야기하기'의 미묘한 느낌은 참으로 이해할 수 없는 것으로 보일 것이다. 그리고 추상과 구체 사이의 관계를 잘 모르는 사람에게는 그것이 언제나 순진한 반증에 취약한 것으로 보일 것이다. 이러한 종류의 구체적 연구에 대한 평가는 확실히 직선적이지 않으며, 그러므로 이것과 통제된 실험적 조건 아래의 특정 사건에 관한 이론적 주장에 대한 시험 사이에는 커다란 차이가 있다. 사회연구에 대한 합리적인 기대를 갖기 위해서는 우리는 그것이 설명해야 하는 것들의 종류를 고려해야만 한다.

설명과 어려움의 문제 2: 비판이론적 견해

지금까지의 논의에는 사회과학의 목표가 세계에 대한 일관성 있는 서술과 설명을 구성하는 것이며, 그러므로 외부의 어떤 객체를 재현하고 아마도 '반영하는' 것이라는 생각이 암묵적으로 자리하고 있다. 바로 위에서 보았다시피, 이 견해 안에서도, 어떻게 하면 그러한 목표를 가장 잘 실현할 것인가, 그리고 자연과학의 실제라고 상정되는 것을 우리가 추구해야 할 '고급 기준'으로 취급해야 할 것인가 아니면 부적절한 것으로 취급해야 할 것인가에 관하여 이견의 여지가 많다. 그렇지만 사회과학적 지식의 맥락성에 관한 제1장에서의 논의를 상기시키면서 나는 이러한 목표가 너무 제한적인 것이며 극단에서는 모순적인 것이라고 지적하고자 한다. 이것을 위해서는 단순하지만 근본적인 질문, 즉 우리는 사회과학이 무엇을 위한 것이기를 원하는가의 질문까지 포괄하도록 논의를 확장할 필요가 있다.

먼저, 사회과학의 목표를 전통적인 방식으로 이해하고 있다고 상정하면서, 지식을 가능하게 만드는 바로 그것—우리 자신을 점검할 수 있는 우리의 능력, 배울 수 있는 그리고 우리의 해석과 행위와 반응을 변화시킬 수 있는 우리의 능력—이 또한 사회과학을 어렵게 만드는 것이라는 역설을 살펴보자. 그 다음으로, 어려움의 구체적인 사례들, 즉 사람들의 견해나 경험들에 대한 객관적 설명을 이끌어 내려는 목표를 갖는 면접의 과정에서 부주의하게 그들이 그런 것들에 대하여 성찰함으로써 그것들을 정정하게 만드는, 그리고 그것에 의해 우리의 결과를 '왜곡시키는' 문제를 살펴보자. 그런데 모든 과학, 배움과 성찰에서의 핵심은 우리의 이해를 변화·발전시키고 환상을 줄이는 것이다. 이것은 배움의 외부적이고 우연적인 사회학적 조건일 뿐 아니라 배움을 구성하는 힘이며, 배움을 추동할 뿐만 아니라 그것을 모양짓는 힘이다. 이러한 보편적인 필요조건이 없다면, 과학의 그리고 배움 일반의 특정한 방법론적 및 윤리적 규범들은 핵심이 없는 것이 된다. 환상과 무지를 감소시키는 것으로서의 배움은 지금까지 인식되지 못했던 제약이나 독단이나 거짓의 지배로부터 우리를 해방시키는 데 도움이 될 수 있다. 우리가 지식을 반영으로 보거나 세계의 외적 재현으로 보는 전통적인 견해와 결합된 사유양식 속으로 사회화되면서 이것은 쉽게 망각되지만, 이것은 아마도 어떤 수준에서는 아주 자명하게 보일 것이다. 이것의 근본적 함의는 연구자들이 자신들을 위하여 해방적 변화를 성취하고자 하는 과정에서 다른 사람들 속에 있는 이러한 잠재적으로 해방적인 변화를 자극한다면 무엇이 잘못된 것인가를 질문함으로써 가장 도발적으로 드러날 수 있다. 그러므로 사회과학의 목표는 객체로서의 사회에 대한 더 많은 지식을 제공하는 것이어야 하는가 아니면 우리의 해방을 돕는 것이어야 하는가라는 의도를 담은 또 다른 질문에 대해 생각해 보자. 독자들로서는 이 질문이 낯설 것이다. 확실히 답은 둘 모두이어야 하지 않을까? 그렇지만 과학적 실천 속에서는 실제로 이런 답변이 어느 정도나 상정되고 있는가? 자연과학의 경우, 그것이 생산하는 지식이 실질적으로 그 객체에 대하여 외부적이기 때문에 이 두 목표는 모순되지 않는 것으로 생각된다. 그렇지만 환상의 감소가 주체와 객체의 경계를 가로지를 수 있는 사회과학에서는 해방적 목표가 객관성이라는 목표를 위협할 수도 있다. 되풀이 한다면, 그 자신의 세계와 자신들에 대한 사람들의 이해를 변화시키려는 것이 아니라면 배움은 무엇을 위한 것인가? 배움은 단지 과학적 엘리트의 계발을 위한 것인가? 우리는 먼저 객체로서의 사람들에 대하여 연구하고, 그것이 완성된 뒤에 그들이 주체로서 반응할 수 있도록 그들에게 그것을 보고해야 하는가? 이 질문에 대한 통상적인 답변은 그렇다일 것으로 생각된다(물론 정책결정자들이나 의사결정자들로 불리는 제한된 사람들만이 주체의 지위를 보장받지만).

분명히 수사학적인 질문을 제기하는 여기서의 내 요점은 논란되는 답변을 제공하려는 노력을 피하라는 것이 아니라, 단지 사회과학의 목표라는 문제의 중요성을 좀 더 심층적으로 인식하라는 것이다. 뒤에서 살펴보겠지만, 그 답은 처음에 생각되는 것처럼 직선적이고 일면적이지 않다.

다른 인종에 대한 태도 등과 같이 명백하고 쉽게 변화될 수 있는 인간 행위의 측면들에서 지속적인 규칙성들만을 전적으로 추적하는 연구들을 보면 우리는 그런 연구가 사회과학의 내재적인 해방적 역할에 저항하는 것은 아닌가 하는 야릇함을 느끼게 된다. 어떤 주어진 시간에 보이는 그러한 태도의 성격과 정도를 찾아내는 것은 유용할 수도 있을 것이다. 그렇지만 많은 연구들이 그것들에 대한 서술을 영원한 규칙성들에 관한 법칙적 진술의 예비적인 형태로 취급하는 것을 볼 수 있다. 그리고 사회에 대한 이러한 '외부적' 지식의 축적은 보통, 그것이 정책결정자들에게 정보를 제공하여 그들로 하여금 상황을 변화시킬 수 있게 하는 것이라는 주장에 의해 정당화된다(물론 그들은 늑장을 부리기 위하여 '더 많은 연구'의 요청에 응하지만). '사회공학'이라는 용어는, 그것이 행위주체와 행위 사이의 관계를 공학에서의 그것처럼 외부적이고 도구적인 것으로 상정하는 점에서, 이러한 종류의 개입을 가리키는 정확한 이름이다. 객체는 그것의 (영원한) 법칙에 맞추어 외부적으로 조작될 수 있는 것으로 상정되는 것이다.

행위에 관한 이러한 종류의 끝없는 사실 수집에 대응하여, 급진주의자들은 흔히 마르크스를 본떠서 '핵심은 그것을 변화시키는 것'이라고 단언한다. 그렇지만 그들이 의미하는 변화는 사회공학적 종류의 변화가 아니라 환상의 감소와 해방이라는 내적 과정이다. 지식이 사람들로부터 소외되어 있고 인간행위의 구성요소가 아니라 그것에 대한 외적 서술로 간주되는 한 급진주의자들의 대응은 그 정당성에서 모호해 보일 것이며, 그러므로 단순한 주장으로 보일 것이다. 그 뿐만이 아니라 과학은 삶의 문제를 건드리지 않은 채 놓아두고 있다는 비트겐슈타인의 절망적인 견해도 도전받지 않은 채 유지될 것이다.[25] 왜냐하면 우리가 행위와 과학의 관계를 외적인 것으로 취급한다면, 실천에서의 과학적 결과의 사용은 순전히 초과학적인 원칙—흔히 그 자체로 합리적 평가의 범위 밖에 있다고 간주되는 가치의 형태를 띠는—에 기초한 것으로 보이게 되기 때문이다. 그렇지만 우리가 '과학' 자체가 하나

---

25) 제1장 참조.

의 실천(물론 특정의 가치를 지키는 것에 의존하는 실천)이며, 사회적 객체들에는 다른 인식 주체들이 포함된다는 것을 인지한다면, 원칙적으로 해방적 목표를 모순 없이 부정할 수는 없다.

'원칙적으로'라는 제한은, 수사학적 질문과 앞의 문단 둘 모두에서, 내가 사회연구가 수행되는 실제의 구체적 맥락으로부터 추상하였기 때문에 필요하다. '인식하는 주체(knowing subjects)'라는 속성은 연구자와 피연구자 둘 모두에 공통된 것이지만 또한 그들 사이에는 중요한 차이가 있다. 사회적 분업에서 연구자들은 일상화된 실천 및 그 실천과 연관된 관념들—그들의 객체의 상당부분을 형성하는, 그리고 피연구자들이 그 속에 위치하는—로부터 그들 자신을 분리시키는 자리를 차지한다. 그러므로 그들은 자신들의 관념을 변화시키는 데에서 훨씬 더 큰 자유를 누리고 있다. 또한 주로 성찰의 삶을 주도하면서 연구자들은 사람들의 사유가 변화하더라도 실천의 세계는 거의 변화되지 않은 채 남아 있을 수도 있다—비록 한때는 둘이 조화를 이루던 곳에서도 둘 사이에 부조화의 관계가 유발될 수도 있지만—는 것을 쉽게 잊는다.

놀랄 것도 없이, 비판이론가들은 주체와 객체 사이의 차이가 극소화되는 그리고 물질적 상황의 변화에 대해 최소로 저항하는 구체적 상황에 특별한 관심을 가져 왔다. 심리요법과 자기성찰은 이런 상황의 사례들이다.[26] 이런 경우에는 지식에 대한 추구와 해방 사이의 연계가 공격받을 수 없는 것이기 때문에, 비판이론가들은 종종 이런 것들을 비판적 사회과학이 일반적으로 따라야 하는 범례로 취급하고자 했다. 이념적으로, 이것은 연구자들과 피연구자들 사이의 구별의 제거, 또한 과학과 일상적 사유 사이의 구분의 제거를 포함할 것이다. 그렇지만 현재로서는, 이 구분이 정신노동과 부

---

26) P. Connerton(ed.), *Critical Sociology*(Harmondsworth, 1976).

속노동 사이의 좀 더 폭넓은 구분의 일부로 그리고 또 다른 구분(특히 계급의 구분)의 일부로 우리 사회에 깊이 뿌리박혀 있다는 점으로부터, 연구자와 피연구자의 이해관심들이 거의 양립불가능하다는 것을 알게 된다. 이러한 상황에서 특정 형태의 지식의 발전은 지배와 예속을 강화하는 또한 일반적인 해방을 저지하는 결과를 가질 수 있다(그리고 흔히 갖는다). 그러므로 사회적 분업은 빈번하게 지식과 해방 사이의 내적 연계를 깔아뭉갠다.

불행하게도, 비판이론가들은 비판적 사회과학이 구체적 견지에서 어떻게 수행될 것인가에 관하여 거의 이야기하지 않았다. 객체를 탐구하고 변화시키려는 시도 속에서 요구에 걸맞는 한 가지 가능한 연구형태는 '행동하는 연구(action research)'이다. 예컨대 몇 년 전, '자동차 산업에 대한 노동자들의 연구'라고 불린 연구과제가 수행되었는데, 여기서는 학자들과 노동조합과 노동자들이 공동으로 노동자들의 상황을, 동시에 정보도 수집하고 그들 자신의 이익을 좀 더 잘 지켜낼 수 있도록 노동자들의 의식도 상승시키는 방식으로 탐구했다.[27] 지식노동과 부속노동의 구분이 비록 제거될 수는 없었지만 그것의 경계는 완화되고 그것의 일면성은 감소되었다. 예컨대, 면접과 질문지의 조직에서 노동자들은 단지 외부연구자들의 분부에 따라 정보를 제공하고 연구자들은 아무 것도 되돌려 주지 않은 채 격리된 상아탑 속으로 그것을 가져가서 분석하고 발표하는 통상적인 상황을 벗어났다.[28] 오히려 노동자들이 질문을 제기하고 토론할 수 있고 그들 자신의 위치를 재고할 수 있도록 연구과정을 상호작용적이고 개방적으로 유지했다. 그 연구의 결과로 객관적 상황이 그다지 변화하지 않았다는 점은 우리가 보기에 놀라운 일이 아니다. 교육은 사회변동의 충분조건이 아니며, 실천

---

27) The Institute for Workers' Control Commitee of Enquiry into the Motor In- dustry, "A workers' enquiry into the motor industry," *Capital and Class* 2(1977), pp.102-118.

28) A. Oakley, "Interviewing woman" 참조.

을 변화시키고자 하는 행동은 기존의 구조들에 의해 제약받는 것이다.

발전연구는 이런 종류의 비판적 사회과학들이 널리 실행된 영역 가운데 하나이다. 이 영역에서는 유익함보다도 해악이 더 많은 민족중심적 연구의 사례들도 수없이 볼 수 있지만, 이제는 연구자들이 피연구자들로부터 배워야 하는 방식을 인지함으로써 그리고 연구되고 있는 상황들과 연구과정 자체에 관련되어 있는 사회적 및 정치적 관계들에 좀 더 주의를 기울임으로써 연구자들이 그러한 문제점들을 극복하고 있음을 보여주는 징후들도 많이 나타나고 있다.[29]

피연구자들에게 영향을 미치고 그들을 변화시키려는 비판이론의 공언된 의도는 자연스레 윤리적 문제를 야기한다. 그렇지만 이 문제는 사회과학에 대한 정통적 견해에서도 마찬가지로 나타난다. 정통의 견해가 보이는 '초연한 입장'은 그것이 연구하는 사람들을 착취하는, 즉 자신의 이익을 위하여 피연구자들로부터 정보를 뽑아내면서 그들에게 아무것도 되돌려주지 않으며, 피연구자들에게 그들이 필요로 하는 정보를 단순히 제공함으로써 아주 쉽게 그들을 도울 수 있는 곳에서조차 그들을 돕지 않는 연구과정과 결합될 것이다. 다른 모든 활동들과 마찬가지로 연구도 사회적 과정이며, 강단의 정통적인 견해를 채택하는 것이 연구과정을 결백하게 만들거나 윤리적으로 중립적으로 만드는 것은 아니다. 오히려 그렇게 만들 것이라는 믿음이 무감각과 정치적 순진성을 허용할 수 있다. 우리는 윤리적 문제에 관한 이러한 일반적인 경고에 유의해야 하지만, 실제의 결정은 연구되고 있는 상황—갖가지 갈등하는 이해관심들과 권력의 불균형이 존재하는—의 특정

---

29) 이러한 종류의 작업은 또한 비판이론 문헌의 무시무시한 엘리트 의식과 접근하기 어려움을 피할 수 있는 장점도 가지고 있다[R. Chambers, *Rural Development: Putting the Last First*(London, 1982); J. Momsen & J. Townsend, *Gender and Geography in the Third World*(London, 1984)].

한 정치(그 자신의 '개인적 정치'를 포함하는)에 대한 평가에 비추어 이루어져 야 한다.[30]

또한 비판이론 접근의 채택은 특히 '행동하는 연구'를 사용하려는 시도에서, 실행가능성의 문제를 제기한다. 이것은 연구되고 있는 사회적 실천의 형태들에 크게 의존한다. 분명히 이 접근은 세계교역체계 등과 현상들에 대해서는 (여성과 성에 대해서보다) 훨씬 더 제한적이다. 본질이 서로 다른 '표적' 집단들에 대해서는 이 접근을 적용할 수 없으며, 연구자들과 피연구자들 사이에서 어떤 정치적 이해(理解)가 성취되어야 한다. 분명히 사회연구에서는 심리요법적 만남에 기초한 방법이 상당히 가능한 영역들이 많이 있다. 그러나 과학에 대한 정통적 견해의 관점에서 볼 때에는 주체와 객체 사이에서 상호작용이 일어나지 않는 사회연구의 종류도 많다는 것이 강점이라는 것도 적어둘 필요가 있다. 대안적인 견해의 관점에서는 이것이 문제이지만 말이다.

그렇지만 비판적 사회과학의 목표에 접근할 수 있는 또 다른 길이 있다. 첫째 비판이론이 단지 현실에 대한 비판으로 연구를 대신하고 해방의 관점에서 당위에 대한 평가를 덧붙이는 것은 아니라는 점을 지적해야 할 것이다. 형편없는 비판적 사회과학은 사회 현실에 대한 추상적이고 구체적인 지식을 필요로 하지 않는다고 상상할 것이다. 특정의 기제가 붕괴되거나 손상되고 새로운 기제가 생겨난다면 우리는 그 기제를 존재하게 만든 사회관계의 구조와 물질적 조건에 대한 추상적 지식을 가져야 한다. 그리고 예컨대 경제계획 등과 같은 몇 가지 실천적 목표를 위해서는 체계에 대한 자세한 구체적 지식도 필요할 것이다.

이 사안을 반대쪽에서 바라본다면 우리는 또한, 현실이 반드시 당위는

---

30) A. Oakley, "Interviewing woman."

아니라는 사실을 깨닫지 못하는 그리고 문제의 사회에서는 아직 활성화되지 않고 있지만 활성화될 수 있는 힘을 사람들이 가지고 있다는 것을 지적하지 못하는 연구는 형편없는 추상적 또는 구체적 연구라는 것을 알게 된다. 그리고 실재론적인 인과 관계 이론이 정확한 것이라면 그러한 가능성은 지금의 우리 자신의 관점에서 현실의 성질 속에 근거를 가지고 있다. 그러므로 예컨대 사회에서의 여성의 위치를 설명하면서 현재의 여성의 위치의 우연적 지위와 그것을 변화시킬 수 있는 여성의 능력을 (적어도 암묵적으로라도) 지적하지 못하는 견해는 현실에 대한 설명으로 부족할 것이다. 좀 더 일반적으로 말하면, 우리가 연구대상으로 삼고 있는 사람들에 대하여, 그들의 자기결정 영역이 아무리 제한되었더라도, 주체로서의 그들의 지위를 부인하는 것은 그들을 '객관적으로' 재현하지 못하는 것이다. 그러므로 추상적·구체적 그리고 비판적 사회과학은 분리된 영역이 아니라 중첩되는 영역을 갖는다.

비판적 사회과학의 불가피성은 결국 인정하지만, '현실' 이해의 불가피성과 적절한 연구방법 선택의 불가피성은 잊는 일이 많다. 사회과학철학의 도전은 취약한 절충주의에 빠지지 않으면서 단순주의적이고 일원론적인 설명—어떤 종류의 것이거나—을 거부하는 것이다. 우리는 사회과학의 구별되는 특징을 통합적으로 이해할 필요가 있다. 그 통합적 이해는 목표와 방법과 객체 사이의 상호의존을 인식하는 그렇지만 요소들의 이러한 합당한 조합과 일관성 없는 조합을 구별할 수 있는 이해이다.

나는 이 책이 그러한 과제에 기여하였기를 기대한다.

사회과학에서의 실재론과 글쓰기, 그리고 방법의 미래

보론

　소수의 예외를[1] 제외한다면, 사회과학자들은 자신들의 지식이 예외 없이 문헌의 형태로 제시된다는 사실에 놀라울 정도로 주의를 기울이지 않았다. 전형적으로 그들은 그들의 연구를 '글로 써버리는' 일에 대하여, 그것이 단지 그들의 실질적인 작업의 귀찮은 종결인 것처럼 이야기한다. 그렇지만 이것은 학문적 지식이 문헌적 형태를 취한다는 사실의 중요성을 완전히 과소평가하는 것이다. 문헌을 구성하기 위하여 우리가 사용하는 언어와 장치와 형태들은 상당정도의 자율성을 가지고 있으며, 지식을 재현하는 방식과 그 지식이 독해되는 방식에 암암리에 상당한 영향을 미칠 뿐 아니라, 또한 연구 자체의 내용에도 영향을 미친다.

---

1) G. E Marcus and M. M. J. Fischer, *Anthropology as Cultural Critique*; J. Clifford and G. E. Marcus(eds.), *Writing Culture: The Poetics and Politics of Ethnography* (Berkeley, Calif, 1986).

비유, 수식(修飾), 서사 등의 문자적 과정은 현상들이 최초의 간략한 '관찰'
로부터 완전한 책에 이르기까지 기록되는 방식, 그리고 특정의 읽기에서 이
러한 형상(Configurations)이 '이해되는' 방식에까지 영향을 미친다.[2]

이런 것들이 사회과학자들이 만들어 내는 것에 그리고 그들이 서로를 이
해하는 방법에 차이를 낳는다면, 이것들은 방법과 관련을 갖는다고 할 수
있다. 사람들이 이 점에 놀라지는 않을 것이다. 놀라운 것은 언어, 서술, 수
사법, 그리고 문헌의 구성에 주의를 기울인 일이 거의 없다는 점이다. 이
보론에서 나는 서사(narrative) 대 분석(analysis), 서술에 대한 무시 그리고
수사법의 영향 등을 논의하면서 다루어야 할 필요가 있는 쟁점의 종류들을
보여주고자 한다.

서사 대 분석

이 논쟁은 내용과 형식 사이의 상호작용, 재현(representation)과 표현(pre-
sentation), 또는 우리의 지식과 우리가 그 지식을 의사소통하는 방식 사이의
상호작용을 특히 잘 보여준다.

서사라는 용어로 나는 어떤 과정이나 발전에 대한 이야기에 입각한 서술
을 의미하는 데, 여기서는 일련의 사건들이 연대순으로 묘사된다. 서사는
일상의 삶에서 당연시되는 자연적 형태의 담화인데, 이것을 통하여 사건들
은 '스스로 이야기하는 것처럼 보인다.'[3] 서사의 힘은 이야기 속에서 연대
기적 순서로 배열된 사물들이 인과적 연쇄나 논리—그것 속에서 각 사건들은

---

2) J. Clifford and G. E. Marcus(eds), ibid., p.4.
3) H. White, *The Content of Form*, Baltimore, 1987, p.x.

결론에 이르게 된다-의 모습을 제공하는 방식으로부터 생겨난다.

분석이라는 용어로 나는, 추상화나 이론적 모델들-구조와 기제를 광범하게 복사했다고 사람들이 믿는-을 직접 적용함으로써 구체적인 사례들을 설명하는 것을 가리킨다. 그 자체로 분석은 특정의 역사적 연쇄로부터 추상하는 경향이 있다. 분석은 추상과 구체 사이의 매개적 단계들을 뛰어넘을 것을 요구하는데, 여기에는 모델이 큰 왜곡 없이 핵심적 과정을 판별해 내는 데 여전히 기여하리라는 기대가 자리하고 있다. 분석의 힘은 그것이 성공적일 때 적은 것으로 많을 것을 설명할 수 있는 그것의 잠재력에 있다.

한 가지 사례로 미국 캘리포니아의 실리콘밸리의 흥성에 대한 설명을 생각해 보자. 서사는 우리를 거의 목적론적인 방식으로 그 결론을 향하여 나아가는 일련의 사건들로 안내한다. 우연히도 전기공학에 강한 관심을 가진 스탠포드 대학이 그곳에 위치하고 있었다. 대학의 전자공학연구를 상업적으로 응용함으로써 지역 발전을 촉진하고자 큰 노력을 기울인 프레드릭 터만(Frederick Terman)이 그 대학에 있었다. 트랜지스터의 발명가인 윌리엄 쇼클리(William Shockley)가 늙은 어머니 곁에서 살기 위하여 팔로 알토 지역으로 이주해왔다. 기존 기업체들로부터 분리된 새로운 기업체들이 크게 늘었다. 그리고 최상급의 과학적 및 경영적 기술을 가진 지역 인력 저수지가 생겨났다 등이다. 반면 분석은 '역사적 우연들'로부터 추상하여 공업 발전의 광범한 사례들에 적용할 수 있다고 추정되는 '응집 경제'와 '수직적 분산' 등과 같은 개념을 적용할 것이다.[4]

서사와 분석에는 각각 그것에 고유한 위험이 있지만, 그 대상의 성질에 따라 어느 정도는 그것들의 가치가 변화한다는 사실은 실재론적 관점에서 볼 때 놀라운 것이 아니다. 일상의 삶에서 우리는 사회세계가 정말로, '중

---

4) A. J. Scott & D. P. Angel, "The US semiconductor industry: a locational analysis," *Environment and Planning A*, 19(1987), pp.875-912.

심적인 주제를 가지고 적절한 서론·본론·결론으로 구성된 그리고 모든 시작에서 "결말"을 찾아낼 수 있도록 일관성을 갖춘 잘 짜여진 이야기의 형태로 우리의 지각에 모습을 나타내는가' 여부에 대하여 거의 의문을 갖지 않는다.5) 이와 대조적으로 자연과학(진화론적 생물학이라는 가능한 예외가 있지만)에서는 분석의 정당성을 그리고 서사의 부적절성을 당연한 것으로 받아들인다. 원자 같은 것들은 역사(또는 지리)를 갖는 것이 아니라 오로지 고정된 방식으로 변화하기 때문에 우리는 물리과학자들에게 그들이 관심을 가진 대상들에 관하여 이야기해 줄 것을 기대하지는 않는다. 한편, 개방체계와 개념의존적 객체들을 앞에 놓고 있는 사회과학자들은 그들 자신의 영역에 서사가 적합한가 아니면 분석이 적합한가에 대하여 이견을 보인다. 분석 진영에 있는 사람들은 애브람스(Abrams)가 '자세한 것에 지나치게 민감한 데서 결과되는 방법의 포기'라고 이름 붙인 것에 대해 염려하는 반면, 서사 진영의 사람들은 '이론적 일반화에 과도하게 집착하는 데서 결과되는 학문의 포기'를 염려한다.6)

서사는 그것이 서술하는 과정에 담긴 인과성을 잘 밝혀내지 못하는 경향을 약점으로 갖는다. 서사도 일부의 사건들을 (통상적으로 일상의 관점에서) 인과적으로 설명하기는 하지만, 사회구조의 성질과 조건과 함의를 설명하는 데 1차적으로 관심을 가진 것은 아니다. 둘째, 서사는 사건의 연쇄에 대하여 이야기하기에 몰두함으로써 단순한 시간적 연속과 인과 관계 사이의 차이를 얼버무리는 경향이 있으며, 그 결과 단지 충분히 검토되지 않은 암묵적인 원인론들(aetiologies)만을 제시하게 된다. 이야기하기는 우리를 끌고 나아가며 우리로 하여금 뒤따르게 만들지만 그것이 반드시 그것이 일어난 일을 파악하는 그것의 설명 능력 때문에 그런 것은 아니다. 오히려 애브

---

5) White, ibid., p.24.
6) P. Abrams, *Historical Sociology*(Ithaca, NY, 1982), p.162.

람스가 지적하듯, 여기서는 연구의 기둥인 설명의 원칙이 '이야기의 수사법(修辭法) 밑에' 묻혀버린다.[7] 역사학에서 서사를 사용하는 사례에 대하여 논의하면서 애브람스는 다음과 같이 논평한다.

> 내 자신의 인상은, 이러한 작업에서의 서사의 기능은 필자가 그의 독자들 쪽에서의 직접적인 비판적 검토가 불가능하도록 선택한 주장들을 지적인 정밀검사로 접근할 수 없는 매우 설득력 있는 방식으로 전달하는 것이다.[8]

게다가 서사는 그것의 직선적 특성에 의해 제약받는 것으로 추정된다. 이 직선성은 시간적 연속성[또는 리쾨르(Ricoeur)가 삽화적 차원(episodic dimension)이라고 부른 것]을 중시하면서 공시적 관계[형상적 차원(configurational dimension)]를 무시하는 경향을 초래한다.[9] 리쾨르는 이러한 평가에 반대한다.

> 서사 활동은 단순히 삽화들을 하나하나 더하는 것으로 이루어지지 않는다. 그것은 또한 흩어져 있는 사건들로부터 의미 있는 총체성들을 구성해 낸다 …… 서사 활동은 그러므로 이야기를 쫓아 나아가는 유사한 예술과 마찬가지로 우리에게 연쇄로부터 형상을 추출해내는 능력을 요청한다.[10]

그러므로 모든 서사는 그것의 '삽화적 차원'과 그것의 '형상적 차원' 사이의 경쟁을 포함한다.[11] 그렇지만 글쓰기와 말하기의 직선성을 고려해보

---

7) Ibid., p.196.
8) Ibid., p.307.
9) P. Ricoeur, *Hermeneutics and the Human Sciences*(Cambridge, 1982).
10) Ibid., p.278.
11) Ibid., p.279.

면, 불가피하게 삽화적 차원보다는 형상적 차원을 재현하는 일이 더 어렵다.12) 이런 이유 때문에, 흔히 서사는 본래 협소한 것이라고 간주된다. 이 점은 사회들이 더 넓은 공간으로 벋어나가고 계속하여 더 많은 사람들을 상호의존 관계 속에 끌어들이면서 (직선적인 서사의 관점에서 특정 지역의 특정한 사람들에 관련 있는 모든 영향력들을 재현하는 것이 점점 더 힘들어졌기 때문에 그 사람들은 흔히 이것을 인식하지 못하고 있지만) 더욱 분명해져 왔다.13) 많은 것들이 동시에 발생하며 상호 작용한다는 사실을 처리하는 장치들이 있으며('농장의 뒤뜰에 있는 동안 …'), 사회과학에서는 많은 친숙한 용어들이 형상적 차원을 함축한다('체계', '구조', '분업' 등). 그렇지만 전체, 즉 동시에 발생하는 많은 것들을 파악하는 것은 이야기 속에서 차례로 일어나는 것을 파악하는 것보다 훨씬 힘들다. 더욱이 문헌이 무조직적인 것처럼 보이게 하지 않으면서 이 차원을 강조하기 위하여 서사적 흐름을 많이 중단시키기는 어렵다. 이런 식으로, 어떤 문헌의 조직—그것의 직선적 흐름에 의해 부과된 불가피한 병렬과 분리—은 독자들이 그것을 해석하는 방식에도 (저자가 의도하지 않은 방식으로) 영향을 미칠 수 있다.14)

서사가 그것의 범주들과 해석들, 설명들을 문제화하지 못한다는 비난도 종종 제기되어 왔다. 서사는 전개되는 이야기를 제시함으로써 논쟁을 저지하거나 반대를 선점해 버리는 경향이 있다. 그렇지만 이러한 폐쇄의 문제가 서사에만 국한된 것은 아니다. 일련의 명제들과 모델들을 제시하는 전

---

12) H. C. Darby, "The problem of geographical description," *Transactions of Institute of Britih Geographers* 30(1962), pp.1-14.
13) Marcus & Fischer, *Anthropology as Cultural Critique*, p.77.
14) 여기서 나는 분석의 대립물로서의 서사의 문제와 문헌의 구성에 입각한 서사의 문제 사이의 구별은 무시하고 있다. 이것에 대한 더 자세한 논의로는 Sayer, "The 'new' regional geography and problems of narrative," *Environment and Planning: Society and Space D* 7(1989), pp.253-276 참조.

형적인 경제학 교과서들은, '나는 의견이 다르다'는 말을 여백에 거의 적을 수 없는 형식을 갖고 있다. 유사하게, 구체적인 체계에 대한 분석도 논쟁을 똑같이 봉쇄할 수 있다. 토론이나 해명이 시작되려면 분명히 적어도 잠정적으로 일부의 명제들은 받아들여야 한다. 그렇지만 때로는 폐쇄를 논란 삼을 필요가 있다. 서사에 대해서는 그것의 몇몇 범주들과 설명들을 문제 삼기 위하여 개입할 수 있다(비록 이것이 서사의 직선적 흐름을 혼란시킬 것이지만). 그렇지만 그러므로 읽기는 완전히 직선형은 아니며, 문헌에 여분의 것을 만듦으로써 문제를 줄일 수 있다.

서사를 이렇게 비판한다고 내가 분석을 통한 구체적 상황에 대한 설명이 반드시 더 좋은 것임을 암시하려는 것은 아니다. 분석의 효과가 있기 위한 필요조건은 그 준거물이 일반적이고 중심적이라는 것이다. 만약 그렇지 않다면, 소수의 요소들만을 준거로 구체적인 것(다면적인 것)을 설명하려는 시도는 '가짜 구체적 연구'(343쪽 참조)의 위험을 초래한다. 그러므로 우리가 실리콘밸리의 발전을 응집경제라는 이론적 모델을 적용하여 설명하려고 하는 데 우리가 지목한 기제에서 기인되었으리라고 추정한 결과가 사실은 다른 과정의 결과라면, 우리는 환원주의에 빠지거나 판별 오류에 빠질 수 있다. 예컨대, 응집이 상당 부분 정부 개입의 결과라는 것은 간과될 수 있다. 또한 중심이 되는 과정에 대해 필수적인 조건의 기원으로부터 추상하면서, 우리가 그 과정에 기능적인 것들이 그 기능을 충족시키기 위하여 창출된 것이라고 상정하고 또 그 구조의 재생산의 우발성을 잊는다면, 기능주의적 오류와 구조주의적 오류에 빠질 수 있다. 그럼에도 불구하고 이런 것들은 다만 위험일 뿐 분석의 피할 수 없는 문제점은 아니다.

분석은 '적은 것에 의해 많은 것을' 설명하는 그리고 '사실의 짐을 감소시키는' 장점을 주장하는 반면, 서사의 옹호자들은 이것을 '얇은 서술(thin description)'이라고 경멸하면서 '두꺼운 서술(thick description)'을 강조한다.[15) 이것은 편향된 비유이다. 분석은 단순성과 경제성의 매력을 이용하지만, 가장 단순하고 가장 우아한 설명이 실천적으로 가장 적합한 것은 아닐 수도 있다는 것 그리고 의도적으로 우리의 어휘들을 고갈시키는 대가가 있을 수 있다는 것을 잊게 만드는 위험이 있다. 반면 '얇은 서술'이라는 경멸적인 어조 때문에 우리가 위축되어서는 안 된다. 비록 민속지적 작업에서는 분석이 적합하지 않은 것으로 입증될 수 있지만, 경제적 과정 등과 같은 다른 현상들에 대한 설명에서는 여전히 더 우월할 수 있다.

서사와 분석의 대비라는 쟁점에 대한 판결은 모두 연구의 대상과 목표에 의해 좌우된다. 이론에 대한 절약주의적 견해는 안정적이고 광범한 객체들(관계, 기제, 개념 등)의 추상에 좀 더 적합한 반면 '두꺼운 서술'은 상당한 역사적 및 지리적 특수성과 변동이 존재하는 구체적 상황에 대한 설명에 좀 더 적합하다.

서술에 대한 무시

기어츠 등과 같이 두꺼운 서술을 선호하는 연구자들은 '이론적'이라는 이름표를 단 (즉 일상 언어에서 잘 사용되지 않는)[16] 밀도 높은 용어들—적은 것으로 많은 것을 설명한다고 상정되는—을 낮게 평가하는 경향이 있다. 대신 그들은 저자의 매우 발전된 다중적 감수성, 관찰의 풍부함과 세밀함, 맥락성에 대한 각성 그리고 ('이론적' 언어라고 할 수 있는 것의 구사능력보다도) 일상언어의 구사능력 등을 칭송한다.

그들에게 유리한 서술의 용어에 관한 이러한 주장은 우리에게 사회과학

---

15) C. Geertz, *The Interpretation of Cultures*.
16) 제2장과 3장에서 보았듯이 이것은 '이론'이라는 말을 조리 있게 사용하는 것이 아니다.

방법론에서의 언어에 대한 예외적인 무시를 상기시킨다. 행위와 행위자의 해석의 세밀함을 포착하기 위해서는 풍부한 어휘(지나치게 평범하거나 또는 지나치게 '문어적인'—'문자적인'이 아니라—것처럼 보이는 용어들에 대해 과학적 중립성을 위하여 정화시킨 것이 아닌)가 있어야 한다. 자연과학의 대상들은 종종 폐쇄체계의 조건 속에서 연구될 수 있는 매우 지속적이고 맥락 독립적인 기제들이다. 사회현상들은 역사와 지리를 가지고 있으며, 그것에 내재된 의미는 다중적이고 일시적일 수 있다. 이런 점에 비추어 볼 때, 자연과학자들은 사회과학자들이 그러한 것보다 안정적인 어휘들에 좀 더 의지할 수 있다는 점은 그다지 놀랍지 않다.

그들 각각의 문체는 매우 다르지만 윌리엄스와 부르디외는 거대 개념들이나 기술적인 추상을 사용할 뿐 아니라 일상언어의 인지적 통찰—매우 제한되고 난해한 어휘들을 사용하는 필자들이 놓치고 있는—을 활용할 수 있는 비상한 능력을 가진 필자들의 훌륭한 사례이다.17) 이것은 이론에 대한 자체적인 보호를 경계해서 하는 이야기이다. 개념들과 그것들을 가리켜 부르는 기술적 용어들은 동일한 것이 아니며, 개념들의 힘은 종종 그것들을 다른 용어를 통하여 표현함으로써 강화될 수 있다. 그러므로 허세 부리는 '이론적' 언어(강단의 기술적 용어라는 의미에서의)가 드물다고 하여 그것이 반드시 설명을 몰이론적인 것으로 만드는 것은 아니다. 오히려 그것은 통상 당연한 것으로 취급되는 것들을 검토하게 만듦으로써 추상적 이론을 풍부하게 할 수도 있는 것이다.

두꺼운 서술을 꼭 이론과 반대되는 것으로 또는 서사와 같은 것으로 간주할 필요는 없다. 그것은 대상의 특정 측면들을 다루는 일련의 이론들의 통찰들을 결합하고 집성하는 구체적 연구의 산물일 수도 있다. 그렇지만

---

17) Williams, *The Country and the City*(London, 1973); Bourdieu *Distinction*(London, 1986).

두꺼운 서술의 위험은 실질적으로 여러 이론적 통찰들을 결합하려는 시도가 쉽사리 제어불가능한 것이 될 수 있으며 그러므로 우리가 우리의 개념들을 검토하지 못하게 될 수도 있다는 데 있다. 이러한 경향은 경험적 연구에서 흔히 보이는데, 그것은 바로 일상적 지식의 직접성 그리고 그 지식과 씨름해야 할 필요 때문에 그렇다. 역설적이게도, 구체적 연구에서의 이론의 역할에 대한 다원주의적 견해는 이론으로부터의 후퇴를 허용할 위험을 갖고 있다.

얇은 서술 및 서술적 언어의 무시에 대한 비판은 그 가치에도 불구하고, 또 다른 위험을 내포하고 있다. 서술이라는 '예술'에 더 많은 관심을 갖도록 요청하는 것은 '문어적인' 저작방식—저작의 의도를 충족시키지 못하는—에 대한 관대하고 서툰 찬양을 나타낼 수도 있다. 이것은 흔히 '기예(craft)'의 말로 표현할 수 없는 특징에 대한 자기만족적인 옹호로 빠져드는 것과 결합된다. 가장 오랫동안 그것에 몰두해온 사람들—그 분야의 원로들—의 업적에 의해 예시된다고 상정되는 것과 통상적으로 이론적 정밀조사를 빗나가게 만드는 것을 제외하면 기예는 언제나 자세한 규정을 회피한다. 누군가가 '기예'를 이야기하면 권총을 뽑아들 준비를 하는 것이 좋다.

분명히 우리는 연구 지망생들에게 이론에 빈약한 머리를 걱정하지 말고 기예를 존중하고 경험적 원천에 파묻히라고 이야기하던 시절로 되돌아가서는 안 된다. 이에 반해서 경험적 원천에 파묻히는 것은 그것이 이론에 대한 검토와 결합되어 있다면 그리고 행위자의 설명과 학자의 설명이 맞물린다면, 나쁜 일은 아니다.

수사법의 영향

'수사법'이라는 말이 일상 언어에서는 대체로 경멸적인 의미를 갖고 있지만, 여기서는 설득적인 논증 형식들—그것이 좋은 것이건 나쁜 것이건 간에—을 가리키는 것으로 정의된다. 수사법을 검토하는 것은 객체, 저자의 의도, 언어, 문자적 과정, 독자의 사전지식과 도덕적 성향 및 자기표현 사이의 관계들로 구성되는 영역을 탐구하는 것이다.

세 가지 사례를 살펴보자. 첫 번째는 설명의 시제라는 겉보기에 평범한 쟁점에 관한 것이다. 어떤 인류학자가 한 공동체에서의 일련의 사건들에 대한 설명을 과거시제로 기술한다면, 그것은 사건의 연쇄가 우연적이라는 인상을 준다. 그것은 다르게도 발생할 수 있었던 것에 대한 서사적 서술로 보이게 된다. 반면, 현재 시제로 기술된 설명은 이것이 사람들이 언제나 하는 것이라는, 또는 그들이 반드시 해야 하는 것이라는 인상을 주는 경향이 있다. 그러한 설명은 훨씬 더 '과학적'으로 들리지만, 과거 시제의 것이 나타내는 것과 동일한 경험에 기초할 수도 있을 것이다. 이런 식으로 시제의 단순한 변화는 설명을 읽는 방식에 큰 차이를 낳을 수 있다.[18]

두 번째는 수사법, 자기표현 그리고 도덕적 설득에 관한 것이다. '역사가들이 알기로, 어떤 반격의 방법을 찾아내지 않은 채 그 자신으로부터 잉여가치가 추출된다는 것만을 깨달은 노동자는 없다(태업의 방법은 아주 많다)'는 역사학자 톰슨의 진술을 살펴보자.[19] 이것을 단순히 일어난 일에 대한 서술로 보는 것은 순진한 생각일 것이다. 이것은 또한 낭만적인 '전투적 이야기', 즉 도전적인 저항 행위에 대한 서술이다. 이러한 진술을 통하여

---

18) R. Rosaldo, "Where objectivity lies: the rhetoric of anthropology," in J. S. Nelson et al. (eds.), *The Rhetoric of the Human Sciences*(Madison, Wis., 1987).

19) S. Cohen, *Historical Culture*, Berkeley and Los Angeles(1986)에서 재인용.

저자는 우리에게 자신이 부르조아 역사학자의 완화조의 변명에 반대하는 급진주의자(radical)라는 것을 상기시킨다. 여기에 도덕적 십자군의 요소, 즉 무엇이 올바른 우리의 임무인가에 대한 교정이 담겨 있다는 결론을 부인하기는 힘들다. 그렇게 하면서 우리는 암묵적으로 어느 쪽을 편들라는 요청을 받는다. 우리들 자신도 또한 급진주의자가 아니던가? 이런 방법에 의해 우리는 노동자주의적 낭만이라고 할 수 있는 것을 아무리 나쁘더라도 받아들이도록 유혹 받는다. 또한 여기에는 남성우월주의적 편향도 담겨 있을 것인데, 이 점은 총칭적인 노동자를 가리키기 위하여 사용되는 '그(he)'라는 단어뿐 아니라 억센 표현('그 자신으로부터 추출된다')에 의해서도 증거되고 있다. 그런데, 역사가는 잉여—흔히 이것은 판별해 내기 어려운 것이다—의 추출이 언제나 저항에 부딪히는가 여부를 어떻게 알 수 있는가? 선동하거나 앞에서 이끄는 노동자도 있고 공손하고 유순한 노동자들도 있지 않았던가?[20]

세 번째는 이원론적 형식의 사유와 수사법에 관한 것이다. 나는 이 책의 여러 곳에서(43-44, 91쪽 참조) 객체가 단일의 단층선을 경계로 대립하고 있는 두 개의 덩어리로 갈라진다고 제시하는 설명들을 공격했다. 이원론이나 이원적 대립으로 정렬시키면 논쟁의 전체 영역을 양극화시킬 수 있다. 또한 역사적 변동에 대해 한 덩어리의 일관된 특징들을 그것의 대립물이 대체하는 것으로 특징지을 수 있다. 이런 형식의 수사법은 그것의 설명적 또

---

20) 그 진술은 역설적이게도, 자신을 이론주의자들의 소망적 사유에 반대하며 경험적 증거에 주의를 기울이는 역사학의 옹호자라고 생각하는 사람에게서 나온 것이다. 그렇지만 보통사람이라면 그냥 넘어갈 수 없는 그러한 의심스런 주장을 하고 있다는 사실이 반드시 수사법의 힘을 약화시키는 것은 아닐 것이다. 오히려, 그것은 그를 좀 더 신뢰하게 만들 수도 있다. 오로지 위대한 역사학자만이 그러한 주장을 간단히 할 수 있을 만큼 충분히 강력하게 사실들을 구사하는 능력을 가지고 있을 것이다. 그가 증거를 필요로 하지 않는다는 것은 그것이 참이라는 점을 입증한다. 아주 뛰어난 저자가 충분한 믿음을 가지고 쓴 이런 이야기는 받아들여질 수 있을 것이다.

는 서술적 적합성보다도 그것의 기본적인 조직원리의 대칭성과 단순성으로 우리를 사로잡는다. 이러한 유혹은 예컨대, 포스트포드주의가 포드주의를 대체하고 있다는 산업사회 논의에서 분명히 나타나는데, 여기서는 미래가 과거의 대립물로 비상하게 투사된다.[21] 실제로 일부 측면들은 양면적이고 그러므로 이원론에 의해 합리적으로 서술될 수 있을 가능성이 충분하지만, 논증이나 역사적 변동의 복잡한 망이 정렬된 이원론으로 깔끔하게 분해될 수 있으리라고 믿기는 힘들다.

그렇다고 반대되는 방식의 주장은 수사법을 벗어날 수 있다는 이야기는 아니다. 역사라는 것이 늘 얼마나 복잡한 것인가를 지적하는 것 또한 일종의 수사법이다. 이것은 때로는 세계에 대한 좀 더 좋은 서술로서가 아니라, 냉혹한 현실에 대한 얼버무리기로서 또는 독자의 날카로운 감수성이라고 할 수 있는 것에 아첨하는 방법으로서 기능할 수 있는 수사법이다.

이러한 사례들은 수사법에 대하여 그리고 객체, 저자, 독자, 언어, 문헌과 도덕적 판단 사이의 미묘한 상호작용에 대하여 우리가 좀 더 민감하게 의식해야 한다는 것을 제시한다. 이것은 우리가 수사법을 벗어날 수 있다는 이야기가 아니라, 세계의 성질을 파악하는 데 더 좋은 수사법과 모자란 수사법의 형태들을 구별할 필요가 있다는 이야기이다. 매키(Maki)가 지적하듯이 이런 점에서 실재론과 수사법 사이에는 아무런 모순도 없다. 언어와 담론에 대한 이러한 모든 분석의 초점이 언어가 어떻게 기능하는가에 대하여 한층 더 실재론적인 이해를 발전시켜야 한다는 것이 아니면 무엇인가?[22] (그렇지 않다면 주목할 필요가 없다.)

---

21) F. Moulaert & E. Swyngedouw, "A regulation approach to the geography of flexible production," *Environment and Planning D: Society and Space* 7(1987), pp.249-262; A. Sayer, "Dualistic thinking and rhetoric in geography," *Area* 21(1989), pp.301-305; Sayer, "Beyond the locality debate: deconstructing geography's dualisms," *Environment and Planning A,* 1991.

설명에 대한 자세한 검토는 단지 한 형태의 이야기에 관한 것이 아니라, 우리가 우리의 세계를 어떻게 이해하는가에 관한 좀 더 자기의식적인 형태의 것이어야 한다. 우리가 연구하는 사회현상들—그것이 저발전이건 폭력이건 또는 그 무엇이건 간에—의 원인은 강단 학자들의 수사법과는 대체로 무관한 것들이다. 그렇지만 강단 학문적 설명과 이해가 언제나 담론을 포함하고 있기 때문에 우리는 이야기에 대하여 무엇인가를 이야기하지 않을 수 없다. 사회과학의 방법에 대한 장래의 논의들은 아마도 수사법과 서술과 언어에 대한 이러한 방향의 검토를 확장할 것이다. 이런 논의들을 단지 이야기에 관한 것으로 평가할 것이 아니라 강단 학문적 담론 밖에 존재하는 세계를 밝힐 수 있는 그것의 능력에 입각하여 평가해야 한다는 점을 염두에 둔다면, 이것은 긍정적인 움직임이라 할 것이다.

---

22) U. Maki, "How to combine rhetoric and realism in the methodology of econo- mics," *Economics and Philosophy* 4(1989), pp.89-109.

2판 옮긴이 후기

원래 1992년에 출판된 *Method in Social Science: A Realist Approach*(2판)을 번역해 『사회과학방법론: 실재론적 접근』으로 출판한 것은 10년도 더전인 1999년의 일이다. 이 책은 오래 전에 출판되었지만 사회과학은 무엇이며 어떻게 연구를 실행할 것인가에 관해, 이 책의 원본이 인쇄를 거듭하는것에서도 알 수 있듯, 여전히 선구적이고 설득력 있는 통찰을 담고 있다. 고맙게도 한국의 사회과학도 가운데에도 번역서를 읽는 독자들이 꾸준히 있어서 여러 차례 '인쇄'를 거듭하였다. 그리고 이번에 2판을 내게 되었다.

사실 이 번역서는 2년 전에 기회가 있어서 오탈자는 물론 내용도 상당부분 정정했다. 이 정정 작업에는 오래전에 성공회대학교 대학원 사회학과에서 공부한 방진욱 씨의 기여가 매우 컸다. 2006년경 옮긴이와 일면식도없는 방진욱 씨가 책 전체에서 문제점들을 꼼꼼하게 찾아서 수정한 원고지65매 분량의 '번역 및 편집상의 문제점'을 보내준 것이다. 당시에는 번역서를 수정할 기회가 있을지 몰라서 '기회가 있으면 반영하겠다'라는 내용의답신만을 보냈을 뿐 제대로 감사의 뜻을 전하지 못했고, 번역서를 수정할 때에는 마땅한 지면이 없어서 그리고 개인적으로 연락처를 갖고 있지 못해서 말씀드리지 못했다. 이 자리를 빌려 깊은 고마움의 뜻을 전한다.

그리고 2년 전 수정 작업을 진행하면서 2010년에 원본의 개정 2판이 출간되었다는 소식을 들었지만 책을 구하여 반영하기에는 시간이 부족하여 도서출판 한울과 다음을 기약하였다. 이제 번역서를 새로 인쇄하게 되어 개정 2판의 추가된 내용을 반영하기 위해 새로 출판된 원본을 확인해보았다. 그러나 본문 내용은 초판과 다름이 없고 다만 첫머리에 '개정 2판의 머리말(Preface to the revised second edition)'을 덧붙였을 뿐이어서 번역서의 내용과 체제를 변경할 필요는 없다고 판단하였다. 또한 추가된 내용에도 구태여 국내 독자에게 소개할 필요는 없는 문헌 소개와 참고 문헌 목록이 상당 부분을 차지하고 있어서 그대로 덧붙이기보다는 옮긴이 후기에서 '개정 2판의 머리말'의 주요 내용을 소개하고자 한다.

세이어는 『사회과학방법론』의 초판을 발간한 1980년대 초반은 사회과학 철학과 방법론에 대한 관심이 컸던 시기로 사회과학에 관한 그리고 사회과학의 특성과 방법에 관한 기존의 철학적 견해들을 비판적으로 검토하는 여러 책들이 출판되었다고 회상한다. 이런 추세는 사회과학을 지배하던 실증주의에 대한 격렬한 비판의 여파였을 것이다. 그렇지만 『사회과학방법론』은 단순히 다른 사람들의 견해들을 비판하는 대신 사회연구에 어떻게 접근해야 하는가를 제시하고자 하였으며, 다른 책들이 '연구방법의 도구상자'를 제시할 뿐 그것의 전제가정에 대해서는 문제를 제기하지 않는 상황에서 그리고 사회연구에서 우리가 어떻게 개념화하고 이론화하는가에 관해서는 고려하지 않는 상황에서 이러한 사안들을 기초적인 것으로 취급했다고 지적한다.

그리고 세이어는 '방법'에 관한 몇 가지 일반적인 사항을 진술한다. 포스트모더니즘의 유행과 함께 과학적 지식에 대한 회의와 불신이 증대하면서, 과학에서 연구방법의 중요성에 관해 회의적인 입장을 보이는 경향이 상당히 증가하였다. '아무렇게나 해도 좋다'라는 주장도 있고 '연구문제의 독재'라는 주장도 있다. 그렇지만 우리가 연구하는 주제와 발견해내고자 하는 것에 의해 연구의 방법이 정해지지는 않는다는 것이 세이어의 입장이다. 물론 사회과학의 유일의 방법(the method of social science)이 있는 것은 아니다. '방법'이라는 용어는 '접근'이라는 넓은 의미로 사용되는데 세이어는 여러 가지 방법이 있으며 각각은 특정의 장점과 단점을 가지고 있고 각각은 상이한 대상들과 상이한 연구문제들을 다루는 데 적합하다는 것, 그리고 많은 연구 기회들이 방법들이나 접근들의 조합을 요구할 것이라고 지적한다. 그리고 세이어는 과학적인 이론화와 서술에서 비유가 중요한 역할을 수행한다는 것, 성공적으로 더 적절한 비유를 찾아내려면 창의력이 필요하다는 것 그리고 사회에서 통용되는 의미에 대한 해석이 사회연구의 중심이라는 것을 상기한다. 그렇지만 우리는 연구 대상을 해석하기 위해 불가피하게 기존의 사고방법들을 사용하더라도 대상에 대한 세심한 집중과 주의 깊은 서술, 세계에 대해 우리가 어떻게 대응하는가에 관한 성찰이 중요하다고 강조한다. 간단히 연구 방법에 관한 모든 것을 부호화할 수는 없는 일이다.

세이어는 로(John Law)가 그의 저서 『방법 이후(After Method)』에서 사회 세계가 매우 번잡하므로 여러 종류의 사회연구가 형식적 방법들과 이론들을 단지 제한적으로만 적용한다고 주장했다고 인용하면서 이 주장에 어느 정도의 동의를 표한다. 모더니즘의 거대한 한 가지 신화는 모든 지식을 법칙으로 환원할 수 있다는 것 그리고 법칙 이외의 모든 종류의 지식은 열등한 것이고 제거할 수 있다는 것이다. 형식적 합리성에 대한 그리고 모든 주제에 적합한 표준화된 방법에 대한 이러한 믿음은 사회과학에서 1960년대의 실증주의에서 그것의 정점에 도달했으며 그 이후 서서히 쇠퇴하였다. 비판적 실재론자들이 입증하였듯이 그러한 모델은 사회과학은 물론 자연과학에 대해서조차 적합하지 않다. 왜냐하면 세계는 개방되어 있으며 이런 세계에서는 질적 변동과 변이와 다양한 정도의 불규칙성이 정상적인 것이기 때문이다. 2,000년 전에 아리스토텔레스가 주장하였듯이 이론적 지식에 더해 우리는 개별자들에 대한 지식을 필요로 한다. 이 지식은 일반적으로 경험과 실천적 관여에서 나온다. 아리스토텔레스는 또한 주제가 허락하는 것 이상의 정확성을 기대하지 말라고 학자들에게 경고했다. 몇몇 주제들은 혼돈스러우며 끊임없이 변화한다. 점진적 변화가 있는 곳에서는 그것들을 명확한 단계들로 표시하는 것이 적절하지 않다. 우리는 유사점과 차이점, 안정과 변동, 구조, 질서와 혼란, 필연과 우연의 세계에 살고 있다. 흔히 우리가 사용하는 매우 추상적인 '얇은(thin)' 개념들은 특정 종류의 사회의 어떤 기본적인 공통의 특징들을 판별내해지만 그것들을 구체적인 상황에 적용하기 위해서는 우리는 더 구체적인, 더 두꺼운(thick) 개념들로 이동하고 '두꺼운 서술'을 사용할 필요가 있을 것이다. 때때로 우리는 새로운 발전을 다루는 새로운 개념들을 만들어내야 할 것이다. 그러므로 개념화, 추상에서 구체로의 운동, 그리고 이론과 경험의 관계는 사회과학방법론에서 여전히 중심적인 쟁점들이다.

물론 자연과학과 마찬가지로 사회과학도 '진리의 왕도'를 제공할 수 없다. 우리가 방법을 아무리 잘 선택하더라도 우리의 사고방법들 때문에 우리는 낙담할 수도 있다. 지식은 오류가능하다. 즉, 지식은 그 대상에 관해 정확하지 않을 수 있다. 우리의 관념의 진리성이나 적합성은 실천과 관련된 사안이며 우리가 개선하고자 노력할 수 있는 것이다. 확실히 우리는 단지 이미 존재하고 있는 '보는 방법들'을 통해서만 사물들을 알아낼 수 있고, 그러므로 우리의 관념을 세계와 어떻게 비교할 것인가를 알아보기 위하여 이 방법들에서 벗어나서 '옆길'로 들어설 수는 결코 없다. 그럼에도 불구하고 많은 경우 우리는 우리의 믿음과 상치하는 반대증거를 기록할 수 있는데, 우리의 기대가 예측하는 것과 발생하는 일이 상이한 경우나 우리가 어떤 일에 부딪혔을 때 그렇게 할 것이다. 그러한 실패에 대응하여 발전시킬 수 있는 수정된 관념도 또한 원칙적으로 오류가능하다. 그렇지만 이것이 진보란 없다는 것을 의미하는 것은 아니다. 예를 들어 여성주의 사회과학은 그것의 주장을 끊임없이 수정해왔지만 이것이 여성주의 사회과학이 제자리에서 맴돌고 있다는 것을 의미하지는 않는다. 여성주의 사회과학은 바로 지속적·경험적·이론적 평가와 비판을 통해서 여성주의 이전의 사회과학과 달리 우리에게 많은 것을 볼 수 있게 해주고 그러므로 사회에 대한 더 진실인 또는 더 적합한 해명을 발전시켰다. 실재론의 가장 단순하고 기본적인 견해는, 세계의 성질은 세계를 관찰하는 사람들이 세계에 관해 가진 생각에서 대체로 독립해 있으며 바로 이것이 우리 지식의 적합성과 오류가능성 둘 모두를, 훌륭하게는 아니더라도, 설명한다는 것이다. 실제로 기후변화가 진행되고 있는가 여부는 그 사안에 대한 우리의 견해에 따라 좌우되는 것이 아니다. 신보수주의는 그것의 창시자들의 의견에 의해 형성된 사회구성물이지만, 나의 구성물은 아니다. 신보수주의가 무엇이든지 간에 그것은 그것에 대한 나의 생각과 관계없이 움직인다. 그러므로 신보수주의에 관한 나의 믿음은 참일 수도 있고 아닐 수도 있다. 여성에 대한 폭력은 여성과 남성에 관한 견해들 그리고 사회 전체에서 무엇이 정당한 것인가에 관한 견해들의 영향을 분명히 받았다. 그러나 그 폭력이 단지 그 문제에 관한 관찰자의 견해의 산물인 것은 아니다. 여성에 대한 폭력이 얼마나 흔히 일어나는가를 모르는 사람들이 더 많다. 우리가 오인할 수 있는 객관적 상황이 존재하지 않는다면, 우리는 그저 아무런 생각이나 만들 수 있을 것이고 그런 생각들이 오류일 수는 없을 것이다. '나치의 유대인 대학살(Holocaust)'

은 일어나지 않았다는 생각은 그것이 일어났다는 생각과 똑같이 타당할 것이다. 많은 사람이 상상하는 것과 달리 실재론은 우리가 절대적이고 오류 없는 지식을 성취할 수 있다고 주장하지 않는다. 오히려 실재론과 오류가능주의는 서로를 전제한다. 더 큰 진리나 실천적 적합성을 향한 진보는 가능하지만 완벽한 지식을 기대할 수는 없다.

그리고 세이어는 선택한 연구 주제를 해석하는 데 어떤 이론들과 연구방법들을 사용해야 하는가를 묻는 연구자들에게 일반적으로 '당신이 알고 있는 것을 모두 사용하라'고 권유한다. 연구자가 훈련 과정에서 배운 이론들과 방법들뿐 아니라 자신의 경험을 통해서 알고 있는 것까지 모두 사용하라는 것이다. 이론들은 선택적이고 일면적인 것으로 특정의 구조들과 속성들만을 조명할 뿐이다. 그것은 이론들의 장점이지만 또한 단점이기도 하다. 더욱이 특정의 주제에 관련된 모든 이론들이 직접 경쟁하는 것은 아니며 부분적으로 보완적일 수도 있다. 그러므로 이러한 가능성을 받아들이고 상이한 이론들과 관점들을 비교하는 것이 일반적으로 유익하다. 물론 우리는 서로 모순되는 생각들을 조합하는 것은 경계해야 한다. 확실히 일상의 지식과 경험은 자주 오해를 초래하고 우리는 그것들에 대해서는 흔히 검토하지 않지만, 그러므로 우리는 그것들을 신중하게 다뤄야 하지만, 그것들을 쓸모없는 것이고 이데올로기적인 것이라고 미리 배제하는 일종의 이론주의적 엘리트주의에 대해서도 경계해야 한다. 그것들은 풍부함과 실천적 융통성을 가지고 있기 때문에 통찰력의 유용한 원천이 될 수 있다. 어떤 주제들에 대해서는 소설이나 문학작품들이, 특히 주체적 경험의 성질에 관하여, 유용한 통찰을 제공할 수도 있다. 물론 그것들의 적합성은 주제와 관련해서 평가해야 한다.

사회과학의 주제인 사회세계의 여러 특징 가운데 사회과학이 명시적으로 또는 암묵적으로 상정하는 인간존재의 모델에 관해서는 비판적 실재론의 견해가 탁월하다는 것이 세이어의 판단이다. 비판적 실재론은 특징적으로 인간에 관한 두 가지 모델, 즉 실제의 일을 만들어내는 인과적 행위주체로서 인간존재와 여러 방식으로 세계를 해석하는 '의미 제조자'로서 인간존재를 결합하고 있다. 통상적으로 이 두 모델은 단순히 다른 것이 아니라 양립불가능한 것으로 상정되어 왔다. 두 모델을 결합하는 비판적 실재론의 접근은 우리가 두 가지 모델 중 어느 하나를 선택해야 한다고 상정하는 접근들보다 훨씬 진보한 것이다. 그렇지만 이 접근에서도 동물로서 인간이라는 우리의 본성, 즉 생존하기 위하여 우리의 삶의 조건을 지속적으로 재생산해야 하는 그리고 번성하기도 하고 재난을 당하기도 하는 존재는 다루지 못하고 있다는 것이 세이어의 평가다. 그리고 세이어는 '필요에 기초한 사회적 존재와 행위의 개념(needs-based conception of social being and action)'을 제안한다. 이것은 사람들을 인과적 행위주체로 그리고 자기해석적인 의미제조자로 볼 뿐 아니라 (결핍을 특징으로 하는) 필요를 가진 욕망하는 존재로, 타인에 의존하며 세계에 대해 돌봄과 염려의 정향을 갖는 존재로 보는 것이다. 여기서 사용하는 '필요'라는 용어는 결핍, 욕구, 욕망 등을 포괄하는 생략어이며 특정의 문화적 실천에 참여하고 헌신하는 것에서 도출되는 '문화적으로 획득하거나 발현한 필요'라고 부를 수 있는 것을 포함한다. 분명히 필요와 욕구는 노력이나 행운을 통하여 종종 충족되거나 만족될 수도 있으며 변화할 수도 있다. 그러므로 우리는 이전까지는 그렇게 하지 않았던 것을 원하고 즐길 수 있게 되지만 이런 넓은 의미의 필요성은 생물학적이고 문화적인 존재로서 우리에게 기본적인 것이다. 인간이 가진 '필요성'과 취약성을 인식하지 못하면 인과성이나 책임성을 잘못 추정하게 되고, 그러므로 예를 들어 담론들을 그 자체가 인간을 동기 지을 수 있는 것으로 취급하게 된다. 해석학은 우리에게 사람들을 의미제조자로 볼 수 있게는 하지만 그들의 어떤 특성 때문에 사람들이 특정의 것을 중요하게 받아들이는가를 이해하는 데에는 도움을 주지 못한다. 사람들은 다른 객체들처럼 단순히 인과적 힘만을 갖거나 단순히 이해하기만 하는 것이 아니라 그들의 필요성, 취약성 그리고 의존성 때문에 이해관심의 세계와 관계를 갖는다.

여기서 세이어는 '필요에 기초한 모델'에서 의미를 다루는 작업은 해석학적 접근을 넘어선다고 분석한다. 왜냐하면 그 작업은 기표와 기의, 공유한 지식들 그리고 규칙 준수만을 다루는 것이 아니라 의의(significance)와 함의(import)도 다루기 때문이다. 바로 이것이 사람들이 '어떤 것이 그들에게 의미하는 것' — 그들의 친구들이 그들에게 무엇을 의미하는가 또는 이민자라는 것이 무엇을 의미하는가 등과 같이 — 에 관해 이야기할 때 가리키는 것이다. 이 경우 사람들은 그런 것들에 정의를 부여할 뿐 아니라 또는 필수적인 두꺼운 서술을 부여할 뿐 아니라 그것들이 그들에 대해 갖는 의의나 함의, 그들이 그것들을 어떻게 평가하는가, 그것들이 그들의 안녕이나 그들이 염려하는 다른 것들에 어떻게 영향을 미치는가 등에 대한 표지(標識)도 제공한다. 그러므로 민족지 연구는 특정 집단의 성원들이 본래 협약이나 공유된 해석으로서의 의미에 입각하여 서로에 대해 어떻게 이해하고 어떻게 행위하는가에 대해서는 감정 없이 사무적으로(matter-of-fact way) 설명할 수도 있지만 왜 일부의 사물들이 행위자들에게 특별한 함의나 의의를 갖는가에 대해서는 거의 표지를 제공하지 않는다. 많은 사회과학적 해명이 이것을 무시하는 한, 그 해명들은 사회적 삶이 내부자의 관점에서 볼 때 어떠한 것인가에 대해 적절한 인상을 제공하지 못하는 '소외된 사회과학'을 산출한다고 세이어는 경고한다.

'개정 2판의 머리말'은 이런 주장 이후에는 『사회과학방법론』 2판을 출판한 뒤에 사회과학 분야에서 발표된 실재론과 방법에 관한 문헌들을 소개하고 있지만 소개가 충실하다고 보기는 어렵다. 따라서 여기서는 국내에서

출판된 문헌을 중심으로 소개하는 것이 독자들에게는 더 유익할 것이다. 먼저 『사회과학방법론』이 기초하고 있는 입장인 비판적 실재론의 주요한 글들은 『초월적 실재론과 과학』과 『비판적 자연주의와 사회과학』(아처, 2005)에 실려 있다. 이 두 책은 *Critical Realism: Essential Readings*(Archer, M.S., Bhaskar, R., Collier, A., Lawson, T. and Norrie, A. eds. Routledge, 1998)의 1부와 2부를 옮긴 것이다. 앞의 것은 비판적 실재론 입장의 과학철학 일반, 뒤의 것은 사회과학철학을 내용으로 하고 있다. 특히 이 두 책에서는 비판적 실재론을 주도하고 있는 바스카의 핵심적인 글들을 읽을 수 있다. 바스카의 저작으로는 『비판적 실재론과 해방의 사회과학』(2007)이 있다. 이 책은 *Reclaiming Reality: A Critical Introduction to Contemporary Philosophy*(1989)를 번역한 것이다. 비판적 실재론을 정식화하고 있을 뿐 아니라 실증주의, 협약주의, 로티의 실용주의 등에 대한 비판적 실재론의 입장에서의 비판도 담고 있다. 콜리어의 *Critical Realism: An Introduction to Roy Bhaskar's Philosophy*(1994)를 번역한 『비판적 실재론: 로이 바스카의 과학철학』(2010)은 비판적 실재론 전반에 대한 상세한 안내다. 비판적 실재론의 입장에서 연구방법을 다루는 문헌으로는 다네르마르크 등(Danermark, B., Ekström, M., Jakobsen, L. and Karlsson)의 *Explaining Society: Critical Realism in the Social Sciences*(1997)을 번역한 『새로운 사회과학방법론』(2004)이 있다. 세이어의 『사회과학방법론』이 여전히 과학철학의 주요 쟁점을 중심으로 삼고 있는 반면 다네르마르크 등의 이 책은 추상화, 일반화, 과학적 추론, 이론, 연구방법 등 연구과정에서 제기되는 쟁점들을 중심으로 삼고 있다. 옮긴이가 쓰고 있는 『사회과학의 철학적 기초』(근간)도 사회과학의 연구와 관련된 실질적인 문제들을 다루고 있다. 영어권에서는 사회과학철학 및 방법론 분야에서 비판적 실재론이 이제 유력한 입장으로 자리 잡아서 다양한 논의들이 급속하게 증가하고 있지만 국내

에서는 여전히 비판적 실재론에 관한 논의는 말할 것도 없고 사회과학의
특성과 방법에 관한 논의 자체를 찾아보기 어렵다. '과학자들은 그들이 철
학을 무시하거나 경멸함으로써 철학에서 해방될 수 있다고 믿지만 사유하
기 위해서는 사유규정들이 필요하기 때문에 그들은 철학에서 해방된 것이
아니라 가장 나쁜 철학에 예속되어 있는 것'이라는 경고를 상기해야 하는
상황이다.

　이런 상황에서도 『사회과학방법론』이 10년 이상 생명을 유지할 수 있도
록 꾸준히 찾아주신 독자들께 거듭 고마움의 말씀을 올리며, 사회과학도들
이 사회과학이란 무엇인가, 어떻게 실행할 것인가에 대해 생각을 가다듬는
데 이 책이 촉매로 구실하기를 기대한다.

2013년 3월

이기홍

참고문헌

Abel, T. 1948, "The operation called Verstehen," *American Journal of Sociology* 54, pp.211-218.

Abercrombie, M. L. J. 1960, *The Anatomy of Judgment*, Harmondsworth: Penguin.

Abrams, P. 1982, *Historical Sociology*, Ithaca, NY: Cornell University Press.

Adorno, T. et al. 1976, *The Positivist Dispute in German Sociology*, London: Heinemann.

Allen, J. 1983, "Property relations and landlordism: a realist approach," *Society and Space* 1, no.2, pp.191-204.

_____. 1983, "In search of a method: Hegel, Marx and realism," *Radical Philosophy* 35, pp.26-33.

Allen, J and L. McDowell. 1989, *Landlords and Property*, Cambridge: Cambridge Universiry Press.

Anderson, P. 1980, *Arguments within English Marxism*, London: New Left Books.

Apel, K.-O. 1972, "Communication and the foundations of the humanities," *Acta Sociologica* 15, pp.7-27.

Arthur, C.(ed.), 1974, *The German Ideology*, London: Lawrence and Wishart.

Auerbach, P. 1989, *Competition: the Economics of Industrial Change*, Cambridge: Polity.

Barnes, B. 1974, *Scientific Knowledge and Sociological Theory*, London: Routlege and Kegan Paul.

_____. 1977, *Interests and the Growth of Knowledge*, London: Routledge and Kegan Paul.

Barrett, M. 1980, *Women's Oppression Today*, London: New Left Books.

Bassett, K. and J. Short. 1980, *Housing and Residential Structure: Alternative Approaches*, London: Routledge and Kegan Paul.

Baynes, K., J. Bohman and T. A. McCarthy(eds.). 1987, *After Philosophy: End or Transformation?* Cambridge, Mass.: MIT Press.

Benton, T. 1977, *Philosophical Foundations of the Three Sociologies*, London: Routledge and Kegan Paul.

Berelson, B. R. and G. A. Steiner. 1964, *Human Behavior: an inventory of scientific findings*, New York: Harcourt.

Berger, P. L. and T. Luckmann. 1967, *The Social Construction of Reality*, London: Allen Lane.

Bernal, J. D. 1969, *Science in History*, Harmondsworth: Penguin.

Bernstein, R, J. 1976, *The Restructuring of Social and Political Theory*, Oxford: Blackwell.

Bhaskar, R. 1975, *A Realist Theory of Science*, Leeds: Leeds Books.

_____. 1976, "Two philosphies of science," *New Left Review* 94, pp.31-55.

_____. 1979(2nd edn 1989), *The Possibility of Naturalism*, Hassocks: Harvester.

_____. 1989, *Reclaiming Reality*, London: Verso.

Birnbaum, I. 1981, *An Introduction to Causal Analysis in Sociology*, London: Macmillan.

Blackburn, R. 1972, *Ideology and Social Science*, London: Fontana.

Blalock, H. M. 1961, *Causat Inferences in Non-experimental Research*, Chapel Hill, NC: University of North Carolina Press.

_____. 1972, *Methods of Social Research*, New York: McGraw-Hill.

Blalock, H. M. and A. B. Blalock. 1968, *Methodology in Social Research*, New York: McGraw-Hill.

Blaug, M. 1980, *The Methodology of Economics*, Cambridge: Cambridge University Press.

Blaut, J. 1972, "Space and process," in W. K. D. Davies(ed.), *The Conceptual Revolution in Geography*, London: University of London Press, pp.42-51.

Bloch, M. 1989, *Ritual, History and Power: Selected Papers in Anthropology*, London: Athlone.

Boudon, R. 1974, *The Logic of Sociological Explanantion*, Harmondsworth: Penguin.

Bourdieu, P. 1977, *Outline of a Theory of Practice*, Cambridge: Cambridge Uni- versity Press.

_____. 1981, "Men and machines," in K. Knorr-Cetina and A. V. Cicourel (eds.), *Advances in Social Theory and Methodology: Towards an Intergration of Micro- and Macro-Sociologies*, Boston: Routledge, pp.304-318.

_____. 1986, *Distinction: Towards a Social Critique of the Judgement of Taste*, London: Routledge.

_____. 1988, "Vive la crise: for heterodoxy in the social sciences," *Theory and Society* 17, pp.773-787.

Brenner, M., P. Marsh and M. Brenner. 1979, *The Social Context of Method*, London: Croom Helm.

Campbell, D. T. 1978, "Qualitative knowing in action research," in M. Brenner, P. Marsh and M. Brenner(eds.), *The Social Context of Method*, London: Croom Helm, pp.184-209.

Castells, M. 1977, *The Urban Question*, London: Edward Arnold.

Chambers, R. 1982, *Rural Development: Putting the Last First*, London: Longman.

Chorley, R. J. and P. Haggett(eds.). 1967, *Models in Geography*, London: Methuen.

Christaller, W. 1968, *Central Places in Southern Germany*, trans. C. W. Baskin,

Englewood Cliffs, NJ: Prentice-Hall.

Clarke, J, 1969, *Statistics and Experimental Design*, London: Edward Arnold.

Clifford, J. and G. E. Marcus(eds.). 1986, *Writing Culture: The Poetics and Politics of Ethnography*, Berkeley, Calif.: University of California Press.

Cohen, S.(ed.). 1971, *Images of Deviance*, Harmondsworth: Penguin.

_____. 1972, *Folk Devils and Moral Panics*, London: MacGibbon.

_____. 1986, *Historical Culture*, Berkeley and Los Angeles: University of California Press.

Collier, A. 1979, "In defence of epistemology," *Radical Philosophy* 20, pp.8-21.

_____. 1989, *Scientific Realism and Socialist Thought,* Hemel Hempstead: Wheatsheaf.

Connerton, P.(ed.). 1976, *Critical Sociology*, Harmondsworth: Penguin.

Connolly, W. E. 1983, *The Terms of Political Discourse*, Oxford: Martin Robertson.

Darby, H. C. 1962, "The problem of geographical description," *Transactions of the Institute of British Geographers* 30, pp.1-14.

Dobb, M. 1937, "The trend in modern economics," in E. K. Hunt and J. G. Schwartz(eds.), *A Critique of Economic Theory*, Harmondsworth: Penguin, pp.39-82.

_____. 1973, *Theories of Value and Distribution since Adam Smith*, Cambridge: Cambridge University Press.

Douglas, M. 1973, *Rules and Meanings,* Harmondsworth: Penguin.

Eagleton, T. 1983, *Literary Theory: An Intoduction*, Oxford: Blackwell.

Elson, D. 1979, *Value: The Representation of Labour in Capitalism,* London: CSE Books.

Elster, J. 1978, *Logic and Society*, London: Wiley.

Fay, B. 1975, *Social Theory and Political Practice*, London: George Allen and Unwin.

Fine, B. 1980, *Economic Theory and Ideology*, London: Edward Arnold.

Forrester, J. 1968, *Principles of Systems,* Cambridge, Mass.: Wright Allen

Press.

Foucault, M. 1980, *Power/Knowledge,* Brighton: Harvester.

Freeman, C., J. Clark and L. Soete. 1982, *Unemployment and Technical Innovation: a Study of Long Waves and Economic Development,* London: Frances Printer.

Friedman, M. 1953, *Essays in Positive Economics*, Chicago: University of Chicago Press.

Fromm, E. 1976, *To Have or to Be,* London: Harper and Row.

Geertz, C. 1973, *The Interpretation of Cultures,* New York: Basic Books.

Gellner, E. 1968, "The new idealism: cause and meaning in the social sciences," in A. Musgrave and I. Lakatos(eds.), *Problems in the Philosophy of Science*, Amsterdam and reprinted in Gellner's(1973) *Cause and Meaning in the Social Sciences*(ed. with a preface by I. C. Jarvie and J. Agassi), London: Routledge and Kegan Paul.

_____. 1970, "Concepts and Society," in B. R. Wilson(ed.), *Rationality,* Oxford: Blackwell.

_____. 1987, *Culture, Idenity and Politics*, Cambridge: Cambridge University Press.

Georgescu-Roegen, N. 1966, *Analytical Economics,* Cambridge, Mass.: Cambridge University Press.

_____. 1971, *The Entropy Law and the Economic Process*, Cambridge, Mass.: Harvard University Press.

Giddens, A. 1976, *New Rules of Sociological Method*, London: Hutchinson.

_____. 1977, *Studies in Social and Political Theory*, London: Hutchinson.

_____. 1979, *Central Problems in Social Theory*, London: Macmillan.

_____. 1981, *A Contemporary Critique of Historical Materialism,* London: Macmillan.

_____. 1982, *Profiles in Social Theory*, Cambridge: Polity.

_____. 1984, *The Constitution of Society*, Cambrdge: Polity.

_____. 1987, *Social Theory and Modern Society*, Oxford: Blackwell.

Giedymin, J. 1975, "Antipositivism in contemporary philosophy of science and humanities," *British Journal of Philosophy of Science* 26, pp.275-301

Goffman, E. 1981, "The presentation of self," in D. Potter et al., *Society and the Social Sciences,* London: Routledge and Kegan Paul.

Goldmann, L. 1969, *The Human Sciences and Philosophy,* London: Jonathan Cape.

Gombrich, E. G. 1960. *Art and Illusion,* London: Phaidon.

Gorz, A. 1982, *Farewell to the Working Class,* London: Pluto.

Gould, P. 1970. "Is Statistix Inferens the geographical name for a wild goose?" *Economic Geography* 46, pp.439-448.

Gregory, D. 1985, "Suspended animation: the stasis of diffussion theory," in D. Gregory and J. Urry(eds.), *Social Relations and Spatial Structure,* London: Macmillan, pp.296-336.

Gregory, D. and J. Urry. 1985, *Social Relations and Spatial Structure,* London: Macmillan.

Habermas, J. 1972, *Knowledge and Human Interests,* London: Heinemann.

Hacking, I. 1983, *Representing and Intervening,* Cambridge: Cambridge University Press.

Hagerstrand, T. 1985, "Time-geography: focus on the corporeality of man, society, and environment," *The Science and Praxis of Complexity,* London: United Nations University.

Haggett, P. 1965, *Locational Analysis in Human Geography,* London: Edward Arnold.

Hakim, C. 1987, *Research Design,* London: Allen and Unwin.

Hall, S. et al. 1978, *Policing the Crisis,* London: Macmillan.

Harŕe, R. 1961, *Theories and Things,* London: Sheed and Ward.

_____. 1970, *The Principles of Scientific Thinking,* London: Macmillan.

_____. 1972, *The Philosophies of Science,* Oxford: Oxford University Press.

_____. 1979, *Social Being,* Oxford: Blackwell.

_____. 1981, "Philosophical aspects of the micro-macro problem," in K. Knorr-Cetina and A. V. Cicourel(eds.), *Advances in Social Theory and Methodology: Toward an Integration of Micro- and Macro-sociologies,* Boston: Routledge pp.139-160.

_____. 1986, *Varieties of Realism*, Oxford: Blackwell.

Harŕe, R. and E. H. Madden. 1975, *Causal Powers*, Oxford: Blackwell.

Harŕe, R. and P. F. Secord. 1972, *The Explanation of Social Behaviour*, Oxford: Blackwell.

Harvey, D. 1973, *Social Justice and the City*, London: Edward Arnold.

_____. 1987, "Three myths in search of reality in urban studies," *Environment and Planning D: Society and Space* 5, pp.367-376.

_____. 1989, *The Postmodern Condition*, Oxford: Blackwell.

Held, D. 1980, *Introduction to Critical Theory*, London: Hutchinson.

Hempel, C. 1965, *Aspects of Scientific Explanation*, New York: The Free Press.

Hesse, M. 1974, *The Structure of Scientific Inference*, London: Macmillan.

_____. 1980, *Revolutions and Reconstructions in the Philosophy of Science*, Hassocks: Harvester.

Horkheimer, M. 1976, "Traditional and critical theory," in P. Connerton (eds.), *Critical Sociology*, Harmondsworth: Penguin, pp.206-224.

Institute for Workers' Control. 1977, "A workers' enquiry into the motor industry," *Capital and Class* 2, pp.102-118.

Irvine, J., I. Miles and J. Evans(eds.). 1979, *Demystifying Social Statistics*, London: Pluto.

Issac, J. 1988, *Power and Marxist Theory: A Realist View, Ithaca*, New York: Cornell University Press.

Jefferson, A. and D. Robey(eds.). 1986, *Modern Literary Theory: A Comparative Introduction*, London: Batsford.

Jessop. B. 1982, *The Capitalist State*, Oxford: Martin Robertson.

Jones, G. Stedman. 1971, *Outcast London*, Oxford: Clarendon Press.

Journal for the Theory of Social Behavior 13, no.1, 1983.

Keat, R. 1979, "Positivism and statistics in social science," in J. Irvine, I. Miles and J. Evans(eds.), *Demystifying Social Statistics*, London: Pluto, pp.75-86.

Keat, R. and J. Urry. 1975(2nd edn., 1982), *Social Theory and Science*, London: Routledge and Kegan Paul.

Kornai, J. 1986, *Contradictions and Dilemmas: Studies on the Socialist Economy and Society*, Cambridge, Mass.: MIT Press.

Kuhn, T. S. 1970, *The Structure of Scientific Revolutions*, Chicago: University of Chicago Press.

Lackoff, G. 1987, *Women, Fire and Dangerous Things: What Categories Reveal About the Mind*, Chicago: University of Chicago Press.

Lakatos, I. 1970, "Falsification and the methodology of scientific research programmes," in I. Lakatos and A. Musgrave(eds.), *Criticism and the Growth of Knowledge*, Cambridge: Cambridge University Press, pp.91-196.

Layder, D. 1990, *The Realist Image in the Social Science*, London: Macmillan.

Leontief, W. 1971, "Theoretical assumption and non-observed facts," *American Economic Review* 61, pp.1-7.

Lichtheim, G. 1967, *The Conception of Ideology*, New York: Random House.

Lipsey, R. G. 1963, *An Introduction to Positive Economics*, London: Weidenfeld and Nicolosn.

Losch, A. 1954, *The Economics of Location, New Haven*, Connecticut: Yale University Press.

Louch, A. R. 1966, *The Explanation of Human Action*, Oxford: Blackwell.

Lyons, J. 1981, *Language, Meaning and Context*, London: Fontana.

Maki, U. 1989, "How to combine rhetoric and realism in the methodology of economics," *Economics and Philosophy* 4, pp.89-109.

Manicas, P. 1987, *A History and Philosophy of the Social Sciences*, Oxford: Blackwell.

Marcus, G. E. and M. M. J. Fischer, 1986, *Anthropology as Cultural Critique*, Chicago: University of Chicago Press.

Marx, K. 1926, *The Eighteenth Brumaire of Louis Bonaparte*, London: George Allen and Unwin.

_____. 1956, *The Poverty of Philosophy*, Moscow: Foreign Languages Publishing House.

_____. 1963, *Capital*, vol.1, 2 and 3, London: Lawrence and Wishart.

_____. 1973, *Grundrisse*, Harmondsworth: Penguin.

_____. 1975, *Early Writings*, Harmondsworth: Penguin.

_____. 1976, *Capital*, vol.1, Harmondsworth: Penguin.

Massey, D. B. and R. A. Meegan, 1982, *The Anatomy of Job Loss*, London: Methuen.

Mattick, P. 1986 *Social Knowledge: An Essay on the Nature and Limits of Social Science*, London: Hutchinson.

Meadows, D. H. et al. 1972, *The Limits to Growth*, London: Earth Island.

Meikle, S. 1979, "Dialectical contradiction and necessity," in J. Mepham and D.-H. Ruben(eds.), *Issues in Marxist Philosophy*, vol.1: Dialectics and Method, Hassocks: Harvester.

Menzies, K. 1982, *Sociological Theory in Use*, London: Routledge and Kegan Paul.

Mill, J. S. 1961, *A System of Logic*, London: Longman.

Momsen, J. and J. Townsend. 1984, *Gender and Geography in the Third World*, London: Hutchinson.

Morgan, K. and A. Sayer. 1988, *Microcircuits of Capital: 'Sunrise' Industry and Uneven Development*, Cambridge: Polity.

Moulaert, F. and E. Swyngedouw. 1989, "A regulation approach to the geography of flexible production systems," *Environment and planning D: Society and Space* 7, pp.249-262.

Nelson, J. S., A. Megill and D. M. McCloskey(eds.). 1987, *The Rhetoric of the Human Sciences*, Madison, Wisconsin: University of Wisconsin Press.

Nelson, R. R. 1986, "The tension between process stories and equilibrium models: analyzing the productivity-growth slowdown of the 1970s," in R. Langlois(ed.), *Economics as a Process*, Cambridge: Cambridge University Press, pp.135-150.

Norman, R. 1972, "On seeing things differently," *Radical Philosophy* 1, pp.6-12.

Norris, C. 1985, *The Contest of Faculties*, London: Methuen.

Nove, A. 1983, *The Economics of Feasible Socialism,* London: George Allen and Unwin.

Oakley, A. 1981, "Interviewing women: a contradiction in terms," in H. Roberts(ed.), *Doing Feminist Research,* London: Routledge and Kegan Paul.

O'Connor, D. J. O. and B. Carr. 1982, *Introduction to the Theory of Knowledge,* Brighton: Harvester.

Open University. *DE 304 Research Methods in Social Science,* Milton Keynes: Open University Press.

Österberg, D. 1988, *Metasociology: an Inquiry into the Origins and Validity of Social Thought,* Oslo: Norwegian University Press.

Outhwaite, W. 1987, *New Philosophies of Social Science,* London: Macmillan.

Pawson, R. 1989, *A Measure for Measure: a Manifesto for Empirical Sociology,* London: Rougledge.

Pearson, K. 1982, *The Grammar of Science,* London: Dent.

Platt, J. 1986, "Functionalism and the survey: the relationship of theory and method," *Sociological Review* 34, pp.501-536.

Popper, K. R. 1945, *The Open Society and its Enemies,* vol.1, 2, London: Rout-ledge and Kegan Paul.

_____. 1957, *The Poverty of Historicism,* London: Routledge and Kegan Paul.

_____. 1959, *The Logic of Scientific Discovery,* London: Hutchinson.

_____. 1963, *Conjectures and Refutations,* London: Routledge and Kegan Paul.

Pratt, V. 1980, *The Philosophy of Social Science,* London: Tavistock.

Putnam, H. 1978, *Meaning and the Moral Science,* London: Routledge and Kegan Paul.

Quine, W. V. O. 1961, *From a Logical Point of View,* Cambridge, Mass.: Har- vard University Press.

Ricoeur, P. 1976, "Restoration of meaning or reduction of illusion?" in P. Connerton, *Critical Sociology,* Harmondsworth: Penguin, pp.194-203.

_____. 1982, *Hermeneutics and the Human Sciences,* Cambridge: Cambridge Uni- versity Press.

Robinson, J. 1962, *Economic Philosophy*, Harmondsworth: Penguin.

Roemer, J. 1988, *Free to Lose,* London: Radius.

Rorty, R. 1980, *Philosophy and Mirror of Nature*, Oxford: Blackwell.

Rosaldo, R. 1987, "Where objectivity lies: the rhetoric of anthropology," in J. S. Nelson, A. Megill and D. M. McCloskey(eds.), *The Rhetoric of the Human Sciences*, Madison, Wis.: University of Wisconsin Press, pp.87-110.

Sack, R. D. 1973, "A concept of physical space," *Geographical Analysis* 5, pp.16-34.

_____. 1980, *Conceptions of Space in Social Thought*, London: Macmillan.

Sacks, O. 1986, *The Man who Mistook his Wife for a Hat*, London: Picador.

Sartre, J.-P. 1963, *Search for a Method,* New York: Vintage Books.

Saunders, P. 1981, *Social Theory and the Urban Question,* London: Hutchinson.

_____. 1983, "On the shoulders of which giant?: the case for Weberian urban political analysis," *Urban Studies Yearbook* 1, pp.41-63.

Sayer, A. 1976, "A critique of urban modelling," *Progress in Planning* 6, no.3, pp.187-254.

_____. 1979, "Theory and empirical research in urban and regional political economy: a sympathetic critque," *University of Sussex Urban and Regional Studies Working Paper,* no.14.

_____. 1979, "Epistemology and conceptions of people and nature in geogra- phy," *Geoforum* 10, pp.19-44.

_____. 1981, "Abstraction: a realist interpretation," *Radical Philosophy* 28, pp.6-15.

_____. 1981, "Defensible values in geography," in R. J. Johnston and D. T. Herbert(eds.), *Geography and the Urban Environment* vol.4, London: Wiley, pp.29-56.

_____. 1982, "Explanation in economic geography," *Progress in Human Grogra- phy,* no.1, pp.68-88.

_____. 1985, "The difference that space makes," in J. Urry and D. Greg- ory(eds.), *Social Relations and Spatial Structures*, London: Macmillan, pp.49- 66.

_____. 1989, "The 'new' regional geography and problems of narrative," *Environment and Planning D: Society and Space* 7, pp.253-276.

_____. 1989, "Dualistic thinking and rhetoric in geography," *Area* 21, pp.301- 305.

_____. 1991, "Beyond the locality debate: deconstructing gepgraphy's dualism," *Environment and Planning A* 23, pp.283-308.

_____. 1991, "Space and social theory," in B. Wittrock and P. Wagner (eds.), *Social Theory and Human Agency*, Stockholm.

Sayer, A. and K. Morgan. 1984, "A modern industry in a declining region: links between method, theory and policy," in D. Massey and R. A. Meegan(eds.), *The Politics of Method*, London: Methuen.

Sayer, D. 1979, *Marx's Method: Science and Critique in Capital*, Hassocks: Harvester.

Schmidt, A. 1971, *The Concept of Nature in Marx*, London: New Left Books.

Schon, D. 1963, *Displacement of Concepts*, London: Tavistock.

Scott, A. J. and D. P. Angel. 1987, "The US semiconductor industry: a locational analysis," *Environment and Planning A* 19, pp.875-912.

Shackle, G. L. S. 1967, *Time in Economics*, Amsterdam: North-Holland.

Shapere, D. 1966, "Meaning and scientific change," in R. Colodny(ed.), *Mind and Cosmos*, Pittsburgh: University of Pittsburgh Press, pp.41-85.

Skillen, T. 1979, "Discourse fever: post marxist modes of production," *Radical Philosophy* 20, pp.3-8.

Skinner, B. F. 1972, *Beyond Freedom and Dignity*, London: Jonathan Cape.

Smart, B. 1976, *Sociology, Phenomenology and Marxian Analysis*, London: Routledge and Kegan Paul.

Smith, N. 1987, "Dangers of the empirical turn," *Antipode,* no.3, pp.59-68.

_____. 1990, "Uneven development and location theory," in R. Peet and N. Thrift(eds.), *New Models in Geography,* vol.1, London: Allen and Unwin.

Sohn-Rethel, A. 1978, *Intellectual and Manual Labour*, London: Macmillan.

Soja, E. W. 1989, *Postmodern Geographies*, London: Verso.

Soper, K. 1979, "Maxism, materialism and biology," in J. Mepham and D.-H. Ruben(eds.), *Issues in Marxist Philosophy,* vol.2, Hassocks: Harvester.

Storper, M. and R. A. Walker. 1989, *The Capitalist Imperative*, Oxford: Black- well.

Taylor, C. 1967, "Neutrality in political science," in A. Ryan(ed.)(1973), *The Philosophy of Social Explanation,* Oxford: Oxford University Press, pp.139-170.

_____. 1971, "Interpretation and the science of man," Review of Metaphysics 25 and reprinted in P. Connerton(ed.), 1976, *Critical Sociology*, Harmondsworth: Penguin, pp.3-51.

_____. 1987, "Overcoming epistemology," in K. Baynes, J. Bohman and P. A. McCarthy(eds.), *After Philosophy: End or Transformation?* Cambridge, Mass.: MIT Press.

Thompson, E. P. 1979, *The Poverty of Theory*, London: Merlin.

Thrift, N. 1983, "On the determination of social action in space and time," *Society and Space* 1, pp.23-57.

Urry, J. 1981, *The Anatomy of Capitalist Societies*, London: Macmillan.

_____. 1987, "Society, space and locality," *Environment and Planning D: Society and Space* 5, 4, pp.435-444.

Walby, S. 1986, *Patriarchy at Work*, Cambridge: Polity.

Wallman, S. 1982, *Eight London Households*, London: Tavistock.

Warde, A. 1989, "Recipes for a pudding: a comment on locality," *Antipode* 21, pp.274-281.

Wellmer, A. 1972, *Critical Theory of Society*, Berlin: Herder and Herder.

White, H. 1987, *The Content of the Form,* Baltimore: Johns Hopkins University Press.

Willer, D. and J. Willer. 1973, *Systematic Empiricism: a Citique of Pseudoscience,* Engelwood Cliffs, NJ: Prentice-Hall.

Williams, R. 1958, *Culture and Society*, Harmondsworth: Penguin.

_____. 1961, *The Long Revolution*, Harmondsworth: Penguin.

_____. 1962, *Communications*, Harmondsworth: Penguin.

_____. 1973, *The Country and the City*, London: Chatto and Windus.

_____. 1976, *Keywords*, London: Fontana.

_____. 1977, *Marxism and Literature*, Oxford: Oxford University Press.

_____. 1982, "Parliamentary democracy," *Marxsim Today* 26, no.6, pp.14-21.

Willis, P. 1977, *Learning to Labour*, Farnborough: Gower Press.

_____. 1978, *Profane Culture*, London: Routledge and Kegan Paul.

Winch, P. 1958, *The Idea of Social Science*, London: Routledge and Kegan Paul.

Windelbfand, W. 1980, "History and natural science," *History and Theory* 19, pp.165-185.

Wittgenstein, L. 1922, *Tractatus Logico-Philosophocus*, London: Kegan Paul.

Wright, G. H. von. 1971, *Explanation and Understanding*, London: Routledge and Kegan Paul.

Zeleny, J. 1980, *The Logic of Marx*, Oxford: Blackwell.

찾아보기

■ 지은이

앤드루 세이어(Aadrew Sayer)
도시 및 지역연구로 서섹스 대학교에서 박사학위 취득
사회이론 및 정치경제학, 사회과학철학 및 사회과학방법론 연구
1993년부터 랭커스터 대학교 사회학과 교수
저서: *Microcircuits of Capital*(공저, 1988)
　　　The New Social Economy: Reworking the Division of Labor(공저, 1992)
　　　Method in Social Science: a Realist Approach(1984, 1992)
　　　Radical Political Economy: a Critique(1995)
논문: "Abstraction: a realist interpretation"(1981)
　　　"The difference that space makes"(1985)
　　　"New developments in manufacturing: the 'just-in-time' system"(1986)
　　　"The 'new' regional geography and problems of narrative"(1989)
　　　"Post-Fordism in question"(1989)

■ 옮긴이

이기홍
서울대학교 사회학과 졸업
동대학 대학원에서 박사학위 취득
현재 강원대학교 사회학과 교수
사회과학철학, 사회과학방법론, 사회이론 등을 연구
역서: 『맑스의 방법론』(까치, 1989)
　　　『경제, 시민사회 그리고 국가』(한울, 1994)
　　　『새로운 사회과학철학』(한울, 1995)
　　　『과학으로서의 사회이론』(한울, 1993, 1997)
　　　『지구환경과 사회이론』(한울, 1997)
논문: 「소비와 대중문화」(1996)
　　　「탈근대주의 사회학?」(1997)
　　　「한국의 자동차문화」(공저, 1997)
　　　「문화향유체계에 대한 비교문화적 연구」(공저, 1998)
　　　「실재론적 과학관과 사회과학의 연구방법」(1998) 외 다수

한울아카데미 291

사회과학방법론: 실재론적 접근

ⓒ 이기홍, 1999

지은이 ┃ 앤드루 세이어
옮긴이 ┃ 이기홍
펴낸이 ┃ 김종수
펴낸곳 ┃ 한울엠플러스(주)

초판 1쇄 발행 ┃ 1999년 4월 10일
2판 2쇄 발행 ┃ 2019년 2월 25일

주소 ┃ 10881 경기도 파주시 광인사길 153 한울시소빌딩 3층
전화 ┃ 031-955-0655
팩스 ┃ 031-955-0656
홈페이지 ┃ www.hanulmplus.kr
등록번호 ┃ 제406-2015-000143호

Printed in Korea.
ISBN 978-89-460-6607-6 94330

* 책값은 겉표지에 표시되어 있습니다.